박정희 시대 — 5.16은 쿠데타다

이상우 지음

박정희 시대 — 5.16은 쿠데타다

초판 1쇄 인쇄 2012년 9월 20일
초판 1쇄 발행 2012년 9월 25일

저 자 이 상 우
발행인 황 세 연
편 집 김 영 권
디자인 EG 디자인
C T P 진흥프로세스
인 쇄 예일정판사
제 본 대명제책사
발행처 도서출판 **중원문화**
주 소 서울특별시 마포구 서강로 11-24
(서울시 마포구 창전동 2-33)
주문처 02-325-5534 FAX 02-324-6799

박정희 時代

5.16은 쿠데타다

이상우 지음

도서출판 중원문화

Printed 2012 by Jungwonmunhwa Publishing Co.

머 리 말

나는 이 책자를 내면서 즐거움보다는 마음 한구석에 부끄러움을 금치 못하고 있다. 박정희 정권 18년 간에 있었던 일들을 그 때 쓰지 못하고 이제 와서야 밝히게 된 데 대한 자괴(自愧)의 느낌이다.

나는 5·16 쿠데타에서 10·26에 이르는 군사정권, 제3공화국, 제4공화국 시절을 신문사의 취재기자로 일해 왔다. 그러면서 무대 위와 무대 뒤에서 이루어지는 정치의 현장과 이면(裏面)을 눈으로 보고 취재했다.

저널리스트의 의무는 취재한 뉴스를 신속히 보도하는 일이다. 그러나 내가 기자로 일하고 있던 박정권 18년 간은 한국 헌정사상, 그 어느 때보다도 뉴스에의 접근이 어려웠을 뿐만 아니라, 취재한 기사를 보도하기에도 힘든 시절이었다.

처음엔 계엄령을 선포하여 5·16 세력과 군정에 조금이라도 불리한 뉴스는 일체 보도되지 못하도록 봉쇄했다. 그 다음으로는 교묘한 언론대책으로써 신문(방송 포함)이 스스로 알아서 하도록 만들었다. 이 같은 언론정책으로서는 신문경영인과 기자들 간의 이간질, 언론인에 대한 회유와 협박 등이 있었다. 유신체제 이후에는 법률로써 언론자유에 재갈을 물려놓았다. 기나긴 긴급조치 시대에 신문은 체제와 관련되는 기사는 한 줄도 보도할 수 없었다. 체제와는 아무런 상관도 없는 사소한 뉴스거리도 걸핏하면 당국의 시비 거리가 되었다. 그렇게 되면 어김없이 "오너라, 가거라" 하는 곤욕을 치러야 했다.

박정권 18년 동안 제대로 뉴스를 보도하려고 생각했던 기자치고 한 번이라도 수사기관에 불려가 본 적이 없는 사람은 별로 없을 것이다. 나도 몇 번인가 그런 곳에 불려간 적이 있다.

그런 상황 속에서 정치내막을 취재하고 보도하는 일이란 참으로 어려운 일이었다. 알면서도 쓰지 못하고 취재했으면서도 신문에 보도 못하는 케이스가 부지기수였다. 결국 그 당시의 시대적 상황이 언론자유를 극도로 위축시킨 결과였던 것이다.

그러나 나는 '상황'을 핑계대어 저널리스트로서의 의무를 다하지 못했음을 변명하려는 생각은 없다. 이유야 여하튼 그 당시엔 뉴스로 보도하지를 못하고, 시대가 바뀐 오늘에야 그 때의 일을 쓰게 된 데 대해 부끄러움을 느낄 뿐이다.

그러나 영원한 침묵보다는 뒤늦게나마 기록으로 남겨두는 편이 차선의 의무쯤은 되리라고 판단하여, 지난 시대의 취재수첩을 더듬어 그 당시 보도되지 못했던 이야기들을 정리했다. 뉴스로서의 빛은 바랬지만 기록으로서의 가치는 있다고 생각했기 때문이다.

한 사람의 저널리스트로서 나 자신은 보람보다는 좌절과 쓰라림을 더 많이 체험했던 박정권 18년은 그렇게 먼 옛날의 일이 아니다. 아직은 객관적 평가를 거부하는 한 세대 안쪽의 일이다. 그리고 그 시대의 정치적인 혈액은 현실 정치의 맥박으로도 뛰고 있다. 이런 의미에서 그 때의 일을 기록하는 작업은 현실의 한 단면을 살펴보는 일이기도 하다.

나는 이런 '흐름'을 머릿속에 두고 박정권 시대엔 제대로 알려지지 않았던 이야기들을 새로 정리했으며, 이런 작업은 앞으로도 계속될 것임을 독자들 앞에 약속드린다.

이 상 우

박정희 시대 • 5.16은 쿠데타다 • ■ 차 례 ■

■ 머리말

5·16 쿠데타와 권력쟁탈전 · 13

5·16 간판사진의 허실/13 '동생, 할 거야 안 할 거야'/15 오월동주, 박정희와 장도영/19 원대복귀(?)/21 동원된 '얼굴마담 장'/23 중앙청 별실 밀담/25 44명 반혁명 사건/27 텍사스 토벌 작전/32 제2라운드 권력 쟁탈전/34 '김종필, 너 혼자 다 해먹기냐'/36 김동하, 송요찬, 반격공세/38 불출마설 나돌기 시작/40 원대복귀 선언과 번의/42 군 일부 쿠데타 음모사건/44 5기와 서북출신의 함몰/47

5·16 쿠데타와 군정 940일 · 50

편안한 날 없던 장면의 민선정부/50 미국은 '장면 정권 지지, 쿠데타 반대'/53 기자 혐오증 심했던 박정희 소장/57 통신사가 무엇 하는 곳인지도 몰라/60 부드럽지 못했던 혁명 주체와 언론/62 미스터리 속의 인물 이후락 대변인/67 엘리베이터에서 단독 인터뷰, 특종/72 회견 거부당한 홍종철 최고위원/76 장도영 총장은 얼굴마담 격/79 텍사스 토벌 작전으로 드러난 권력 암투/80 61년 6월 10일, 중앙정보부 발족/82 최고회의 소외시킨 채 김종필 독주/85 반 JP의 선봉장은 김동하 소장/87 군정 맡기는 '막판의 먹자판'/90 갈림길/92 송요찬씨도 군정 연장을 반대/94 번의 거듭한 혁명주체의 거취 문제/97 반목은 반혁명 사건의 씨앗으로 /79 '군인은 군으로 되돌아가야……'/102 혁명 주체의 분열로 흔들리는 공화당 /103 반 JP공동전선 편 김재춘 · 이후락/107 김재춘마저 정처 없는 외유에/109 사상논쟁으로 불꽃 튄 총선/111 누가 애국자며 누가 공산주의자인가/113 점차 확대되는 사상논쟁의 여파/115 간첩 황태성의 공화당 관련설/117 박정희 후보의 신승으로 끝난 군정/119 군정 940일, 과도기냐 공백기냐/120

5·16 쿠데타 사전내통설 · 123

5·16 마지막 미스터리/123 「동아일보」에 내통설 게재/125 윤보선, 처음에는 노코멘트/128 5·16 새벽의 진상/130 현석호의 '증언'/134 김재춘의 증언/137 '소극적이나마 쿠데타 지지했다'/140 '전에 약속하신 대로 하십시오'/143 제3의 인물 심명구란 사람/148 한 가지 공통점/149 세 사람의 증언/150 '윤보선 씨 지금 와서 딴 소리'/152 '시비 가리는 것이 부끄럽다'/154 진실은 어디에 있는가 /152

박정희와 사상논쟁 · 159

사상논쟁의 발단/159 걷잡을 수 없는 파문/160 외신에 보도 된 사상경력/163 수식어 붙은 민주주의 논쟁/164 이후락 등 윤씨 비난/167 황태성 사건 공방/169 윤보선의 폭로/171 YTP의 정체/172 VD작전은 선거정략/176 원용덕 등 여·순 사건 해명/178 '안동 발언' 매카시즘으로 반격/182 황태성 총살형 집행되다/183 민정당, 또 다시 한 뭉치 자료공개/185 김사만 영주 발언 감표작용/187 축하전문

교환, 망각의 저편으로/189

군사정권의 어용교수들 · 182

고목에 핀 곰팡이/192　교수들의 정치참여 3단계/194

1. 5·16군사정권 시대/196

최고회의 산하 국가기획위원회/196　중정 부설 정책연구실 구성/198　회현동 호텔 방에서 징발/201　박장군 옆집 C교수의 경우/202　몇 가지 에피소드/204　통화개혁의 아이디어/206　악화가 양화를 구축/207　체제파 교수와 '정치교수'/209

2. 개발 전략 시대/212

박대통령, 평가교수 직접 체크/212　이른바 서강대학파 탄생/214　박대통령과 반주 곁들여 저녁도/216

3. 유신체제 시대/217

유정회에 대거 진출/217　유정회 출신 몇몇의 발언록/214　유신정책심의회 조사연구팀/222　이른바 교수 재임용/223　유신 옹호자가 비판자로 둔갑/225　어용교수 손익 계산서/229

한 · 일 유착의 흑막 · 231

가깝고도 가까운 나라/231　정상 외교루트를 택했던 민주당/232　흥정 아닌 공식 외교 보인 장정권/234　5·16나자 관동군 출신들 쾌재/235　동기끼리 현해탄 자주 건넌 만주인맥/237 박정희의 막후협상과 기시 수상의 속셈/239 괴물 야쓰기의 거짓말 '나는 한국인'/241 대만과 같은 한일협력위 구성/242 영어 한 마디 모르는 외교관 유태하/244 재일교포 자금유치부터 서둘러/245 김종필, 나까소네와 합작그림 그려/247 첫 유착은 제3국 외국소맥 수입 거간/249 민정 출발 직후 일본자금 수수설/252 '김군은 좋은 사람……' 발언에 교포 항변/253 이권 브로커 고다마를 친한파로 접촉/255 고다마와 어울려 '불충' 저지른 정객들/257 기시를 정점으로 한 세 가닥 파이프/262 한일조약 체결 전 원화의 한국행 출장러시/264 박소장 내세워 보세가공 상륙/262 유착 관계의 세 가지 얼굴을 벗기면/264 후꾸다 당선 지원자금 국내모금도/267 검은 돈줄—'검은 소문'과 대한항공/269 정치자금 주고받고 나면 서류 파기/270 정치자금 리베이트는 대체로 7%/272 서울지하철공사와 정치자금/274 모든 의혹은 일본 쪽에서 터져 나와/276 일본신문이 서울 리베이트 구조 폭로/277 강요당한 침묵으로 묻힌 의혹들/279 비싼 지하철 타는 서울 시민들/277 외국기업들에 강요한 '정치헌금'/281 미(美)기업이 제공한 8백 50만 달러/283

부패한 정치자금 · 285

호텔에 숨겨둔 '정치자금 산실'/285 정치와 돈의 표리관계/286 특혜주고 커미션 상납 받고/288 H의원에 놀아난 중석불 사건/289 각개약진 방식의 자금염출/291 교포재벌 낀 새나라 자동차 사건/293 커미션 높았던 현금 차관/296 정일권이 소개한 박동선/297 한국정부보다 한 수 위였던 박동선/299 일본서 들통 난 서울 지하철 사건/300 김성곤과 '검은 리베이트'/302 정·경의 동반자 시대/304

서울과 평양의 밀회 그리고 결과 · 306

단절 27년의 장막을 걷고/306 역사적인 공동성명/307 좌초의 싹/309 정홍진의 비밀접촉/311 발트하임의 개입/315 김영주를 파트너로/317 청산가리 준비/319 김일성과의 심야회담/322 박성철의 입경/325 예정된 실패/328 난항의 성명서 작성/331 냉담해진 시민반응/332 제1차 조절위 위원장 회담/335 제2차 조절위 위원장 회담/338 조절위 구성 합의서/341 재량권 없는 북한대표/343 공통점 없는 양측 주장/345 북, 군사 5개항 토의 주장/358 성과 없이 끝난 2차 본회의/351 북한 측의 오판/353 어긋난 기대/356 남북대화의 정략적 이용/358 김영주의 결렬선언/360

유신체제 · 364

유신체제에의 길/364 유신개변의 배경 ; 그 두 개의 얼굴/369 유신헌법의 정체/378 종막에의 길/386

5·16 쿠데타와 권력 쟁탈전

5 · 16 간판사진의 허실

5·16 쿠데타와 관련하여 널리 알려진 사진(사진 참조) 한 장이 있다. 점퍼 차림의 검은 선글라스를 낀 박정희 소장이 뒷짐을 지고 중앙에 서 있고 그 오른편에 양손을 허리춤에 올려놓고 서 있는 박종규 소령이, 그리고 왼편에는 얼룩덜룩한 공수단 군복에 양쪽 어깨에는 수류탄 한 개씩을 매달은 차지철 대위가 버티고 서 있는 사진이다. 박 소장 뒤에는 안경 낀 이낙선 소령의 옆얼굴이 찍혀 있다.

5·16의 상징처럼 되어 있는 이 사진에 대해 많은 '혁명주체'들이 못마땅하게 여기고 있었다. 박정희 소장은 그렇다 치고, 박종규와 차지철이 5·16의 핵심인물인 것처럼 부각된 것이 엉뚱하다는 것이었다. 특히 한때 장도영[1] 총장을 따랐던 육사 5기 중심의 또 한 갈래 '주체세력'들은

1) 장도영 씨는 미시간주립대를 졸업하고 미국에 정착했으며 부인과 단 둘이 지금껏 생활하고 있다. 장 씨는 5.16후 반혁명분자로 찍혀 재판을 받고 미국으로 망

5·16 당시 일개 경호병에 불과했던 사람들이 그 사진 때문에 클로즈업된 것은 크게 잘못된 것이었다고 주장한다.

5월 18일 오전, 서울시청 앞에서 찍은 이 사진의 전체적인 모습은 사실 포커스가 약간 다르다. 그 날은 육사생도들이 5·16을 지지하여 시가행진을 하던 날이었다. 이 날을 계기로 유동적이었던 5·16거사는 성공했고, 그 행진을 격려, 사열하는 주체세력들의 행사가 시청 앞 광장에서 열리고 있었다. 이 날 행사의 포커스는 사진에 나타난 것보다는 조금 왼쪽에 있었다. 사진 왼쪽에 뒷바퀴만 나타나 있는 지프 위에 장도영 총장이 올라서서 일장 연설을 하고 있었던 것이다. 당시에는 이 사진을 공표하지 않고 있다가, '장도영 일파'를 반혁명 사건으로 거세시킨 다음, 내외신 보도기관에 일제히 배포하여 소개한 사진이 바로 이 사진이었다.

박정희 소장과 육사 8기 출신의 김종필 씨를 중심으로 한 이른바 '박·김라인'에 반대했던 비주류세력은 5·16 군정에 관해 기록한 『한국군사혁명사』라는 책자에 대해서도 이의를 제기했다. 상·하 두 권에 총 2천 5백여 페이지로 되어 있는 이 책자는 5·16 군부거사의 개황과 경과에서부터 시작하여 반혁명 사건에 이르기까지, 군정 동안에 있었던 일을 총망라하여 기록한, 말하자면 5·16 정사(正史)격이다. 이 책은 한국군사혁명사 편찬위원회(위원장 장경순)가 민정이양을 바로 눈앞에 둔 1963년 8월 말에 발행한 것인데, 편찬 작업을 총괄한 사람은 8기 출신의 이낙선 씨로 알려졌었다.

군정당국 자신의 손에 의해 만들어진 유일한 정사적 기록인 이 『한국군

명하였다.

사혁명사』에 의할 것 같으면 5·16은 바로 육사 8기생들의 계획과 주도와 참여로 이루어진 것처럼 되어 있다. 육사 5기나 해병대 등의 역할은 5·16 당일 출동병력 이상의 이렇다 할 중요성이 부여되어 있지 않다. 사실은 이 군사혁명사에 대해서는 그 당시 5·16 세력 안에서도 편찬에 반대하는 사람이 적지 않았다. 5·16이 있은 지 불과 2년 남짓밖에 지나지 않은 시점에서 어떻게 역사를 편찬할 수 있겠는가 하는 반론이었다. 객관적인 기록을 남기기 위해서는 좀 더 시간의 흐름을 기다려야 한다는 의견이 있었다. 그런데도 불구하고 서둘러서 혁명사를 편찬한 것은, 당시 5·16세력 내부에서 벌어지고 있던 주도권 싸움에서 기선을 제압하고 있던 김종필 라인이 8기 중심의 혁명사를 기정사실로 정립하기 위한 하나의 정략이었다고도 볼 수 있다.

그 당시 이미 비주류로 전락하고 있던 장도영 계열의 5기 출신이나 해병대 주체세력이 이 혁명사에 이의를 제기하고 있는 것은 당연한 일이었다. 그들의 주장은 한마디로 이야기해서 5·16 주체는 김종필 중심의 8기생만이 결코 아니라는 것이다. 8기생도 주체의 한 가닥은 될 수 있으나 그들만이 주류인 것처럼 부각돼 있는 것은 크게 잘못되어 있다고 한다. 특히 5·16이 성공할 수 있었던 것은 5기생이나 해병대 때문이었다고 내세운다.

'동생, 할 거야 안 할 거야'

아닌 게 아니라 5·16 성공을 뒷받침했던 실제 병력은 5기와 해병대 주체세력이었다. 김종필 세력은 병력을 갖고 있지 않았다.

5·16 당일 출동했던 병력은 크게 나누어 세 갈래였다. 야전사에 소속해 있던 6군단 포병대와 제1공 수단, 그리고 김포에 주둔해 있던 해병여단이었다. 6군단 산하 포병 5개 대대를 이끌고 맨 먼저 서울에 진입, 육군 본부를 장악한 문재준 포병단장이 육사 5기였고, 중앙청·국회의사당·시청·방송국 등 서울 중심부를 점령한 박치옥 제1공수단장이 또한 5기 출신이었다. 이 밖에 당일 6관구 사령부를 지휘했던 김재준 씨, 배후에서 움직였던 제5사단장 채명신 씨, 제12사단장 박춘식 씨와 송찬호·이원엽·박기석·최재명 씨 등이 모두 5기 출신이었다.

박정희 소장 자신은 한강을 건너올 때 해병대와 같이 행동했으며, 방송국·육본 등으로 분주히 왕래할 때도 해병대의 에스코트를 받았다.

숨 가빴던 5·16 새벽에 5기와 해병대들이 현장에서 실제로 병력을 움직였던 데 반해, 나중에 주류로 부상한 8기의 이른바 김종필 라인은 막후의 제2선에 머물러 있었다. 김종필 자신만 해도 병력이 서울을 향해 진격해 들어오는 그 순간, 광명인쇄소에서 삐라 만드는 데 골몰해 있었다.

이렇게 해서 5기와 해병대 가운데에는, 나중에 군사정부를 김종필계가 차고 앉아 자기들을 거세시킨 데 대해 전리품을 엉뚱한 사람에게 빼앗긴 것으로 여기는 사람이 많았다.

물론 김종필 라인의 이야기는 다르다. 계획 당시부터 5·16의 본류는 자기들이며, '16인 하극상 사건' 등이 직접적 원인이 되어 군부거사가 이루어졌다는 것이다. 그리고 계획과 거사의 과정에서 박 소장은 처음부터 자기들과 행동을 같이했다고 말한다.

그러나 비주류의 견해는 다르다. 하극상 사건 같은 것은 빙산의 일각에 지나지 않는다고 한다. 김재춘 씨 같은 사람의 말에 의하면 "거사 후 군사혁명사를 편찬하는 과정에서, 밀쳐낸 사람의 공을 크게 부각시킬 수는 없고 하니, 별것도 아닌 일을 혁명의 싹이었다고 규정했다"는 것이다.

거사의 사전계획에 관해서도 이야기가 다르다. 8기 중심의 계획과는 별도로, 혹은 그 이전에 이미 해병대를 포함한 다른 몇 갈래에서 군부혁명을 생각하고 있었다는 것이다. 그런데 이 계획과정에서 제가끔 박정희 소장과 연결이 되어 5·16날 함께 거사하게 된 것이라고 이야기한다. 그 경위에 관해 당사자 몇 사람의 말을 들어본다. 먼저 공수단장 박치옥의 증언이다.

"전주에서 연대장을 할 때 최재명 · 이원엽 · 김치백 · 노창점 대령 등 동기생들과 거사를 의논했습니다. 말(정군 건의[2])로는 안 되니 무력으로 할 수밖에 없다고 뜻을 모으고 임무를 분담했지요. 그러다 보니 서울 근교 부대의 지휘관을 맡는 것이 필수조건이었어요. 그래 내가 장도영 총장을 찾아가 공수단장을 맡아보고 싶다고 했지요. 장총장의 배려로 공수단장으로 부임한 직후인데 김제민 중령 등 몇 사람이 와서 거사를 해야 한다고 하기에 동감이지만 별도의 명령이 있을 때까지 기다리라고 했지요. 그러던 4월초 박정희 소장으로부터 만나자는 연락이 있어 종로의 모 음식점으로 나갔더니 육사동기인 6군단 포병사령관 문재준 대령 등이 나와 있었습니다.

박 소장이 대뜸 '동생, 할 거야 안 할 거야' 그럽디다. 그래서 '그거 혁명하려고 공수단장 맡은 거요' 하니까 '나하고 같이 하는 게 어때'라고 합디다. '같이 하는 것도 좋지만, 형님이 주축이냐'고 했더니 '장도영 총장과 손잡고 있다'고 말하더군요.

---

2) 6.25 전쟁 이후 부패한 군인을 내보내고 군질서를 다시 개편하자는 군내부의 정품운동을 말한다.

공수단장도 내 청을 장총장이 받아주어 된 거니 그렇다면 좋다고 했지요. 그랬더니 장총장과의 연락은 박 소장이 취하겠다고 해 그런 줄 알았습니다. 그런데 거사 당일 밤, 장총장이 부대동원을 중지하고 대기하라고 했을 때야 손잡았다는 것이 사실이 아님을 알았습니다만…… 그 때는 이미 내친걸음이었지요.

이 날 저녁, 밖에 대기해 연락 같은 걸 하던 사복차림이 미심쩍어 누구냐고 했더니 박 소장이 '내 조카 김중령이야'라고 해 처음으로 김종필 씨를 보았지요."

다음은 해병여단장 김윤근 씨의 말이다.

"해병상륙 사단장이던 김동하 장군이 만주군관학교 1기, 박정희 소장이 2기, 내가 3기지요. 육군의 이주일 장군도 1기지요. 이런 연고로 우리는 줄곧 가깝게 연락을 하고 자주 만났습니다.

그러다 김동하 장군이 60년에 뜻 아닌 예편을 하게 되었지요. 그 당시 나는 해병대 사령부 참모부장이었고, 박 소장은 육본 작전참모부장이었습니다.

나는 선배인 김장군을 위로하기 위해 자주 김장군댁을 찾았지요. 그 때마다 박 소장도 와 있어서 셋이 어울려 술잔을 나누며 계속 얘기로 울분을 달랬지요. 나는 61년 2월, 예정보다 6개월 앞당겨 해병여단으로 발령을 받았어요. 당시 박 소장은 2군 부사령관으로 서울을 떠나 있었지요. 내가 부임인사차 들렀더니 박 소장은 내 손을 굳게 잡으며 '하늘이 도왔소. 김장군만 믿겠소' 그러면서 거사계획의 윤곽을 설명해 주었어요. 퍼뜩 울분을 달래던 김동하 장군 댁에서의 기억이 떠올랐지만 이처럼 구체화된 계획을 듣고 보니 어리둥절했어요. 목숨을 걸어야 할 수 있는 일이었거든요. 나로선 부대상황도 모를 때고, 어쨌든 귀대해 엄두를 못낸 채 혼자서 애만 태우는데 어쩌다 외출해 박 소장을 만나면 '잘 되어 가고 있다'가 인사였지요.

그러던 중 어느 날 대대장 오정근 중령이 찾아와 '이대로 보고만 있을 겁니까. 해병대 단독으로 해치웁시다!'하며 흥분들을 하대요. 나는 맘속으로 이제야 동지를 만

났구나 하고 쾌재를 불렀지만 내색을 않고 있었지요. 그들은 그 후에도 두 차례나 여단장실로 나를 찾아 왔지요. 세 번째 왔을 때 비로소 나는 박 소장이 중심이 된 거사계획이 있다는 사실을 알리고 육군과 합류케 한 것입니다. 이들은 선뜻 '알겠습니다. 여단장만 믿고 따르겠습니다'고 하더군요. 내가 여단장이 되고 대대장이 먼저 접근해 오고 그래서 5·16의 선두부대가 된 것 등이 지금 생각해도 숙명이랄까 우연이랄까 그런 기분입니다."

오월동주, 박정희와 장도영

이들 증언에서 알 수 있는 점은 박정희 소장이 갖가지 군내의 연줄을 찾아 뜻을 같이하는 동지들과 접촉했고, 그 과정에서 여러 갈래의 거사모의를 통합했다는 사실이다.

박 소장은 쿠데타 계획 당초부터 자기가 가장 신임할 수 있는 김종필 중심의 8기생, 그것도 육본 정보국을 중심으로 한 소수의 영관급 장교들 외에는 집단적인 회합을 가진 바가 없었다. 박치옥, 문재준 김재춘, 김동하,· 김윤근, 박춘식, 채명신, 박임항, 박기석 씨 등을 혁명모의에 끌어들일 때 박 소장은 언제나 그들과 단독으로 접촉했다. 그들이 동의를 표시하여 구체적인 거사계획을 수립할 단계에 이르러서도 박 소장은 한 번도 동조자 전체의 모임을 연 적이 없었다. 말하자면 김종필 라인을 제외하고 그 밖의 5·16 동조세력은 모두가 박 소장을 정점으로 한 점조직으로 형성되었다. 따라서 박 소장과 김종필 씨 등 극히 제한된 몇 사람 외에는 조직의 규모나 윤곽을 아는 사람이 없었다.

박 소장의 이 같은 점조직은 비밀유지라는 절대적인 필요성에서 나온 것이지만, 포섭된 사람 개개인의 충성심이나 거사 성공 후의 제2단계 과업까지를 내다본, 박 소장의 계산에서 나온 것이라고 볼 수 있다.

박 소장과 개별적으로 접촉하여 포섭된 많은 사람들이 제가끔 자기야말로 주체 중의 주체라고 여겼다. 5·16 당일 이렇다 할 역할을 못했으나 그 이전에 한두 번 박 소장과 만나 세상 돌아가는 일을 주고받은 적이 있는 사람 가운데도 이런 사람이 있었다. 대부분의 주체 세력들이 별로 대수롭게 평가하지 않은 유원식 씨 같은 사람은 5·16은 자기와 박 소장 두 사람의 합작품이라고 주장하면서 이런 공로를 모르고 군정 동안에 자기를 거세시킨 박 소장을 지금도 이를 갈듯이 원망하고 있다. 이는 유씨가 터무니없이 거짓말을 하고 있다기보다는, 그 당시 거사를 앞두고 유씨를 포섭했던 박 소장이 얼마나 은근하게 유씨를 대해 주었는가 하는, 하나의 반증으로 해석할 수 있다. 그가 개별적으로 접촉한 사람들에게 최대의 신뢰감과 역할 감을 주입시켜 줌으로써 박 소장은 상대로부터 최대의 충성심을 끌어냈던 것이다.

그러면서도 박 소장은 이들 대상자들이 횡적으로 연계되는 일을 미리 막아두었다. 어디까지나 자신이 정점이 된 점조직이어야 했으며, 하부구조가 조직화되는 일은 피했다. 이 점은 쿠데타 성공 후에 있을 것으로 내다 본 제2단계 과업, 즉 권력의 헤게모니 쟁탈전에 대비한 치밀한 계산이기도 했다. 5·16 성공 후 재빨리도 드러난 주류, 비주류의 다툼과, 단계적인 비주류의 몰락은, 이미 거사 단계 때부터 앞일을 내다보면서 계산한 박 소장의 포석이 그대로 적중되어 실현되어 나가는 과정이기도 했다.

한강을 넘어 하룻밤 사이에 정권을 수중에 집어넣은 '5·16세력'이라는 배 안에는 서로 속셈이 다른 너무나 많은 갈래들이 함께 타고 있었다. 무엇보다도 혁명의 리더로 나타난 장도영과 박정희 소장 두 사람부터가 처음부터 갈라질 운명을 안고 있었다. 계엄령하의 엄격한 보도관제 때문에 많은 것이 알려지지 않았던 5·16 당초에 박·장 두 사람의 운명에 관해서만은 여러 사람의 입에 오르내렸다. 나세르가 나기브를 거세하고 실권자로 부상했던 이집트 군사혁명의 예를 들어, 최고회의 의장인 장도영 총장을 갈아치우고 박 소장이 진짜 실력자로 등장하는 것은 시간문제라고 대부분이 점치고 있었다. 그러나 그렇게 된 시간이 그토록 빨리 닥치리라고는 아무도 예측하지 못했다.

5·16 세력들의 권력다툼은 너무나 빨리 시작되었다. 주한미군과 야전군에 의한 '반쿠데타 작전' 등 그들을 가로막고 있던 장벽을 넘어섰다고 판단한 5월 19일, 5·16세력은 「국가재건 최고회의」라는 통치기구를 구성했다.

원대복귀(?)

'국가재건 최고회의'는 민정 이행 때까지의 과도기간 혁명과업을 수행하고 주도할 통치기구였다. 5·16 당일로 해산된 국회의 기능을 대행하는 입법부로서의 역할은 물론 행정, 사법권까지를 쥐게 되는 명실상부한 국가최고통치기관이었다. 정원 30명에 고문이 두 사람. 이것을 어떻게 안배하느냐가 문제였다. 당초의 안배원칙은 혁명에 참여했던 사람들 가운데서 군별, 계급별, 기별로 안배한다는 것이었으나, 이 안배원칙에서부터 잡음이 일어났다. 8기 이하의 영관급에 대해서는 5명의 최고위원이 할당되었는데 5·16의 주류를 자부하는 8기생들은 5명의 TO가 적다고 불만이었다. 그 선출과정에서도 진통을 겪어야 했다. 후보자가 많아 5명을 투표로 뽑는 영관급 장교회의는 17일 밤부터 18일 새벽까지 철야로 갑론을박을 벌였다.

최고회의 명단이 발표된 다음에도 잡음은 잇달았다. 8기의 김형욱 씨는 "혁명에 관계없는 장성들은 들어가고 우리들에겐 왜 5명만 배정했느냐?"고 항의하다가 김제 출신 장경순 씨에게 따귀를 얻어맞기도 했고, 그런가 하면 5기는 5기대로 혁명에 공로가 큰 동기의 최재명·이원엽 대령은 왜 빠졌느냐고 불만이었다.

최고회의가 첫 소집이었을 때는 그 명칭부터가 한바탕 소란의 대상이 되었다. 김종필 씨가 '국가재건 최고회의'라고 쓰여진 차트를 들고 와 브리핑을 할 참이었다. 차트 첫 장을 넘기려는 순간, 고함이 여기저기서 터져 나왔다. 박치옥·김윤근·문재준 씨 등 이북 출신들이었다. 그들은 김일성이 곧잘 쓰는 '최고'라는 낱말을 문제 삼아 "하고많은 이름 중에 최고회의가 뭐냐"고 아우성이었다. 고함소리에 장내가 시끄럽게 되자 박 소장이 "우선 시간이 급하니 따질 것은 나중에 따지고 내용 먼저 들어보자"고 중재에 나서 겨우 수습되었다.

군별로, 기별로, 출신별로, 그리고 평소의 친분관계 등으로 서로 생각이 다르고 속셈이 다른 5·16 세력은 출범부터 오월동주 격이었다. 끼리끼리 모여 상대방을 시기했고, 최고회의 같은 데서는 격론이 잦아 권총 휴대를 금지해야 할 상태였다.

처음부터 가장 치밀하고 조직된 움직임을 취하고 나선 그룹은 8기 중심의 김종필 라인이었다. 그들은 거사계획 단계에서부터 최고회의라든가 중앙정보부와 같은 기구를 구상하여, 거사가 성공하자마자 그 계획대로 밀고나갔다. 겉으로는 최고회의가 그야말로 최고 통치기관이요, 그 의장에 장도영 총장을 앉혀, 내각수반, 국방부장관, 육군참모총장 등 감투를 한꺼번에 씌워주었으나, 이는 모두 빛 좋은 개살구에 지나지 않았다. 의장인 장도영 총장은 최고회의에 거의 참석조차 안 했고 주로 부의장인 박 소장이 모든 일을 주도해 나갔다. 최고회의 밖에는 중앙정보부의 전신인 정책연구실이 있어, 여기서 마련된 김종필 라인의 정책구상이 박 소장을 통하여 최고회의에 전달되었다. 박 소장과 김종필 씨는 수시로 메모를 통하여 서로가 정책구상과 입안을 연락했다.

박 소장의 계산된 점조직으로 말미암아 횡적인 조직력과 일관된 장기계획을 지니지 못하고 있던 5기와 해병대 및 그 밖의 그룹은 재빨리 비주류세력으로 기울어졌으며 그들은 처음부터 김종필 라인의 적수가 되지 못했다.

그들의 어느 누구도 5·16 이후에 관해 장기 비전을 갖고 있지 않았다. 대부분은 일정한 기간이 지나면 군은 원대복귀하고 정치는 민간인 손으로 넘어가야 한다고 생각하고 있었다. 당초부터 민정참여까지를 내다보고 있던 김종필 라인과는 동상이몽이었다. 사실 원대복귀 문제야말로 주류와 비주류가 갈라선 최초의 주요이슈였다.

동원된 '얼굴마담 장'

5·16 세력이 군부거사의 명분과 국민에 대한 약속으로 공표한 '혁명공약'은 당초 5개 항목으로 마련된 것이었다. 김종필 씨가 작성한 것으로 알려진 이 혁명공약의 당초 안에는 민정이행을 다짐하는 마지막 제6항이 없었다. 그러던 것이 인쇄 직전에 박 소장이 "이와 같은 우리의 과업이 성취되면 참신하고도 양심적인 정치인들에게 정권을 이양하고 우리들 본연의 임무에 복귀할 것이다"라는 한 항목을 친필로 추가한 것으로 알려졌다.

이런 경위만을 가지고 박 소장은 원대복귀 할 생각을 갖고 있었으나 김종필 씨는 처음부터 민정이행을 생각지 않고 있었다고 단정할 수는 없다.

하지만 초기에 김종필 씨를 중심으로 한 8기의 핵심멤버들이 장기간의 군정실시와 민정참여를 주장했던 반면 박 소장은 어느 시기가 지나면 원대복귀할 것을 생각하고 있었던 점만은 틀림없다. 그 당시 김종필 계의 사람들은 군정기간을 5년쯤으로 잡고 있었다. 그리고 군정이 끝난 다음에는 군복을 벗고 민정에 참여할 것을 전제로 하여 이에 대비한 정당조직에 관해서도 미리부터 연구하기 시작하고 있었다. 문제는 그들이 군정뿐만이 아니라 민정의 영도자로까지 내정하고 있던 박 소장의 태도였는데, 한동안 박 소장은 장기군정과 민정참여를 주장하는 김종필 계와, 조속한 원대복귀를 내세우는 비주류 사이에서 이러지도 저러지도 못해 고민한 적이 있었다. 그 클라이맥스가 1963년 2월부터 3월 사이에 있었던 원대복귀 → 군정연장 → 민정이행으로 갈팡질팡했던 일련의 번의소동이었다. 결과적으로는 김종필 라인이 승리했다. 그러나 군정초기 장도영 총장과 5기 출신 및 그 밖의 많은 최고위원들이 내세웠던 조기 민정복귀 주장은 여론의 지지를 뒷받침으로 하여 만만찮은 바람을 휘몰아 왔었다.

군정이 성립된 후, 맨 처음 민정이행과 원대복귀 문제를 거론한 사람은 장도영 총장이었다. 이 감투 저 감투 함께 씌워져 막강한 실력자인 것처럼 소개되었으나, 실은 동원된 '얼굴마담'에 지나지 않다는 사실을 장총장 자신이 잘 알고 있었다. 이러한 처지에서 사태를 유연하게 넘기는 방법은 빨리 군정을 종식시키는 수밖에 없다는 판단을 그는 내렸던 것 같다.

5·16 사흘 후인 18일, 육사생도가 혁명지지 행진을 하는 환영식전에서 장도영 총장은 연설을 통해, "이번 군부거사의 목적은 새로운 민주정부를 수립하는 데 있으며, 그때가 되면 군부는 조국방위의 임무에 복귀할 것"이라고 말했다. 장총장은 이어 5월 29일, 기자회견을 갖고 "정권을 민간인에게 이양하는 것은 그간 2주일 동안의 실적을 봐서도 알 수 있듯이 될 수 있는 대로 빨리 실현시킬 생각"이라고 말했다.

다른 사람들은 민정 이행 문제에 관해 거론을 하지 않고, 더구나 김종필 계에서는 민정을 생각지도 않고 있던 단계에서 장도영 총장은 적극적으로 조기 민정이양을 비치고 나섰다. 이러한 장도영 총장의 태도에 대해 김종필계의 몇몇 사람들은 크게 반발하여, "혁명 주체도 아닌 사람이 추대된 자리를 이용하여 엉뚱한 소리를 늘어놓고 있다"고 반발했다. 장도영 총장이 김종필 라인에 의해 거세되는 운명은 이때 이미 결정되어 있었는지도 모른다.

중앙청 별실 밀담

그러나 장도영 총장은 그의 주장을 굽히지 않았다. 6월 1일에는 반(半)관영 영자지인 「코리언 리퍼블릭」(코리아 헤럴드의 전신)에 성명을 내어, 군정종식과 민정이양은 될 수 있는 대로 빨리 실현시킬 것이라면서, 민정의 정부를 책임내각제로 할 것인지 아니면 대통령 중심제로 할 것인지 여부를 결정하기 위한 국민투표가 머지않아 실시될 것이라고 말했다. 이를 받아 당시 AFP 같은 외신은 소식통을 인용하여 "한국의 최고회의는 해방기념일인 8월 15일에 퇴진하고, 그로부터 1~2개월 후에 총선거가 실시될 것"이라고 보도했다. 이러한 보도들에 특히 김종필 라인은 펄쩍 뛰었다. 5~6년간의 군정과 그 다음 민정 참여까지도 내다보면서 장기 구상을 펼쳐나가고 있던 주류계에 있어 2~3개월간의 군정이란 상상할 수도 없는 일이었다. 사실 아무리 빠른 민정이양이라 하더라도 그 해 8월 15일 퇴진할 것이라는 외신보도는 좀 성급했다. AFP보도가 있은 다음날 최고회의 원충연 대변인은 8·15 정권이양설을 부인하면서 "혁명의 2대 목적, 즉 간첩침략의 완전 봉쇄와 한국의 경제력이 북한을 능가할 때까지는 정권을 민간정부에 이양하지는 않을 것"이라고 말했다. 이 같은 코멘트는 다분히 박정희-김종필 라인의 의사를 대변한 것으로 평가되었다.

군정 기간에는 여러 가지 이견들이 있었으나 적당한 시기에 거사에 가담했던 군인들이 정권을 민간인에 넘기고 원대복귀해야 한다는 의견은 당시 최고회의의 압도적인 분위기였다. 바로 그것이 혁명공약이기도 했기 때문이었다. 특히 장도영 총장을 비롯한 5기생들과 혁명에 가담하지는 않았으나 각 군, 혹은 기별 대표로 참여한 최고위원들은 거의가 조속한 민정이양과 원대복귀를 주장하고 있었다. 장총장 자신은 군정기간 6개월을 주장하면서 이 문제를 가지고 박정희 소장과 단둘이 담판까지 했으나 거부당했다고 한다. 훗날 장도영 씨는 이렇게 증언하고 있다.

"나는 빠른 시일 내에 군정을 민정으로 바꾸자고 주장하면서 3·15와 같은 부정투표를 없애기 위해 군인들이 투표소를 지키되 군인은 나를 포함하여 누구도 투표권을 갖지 말자고 제의했습니다. 여기에 대해 박 소장은 '빨리 민정으로 넘기면 또 상이군인들이 국회를 점령하는 사태가 일어난다'며 반대했어요.

군정 기간을 둘러싼 의견 차이를 서로 솔직히 털어놓기 위해 중앙청 회의실 옆 별실에서 단둘이 대좌한 적이 있었어요. 그 때 우리들은 '중앙청 별실밀담'으로 불렀지요. 내가 군정기간 6개월을 주장하자 박 소장은 '6개월로는 혁명과업을 완수할 수 없다'고 말하더군요. 한동안 실랑이를 벌이다 내가 '2년이면 충분하냐'고 묻자 박 소장은 아무 대답 없이 앉아 있다 자리를 박차고 일어나 밖으로 나가버렸어요. 이것이 내가 박 소장과 흉금을 털어놓고 얘기한 마지막 일이었습니다."

그로부터 얼마 후 장도영 총장은 반혁명사건 혐의로 구속되고 만다. 그러나 장총장이 거세된 이유는 결코 군정기간과 민정이양에 관한 대립 때문만은 아니었다. 그보다 실질적인 원인은 한강과 미아리 고개를 넘을 때부터 오월동주 격으로 한 배에 올라탔던 이른바 '5·16세력'의 잡다한 갈래와 이해타산의 대립 때문이었다. 군정기간 문제뿐만이 아니라 사사건건이 8기 출신의 김종필 라인과 5기 중심의 장도영 세력은 처음부터 뜻이 맞지 않았다.

44명 반혁명 사건

5·16으로부터 10일만인 27일 군사정부는 그 때까지 선포하고 있던 비상계엄을 경비계엄으로 완화했다. 내각수반을 겸하고 있던 장도영 총장이 독단적으로 내린 단안이었다. 이런 사실을 발표 후에야 알게 된 김종필계의 최고위원들이 아우성을 치며 들고 일어났다. "이게 뭐야, 혁명 다 망친다"고 흥분했다. 비상 소집된 최고회의에서 장도영 총장은 "이건 내가 결정했다. 모두 평온한데 뭐가 문제란 말인가. 당신들이 나한테 모든 것 맡아 달라고 하지 않았느냐"고 대꾸했다.

그로부터 며칠 후인 6월 3일 장도영 총장은 내외 기자회견을 가진 적이 있었다. 한 외신 기자가 "장면 정권의 각료들을 어떻게 처리할 것인가"고 질문했다. 그 때 대부분의 민주당 각료들은 가택연금상태에 있었다. 질문을 받은 장도영 총장은 "민주당 정권 자체가 문제였지 개인은 문제될 것 없다. 그러므로 그들에 대한 별도의 조치는 없을 것이며 일단 가택연금을 하되 신분보장을 할 것"이라고 대답했다. 그런데 기자회견이 있은지 1시간도 안 되어 김종필 팀은 민주당 각료 전원을 체포해버리고 말았다. 이 무렵에 이미 장도영 총장의 위치는 결정적으로 기울어가고 있었다고 보아야 한다. 박정희-김종필 세력이 거사 당일 필요로 했던 장도영의 참모총장이라는 타이틀은 이용가치를 상실하고 있었기 때문이다. 그의 거세는 누구에게나 시간문제로 비쳤다.

7월 3일 최고회의는 돌연 장도영 총장의 최고회의 의장직 및 내각수반직 사표를 수리하고 박정희 부의장을 최고회의 의장으로 선출했다. 내각수반엔 송요찬 국방장관이 임명됐다. 원충연 최고회의 공보실장을 통해 발표된 장도영 총장의 사퇴이유는 '일신상의 사정'이었다.

"본인은 오늘을 기하여 대한민국 국민 앞에 국가재건최고회의 의장 겸 내각수반 직에서 물러날 기회가 왔다고 결심하고 이에 성명하는 바입니다. 본인은 혁명 당초부터 혁명 정권의 최고 책임자로서 그 중책을 감당하지 못할 것임을 깨달았으나 국가비상시의 질서유지를 위해서라도 당분간 적임자가 결정될 때까지 그 직을 맡았던 것이며……."

이 같은 줄거리의 성명대로 장도영 씨가 스스로 자의에 의해 물러났다고 믿는 사람은 당시 별로 없었다. 그 배후에 공표하지 못할 치열한 권력 다툼이 있었을 것이라고 짐작은 되었지만 진상이 밝혀질 단계가 아니었다.

사퇴 성명이 발표된 지 1주일도 안 된 7월 9일, 이번엔 장동영 씨를 중심으로 한 반혁명세력 44명을 구금했다는 발표가 나왔다. 예정된 코스라고 추측을 했으나 관련된 사람의 면면을 보고는 누구나 경악을 금치 못했다. 불과 1개월 반 전, 혁명군의 주동병력을 이끌고 나와 거사를 성공시켰던 5기생 그룹이 대거 검거됐기 때문이었다. 나중에 혁명재판에 회부된 사건관련자는 다음과 같았다.

장도영(전 최고회의 의장, 군사영어학교 출신, 중장), 송찬호(최고위원, 5기생, 준장), 박치옥(최고위원, 5기생, 대령), 문재준(최고위원, 5기생, 대령), 김제민(최고위원, 9기생, 중령), 이희영(내각수반 비서실장, 5기생, 대령), 안용학(최고회의의장 비서실장, 5기생, 대령), 노창점(구 황실 재산관리 사무총국장, 5기생, 대령), 이희영(서울지구 방첩대장, 5기생, 대령), 이성훈(내각수반 비서실 보좌관, 5기생, 대령), 최재명(감찰위원장, 5기생, 대령), 방자명(제15CID 대장, 8기생, 중령), 김영우(제

3CID 대장, 8기생, 중령), 오기수(제15CID 정보과장, 대위), 장인항(제15CID 배속, 준위), 하영조(예비역 헌병대위), 김경조(제1공수 전투단 소대장, 대위), 김병현(제1공수 전투단 소대장, 중위), 김석률(제7헌병 중대장, 대위)

『군사혁명사』는 이른바 '장도영 일파 44명 반혁명 사건'을 다음과 같이 기술하고 있다.

"피고인 장도영은 1961년 2월경, 육군 참모총장직에 보직되어 근무 중 5·16 군사혁명 당시 혁명군이 서울 진주를 발포로 저지시키는 범행을 감행하였으나 이 혁명주체세력의 허심탄회한 대동단결 이념으로 동인의 과오를 불문하는 일방 오히려 군사혁명위원회 의장 등 5개 직책에 추대를 받아 취임했으며 비록 필부일지라도 절박한 세계정세를 보든지, 또한 민족적인 위기를 그야말로 사심 없이 인식한다면 종래의 민족고질인 파벌의식이나 지방색 악습 또는 소승적인 권세의욕 등을 단호히 초월하여 대동단결로 국난을 타개하기 위하여 응당 혁명과업 완수에 적극 헌신하여야 함에도 불구하고, 소위 일국의 참모총장으로 온 국민의 신망을 지닐 수 있는 장군답지 않게 적을 지척 간에 두고 개인의 정치적 기반의 부식을 위하여 현 단계에서 극히 유해한 지방적인 파벌을 조성했을 뿐만 아니라 피고인 자신의 권한이 축소된다는 사추 끝에 불원간 혹시 제거나 되지 않을까 왜곡 속단한 나머지 군사혁명위원회의 혁명행위를 방해할 목적으로……"

훗날 장동영 씨 자신은 반혁명 쿠데타를 계획한 일이 없다고 명백히 말하고 있다. 확실히 1심에서 반혁명모의죄로 사형을 선고받았으나 2심에서는 반혁명 모의 부분은 기소 취하되어 무기징역으로 감형되었다.

그러나 그를 따르던 박치옥, 문재준 등 5기 그룹의 일각에서 비록 치밀하지는 못했으나 병력동원을 계획한 일이 있고, 이렇게 된 배후에 장도영 씨의 영향이 있었다는 사실은 부인할 수 없을 것 같다.

먹느냐 먹히느냐의 숙명을 안고 출발한 김종필 라인과 반김세력의 다툼은 처음부터 박정희 소장을 업고 나선 김라인의 구상대로 추진되어 나갔다. 최고회의를 구성한 지 얼마 안 되어 한신, 박기석, 장경순, 정래혁 씨 등을 내각 쪽으로 내보내는 데 성공한 김종필 라인은 두 번째 목표이며 최대 고비인 장도영 그룹의 거세에 착수했다. 그 일차적인 방안이 5개 직책을 겸하고 있는 장도영 총장의 감투로부터 국방부장관 및 참모총장의 겸직을 해제하는 일이었다.

그 당시 가장 중요한 역할로 여겨지던 군 인사권을 장도영 총장으로부터 빼앗자는 것이다. 이를 위해 최고회의 의장의 타직 겸직을 금하는 비상조치법을 6월 3일 통과시키는 데 성공했다.

이렇게 해서 김종필 라인은 후임 육군 참모총장에 만만한 김종오 씨를 앉혔다.

참모총장직이 떨어져 나가던 날을 계기로 장도영 총장은 그 앞에 다가올 운명을 예감하고 있었다. 비상조치법이 통과되던 날 저녁 장도영 총장은 총장공관에서 문재준, 박치옥, 유원식 씨 등 평소 김종필 라인의 독주에 반발하고 있던 반김계의 최고위원들과 만나 서로 불만을 털어놓았다. 이때부터 그들은 전후 여섯 차례나 도심지를 피해 변두리 어느 가정집에 사복차림으로 모여 밀회를 거듭, 마침내 '박정희 및 김종필을 제거하고 비상조치법 및 최고회의법에 따라 설치되어 혁명정부의 중추적 역할을 하고 있는 중앙정보부를 폐지시키거나 마비시킨다'는 원칙에 합의, 그 방안들을 모색하기 시작했다는 것이다.

텍사스 토벌 작전

6월 하순 어느 날, 이들은 구(舊) 황실 재산관리 총국장실에 모여 '회의 중'이란 표지를 내건 채 마지막 밀회를 가졌고, 7월 3일 새벽 2시를 기해 거사키로 결정했다. 그 자초지종에 관해 사건에 연루되어 10년 징역형을 선고받은 바 있는 오기수 씨(당시 서울지구 범죄수사대 정보과장)는 훗날 다음과 같이 증언하고 있다.

"장총장을 중심으로 한 반혁명사건은 사실상 김종필 팀의 독주에 불안을 느낀 장총장 측이 힘을 만회하려다 당한 케이스지요. 김씨는 박 소장을 내세워 각급 기관과 최고회의까지 막후에서 조종했으니까요. 자연히 최고회의 위원들의 반감도 사게 됐지요. 헌병감 문재준 대령, 공수단장 박치옥 대령 등도 김씨의 독주에 불만이 많았어요. 5·16의 행동부대는 5기였는데 김종필이가 너무한다는 거예요. 이러다보니 5기생들이 자연히 장총장을 중심으로 모이게 됐지요. 문재준 대령, 박치옥 대령과 내각수반 비서실장 이희영 대령, 서울지구 범죄수사대장 방자명 중령, 송찬호 준장 등이 그들이었지요.

김종필 씨 거세 움직임을 본격적으로 벌이기 시작한 것은 6월 중순경입니다. 6월 3일 국가비상조치법이 통과되면서 장총장이 참모총장직을 내놓게 되고 최고회의 의장과 내각수반만을 맡게 돼 자신의 권한이 축소되자 이때부터 장총장과 비서실장 이희영 씨가 중심이 되어 모의를 꾸미기 시작했어요. 모의 내용은 '최고회의 의결'을 거쳐 김종필 씨 직책을 박탈하고 후임으로 김윤근 준장을 임명한다, 만약 실패할 경우 김종필 씨를 체포한다, 최악의 경우 박 소장도 거세시킨다는 것이었습니다.

'필요한 병력동원은 문재준 대령, 박치옥 대령이 맡는다'는 계획이었지요."

오기수 씨의 직속상관이었던 당시 서울지구 범죄수사대장 방자명 씨도 비슷한 내용의 증언을 하고 있다.

"혁명주체인 박 소장, 김종필 라인은 초기에 사실상 불안한 위치였습니다. 대미관계도 좋지 않았을 뿐 아니라 장의장을 에워싸고 있는 5기생들이 실력을 가질 수 있는 상황이었거든요. 서울에 주둔하고 있는 공수단을 박치옥 대령이 지휘하고 있었고 문재준 대령이 헌병감을 맡고 있었고…… 사실 나와 문·박 대령 그리고 장의장 비서실장이던 이희령 대령은 독주를 하던 김종필 씨를 체포하려고 계획을 세웠습니다.

D-day를 7월 1일로 잡았어요. 출동병력까지 다 준비를 해놓고 있었는데 문대령이 신윤창 중령(8기, 당시 수도방위 사령부 참모장)에게 '우리가 움직여도 너희 병력은 움직이지 말라'고 말했다는 겁니다. 그런데 신중령이 같은 8기생인 김씨에게 이 사실을 알렸나 봅니다. 하여간 김씨가 즉각 문대령에게 전화를 걸어 '우리가 서로 이러면 되겠느냐'고 중지토록 요청했다는군요. 그래서 문대령이 거사계획을 중지했지요."

두 사람의 증언 가운데 한 가지 다른 점은 오기수 씨는 거사계획이 사전에 발각되어 관련자들이 일망타진되었다고 말하고 있는 데 반해 방자명 씨는 김종필의 권유로 문재준 씨가 거사계획을 스스로 중지한 것처럼 이야기하고 있다는 점이다.

여하튼 이 사건을 계기로 장동영 씨와 그를 따르던 5기의 주체세력들은 하루아침에 몰락하고 말았다. 그런 반면 김종필 라인은 군정의 명실상부한 주류로 지반을 굳혔다. 이 사건은 단순한 5·16세력의 정리라는 의미

외에도 좀 더 넓게 한국군의 인맥형성에 하나의 계기를 가져다준 사건이었다. 왜냐하면 장동영 씨를 비롯한 거세된 인물이 주로 평안도와 황해도의 서북 출신이었기 때문이다. 건군 이래 한국군 내부에 가장 강력한 인맥을 형성해 오던 서북 출신의 한 가닥은 이렇게 해서 허물어졌던 것이다. 당시 신문기자들은 이 사건을 '텍사스 토벌 작전'이라 부르기도 했다.

제2라운드 권력 쟁탈전

'반혁명사건'이라는 빌미로, 5·16 후 최대의 라이벌 세력이었던 장동영 씨와 그를 따르는 5기 그룹을 거세시킨 김종필 라인은 사실상 군사정부의 기둥으로 등장했다. 막강한 중앙정보부 조직을 통하여 최고회의를 압도하면서 군정을 주도해갔다. 민정이양문제, 한일관계, 부정축재자 처리, 박정희 의장의 방미문제 등 국정에 관한 대소의 정책들이 거의 모두 김종필 씨와 그를 싸고 있는 브레인들의 머릿속에서 나와 추진되었다.

1961년 8월 12일, 박정희 의장은 마침내 민정이양 스케줄을 발표했다. 약 2년 후인 1963년 5월에 민정이행을 위한 선거를 실시하겠다는 내용이었다. 이 같은 이양 스케줄은 당시 대부분의 국민들과 우방 각국에 실망을 안겨주었다. 그 시기가 너무 멀다는 느낌이 들었기 때문이다. 많은 사람들이 6개월, 길어도 1년 정도를 생각했던 터라 드러내 놓고 불만을 털어놓지 못했지만 실망의 빛을 감추지 못했다. 그러나 적어도 시기를 못박아 민정이양을 약속한 것 자체만 해도 커다란 진전이었다. 사실은 이 정도의 공약 발표만 해도 미국의 압력이 있었기 때문이라는 뒷이야기도 있었다.

일단 민정 스케줄이 발표됨으로써 군정은 새로운 정국을 잉태하게 되었다. 그것은 현재 정권을 쥐고 있는 군인들이 민정 선거 때까지 어떤 일을 할 것인가 하는 문제였다. 물론 당초의 혁명공약대로 한다면 군인들은 민주정치의 굳건한 기반을 만들어 놓고 모두 원대복귀할 터였지만, '장도영 일파 반혁명 사건'을 통하여 주체세력 내부의 권력 다툼을 감지하고 있던 국민들의 대부분은 일이 그렇게 공약대로만 풀려나가지는 않으리라는 예감을 가지고 있었다. 이렇게 해서, 그 당시 최대의 관심거리는 박정희 의장을 비롯하여 군정 당국자들이 과연 민정에 참여할 것인가 안 할 것인가 하는 문제에 집중되었다. 그들의 거취문제에 관해서 어떤 최고위원은 단연코 원대복귀한다고 말하는 사람도 있었으나 많은 주체세력 인물들이 알쏭달쏭한 말로 여운을 남겼다. 실은 이미 권력에 맛을 들인 많은 5·16주체들이 이때 민정참여까지를 넘보고 있었던 것이다. 특히 김종필 라인은 민정참여를 기정사실로 전제하고 이에 대비한 정당조직을 구상하고 있었다.

이른바 사전조직으로 추진된 정당 결성작업은 1962년 1월부터 착수된 것으로 알려져 있으나, 그 청사진은 장도영 세력의 거세 직후에 이미 마련되고 있었다.

이 청사진에 따라 62년 초에는 구체적 인물의 포섭단계에 들어갔고 곧 이어 밀봉교육을 통한 정당요원의 양성이 진행되었다. 모든 것은 극비리에 추진되어 김종필 라인 직계의 몇몇 사람을 제외하고 대부분의 최고위원들마저도 아무것도 모르고 있었다. 5·16세력 내부의 제2라운드 권력쟁탈전은 이때에 잉태되었던 것이다.

김종필 라인이 비밀리에 정당조직을 진행하고 있다는 사실을 맨 처음 감지한 사람은 김재춘 씨였다. 당시 최고위원으로 있으면서 군검경합동수사 본부장으로 있던 김재춘 씨는 1962년 6월경 이 사전조직을 탐지하여 박정희 의장에게 보고까지 했다. 이 보고를 들은 박의장이 "전혀 뜻밖이다. 보다 구체적으로 철저히 조사해서 다시 보고하라"고 지시했다지만, 이 단계에서 과연 박의장이 김종필 씨가 하고 있는 일을 모르고 있었는지 여부는 밝힐 자료가 없다. 다만 이런 보고가 있은 후 박의장 자신이 직접 밀봉교육 현장을 살핀 적이 있으며 그 후부터 김종필 라인의 정당조직을 견제하려는 김재춘 씨의 보고는 눈에 뜨게 견제당했다고 한다.

'김종필, 너 혼자 다 해먹기냐'

12월초까지 1천 3백여 명의 요원 훈련과 대의원 확보를 모두 마친 김종필 씨는 드디어 그의 회심작인 민주공화당(초기 명칭은 재건동지회)의 베일을 벗겨 다른 혁명동지들에게 소개했다.

62년 12월 23일이었다. 김종필 씨는 그가 의혹 속에 건축한 워커힐에 최고위원들을 초대하여 워커힐 개관 축하 겸 이른바 정당조직에 관한 '김종필 플랜'이란 것을 브리핑했다. 5·16세력이 민정에 타고 넘어갈 정당의 이념과 조직개요였다. 바로 이 브리핑이 또 한 차례 권력다툼의 계기가 된 것이다.

이 날 김종필 씨는 새 정당의 특징인 이른바 2원조직에 관해 설명했다. 과거 우리나라의 정당들이 한결같이 인물 중심, 원내 중심으로 되어 있어 파벌과 비능률, 부패의 원인이 되었다고 규정하고, 이를 개혁하기 위해 사무국 조직이 정당활동을 컨트롤하는, 사무국과 원내라는 두 기둥을 근간으로 하는 2원적 정당조직을 소개했다. 이것은 그가 1년여에 걸쳐 만들어 놓은 공화당의 조직 특징이었다.

이 같은 김종필 씨의 설명을 들은 최고위원들의 충격은 컸다. 그동안 김종필 라인이 민정에 대비하여 정당을 꾸미고 있다는 이야기는 들었으나 그토록 철저한 비밀 속에서 그들만의 구상으로 모든 일을 마련해 놓은 줄은 몰랐었다. 최고위원들의 충격은, 자신들이 완전히 소외된 가운데 김종필계만이 독주해 왔다는 점, 베일을 벗은 공화당에 자신들은 주인이 아니라 개별적인 손님으로 참여할 수밖에 없도록 되어 있다는 점, 그리고 정당조직과 관련하여 소문난 여러 가지 석연치 않은 의혹들에서 온 것이었다. 그 의혹이란 공화당이 공산당 식으로 조직되었다는 설, 그 당시 남파되어 나중에 사형이 집행된 북한 거물간첩 황태성이 공화당 창당에 관여했다는 설 등이었다. 김재춘 씨 같은 사람은 공화당 창당그룹에는 과거 경력이 석연치 않은 사람들이 수십 명이나 포함되어 있다고 주장했다(이 부분은 이 책의 '박정희와 사상논쟁'을 참조).

김종필 씨가 브리핑을 끝냈을 때, 장내는 온통 수라장으로 변해 버렸다. "최고위원들과 상의도 없이 비밀리에 신당을 조직, 일방적으로 독주하려는 태도는 도저히 용납할 수 없다"고 야단들이었다. 여기저기서 고함소리가 터져 나오고 재떨이와 접시가 날아가는 판이었다. "김종필, 너 혼자 다 해먹기냐," "민정호 버스에는 당신만 타느냐"고 벌떼처럼 들고 일어나는 바람에 브리핑을 겸한 5·16세력들의 파티는 파장이 되고 말았다. 이때부터 김종필 라인과 반김세력 간의 제2라운드 대결, 그리고 후자에 대한 전자의 분쇄작전이 본격화된다. 최고회의 안에서 김형욱·길재호·옥창호·홍종철 씨 등 8기 출신은 김종필 플랜을 옹호하는 그룹이었으나 그 밖의 다수 최고위원들은 8기 중심 김종필 라인의 독주에 반대하는 입장이었다. 이때쯤 반 김종필 라인이라는 말이 나오면서 이들의 반김공세는 점차 확대돼 갔다. 그 중에서도 가장 강경한 반김 라인의 리더는 김동하 씨였다.

해병대의 지도자로서 5·16을 성공시키는 데 중요한 역할을 했던 김동하 씨는 거사 성공 후 군정기간 동안에 세운 공만큼의 대접을 받지 못한 편이었다. 장도영 세력과는 또 다른 면에서 김종필 라인의 견제를 받았기 때문이다. 그는 최고회의 재경위원장이란 자리에 있으면서도 증권파동조차 알지 못한 채 소외당하고 있었다. 이 같은 울분이 민정이양을 앞두고 김종필 플랜에 대한 반항으로 나타났다고도 볼 수 있었다. 특히 김동하 씨는 그 당시 민정에 대비하여 독자적인 정당조직을 구상하고 있었다는 이야기가 있었는데, 그것이 사실이라면 치밀한 조직으로 기선을 제압하고 나선 김종필 플랜은 김동하 씨의 정당구성에 치명적인 타격이 될 수밖에 없었다.

김동하, 송요찬, 반격공세

박정희 의장의 설득으로 김동하, 김재춘, 강상옥, 오정근, 조창대 씨 등 최고위원들은 일단 공화당에 발기인으로 참여했으나, 막상 발을 들여놓고 보니, 이것은 완전한 김종필 라인이었다. 늦게야 자기들은 꿔다 놓은 보릿자루밖에 되지 못한다는 사실을 발견했다.

공화당이 발기선언을 한 지 사흘 후인 63년 1월 21일 김동하 씨는 "당이라고 들어가 보니 우리는 박수부대에 불과한 것을 발견했다"면서 "국민을 배신할 수 없어 최고위원직과 공화당 발기인직을 사퇴한다"고 성명했다. 김동하 씨는 "최고위원들도 모르게 사당 같은 것을 만들어 놓고 우리더러 박수부대가 되라고 하니 말이나 되는가. 2원조직은 20만 선량을 로봇으로 만들려는 것이다. 정치활동 금지시기에 정당조직을 한 것은 역사의 심판을 받을 것이다"라며 김종필 계를 집중 공격했다.

김종필 씨의 공화당조직에 대한 반발은 김동하 씨를 비롯한 해병대 내지는 함경도 출신 세력만이 아니었다. 정치활동이 허용되고 공화당이 정식 발족한 1963년 초, 김종필 라인에 대한 공격은 여기저기서 폭발하듯 터져 나왔다.

그 제1탄은 전 내각수반 송요찬 씨로부터 나왔다. 송씨는 1963년 1월 7일 박정희 의장의 하야를 요구하는 폭탄성명을 발표하여 조야를 놀라게 했다. 송요찬 씨는 "나는 박의장을 아끼는 뜻에서 몇 번이고 공산당 식으로 조직한 공화당에 업혀나가면 망신만 당한다고 건의했으나 받아들여지지 않았다"고 김종필 씨를 공박한 다음 박의장의 출마포기와 야당의 대동단결을 호소했다. 그 때의 사정에 관해 송요찬 씨는 후에 이렇게 술회했다.

"1962년 증권파동을 고비로 하여 최고회의 측과의 의견은 더욱 맞지 않게 되니 내각수반이라는 직책을 벗어던지고 싶은 심경이었다. 그 해 6월 10일에 통화개혁이 단행되었고 그 후 1주일 만에 내각수반직을 사임하였다. 매우 홀가분했으나 마음 한 구석에는 이 나라가 장차 어떻게 될 것인지에 대하여 염려가 안 되는 바 아니었다.

일개 야인의 몸으로 돌아와 보니 군정에 대한 일반 국민의 여론은 심각한 데가 있었고 그러한 어수선한 민심에 못지않게 서민의 생활 형편이 나아진 것이란 현실적으로 아무것도 없는 실정이라 가슴 아팠다. 그러한 사실을 정직하게 자인한다면 정치에 관련된 우리 국군은 마땅히 혁명공약 그대로 민간인에게 정권을 이양하고 물러가야 옳다는 것이 세론이었다. 그럼에도 불구하고 1963년부터 민간인의 정치활동 재개와 아울러 혁명 주체세력이 고스란히 정치에 가담하고 나설 때 그 동안 1년 가까이 그들과 보조를 같이 해 온 나로서는 대단히 유감스러운 일이었다. 그래서 1963년 1월 8일 나는 성명을 발표하여 박정희 의장의 대통령 출마 반대의 뜻을 밝혔다."

제2탄은 유원식 씨가 터뜨렸다. 그는 오늘의 실정과 혁명정부의 위신실추는 김종필 씨 때문이라고 비난하면서 "그가 조직하고 있는 정당은 그의 추종자들이 모인 파당에 불과하다"고 공박했다. 제3탄이 김동하 씨의 반대였다. 그 후로도 박정희 의장의 대통령 출마 반대와 김종필 라인의 독주, 그리고 공화당 조직에 대한 반발은 광범위한 여론으로 확산되어 나갔다. 당시의 국방장관 박병권 씨를 비롯한 3군 쪽에서 박의장의 대통령 출마 포기를 주장하고 나섰는가 하면 김재춘 씨는 병력동원까지를 계획하면서 박의장의 민정참여 포기를 윽박질렀다. 야당은 야당대로 박정희 의장을 비롯한 5·16세력은 혁명공약대로 원대복귀하라고 아우성이었다.

불출마설 나돌기 시작

안팎으로부터 몰아쳐 오는 바람 속에 박정희 의장 자신은 어지간히 자신을 잃었고 정치에 환멸을 느껴 민정포기를 거의 결심했었다. 정치 환경뿐만 아니라 그 당시의 경제사정이 특히 박정희 의장의 심경을 크게 흔들어 놓았다. 외환고갈, 물가고에 겹친 식량난은 갈수록 심각했다. 63년 2월 초순, 호남지방의 민정시찰에서 농가 실태를 눈으로 살펴본 박의장은 5·16 후 군정의 경제정책이 완전한 실패였음을 확인했다. 이 무렵부터 그의 불출마설이 나돌기 시작했다.

경제적 실패와 야당의 공격, 거기다 5·16 동지들의 반목과 이탈은 박정희 의장의 정치의욕을 크게 꺾어 놓았다. 송요찬 씨가 폭탄선언을 했을 때는 침상에 엎드려 울었다는 이야기가 있다. 63년 2월 10일쯤부터 1주일 동안 박의장은 최고위원과 과거의 전우, 그리고 민간인 등 여러 인사들을 만나 소견을 들었다. 그가 만난 적지 않은 사람들이 민정불참을 권유했다. 당시 몇 명의 전우들은 "불출마로 인한 동지들로부터의 핍박보다 출마 · 집권함으로써 받을 심판이 더 크다. 내가 아니면 안 된다는 식의 환상을 그리다가 하와이로 망명한 이승만 박사가 되지 말라"고 눈물로써 충언했다는 얘기도 있다.

2월 18일 문제의 중대 성명이 나왔다.

1. 군은 정치적 중립을 견지할 것이며 민의에 의하여 선출된 정부를 지지한다.

2. 다음에 수립될 정부는 4·19정신과 5·16정신을 받들어서 혁명과업을 계승할 것을 확인한다.

3. 혁명주체세력은 그들의 개인의사에 따라 군에 복귀하거나 또는 민정에 참여할 수 있다.

4. 5·16혁명의 정당성을 인정하고 앞으로는 정치적 보복을 일체 하지 아니한다.

5. 혁명정부가 합법적으로 기용한 공무원에 대해서는 그 신분을 계속 보장한다.

6. 유능한 예비역 군인은 그들의 국가에 대한 공로를 인정하고 능력에 따라서 가급적 우선적으로 기용한다.

7. 모든 정당은 중상모략 등 구태의연한 정쟁을 지양하고 국민을 위해서 무엇을 하겠다는 뚜렷한 정책을 내세워 놓고 정책대결의 신사적 경쟁으로써 국민의 신임을 묻는다.

8. 국민투표에 의해서 확정된 신헌법의 권위를 보장하고 앞으로 헌법 개정은 국민의 여론에 따라 합법적인 절차를 밟아 실시한다.

9. 한·일 문제에 대해서는 초당적 입장에서 정부방침에 협력한다.

10. 앞의 제안이 수락된다면, 본인은 민정에 참여하지 않는다.

원대복귀 선언과 번의

2·18성명이 있은 지 이틀 뒤에 김종필 공화당 창당준비위원장이 일체의 공직에서 물러났고 최고회의에선 '소혁명'이라 불리는 대대적인 개편이 있었다. 그로부터 다시 1주일 후인 2월 27일 서울 시민회관에서 군정의 퇴진을 다짐하는 '정국수습을 위한 선서식'이 베풀어졌다. 3군 수뇌와 야당 정치인들이 동석한 선서식 무대 위에서 박정희 의장은 눈물을 글썽이며 "혁명정부의 노력은 이 나라 대다수 정치인들의 완고한 반대에 부딪치게 되어 일대 정치적 난국을 초래하게 되었으며 급기야는 오늘 이와 같이 정부계획의 후퇴와 양보로써 이 정국을 수습하기에 이른 것"이라면서 "본인은 민정에 참여하지 않겠다"고 서약했다. 박의장의 선언에 장내에선 우레와 같은 박수가 터져 나왔고 재야 정치인들은 그의 노고를 위로했다.

3군 쪽에서도 그의 원대복귀를 환영하는 공동성명을 발표했다.

김종필 씨는 모든 공직을 떠나 '2·27선언' 이틀 앞선 2월 25일 '자의반, 타의반'의 외유길에 올랐다. 이렇게 해서 박정희-김종필 라인은 하루아침에 일패도지한 것처럼 보였다. 그러나 그 후의 사태는 직업적인 야당 정치인들조차 혀를 내두르고 감탄했던 '기막힌 정략'에 입각한 반전극으로 나타났다.

김종필 씨는 동남아를 거쳐 프랑스 파리 등지로 돌아다니고 있었지만 결코 할 일 없이 외유하고 있던 것이 아니었다. 그는 국내에 있는 막강한 자기세력과 수시로 연락을 취하면서 롤백작전을 추진하고 있었던 것이다. 장태화 씨나 최영두 씨 같은 김종필 씨의 일급 참모들이 뻔질나게 장충동에 있던 의장공관을 출입하면서 박정희 의장의 번의를 종용한 것으로 알려졌다. 그 결과는 박의장의 그 후 발언에서 드러났다.

2·27선언이 있은 지 열흘도 안 된 3월 7일, 박정희 의장은 이른바 '원주 발언'을 통하여 태도변화의 조짐을 보였다. 일선시찰 도중 원주의 야전군 사령부에 들른 박정희 의장은 "해독을 끼친 구정치인은 물러나야 한다"고 강조하고, "정계가 혼란해서 위기가 다시 닥칠 때는 방관하지 않겠다"고 다짐했다. 민정 불참을 약속했던 2·18성명과 2·27선서를 뒤집고, 다시 민정에 참여하겠음을 암시하는 발언이었다.

원주 발언이 있은 지 나흘 후인 3월 11일에 김동하, 박임항 씨 등 '군 일부 쿠데타 음모사건'이 발표되고 그로부터 또 나흘 뒤에는 육군 장병 약 80명이 최고회의 앞마당에서 군정 연장을 주장하는 건군 이래 최초의 군인 데모가 벌어졌다. 이 날 군인 데모는 반(反)김종필 세력에 대한 시위였으며 박의장의 원대복귀를 주장한 박병권 국방장관에 대한 압력이었다.

박의장의 3·16 군정연장 성명은 군인 데모가 있은 지 하룻밤이 지난 바로 다음날에 나왔다. 이 성명에서 박정희 의장은 "정치적 체질개선은 비단 인위적인 노력에만 기대할 것이 아니라 특정한 기간이 필요하다"고 역설하면서 "사회적 불안과 정치적 무질서 하에서 선거를 치르고 정권 인수태세가 안 된 정치인들에게 정권을 이양한다는 것은 혁명 당국의 무책임"이므로 4년간의 과도적인 군정기간 설치를 제의하고 이를 국민투표에 부친다고 말했다.

군 일부 쿠데타 음모사건

이 3·16 군정연장 성명은 나중에 다시 '4·8조치'로 국민투표 실시의 보류와 정치 활동의 재개를 다짐하는 선으로 후퇴했으나 결과적으로 김종필 라인의 완전한 롤백을 뜻하는 것이었다.

특히 '군 일부 쿠데타 음모사건'에 의한 김동하 씨 등 반군세력의 거세는 박정희-김종필 라인의 민정참여 길에 가로막고 있던 최대의 장애물을 제거하는 작업이기도 했다.

1963년 3월 10일, 일요일의 한가한 서울 거리는 각 신문사에서 뿌린 호외로 긴장했다. 장도영 사건 이래 가장 큰 군 일부 쿠데타 음모사건이 사전에 적발되었다는 군정 당국의 발표였다. 중앙정보부를 비롯한 각 수사기관은 3월 8일부터 행동을 개시하여 전 최고의원 김동하(예비역 해병중장), 전 혁명검찰부장 박창암(예비역 육군준장), 전 건설부장관 박임항(육군

중장), 전 헌병감 이규광(예비역 육군준장), 전 치안국 정보과장 방원철(예비역 육군대령), 육본 작전처장 김명환(육군대령) 등을 체포했다. 체포된 사람들이 5·16주체들이요, 반(反)김종필 세력이었다는 점에서 국민들은 "역시 그렇구나"하면서도 놀라움을 금치 못했다.

5월 6일 육군본부 보통군법회의 검찰부는 이들을 포함한 20명을 특례법과 내란음모, 국가보안법 위반 등 혐의로 구속 기소하고, 최주종 소장 등 9명을 불구속 기소했는데 전 최고위원 오정근 씨는 해외여행 때문에, 이종태(예비역 대령) 씨는 도피 중으로 각각 기소 중지가 됐다.

검찰부의 공소에 따라 군 일부 쿠데타 음모사건은 박임항계(14명)와 김동하계(16명)로 나누어지고 또 박임항계에서 재판 관할상 공군 관계 피고인 5명은 공군본부 군법회의 검찰부에 의해 각각 기소되었다. 공소장 요지는 이러했다.

▲ 박임항계 : 전 육군 헌병감 이규광과 전 인천 HID 대장을 지낸 이종태, 그리고 예비역 대령 정진 등은 혁명정부에 개인적인 불만을 갖고 군 병력을 동원, 정부 요인을 제거한 후 집권하기로 합의하여 62년 11월 초부터 거사방안을 모의, 혁명정부에 불만을 갖고 있는 건설부장관 박임항을 혁명 총지휘관으로 선정, 이를 응낙받고, 동화통신 국방부 출입기자인 양한섭을 포섭하여, 군의 동향 등을 탐지하도록 하는 한편 이규광은 자금, 이종태는 계획, 정진은 군 동원을 각각 담당키로 합의, 군 병력 동원을 위해 육사생도대장 박준호 등 수명의 일선지휘관을 포섭하는 데 힘쓰는 한편 예비역 대위 김제영을 비롯한 행동대원으로 하여금 정부의 각

주요기관의 위치를 비롯하여 정부 요인의 주택과 주요 부대의 주둔위치 등을 사전에 조사케 하는 등 반국가 행위를 했다는 것이다.

8월 10일 육군본부 보통군법회의는 박임항, 이규광, 정진에 각각 사형, 양한섭, 김병철, 김제영 등에게 10년에서 2년까지의 징역을 선고했고, 도피했다가 체포된 이종태도 단독심에서 사형을 선고받았다.

▲ 김동하계 : 피고인들은 만주 광명중학교의 동창생 또는 같은 만주 출신으로서 평소부터 김동하를 중심으로 규합되어 친교를 맺어 오던 중, 혁명과업수행의 일익을 담당하기 위해 설치된 중앙정보부의 제반처사가 부당하다는 구실 하에 국가재건 최고회의에 그 시정을 요청한 바 있으나 시정될 여망이 보이지 않을뿐더러 민정이양에 대비하여 전 중앙정보부장 김종필이 창당준비를 하고 있는 민주공화당의 2원적 조직체계의 구성인물 등으로 미루어보아 김동하 등은 정치적 기반을 구축할 길이 없고 장차 사실상 거세되고 말 것임을 염려한 나머지, 당의 2원제는 비민주적 조직체계라는 구실 하에 심한 불만을 품고 63년 1월 10일경부터 해병대 출신 최고위원인 오정근과 자주 상종하여 상호정보를 교환하면서 끝내 만사가 뜻대로 되지 않을 경우에는 혁명정부의 전복조차 불사할 것임을 암암리에 기도하고 이에 대한 외국의 반향을 살피는 한편, 63년 1월 15일 김동하가 예비역으로 편입됨과 동시에 민주공화당 창당발기인으로서 동당의 창당에 관여해 본 결과 동당의 기반이 너무도 확고하여 피고인 김동하의 세력을 부식할 여지가 전혀 없음을 깨닫고 김동하가 공직에서 사퇴한다는 공개성명을 통하여 혁명정부를 비방함으로써 혁명정부로터 민심을 이탈케

하는 한편 해병대를 동원하여 무력충돌을 일으킴으로써 강압적으로 국가재건 최고회의 및 중앙정보부 등 국가기관의 기능행사를 불가능케 하여 혁명과업수행을 방해할 목적으로 쿠데타를 음모했다는 것이다.

5기와 서북출신의 함몰

이 두 갈래의 쿠데타 음모사건 가운데 5·16세력 내의 헤게모니 쟁탈전과 관련된 것은 후자인 김동하계의 모의 사건이었다. 지금도 과연 이와 같은 반혁명 모의가 당시 구체적으로 있었던가 하는 점에 대해서는 많은 사람들이 의아하게 여기고 있다. 검찰부의 공소장에 의하면 김동하 씨가 오정근 씨를 통하여 김포 주둔 해병여단과 서울지구 해병대 헌병을 동원하여 한강 중간지점까지 진격, 거기서 백기를 꽂아 놓고 정부 측과 협상을 벌인다는 시나리오로 되어 있었다. 협상조건은 첫째 김종필 씨를 외유시킬 것. 둘째 워커힐, 증권파동 등 4대 의혹사건을 국민 앞에 공개할 것, 셋째 공화당을 백지화할 것 등이었다.

쿠데타 음모치고는 엉성한 각본이었으나 모두 특례법 중 소요음모죄 혐의로 기소되었다. 육군본부 보통군법회의가 개정되자 피고들은 공소사실을 전적으로 부인하고 검찰 측의 심문조서는 수사기관의 혹독한 고문에 의한 허위자백이라고 주장했다. 5·16 직후, 혁명검찰부장으로 한때 서슬이 시퍼렇던 박창암 씨는 동사건이 정치적 조작극이라면서 검찰관에게 대들다가 법정모욕죄로 추가기소까지 당하기도 했다.

8월 20일 보통군법회의 심판부는 김동하, 박창암에게 징역 7년, 방원철, 이종민, 김영주, 박준호 씨 등 나머지 피고들에게 징역 6년을 각각 선고했으나 고등군법회의에 계류 중 12월 16일, 박준호 씨를 제외하고 전원 사면조치를 내렸다. 이때는 박정희 의장이 민정의 대통령에 당선되어, 박정희-김종필 라인이 새 공화국의 집권 세력으로서 명실 공히 등장한 다음의 일이다.

쿠데타 음모사건에 몰아붙여 김동하계를 일망타진함으로써 민정을 위한 정치활동과 선거기간 동안, 군정 내부에서 김종필계에 대항할 만한 조직 세력은 존재하지 않게 되었다. 이 거세 작전을 당시 기자들은 '알래스카 토벌 작전'이라고 불렀다. 이로써 해병대의 주류와 건국 이래 국군의 또 한 가닥 인맥을 이루어 오던 함경도 출신은 군부 내에서 그 중핵적인 위치를 상실하고 말았다.

5기와 서북 출신이 중심이 된 장도영 세력의 거세, 그리고 해병대와 관북 출신이 중심이 된 김동하계의 거세를 계기로 8기 중심의 김종필 라인은 군정과 민정에 걸칠 5·16세력의 완벽한 주류로 터를 잡았다. 두 세력이 거세된 이후 개별적인 반발이 있었으나 그들의 힘은 사태를 뒤엎을 만한 것이 못 되었다.

그 가운데 가장 강력했던 것은 3대 중앙정보부장이었던 김재춘 씨의 반발이었다. 그는 한때 범국민정당 구상을 가지고 김종필 라인에 맞섰으나 끝내 당하지 못하고 납치당하다시피하여 강제 외유당하고 말았다.

반김세력의 맹장으로 맨 처음 박정희 의장을 걸고 넘어졌던 송요찬 씨는 민정의 대통령 선거전에 야당정치인들과 손잡고 한때 대통령후보로 출마까지 했으나 군 재직 시에 있었던 부하 즉결처분사건이 뒤늦게 말썽이 되어 1963년 8월 구속되었고 이를 계기로 송요찬 씨의 정치적 활동은 끝장이 나고 말았다.

한 가지 덧붙일 일은 박정희-김종필 라인이 권력 장악을 확고히 해가는 과정에서 무수히 저항세력을 분쇄해 나갔으나 결코 적대세력을 인간적으로까지 말살하지는 않았다는 점이다.

5·16 당시의 많은 동지들이 반혁명사건 등에 관련되어 사형, 무기징역 같은 극형이나 장기 징역형에 처해졌으나 그들의 어느 누구도 사형이 집행되지 않았고 선고된 형량을 전부 복역한 사람도 없었다.

재판을 받고 단기간 복역한 다음에는 거의 모두가 어떤 형태로든지 석방이 되었다. 그리고 생활해 나갈 만한 터전을 마련해 주었다.

많은 사람들에게 국영기업체의 중역자리가 주어졌고, 어떤 사람은 국내에서 기업터전을 마련할 수 있는 자금을 제공받았다. 또 어떤 사람은 외국 유학의 기회가 부여되었다. 다만 어떤 경우에도 정치적인 반대세력으로 재등장할 소지만 철저히 봉쇄되었음은 물론이다.

5·16 쿠데타와 군정 940일

최고회의 시절

편안한 날 없던 장면의 민선정부

겪고 보니까 "그게 아니었구나"하고 생각했지, 5·16이 나기까지는 누구도 국민으로부터 선임된 정권이 그렇게 쉽게 쿠데타로 무너지리라고는 생각지 않았다. 장면 총리가 육군참모총장 장도영의 말을 너무 믿고 있다가 당했다든지, 민주당 사람들이 "한국에 유엔군이 주둔하고 있는 한 군부거사는 일어날 수 없다"고 마음을 탁 놓고 있다가 당했다는 따위의 평가는 이제 와서 돌이켜보니 그랬다는 것이지, 정작 쿠데타가 일어나기 전까지는 대부분의 사람들도 장 총리나 민주당 사람들이 낙관했던 것처럼 그렇게 여기고 있었다. 당시의 기자들도 그랬다.

4·19 이후의 폭발적인 자유와 무질서 속에서 장면 정권은 한시도 안정된 날이 없었다. 특히 1960년 10월 11일, 부상학생들이 의사당에 난입했을 때는 위기감까지 감돌았고 1961년에 들어와서는 갖가지 위기설이 꼬리를 이었다. 군부거사도 가능성으로서 이야기되었다.

그러나 4·19 후의 혼란을 자유당 독재에 대한 일시적인 반발현상으로 해석했던 대부분의 당시 기자들은 어느 시기가 지나면 자율적으로 질서는 회복될 것이며 한국의 민주주의는 그 때부터 꽃을 피울 수 있으리라고 막연한 기대를 갖고 있었다.

정작 61년에 들어서면서부터는 이런 희망적인 전망이 사회의 각 부분에서 나타나기 시작하고 있었다. 하루도 거르는 날이 없었던 데모는 눈에 띄게 고개를 숙였고, 사법부나 언론계의 일각에서는 스스로 자숙하는 움직임이 일고 있었다. 수세에만 몰려 있던 장면 정부도 자세를 가다듬어 이제 막 통치력을 발휘하기 시작했다.

3월 위기설이니 4월 위기설이니 하던 고비를 넘기고서 기자들은 새삼 민선정부의 저력을 발견한 듯한 기분이었다. 5·16은 이런 때에 일어났던 것이다.

당시 「민국일보」 정치부 기자로 있던 필자는 시내에 총성이 요란하다는 전화 연락을 집에서 받고 눈을 떴을 때, 맨 처음 머리에 떠오른 것이 북한군의 침입이었다. 나중에 안 일이지만 회사 동료들이나 출입처의 다른 사 기자들도 처음엔 제2의 6·25를 생각했다는 친구들이 대부분이었다.

이제 와서 생각하면 이상스런 느낌도 들지만, 그 때 쿠데타 발생을 대뜸 직감한 사람은 한 사람도 없었던 것으로 기억된다. 어떤 기자는 강도 사건이 일어난 것으로 여겼다고 했다. 심지어는 "친애하는 애국 동포 여러분! 은인자중하던 군부는 오늘 아침 새벽을 기하여 일제히 행동을 개시하여…… 운운"하는 혁명위원회의 방송을 듣고서도 이것이 무슨 라디오 드라마인가 하고 생각했다는 기자도 있었다. 적어도 청와대와 총리실과 국회를 직접 취재하고 있던 당시의 정치부 기자들에게 있어 그 시점에서의 쿠데타는 뜻밖으로 받아들여졌다.

그 당시에 국방부를 출입하고 있던 동료기자들도 마찬가지였다. 군부거사이기 때문에 군 담당기자들이 가장 정통할 것으로 생각했으나 사실은 그들도 거의가 깜깜무소식이었고 쿠데타의 가능성에 대해서도 대부분이 회의적이었다.

5·16 당일에는 국방부 출입기자들의 뉴스 속도가 오히려 정치부 쪽보다 느렸다. 그 까닭은 국방부 기자들이 전날인 5월 15일 해군함정으로 연평도 조기잡이 취재를 갔다가 그 날 밤늦게 귀경, 쿠데타의 총성이 요란했을 즈음에는 모두가 깊은 잠에 떨어져 있을 때였기 때문이다. 대부분의 국방부 기자들이 신문사의 연락을 받고 국방부로, 육군본부로 뛰어나갔을 때는 쿠데타군이 이미 서울 일원을 장악하고 육본을 포위하고 있을 때였다.

그 시각에는 출동군이 어느 부대인지, 그리고 거사 주동자가 누구인지도 모르는 때였다. 이런 상황 속에서 우연이기는 하지만 쿠데타의 진짜 지도자인 박정희 소장을 맨 처음으로 만나 말을 건 기자는 아마도 조선일보의 B기자였을 것이다. 국방부 출입 베테랑의 B기자는 그 날 아침 7시가 넘어 허겁지겁 육본에 도착하여 참모총장실로 뛰어 올라가는 도중, 복도에서 박 소장 일행과 맞닥뜨렸다. 나중에 안 일이지만 박정희 소장은 혁명 지지 여부를 놓고 태도를 결정짓지 못하고 있는 장도영 총장을 설득하기 위해 만나러 가는 길이었다.

맞닥뜨린 순간 이 사람이 혁명의 리더라고 직감한 B기자는 박 소장 옆으로 다가가 "형님! 좀 뵐 수 없습니까?"하고 말을 건넸다. 그러자 같이 가던 박창암 대령이 의아한 표정으로 "형님이라니……"하고 반문했고 박 소장이 말을 가로막아 "어젯밤을 꼬박 세웠으니 잠 좀 자고 이따 만나주마"고 하더라는 것이다.

5·16 이후 박정희 장군을 형님이라고 부른 사람은 아마도 B 기자가 처음이자 마지막이었을 것이라고 기자사회에서는 한때 화젯거리가 되었다.

미국은 '장면 정권 지지, 쿠데타 반대'

해병대를 선두로 한 쿠데타군이 헌병 50명의 저지를 뚫고 한강을 넘어섰던 16일 새벽 3시 30분부터, 장면 총리가 중앙청에 나타나 내각총사퇴를 결의한 18일 오후 2시 30분까지의 55시간 동안은 그야말로 한국헌정사의 운명을 결정짓는 격동의 고비였다.

16일 아침 먼동이 터올 무렵 서울 시내 요소요소를 점령한 쿠데타군을 보고 나는 '이제 한국은 전혀 경험해 보지 못했던 군인들의 정치를 맞이하게 되는구나'하는 직감이 들었다. 쿠데타는 성공한 것으로 보였던 것이다. 그러나 그로부터 몇 시간 뒤에 일어난 사태는 당시의 신문검열로 말미암아 일반 시민들은 느끼지 못했지만 직접 취재를 하고 있던 기자들에게는 무엇이 어떻게 될지 알 수 없는 심각한 위기감으로 받아들여졌다.

온통 벌집을 쑤셔놓은 듯 정신없이 돌아가는 신문사에 미국 대사관으로부터 성명 발표가 있을 것이라는 전화가 온 것은 오전 9시경이었다. 이 전화연락을 받은 각 신문사 기자들은 을지로 입구 지금의 미공보원 자리인 미국 대사관으로 달려갔다.

그러나 대사관 정문은 묵직한 철문이 내려진 채 아무도 출입할 수가 없었다. 시청 앞과 반도호텔(지금의 롯데호텔) 앞에 집결해 있던 얼룩무늬의 공수단 군인들이 이상한 눈초리로 대사관 앞에서 웅성거리고 있는 기자들을 쏘아보고 있었다.

이윽고 대사관 동쪽 옆문이 있는 2층 창문이 열리면서 유인물이 뿌려졌다. 대사관 발표문답지 않게 16절지 갱지에 구식 등사판으로 황급히 인쇄된 삐라와 같은 유인물이었다. 이것이 바로 한때 5·16을 최대의 위기로 몰아넣었던 마셜 그린 대리대사와 카터 매그르더 유엔군 사령관의 '장면정권 지지, 쿠데타 반대'성명이었다.

이 성명문을 2층 창문을 통해 뿌렸던 시각, 대사관 안에는 그린과 매그루더가 청와대로 윤보선 대통령을 만나러 가기에 앞서 머리를 맞대고 대책을 숙의하고 있었으나 그들 어느 한 사람도 기자들을 직접 만나려 하지는 않았다. 무엇이 무서웠던지 대사관 직원마저도 성명문만 뿌려 놓고는 얼굴을 내밀려고도 하지 않았다. 때문에 기자들은 대사관 성명에 대한 배경설명 같은 것은 들어보지도 못한 채 머리 위에서 뿌려진 유인물을 다투어 주워 갖고는 각사로 직행했다.

성명 내용을 서둘러 기사화하여 그 날 석간용으로 넘겼다. 그러나 이 중대한 뉴스는 쿠데타군이 재빨리 실시한 검열제도에 걸려 한 줄도 보도되지를 못했다.

신문 검열은 16일자 석간부터 실시됐다. 그 때는 쿠데타가 성공할지 어떨지 아무도 알 수 없는 시간이었지만 거사계획 때부터 쿠데타 세력은 방송국 점령과 방송을 통한 혁명선포 및 언론에 대한 검열 실시를 가장 중대한 초기대책으로 결정해 놓고 있었다.

재빨리 신문 검열단이라는 것이 구성되어 시청 안에 자리잡고는 각사에 연락하여 그 날 석간부터 신문대장(인쇄 전의 가 인쇄지)을 갖고 검열을 받으라는 통고였다. 검열 책임자는 나중에 육군 보도부장이 된 김원섭 대령이었다.

각사에서는 하루에 두 번씩 조석간 대장을 들고 일일이 검열을 받으러 다녔다. 기사 가운데에 혁명군에 조금이라도 불리할 듯한 내용이나 반(反) 쿠데타적인 외신 보도는 모조리 삭제되었다. 당시 대부분의 외신은 한국의 쿠데타에 반대 내지는 비판적이거나 회의적이었기 때문에 거의가 삭제되었다.

검열에 걸려 삭제된 부분은 인쇄연판장을 칼로 깎았기 때문에 깎인 부분은 흰색으로 인쇄되어 볼썽사나운 꼴로 신문이 발행되었다. 신문을 받아 든 독자들은 백판으로 나간 그 자리에 무슨 기사가 있었는지 알 길이 없었으나 적어도 쿠데타 세력에 호의적이지 않은 어떤 뉴스가 있었으리라는 짐작은 누구나 가질 수 있는 일이었다.

검열 당국은 이를 곧 눈치챘다. 2,3일 후에는 삭제된 부분을 백판으로 내는 것이 금지되고 그 자리에 아무 기사라도 채워서 낼 것을 요구해왔다. 이 바람에 신문 체제는 겉으로는 제 모습을 갖추게 되었으나 군데군데 빠진 백판에서 퀴즈와도 같은 스릴을 느끼기도 했던 독자들의 한 가지 재미는 사라지고 말았다. 검열기술의 발전이기도 하지만 이런 면에까지 치밀하게 신경을 쓰고 있는 쿠데타군의 '영리함'에 당시 기자들은 혀를 내둘렀다.

재미있는 사실은 5·16 첫날, 석간 검열 때부터 훗날 주류·비주류로 갈라진 주체세력 내부 갈등의 싹이 드러났다는 점이다.

16일 석간 단계에서는 출동부대의 소속과 편제를 정확히 알지는 못했으나 대부분의 신문들이 주동부대는 공수부대인 것으로 여기고 있었다. 왜냐하면 시내 요소요소를 점령하고 있는 군인들의 복장이 얼룩무늬의 공수부대 복장이었기 때문이다. 그래서 석간보도에서는 쿠데타군의 주동이 공수부대라고 못 박아 나갔다. 그러나 막상 대장을 갖고 시청에 갔을 때, 검열관은 '해병대도 혁명에 참여했다'면서 그 날 새벽의 쿠데타군 진입 경위는 모두 삭제해 버리고 말았다.

그 때만 해도 기자들은 거사에 나선 군인들이 누구나 한마음으로 똑같은 신념 아래 궐기한 것으로만 알았지 거사의 주도권을 놓고 미묘한 갈등을 빚으리라고는 상상도 못했다. 이래서 공수단이 주도했느니, 해병대가 선두에 섰느니 하는 등의 이야기는 이상스럽게 들렸다.

이 주도권을 둘러싼 갈등의 싹은 며칠 후 좀 더 눈에 띄게 드러났다. 처음 기자들을 오히려 귀찮게 여기면서 때로는 적대감마저 갖고 대하는 듯했던 쿠데타 세력은 집권 전망이 확실해지자 이번엔 기자들을 이용하려는 기색을 보이기 시작했다. 5·16 사흘쯤 후부터 공수단 장교들은 기자들을 한 사람씩 책임지고 대동하게 하면서 혁명주역은 공수부대였다는 뜻의 선전을 했다.

박치옥 대령을 비롯한 공수단 장교 9명은 5월 26일 내외신기자회견을 정식으로 자청하여 은근히 혁명의 주동세력이 공수부대임을 과시하기도 했다.

기자 혐오증 심했던 박정희 소장

그 때도 취재와 보도를 활발하게 할 수 있었던 것은 외신 기자들이었다. 그들은 군정 당국의 검열을 받는 바 없이 마음대로 취재하여 타전했고 이것이 그대로 외신에 보도되었다. 다만 국내신문은 검열 때문에 이를 게재하지는 못했다.

그러나 이들 외신과 외신기자들을 통하여 국내 기자들은 쿠데타의 진짜 실력자나 성분, 경위, 그리고 쿠데타에 대한 세계의 반응, 특히 미국의 반대 입장 등에 관하여 자세히 파악할 수 있었다. 5·16 초기단계에서 미국이 그토록 단호한 태도로 쿠데타를 반대했던 최대의 이유가 박정희 소장을 비롯한 몇몇 주동세력의 과거경력과 관계된 사상 성분 때문이었다는 사실도 외신을 통하여 알 수 있었다.

5월 16일 낮, 한국의 쿠데타 소식을 듣고 일본의 다찌까와(立川) 비행장에서 구미계 특파원들이 대거 내한했다. 내한 즉시 그들은 미대사관으로 직행하여 그린 대리대사로부터 한국 쿠데타에 관한 브리핑을 들었다. 2시간 남짓 계속된 이 브리핑에서 가장 중점적으로 설명된 부분이 쿠데타 주동세력의 성분과 이로 미루어 짐작되는 5·16의 성격, 그리고 이에 대한 미국의 대응태도였다.

같은 외신이지만 일본 기자들의 경우는 좀 고생이 많았다. 자유당 정권 때는 이승만 전 대통령의 철저한 반일(反日)주의 때문에 일본 기자는 한국 땅에 발도 못 붙였으나 4·19가 일어난 후에 「아사히신문」(朝日新聞)을 선두로 몇몇 유력지들이 한국에 특파원을 파견하여 5·16때는 「아사히」,

「요미우리」(讀賣), 「마이니찌」(每日) 등 3대 신문과 「교도통신」 및 「NHK 방송」이 들어와 있었다. 일본 특파원들의 당시 본거지는 반도호텔이었다.

5·16 당초에는 거의 깊이 있는 취재를 못하고 스케치 정도를 취재하여 본사에 송고하는 정도였다. 그런데도 한 특파원은 어느 혁명군으로부터 협박을 당한 사건이 있었다. 「요미우리신문」의 시마모또(島元謙郎) 기자였다.

5월 27일 밤, 시마모또 기자가 묵고 있는 반도호텔에 자칭 혁명군의 육군 중령이라는 군인이 권총을 빼들고 나타나 거의 한 시간 가량이나 침대 모퉁이에 앉아 「요미우리신문」을 성토하면서 시마모또 기자를 협박했다는 것이다. 이유인즉 「요미우리신문」이 워싱턴발 AP 통신으로 '차기 정권은 송요찬 장군에게 돌아갈 것인가?'라는 기사를 실었다는 것이다.

서울특파원과는 관계가 없고 더구나 AP를 본지가 전재한 것이 마음에 들지 않는다고 협박당했으니 시마모또 기자도 억울했겠으나, 중요한 점은 이런 일에서도 벌써 군정 내부의 권력다툼이 있었다는 사실이다.

혁명 초기 박정희 소장의 신문 기피는 대단했다. 어떤 때는 깜짝 놀랄 정도로 신문 내지는 신문기자에 대한 불신감과 혐오감을 노골적으로 드러내곤 했다. 한마디로 이야기해서 쿠데타 당초에 박 소장이 신문기자를 보는 눈은 모조리 사기꾼이나 사이비 기자 정도로 비쳤던 것 같다.

이렇게 된 원인이 무엇 때문이었는지 확실한 것을 꼬집어 이야기할 수 없지만 아마도 그 스스로가 군 지휘관으로 있으면서 오랫동안 겪었던 기자들과의 접촉결과와 4·19 이후 혼란했던 사이비 언론의 횡포 때문에 아니었나 생각되었다.

자유당 시절로부터 민주당 정권에 이르기까지 국내 언론계의 풍토는 평균적으로 이야기할 때, 그렇게 바람직한 것이 못 되었다. 중앙과 지방 몇몇 주요도시의 한정된 언론사회를 제외하고 광범위한 부분에서 신문기자는 자주 색안경을 끼고 상대되었고 그들이 만들어내는 군소 신문이나 통신은 이름만이 보도기관일 뿐 사실상 공갈이나 어느 특정이익을 비호하기 위한 사이비 언론일 경우가 많았다. 이래서 어엿한 대학을 나와 제딴에는 나름대로의 생각을 갖고 언론계에 투신한 젊은 기자가 도무지 상대해 주는 처녀가 없어 결혼을 못하는 케이스도 있었다.

특히 4·19 이후 우후죽순처럼 발행된 수많은 주간, 월간의 신문, 통신은 거의 하나같이 사이비 언론이라고 보아도 틀림없었다. 지방의 깡패나, 사기꾼 혹은 부정을 저지르다 쫓겨난 특수기관원들이 하루아침에 신문기자로 변하여, 몇 부나 찍어내는지 알 수도 없는 '신문', '통신'의 기자신분증을 갖고 공갈과 사기 행각을 일삼기도 했다.

쿠데타 전에, 박 소장이 사령관으로 보직 받고 있던 부산 군수기지사령부처럼 물자를 다루는 군 관계기관에는 특히 이런 사이비 기자들이 주변에 들끓고 있었다. 군수물자를 둘러싼 부정이 꼬리를 이었기 때문이다.

5·16 때「부산일보」기자로 있으면서 군수기지사령관 당시의 박 소장과도 취재관계로 잘 알고 있던 김종신 기자는 그의 저서『0시의 횃불』에서 이렇게 기술하고 있었다.

"군, 경 수사기관 끄나풀로 공갈 협박만 일삼던 나부랭이들이 기자증을 휘두르고 돌아다녔다. 이런 사이비 기자 때문에 '파리'라는 대명사가 붙여졌다. 신문기자라면 마치 수사기관원시한다.

파리 떼는 썩은 곳을 찾아들기 마련이다. 부산은 군에 보급될 군수물자가 부두와 들판에 산적되어 있는 곳이다. 검열기관에서 현품과 대조하려면 5, 6개월을 헤아려도 밑바닥이 보이지 않는다는 말도 있었다. 그렇기 때문에 정확한 숫자는 파악할 수가 없다. 군 수사기관은 절도, 군수품 부정처분 사건이 연발하는 고로 50만 원 이하의 사건은 취급할 생각을 안 했다. 사라다유, 콩, 피복, 화학약품, 자동차 부속품은 권력기관과 내통하여 트럭 화차떼기로 팔아먹었다. 신문은 '모 기지창에서 몇천만 원의 군수품을 부정처분'이란 기사를 취급하지 않는 날이 없었다.

일개 하사관이 비행기를 타고 서울로 오르내리며 호텔 자가 붙지 않은 곳은 상대를 하지 않았다. 허풍깨나 센 국방위원들의 메모를 받아 제법 정치적으로 놀아났다. 국회 국방위원들의 세력은 대단했다. 수사기관에서 있었던 일이다. 집을 몇 채나 사고 고향에는 수십 마지기의 전답을 살 정도로 막대한 돈을 번 사람이 있었다. 각 기관장들은 모두가 형님으로 통했고 청장실을 제 사랑방처럼 들락거렸다.

이런 자들이 후일 기자랍시고 행세를 했으니 아이러니도 이만저만 아니다. 김·권 양 상사는 무슨 민보사 기자가 되었다고 군수기지 사령부를 들락거리는 것을 보았다."

박 소장은 이런 부패와 '사이비'가 판을 치는 곳에서 언론관을 키웠다고 볼 수 있다. 박 소장뿐만 아니라 쿠데타의 중심이 되었던 장급 장교들은 당시 사이비 기자들로부터 가장 많이 시달림을 받았던 대대장급 지휘관이었기 때문에 이런 점에서도 이들의 대언론관이 어떠했으리라는 점은 대개 짐작할 수 있다. 다만 그들이 접촉했던 기자들이 대부분 지방의 사이비 기자들이었다는 점에서, 이들을 기준으로 삼아 전체 언론을 평가한 일은 훗날 쿠데타 성공 이후의 대언론정책이 여러 가지 실수를 저지른 원인이 되었다.

통신사가 무엇 하는 곳인지도 몰라

쿠데타군이 최초의 통치기구인 군사혁명위원회를 조직하여 정식으로 사무소를 차린 것은 16일 오후 1시 무렵, 장소는 국회의사당(지금의 서울특별시 의원회관) 자리였다. 그 날 오전까지만 해도 국회 출입기자들은 평상시처럼 국회기자실에 들어갈 수 있었다. 오전 중에는 후에 대통령이 된 김대중 씨가 사흘 전에 인제지구 민의원 보궐 선거에서 당선되어 국회의사당에 들러 국회사무처에 의원등록을 하는 것이 목격되었다.

그러나 국회 출입기자들은 그 날부터 할 일을 모두 잃어버렸다. 당일 점심을 먹고 기자실에 들어가려고 했을 때 착검한 공수부대원들이 번쩍번쩍하는 눈초리로 기자들을 가로막으면서 몸수색부터 했다. 출입기자들은 의사당에서 쫓겨났고, 결국 길 건너편에 있던 외무부 기자실에 모두 모여 들었다.

혁명위원회 출입기자실은 아니었지만 갈 곳 없이 모인 정치부 기자의 집결지처럼 된 이곳이 자연스럽게 최고회의 기자실이 되어 버렸다(혁명위원회는 19일자로 '국가재건 최고회의'로 이름이 바뀌었다).

의사당 앞 계단 양쪽에 기관총을 걸쳐 놓고 그 속에서 무엇을 이룩하고 있는지 알지 못한 가운데 뉴스에 굶주린 기자들은 건너편 기자실에서 발표문 나오기만을 기다리는 답답한 처지였다.

연락사항이 있을 때는 군인이 건너와서 "발표가 있습니다"고 전해 왔고 의사당으로 가면 들어가기 전에 일일이 몸수색을 당했다.

당시의 최고회의 공보실장은 원충연 대령이었다. 발표 장소는 본회의장이었다. 바로 어제 그제까지도 국사를 논의하던 의사당 본회의장 국회의 원석에 기자들이 필기구를 들고 앉고 원 대령이 단상 의장석이 있던 자리에 높이 앉아, 발표문을 읽어 내려갔던 것이다.

공보실에서는 매일매일 최고회의 관계의 기사 건수와 신문에 난 단수까지 일일이 통계 내어, 적으면 적다하고 많으면 많다고 경고가 내려왔으며 기사가 크게 다루어지면 왜 이렇게 요란스럽게 쓰느냐고 야단이었다. 발표문은 글자 하나가 틀려도 안 되며, 문안 중 받침 같은 것이 틀려도 신문은 그대로 내보내야 했다. 모든 것이 군대식이었다.

최고위원이 된 군인들이 언론에 대해서는 너무도 몰랐다.

어느 최고위원은 당시의 「합동통신」 기자를 보고 어느 신문사 기자냐고 물어, 통신사라고 대답하자 대뜸 전화 고치는 회사냐고 반문했다가 "아, 그 쓰쓰 톤톤 하는 곳이냐"며 알았다는 듯이 고개를 끄덕거리더라는 것이다.

원충연 대변인은 신문의 생리를 알기는커녕 전혀 융통성이 없는 고지식한 사람이었다. 기사관계로 그가 약간 기분이 언짢을 때면 기자들을 모아 놓고 마치 일등병 다루듯 기자들을 훈계하려고 했다.

최고회의가 지금의 경제기획원 건물로 옮긴 다음 원 대변인은 결국 좀 더 능수능란한 이후락 예비역 육군소장으로 대체되었다.

부드럽지 못했던 혁명 주체와 언론

최고회의 시절 군정당국과 출입기자들과의 관계는 꽤 오랫동안 부드럽지 못한 사이로 계속되었다. 부드럽지 못한 정도가 아니라 초기에는 위기감마저 감돌았다. 그 이유는 여러 가지가 있었다.

군정 쪽으로 말하자면 박정희 장군 자신을 비롯한 핵심 주체들의 기자들에 대한 좋지 않은 선입관과 언론에 관한 무식함이 있고, 기자 쪽에서 이야기하자면 쿠데타 자체에 대한 회의감과 초기에 있었던 의혹이 아무래도 꺼림칙한 것으로 마음에 걸렸다.

박 소장의 과거 경력과 관련된 사상적인 의혹은 5·16당초 일부 외신보도를 통하여 알려진 바 있었지만 혁명공약이나 군정의 초기시책 등에 비추어 처음부터 의심할 여지는 없는 것으로 받아들여졌다. 정치부 기자들 가운데는 미국이 박 장군 및 5·16 쿠데타의 성격에 관하여 의심했던 것과 같은 그런 식의 의혹이 아니라 자유민주주의가 아닌 일종의 국가사회주의적인 생각을 갖고 있는 것이 아닌가고 추측한 친구들이 있었다.

이러한 추측은 쿠데타 이틀 후인 5월 18일, 김종필 중령(당시 예비역)이 첫 기자회견을 열고 혁명의 동기, 과정, 앞으로의 목표 등을 설명하는 가운데서 혼합경제라는 말을 쓴 데서 더욱 짙어졌다. 그렇지 않아도 쿠데타의 성격에 관해 의혹적인 이야기들이 많았던 때에 주체세력 중에서도 핵심인물로 알려진 김종필 씨가 처음부터 이런 말로 시작했으니, 기자들의 오해를 살 만도 했다.

이런 추측 내지는 오해와 관련하여, 군정 초기에 재미있는 에피소드가 있었다. '별명사건'이라고 불리었던 이 에피소드는 발단이 정치부 기자들의 무료함에서 비롯된 것이었다.

자유당, 민주당 시절을 통하여 신문사의 정치부라고 하면 그 주된 취재 무대가 국회와 정당이었다. 취재대상으로는 경무대(민주당 때에는 청와대), 중앙청, 외무부가 포함되었으나, 경무대는 이승만 대통령 시절 어쩌다가 한 번씩 있는 기자회견 빼놓고는 접근할 수 없는 곳이었고, 민주당 때 윤보선 대통령이 주인이 된 후로는 본관까지도 자유로이 출입할 수 있게 되었으나 이때는 내각책임제하의 대통령 관저라 별 볼일 없는 곳이 되어 있었다.

중앙청은 자유당 시절에는 사실상 경무대의 부속기관 비슷한 형태였다가, 민주당 때에는 총리실을 중심으로 행정의 총본산이 되었으나 실질적인 정책수립과 인사결정 등은 중앙청 회의실이 아니라 민주당 당사나 총리 숙소였던 반도 호텔 8층에서 이루어졌다. 따라서 담당기자는 역시 국회, 정당 출입 기자였다.

결국 5·16이 일어나기 직전의 신문사 정치부는 총인력의 90% 가량이 국회를 중심으로 뛰고 있었으며 행정부 쪽은 한두 사람이 맡는 것으로 족했다. 당시 국회와 각 정당기자실에는 중앙의 기자만으로 상시 약 2백 명이 출입하고 있었다. 지방지의 기자까지 합하면 3백 명에 육박했다(4·19 이후에 새로 생겨난 군소언론의 기자들은 사이비시되어 출입기자단에 가입되지 못했다).

이렇게 많은 정치부 기자들이 5·16을 맞아 하루아침에 출입처와 취재대상을 잃어버렸던 것이다. 국회 · 정당이 해산되었기 때문이다. 새로 취재대상으로 생겨난 최고회의는 발표 때 외에는 무시무시하여 근접하기도 겁나는 형편이었다. 발표문의 메신저로서 한 사람의 기자만 있으면 되었다.

최고회의가 국회의사당 자리에서 퇴계로에 있던 해군본부 건물을 거쳐 지금의 경제기획원 자리로 옮긴 다음, 의사당 건물에는 재건국민운동본부가 들어섰다. 61년 6월초였다.

최고회의가 옮겨감으로써 정치부 기자들은 과거의 보금자리로 되돌아왔다. 그러나 이미 취재할 대상은 사라진 뒤였다. 월급만 받고 아무것도 할 일이 없게 된 기자들은 61년 여름 한철을 의사당에 부속되어 있던 뒤편 국회 휴게실에서 지냈다. 약 30평 가량의 이 휴게실은 국회 시절, 의원들과 기자들이 차를 마시거나 바둑을 두는 곳이었다.

유난히도 더웠던 그 해 여름, 정치부 기자들은 팬티 한 장 바람으로 벌렁 드러누워, 시장하면 근처 중국집에서 자장면을 시켜다 먹고, 더우면 수돗물을 틀어 샤워를 하면서 지냈다. 기자들은 그곳을 마이애미 별장이라고 불렀다.

화제는 자연히 군정이 하는 일이었다. 지금 기억에는, 쿠데타 정권에 호의적으로 이야기하는 기자는 거의 한 사람도 없었고 모두가 비판적이거나 의혹적인 생각을 갖고 있었던 것 같다. 이런 사이에서 언제부터인가 군정 책임자들을 별명으로 부르기 시작했다. 박정희 최고회의 의장을 박코프, 송요찬 내각수반을 송스키, 유달영 재건국민운동본부장을 유달랩스키 등으로 불렀다. 말할 것 없이 성씨 밑에 소련식 이름을 붙인 것이다.

물론 그럴 만한 특별한 이유가 있어 그런 별명을 붙인 것은 아니었다. 그러나 자연발생적으로나마 이런 식의 별명이 군정 당국자들의 이름에 붙여졌다는 사실은 당시 정치부 기자들의 의식 저변에 초기 군정에 대한 일말의 의혹이 있었음을 암암리에 드러낸 것이라고 볼 수 있다.

이 별명사건은 그 당시 서슬이 시퍼렇던 중앙정보부에 알려져 몇몇 기자들이 불려가 곤욕을 치른 적도 있었다.

별명에서 상징된 것과 같은 그런 엉뚱한 의혹은 물론 얼마 안 되어 사라졌다. 하지만 정권을 맡은 군인들이 완전한 자유민주주의와는 다른 어딘가 이질적인 생각을 품고 있지 않는가 하는 의혹은 우리들 정치부 기자들의 머리에서 오랫동안 불식되지를 않았다. 그 까닭의 하나는 군정이 잇달아 내건 이념 타이틀 때문이었다.

5·16 당초부터 군정 사람들 가운데는 한국의 민주주의에 관해 나름대로의 독자적인 해석을 피력하는 이들이 있었다.

'민족적 민주주의'라는 용어가 상당히 광범위하게 이야기되었고 62년초부터는 '행정적 민주주의'라는 말이 자주 쓰여졌다. '행정적 민주주의'는 그 당시 박정희 의장의 저서 같은 데서도 피력되었다.

이른바 김종필 라인과 그 주변을 싸고돌던 몇몇 학자그룹의 머릿속에서 나온 것으로 알려진 이 같은 수식어가 머리에 붙은 '민주주의' 개념은 사실 뚜렷한 이데올로기로 정착되지는 못했다. 다분히 심정적인 개념의 범주를 넘어서지 못했으며 따라서 어느 것이나 확고한 이념으로 정착되지는 못하고 결국에는 흐지부지되고 말았다.

그런데도 이런 이야기들을 듣고 있던 당시 정치부 기자들은 최고회의 시절 내내 군정 당국자들이 뭔가 이질적인 민주주의를 생각하고 있다고 여겼다.

기자들의 이런 생각이 반드시 악의적인 의혹을 뜻하는 것은 아니었다. 4·19 이후 방종과 무질서로 치닫던, 넘칠 듯한 자유민주주의 시절을 체험

한 기자들은 군정 당국자가 구상하고 있던 막연하나마 '한국적인' 민주주의 개념을 수용할 만한 심정적인 여유는 공유하고 있었다.

미스터리 속의 인물 이후락 대변인

1962년 11월 28일, 한국일보에서 최고회의 시절 최대의 필화사건이 일어났다. 그 날짜 조간에 난 정치면 톱기사가 문제가 되어 사장 이하 정치부장, 취재기자 등이 구속되고 3일간 자진 정간한 사건이었다. 이 사건도 어떤 의미에서 보자면 군정세력의 성격과 이에 대한 언론계의 의혹이 빚어낸 것이 아니었나 생각된다.

문제된 기사는 주체세력이 구상하고 있는 신당의 이름이 사회노동당이라는 내용이었다. 그 이름이 시사하는 것처럼 주체세력이 구상하는 정당의 이념이 다분히 좌경적인 것이 아닌가 하는 선입관에서 비롯된 오보였다고 볼 수 있다.

여담이지만 이 사건이 전화위복이 되어 한때 구속된 장기영 사장은 이때 김종필 씨와 알게 되었으며, 군정동안 박정희 의장의 밀사로 일본에 다녀왔고 그 후 부총리까지 되는 계기가 되었다.

최고회의가 지금의 경제기획원 건물로 옮길 무렵은 군정이 어느 정도 통치에 자신을 갖고 짜임새 있는 정책수행을 해나가기 시작하던 시기였다. 아직 주류 · 비주류의 갈등이 표면화되기 이전이었다. 기자들에 대한 군인들의 푸대접은 여전했다.

청사를 옮기면서 처음으로 최고회의 출입기자실이라는 것을 마련해 주었다. 본청건물 앞에 따로 세워진 면회실의 한 구석방이었다. 그러나 기자실이 마련됐다 뿐이지 취재는 짜여진 발표문 전달밖에는 할 일이 없었다. 최고위원들이 드나드는 본관건물에는 들어갈 수도 접근할 수도 없었다.

군정 당국과 언론간의 이 같은 꽉 막힌 관계는 거의 7개월간이나 계속되었다. 그러다가 차츰 숨구멍이 트이기 시작한 것은 61년 12월, 이후락 씨가 원충연 대령의 뒤를 이어 새로운 최고회의 공보실장으로 임명되면서였다.

그가 1차로 이룩한 업적은 면회실 한 구석방에 처박아 두었던 기자실을 본관에 끌어들인 일이었다. 이 일은 당시 기자들에게 대단한 진전으로 받아들여졌다. 발표문 메신저에서 취재원에 직접 접근하여 독자적으로 취재할 수 있는 가능성을 부여해 준 획기적인 조처로 평가되었다.

그렇다고 하여 대뜸 취재가 자유스러워졌던 것은 아니다. 본관 2층에 기자실이 마련된 뒤에도 한참동안은 기자실 밖으로 나갈 경우 헌병이 따라붙었고, 출입할 수 있는 곳도 화장실에 한정되어 있었다. 이래서 당시의 우스개 이야기로 최고회의 출입기자들은 변소 갈 때에도 헌병을 대동한다고 으쓱댔다.

그러나 시일이 지나면서 출입기자들의 활동범위는 차츰 개척되어 나갔다. 62년에 들어와서는 2층만은 자연스럽게 왔다갔다 할 수 있게 되었고, 공보실장실에는 수시로 방문하여 최고회의가 하는 일에 관해 무엇이고 질문할 수 있게끔 됐다. 이 무렵부터는 군정 쪽에서도 언론에 대한 인식을 새로이 하여 적극적으로 공보활동을 벌여, 나중에는 추측기사나 전망기사도 쓸 수 있게까지 되었다.

이렇게 발전하기까지에는 이후락 실장의 역할이 컸다. 사사건건 일일이 상부의 지시를 받아야만 사소한 것 한 가지라도 발표하던 때와는 달리 이후락 씨는 자신의 재치로써 재량권을 개척해 나갔다.

대변인으로 임명된 지 얼마 후의 일이었다. 동해안을 엄습한 격랑으로 1백여 척의 어선이 조난을 당하고 수십 명의 어부, 선원이 익사한 해난사고가 발생한 적이 있었다. 이 사건에 접하여 이후락 대변인은 "심심한 유감의 뜻을 표하고 그 구조에 군의 지원을 아끼지 않도록 하라"는 박정희 의장의 담화를 사전 상의 없이 자기 재량으로 만들어 발표했다. 사무 결재를 하면서 박의장은 아주 시기적절한 담화였다고 이실장을 칭찬했다 한다. 최고회의 시절 이실장이 대변인으로서의 역량을 종횡무진으로 발휘할 수 있었고 훗날 박대통령의 절대적인 신임을 얻게 된 계기가 바로 이 조그마한 '모험'에 있었다고 알려졌다.

그렇다고 하더라도 주체세력도 아닌 이후락 씨가 어떻게 해서 그토록 단시일만에 군정의 실력자로 부상할 수 있었는가 하는 점은 당시 최고회의 출입기자들이 품고 있던 한 가지 수수께끼였다. 5·16 직후에는 한때 체포당하기도 했던 그가 어떤 경로로 군사정부와 손을 잡게 되었는지부터가 의문이었다.

이런 의문은 시간이 지나면서 조금씩 밝혀졌다.

1924년생, 나이로는 박의장보다 일곱 살 아래이나 군역으로는 선배가 되는 군사영어학교 출신. 25세에 대령, 28세에 별을 달았다. 1961년 1월 육군소장으로 예편할 때까지 거의 지휘관 생활은 거치지 않았으며, 줄곧 정보계통이나 참모직만을 맡아 왔다. 자유당 치하에서는 3년간 주미한국대사관부 무관으로 있다가 예편할 때까지는 국방부 직할인 독립특무기관의 부대장이 되었다. 그의 군번을 따서 이름 붙였던 79부대란 일종의 대북정보판단기관이었다.

예편 후 민주당 정권 시절에는 중앙정보위원회라는 기구를 운영하고 있었다.

이 위원회가 수수께끼 같은 기구였다. 순전히 이후락 개인이 운영하는 민간기구인지, 아니면 정부와 어떤 연계를 갖고 있는 기구인지 밝혀지지 않았다. 당시 이 기구에서는 5·16 후 중앙정보부에도 관여한 몇몇 대학교수들도 관여하고 있었다. 이후락 씨 자신은 4·19 직전인 1960년 2월 남산에 있는 외교구락부에서 언론계 간부들을 불러 브리핑까지 한 적이 있었다.

그 때 알려진 바로는 3년간 주미대사관부 무관으로 있을 때 이씨는 미국의 CIA 등 정보조직에 관해 전문적으로 연구했으며 이를 토대로 귀국 후 정부에 건의하여 특무기관인 79부대를 창설했다는 것이다. 예편한 다음 그가 설치한 중앙정보위원회도 장면 정부로부터 실질적인 뒷받침을 받았던 것으로 알려져 있다. 민주당 정부가 이 기구를 국가 정보기구로까지 발전시킬 것을 구상했는지 여부는 확실하지 않았지만, 이씨가 5·16 당시까지 이 기구를 통하여 정부 및 미국 측과 어떤 연계를 맺고 있었음은 확실했다.

5·16이 일어나자 미국 CIA의 한국지부는 곧 이씨와 접촉했다. 쿠데타의 주동인물과 성격 및 그들의 과거 경력을 문의했던 것이다. 여기서 제

보된 정보가 현지 CIA기관을 통하여 워싱턴의 본부에 보고되었고 이를 토대로 5월 17일 백악관에서 열린 안보회의에서 알렌 델레스 CIA국장은 박정희, 김종필 씨 등 쿠데타 주동인물의 과거 사상 성분을 포함하여 쿠데타의 성격에 의혹점이 많음을 지적했다. 5·16 초기에 미국이 주저 없이 반쿠데타를 선언하고 한때 쿠데타군의 격멸을 결심했던 까닭이 이 때문이었다.

나중에 이런 사실을 알게 된 군사정부는 때마침 미국에 갔다가 돌아오는 이씨를 김포공항에서 체포해 버렸다.

이때부터 1961년 7월, 그가「대한공론사」이사장으로 등장할 때까지의 2개월간에 이씨와 군정간에 무슨 일이 있었는지는 미스터리였다.

이 미스터리에 관해서는 꽤 드라마틱한 이야기가 그 방면에 정통한 몇몇 사람들로부터 전해졌다. 그러나 이것은 결코 100% 확인될 수 없는 그 사람들의 '주장'일 뿐이다.

5·16 당시의 그 무시무시했던 분위기 속에서 체포된 이씨는 공항에서 곧바로 '남산'에 연행되었다 한다. 이곳에서 며칠간 이씨는 철저한 심문을 받았다. 구속 중에 이씨는 김종필 씨를 만났다. 이씨는 김씨를 대하고 "내가 구속되어 있는 것은 문제가 아니나, 국가 장래를 위해 내 아이디어가 썩는 것이 아깝다"고 말했다 한다. 그러면서 자신이 미국에 있을 때와 79부대 및 정보위원회를 하고 있으면서 연구하고 수집한 정보조직 및 그 방면의 자료에 관해 설명했다는 것이다.

당시 한국판 미국 CIA를 구상하면서 정보부 조직을 추진하고 있던 김종필 씨는 이 씨의 브리핑에서 대단한 힌트를 얻은 것으로 알려졌다. 이

씨는 곧바로 서울시내 한 호텔로 '모셔'졌다. 여기서 이 씨는 며칠 동안에 걸쳐 그가 알고 있는 정보조직에 관한 모든 것을 털어놓고 교습해 주었다. 그 때 교습의 주된 상대는 후에 중앙정보부 서울지부장이 된 이병희 씨였다 한다.

이런 일이 있은 뒤, 이후락 씨는 정부 간행물 기관인「대한공론사」이 사장이 됐고, 그로부터 5개월 후에는 최고회의 공보실장이 되었던 것이다.

이후락 씨는 약간 말을 더듬거렸다. 이 점에 관해 그는 "대뇌가 소뇌를 압박하기 때문에 말을 더듬거리게 되는 거란 말씀야. 하니까 말을 더듬거리는 사람은 머리가 좋은 증거란 말이거든"하고 익살을 부리곤 했다.

이씨가 대변인이 되고 나서 군인들의 기자들에 대한 대우나 인식이 많이 나아지긴 했으나, 그러나 최고회의를 상대로 한 취재활동에는 어려움이 계속되었다. 취재원에의 접근은 여전히 하늘의 별따기처럼 어려웠고 군정과 출입기자단과의 관계는 서로의 선입견이 완전히 불식되지를 못해 오랫동안 서먹서먹한 사이로 지속되었다.

엘리베이터에서 단독 인터뷰, 특종

이러한 사정에서 연유된 군정 시절 취재기자들의 에피소드 4개.

제1화. 군정시절 최고위원의 권위는 어마어마한 것이었다. 최고회의가 행정과 입법권 및 사법권의 일부마저 한꺼번에 행사하는 기관이었기 때문에 최고위원은 말하자면 장관과 국회의원과 그리고 대법원 판사의 직권을 함께 지니는 만능의 화신과 같은 존재였다. 그들이 타고 다니는 세단차는 앞뒤 빨간 바탕에 무궁화를 새긴 최고위원 표시판을 달고 있었다. 이 차가 행차하는 곳은 좀 과장해서 말해 산천초목이 다 떨었다. 그러나 외형적인 '장식'을 떼어놓고 보자면 중령이나 대령 계급장을 단 한낱 군인이었다.

최고회의가 생긴 지 얼마 안 된 때였다. 한국일보사의 J기자가 중앙청에서 사복의 K씨를 만났다. J기자는 당시 중앙청에 출입하고 있었다. J기자와 K씨는 서울대학에 같이 다닌 적이 있는 동문이었기 때문에 얼굴을 잘 아는 사이였다. K씨는 오래 전부터 J기자가 신문사에 근무하고 있다는 사실을 알고 있었으나 J기자는 K씨가 군인으로 있다는 말을 들었을 뿐, 그 당시 무슨 일을 하고 있는지는 모르고 있었다.

K씨가 사실은 5·16 이후 최고위원이 되어 그 날 중앙청에 행차한 것이었다. 걸걸한 목소리에 행동이 소탈한 J기자가 K씨의 어깨를 툭 치면서 반가워했다.

"야, 너 오랜만이구나. 군인으로 있다던데 언제 그만두었나. 지금 뭘 하고 있지!"

"나 최고회의에 있지 않나."

"너 빽 좋구나. 좋은 데 취직했는데."

J기자는 아마도 K씨가 최고회의 어느 부서의 사무원이나 최고위원의 비서쯤으로 취직한 것으로 여겼다. K씨는 빙그레 웃기만 하고 헤어졌다. 뒤에 J기자는 그가 어마어마한 최고위원이라는 것을 알고 깜짝 놀랐다는 것이다.

이것이 화제가 되어 어느 기자가 "놀란 정도가 아니라 며칠 동안 겁을 먹고 잠 못 잔 게 아니야? 고얀 놈이라고 잡으러 올까봐"라고 놀렸던 것인데 당사자인 J기자는 "그때 최고위원인 줄 알았다면 뉴스 좀 캐낼 것을 좋은 기회를 놓쳤다"고 받아 넘겼었다.

제2화. 그 무렵 최고위원을 만나 뉴스를 캐기란 그야말로 하늘의 별 따기였다. 더욱이 최고회의 의장이며 군정의 최고통치권자인 박정희 의장을 만나 이야기를 듣는다는 것은 생각조차 할 수 없는 일이었다. 최고회의에 출입하는 기자라 할지라도 박의장에게 접근한다는 사실 자체가 사실상 불가능한 일이었다.

이런 사정 가운데에서도 박의장을 만나 예고 없이 '단독회견'을 했고 여기서 '특종기사'를 꺼낸 기자가 있었다. 경향신문사 K기자였다.

1962년부터 63년 초에 걸쳐, 최대 관심사는 박의장이 민정에 참여하느냐의 문제였다. 최고회의 안에서도 이 문제를 놓고 민정참여론과 원대복귀론이 엇갈려 논란을 벌이고 있을 때였다.

최고회의 청사 현관에서 K기자는 때마침 차에서 내려 엘리베이터를 타려는 박의장을 만났다. 박의장은 마침 조선일보가 주최하는 현대작가초대전에 나갔다가 집무실에 들어오는 길이었다.

구변 있고 넉살좋기로 이름난 K기자가 인사를 하자 박의장이 "요즈음 어떻게 지내시오" 하면서 손을 내밀었다. 악수하는 사이에 의장 전용의 엘리베이터 문이 열렸다. K기자는 악수한 손을 놓지 않고 어물어물하는 사이에 박의장과 함께 그 전용 엘리베이터를 탔다. 경호하던 헌병이 말리고 어쩌고 할 틈도 없었다.

당시 최고회의 의장실은 3층에 있었다. 현관 1층에서 3층까지 올라가는 엘리베이터 속에서 '단독회견'을 했던 것이다.

"의장님, 민정에 참여하십니까?"

"아직 몰라. 결정한 바 없어."

"그럼……."

벌써 3층에 도착한 엘리베이터 문이 열리고 있었다.

박의장과 함께 웬 기자가 동승한 것을 목격한 현관 헌병이 바로 3층에 연락을 해, K기자는 3층에서 엘리베이터 문이 열리자마자 의장실 헌병에게 목덜미를 잡혀 기자실로 쫓겨 내려왔다.

웬일인가 하고 의아해 하는 기자들에게 시치미를 땐 K기자는 그 길로 본사에 돌아와 데스크에게 보고한 다음 '특종기사'를 써서 넘겼다. 이 기사는 바로 그 날 「경향신문」 1면에 수십 행의 톱뉴스로 보도되었다. 1층에서 3층으로 올라가는 불과 수초 사이에 수십행 기사의 특종(?)을 한 것이다.

제3화. 비슷한 시기에 있었던 비슷한 케이스지만 이번엔 실패담–.

박의장이 지방 시찰에 나섰을 때였다. 이럴 경우 수행기자들은 박의장과 우연히라도 맞부딪쳐 한두 마디 이야기를 나눌 수 있는 기회를 제가끔 노리게 마련이었다.

「한국일보」의 S기자가 아니었던가 싶다. 아침 일찍 박의장이 묵고 있는 여관(그 당시 몇몇 대도시를 제외하고 지방 출장 중 박의장은 여관에서 곧잘 묵었다.) 근처를 서성거리고 있던 S기자는 운 좋게도 여관 현관마루에서 바야흐로 밖으로 나가려는 박의장을 발견했다. 주위를 살펴보니 다른 기자는 아무도 없고 경호원도 눈에 띄지 않았다.

S기자는 재빨리 박의장에게 접근해 갔다. 박의장은 마침 쭈그리고 앉아 구두끈을 매고 있는 순간이었다.

"의장님, 민정에 나가십니까?" 급한 나머지 대뜸 본론부터 끄집어 낸 것이 이번엔 잘못이었다. 아침인사라도 건넨 다음 질문을 던졌더라면 또 몰랐을 것을 기자생활 초년병이던 S기자는 특종 하겠다는 의욕이 너무 앞섰다.

엎드려 구두끈을 매고 있다가 머리 위에서 댓바람에 질문공세를 받은 박의장은 얼떨떨하고 당황한 것 같았다. 그 다음 순간 박의장의 안색이 확 변했다.

"이 사람이 기자라면 단가. 예의도 모르다니!"

박의장의 고함소리에 경호원이 쫓아와 두말없이 S기자를 밀쳐냈다.

S기자는 두고두고 그 때 박의장의 무서웠던 표정을 잊지 못하고 있었다.

회견 거부당한 홍종철 최고위원

제4화. 민정이양 이후에 공보부장관을 지냈다가 비명에 사망한 홍종철씨는 최고회의 출입기자나 정치부기자 말고도 언론계에 꽤 유명한 인물이었다. 그의 별명은 휴머니스트. 이 별명의 유래가 재미있었다.

최고회의에서 사립학교법을 만들 때였다. 영자지에 출입하고 있던 J기자가 하루는 최고회의 현관 앞을 지나다가 엠피 포스트에서 홍씨(당시 최고위원)가 전화 걸고 있는 것을 발견했다. 그런 기회를 그냥 놓칠 수 없었다.

전화가 끝나는 것을 기다렸다가 재빨리 홍 씨에게 말을 걸었다.

"오랜만입니다. 사립학교법은 잘 돼 갑니까?"

J기자의 접근방법에는 무리가 없었다. 그러나 일진이 나빴던지 이 날 홍 씨의 기분이 몹시 언짢았다.

댓바람에 하는 소리가 "이봐, 기자라는 건 버릇도 없는 것인가? 사립학교법이 어쨌다는 거야"였다. 반말과 폭언이 퍼부어졌다. 부하 졸병에 대한 상관의 기합과도 같은 것이었다.

그 이튿날 기자실에서는 J기자의 수모사건이 문젯거리가 되었다. "아무리 군인정치라고는 하지만 이럴 수가 있느냐"고 모두 흥분했다.

마침 공교롭게도 다음날 홍 씨가 사립학교법에 관해 발표할 일이 생겼다. 홍 씨는 공보실의 A소령을 불러 "지금으로부터 내가 사립학교법에 대한 발표를 할 테니 기자들을 집합시켜 놓으라"고 지시를 했다.

"뭐, 집합? 우리를 군대인 줄 아나?"

기자들의 분노가 머리끝까지 올라 출입기자단이 긴급 총회를 열고 대책을 논의한 끝에 홍 씨의 기자회견을 보이콧하기로 결의했다.

A소령은 평소 기자들과 자주 접촉해봐서 이 기자단의 결의를 전해 듣고선 사태가 보통이 아니라는 것을 직감했다. 홍 씨가 발표를 한답시고 기자실로 내려가는데 그대로 놔두면 망신당할 것이 뻔하고 이렇게 될 경우 가뜩이나 성질이 급한 홍 씨가 어떻게 나올지 알 수 없는 일이었다.

A소령은 이후락 실장에게 먼저 귀띔을 한 다음 홍 씨를 우선 공보실장실로 유인했다. 이 실장이 중재를 해 볼 양으로 "기자실에 내려갈 것이

아니라 공보실에서 그냥 발표하시지요"라고 권유했으나 사정을 모르는 홍 씨는 "안 됩니다. 중요한 얘기가 돼서 기자들을 집합시켜 내가 직접 얘기를 해야겠소"라면서 기어이 기자실에 나타났다.

기자실에 들어서는 순간 홍 씨는 뭔가 이상한 분위기를 직감했다. 그의 '지시'대로 질서 있게 '집합'하여 발표를 '대기'할 줄로만 알았던 기자들이 자기가 들어와도 거들떠보지도 않은 채 인사 한 마디 없지 않은가?

기자단 간사가 정식으로 회견 거부를 통고했다.

"이러이러한 일로 해서 우리는 당신과 회견을 못하겠습니다. 발표할 일이 있으면 공보실을 통해서 하십시오. 그렇지 않으면 당신이 얘기를 해도 우리는 기사를 쓰지 않을 겁니다."

홍 씨는 놀랐다. 아마 눈앞이 아찔했을 것이다. 어찌나 급했던지 "내가 휴머니즘을 30년간 연구했는데…… 이처럼……" 말끝을 맺지 못하고 당황해서 어쩔 줄을 몰라 했다. 이런 일이 있은 후로 홍 씨는 휴머니스트라는 별명을 얻었다.

그는 성격이 급하긴 했으나 서글서글한 타입이었다. 그 후로는 최고회의 출입기자들을 비롯한 언론계 사람들과 다른 군인들보다도 더 친밀한 사이가 되었다. 꼭 그 일이 계기가 되어서였는지는 알 수가 없으나, 이후로는 기자들을 만날 때 그 커다란 체구를 흔들며 농담을 잘했고 말끝마다 "살펴주구래"하고 익살을 부리곤 했다.

뒷날 공보부장관을 거쳐 대통령 특별보좌관으로 재직 중 팔당 근처의 한강 상류에서 아들과 함께 뱃놀이를 하다 49세의 나이로 변을 당한 그는 최고회의 출입기자들의 기억에 남는 인물이었다.

장도영 총장은 얼굴마담 격

5·16 직후엔 쿠데타의 경위, 특히 박정희 소장과 당시의 육군참모총장 장도영 중장 사이에 있었던 거래에 관해서는 아무도 아는 사람이 없었다. 그런데도 불구하고 최고회의 의장에 장도영, 부의장에 박정희 소장의 이름이 나왔을 때 기자들은 즉각 쿠데타의 주동인물이 박 소장이라는 사실을 직감할 수 있었다. 장씨는 3군의 다른 참모총장과 마찬가지로 한낱 허수아비의 얼굴마담에 지나지 않는다는 사실을 곧바로 캐치했었다.

5·16 당일 아침부터 며칠 동안 박 소장과 장 중장은 함께 자주 청와대를 다녀갔다. 그 때는 꼭 지프를 이용했다. 앞자리에 장도영, 뒷자리에 박정희 소장이 탔으며, 복장은 정장이 아닌 작업복의 육군 군복, 두 사람 다 검은 안경에 손에는 짧은 지휘봉을 들었다.

앞자리의 장 씨는 별 셋의 중장 계급, 뒷자리는 별 둘 달린 소장 계급으로 체구는 조그마했으나 그 얼굴과 몸에서 풍기는 결연함과 자신감에서 장 중장을 압도하는 느낌이었다.

당시 정치부 기자들은 이집트의 나세르가 나기브 장군을 한때 이용했다가 거세시킨 전례를 상기하면서 언제 장 중장이 퇴장하고 박 소장이 전면에 나설 것인지 그 시기에 관해 이야기하곤 했다.

결국 장씨는 5·16 두 달이 못 되어 '반혁명사건 관련'이라는 이유로 거세되었다. 그의 거세는 예정된 것이었고 예측될 수 있는 일이었다. 그러나 솔직히 말해서 그렇게 격렬한 방식으로, 그렇게 빨리, 그리고 그토록 노골적으로 주체세력 일각이 붕괴되는 결과로 이루어지리라고는 상상하지 못했다.

텍사스 토벌 작전으로 드러난 권력 암투

장 씨가 언젠가는 거세될 것이라는 점은 누구나 예측하고 있었다. 그러나 그와 함께 쿠데타에 병력을 이끌고 직접 참가했던 공수단의 박치옥 대령, 포병단의 문재준 대령 등 핵심멤버들까지 하루아침에 거세되리라고는 미처 생각지 못했다.

이 사건을 계기로 기자들은 최고회의 안에서 벌어지고 있는 군인들끼리의 권력쟁탈전이 얼마나 치열한가를 새삼 발견하고 놀랐다. 민주당 정권 당시 파벌싸움에 진저리를 느꼈던 정치부 기자들은 쿠데타 자체에 대해 회의하면서도 한편으로는 군인들이 벌일 참신할 정치에 기대를 걸었던 것이 사실이다. 그러나 권력쟁탈전의 때 이른 결과인 반혁명사건의 발생에 기자들은 과거와는 또 다른 의혹과 불안을 품지 않을 수 없었다.

'장도영 일파 등 44명 반혁명사건'은 지역적으로는 서북출신의 몰락을 의미하는 것이었고 육사출신 기별로는 5기와 6기가 거세된 반면, 김종필 중심의 8기생이 클로즈업되었음을 뜻하는 것이었다. 이 무렵부터 친김·반김이라는 신문용어가 쓰여지기 시작했다.

실로 최고회의 시절 940일간은 친김·반김간의 권력 헤게모니 쟁탈전의 시기였으며 '박정희·김종필 라인'이 주도권을 확립하여 민정참여를 굳혀 나가는 기간이었다.

박·김 라인의 입장에서 볼 때 장도영 세력의 거세로써 남아 있는 문젯거리는 최고회의 내 육군 및 해병대를 중심으로 한 함경도 출신그룹이었다. 5·16당시 선두에 서서 한강을 넘어섰던 김동하(예비역 육군 중장), 박임항(육군 중장), 박창암(예비역 육군 중장), 이규광(예비역 육군 중장) 등이 1963년 3월 10일 중앙정보부가 발표한 '군 일부 쿠데타 음모사건'에 관련되어 체포되었다. 소위 알래스카 토벌작전이었다.

최고회의 출입 기자라고는 하지만 출입처에서 일어나고 있는 일을 샅샅이 알고 있었던 것은 아니었다. 샅샅이 알고 있기는커녕, 최고회의, 그러니까 군정에서 이루어지고 있는 일의 10분의 1도 알지 못하고 있었다는 것이 정확한 표현일 것이다.

32명으로 구성된 최고회의나 그 안에서 실질적인 일을 마련하고 있던 상임위원회나 모두가 비밀회의로 진행되었다. 기자들은 근처에도 얼씬할 수 없었다. 예산심의 때만 한두 번 출입기자들에게 최고회의가 공개된 적이 있었으나 이것은 극히 예외적인 일이었다.

모든 것이 비밀 속에서 진행되었기 때문에 사실은 주류와 비주류의 다툼 같은 것도 어떤 사건이 일어나 발표된 다음에야 '아하, 그랬었구나' 하는 식으로 뒤늦게 짐작할 뿐이었다. 때문에 최고회의 시절의 비화 가운데는 당시에는 전혀 모르고 있었다가 어느 시기가 지난 다음에야 세상에 알려진 사례가 많았다. 그 중의 하나가 김종필 씨가 만들었던 중앙정보부의 정책연구실이었다.

이 연구실이야말로 박·김 라인이 추진했던 '혁명정책'의 산실이었던 반면 반김세력의 눈에는 최대의혹의 대상이었다.

김종필 씨는 5·16 쿠데타가 성공하자마자, 곧바로 국가정보기구의 조직에 착수했다. 아마도 그 구상은 쿠데타를 계획할 당초부터 갖고 있었다고 보는 편이 정확할 것이다. 김 씨는 쿠데타로써 일단 정권을 장악한 다음에는 내외의 도전으로부터 이 정권을 방위하기 위해서는 강력한 정보조직이 필요하다는 점을 인식하고 있었다.

61년 6월 10일, 중앙정보부 발족

중앙정보부가 공식으로 발족한 것은 법률이 공포된 1961년 6월 10일이지만 사실상 그 전신인 연구실은 5·16 며칠 후에 이미 기능을 발휘하기 시작하고 있었다. 서소문 정동 호텔과 남대문 건너편 그랜드 호텔 등에 사무실을 차린 이 연구실의 초기 핵심멤버는 박·김 라인의 막후인물로 알려졌던 장태화 씨와 정보부 판단관이라는 직책을 가진 최영두 씨 등이었다. 여기에 윤천주, 김성희, 이종극, 정범모 교수 등과 김학열, 김정겸 씨 등이 참여했다.

군정 동안에 이루어지고 추진된 주요법률이나 굵직굵직한 정책은 사실상 이 연구실을 거쳐 나온 것이었다. 헌법, 정당법, 선거법 등과 화폐개혁, 국교정상화를 위한 한일교섭, 공화당 사전조직 등이 모두 이 기구에서 구상되고 제정되고 추진되었다.

연구실은 언론계, 행정부, 학계 등 각계의 젊은 엘리트들을 광범위하게 포섭하여 사회 각층에 일종의 세포조직을 형성했으며, 기구 확장과 더불어 비밀사무실을 시내 곳곳에 설치하고 있었다.

당시 연구실의 정체는 철저한 비밀의 베일에 가려져 있어 그 전모를 아는 사람은 김종필 씨 자신을 비롯한 한두 사람에 지나지 않았을 뿐으로 추측되었다. 여기에 참여하고 있던 멤버들도 자기 담당부서 말고는 다른 멤버들에 관해 전혀 알지 못했다. 그들이 소지하고 있던 신분증은 박정희, 김종필 두 사람의 연서하에 철저한 비밀보장과 국가를 위해서 무엇이든지 할 수 있다는 무한정의 권한을 보장하고 있었다.

이 연구실은 1963년 2월, 김재춘 씨가 제3대 중앙정보부장에 취임하면서 정보부의 일대 체질개혁과 함께 폐쇄시켜 버렸다. 폐쇄시킨 김재춘 씨 자신도 끝내 이 기구의 예산이나 기능, 인적 구성의 전모에 관해서는 정확히 파악하지 못했다 한다.

함병선 육군 중장을 위원장으로 한 이 기구는 사무실을 퇴계로에 있던 옛날 참의원 의사당 안에 두고 각 분과위원회별로 대학교수 등 4백 70여 명이 참여했다. 유진오, 최호진, 이용희, 조순승, 이원우, 김운태, 조기준, 탁희준, 이정식, 박종홍, 이만갑, 김정한, 이건호 씨 등 당시 웬만큼 이름 있다는 대학교수들은 거의 빠짐없이 참여할 정도였다.

최고회의 산하의 이 국가기획위원회는 형식상 국가의 모든 정책을 입안하고 결정하는 기구로 발족하여 한때 국가재건비상조치법, 농어촌고리채 정리법 등을 심의했다.

그러나 몇 달을 계속하지 못하고 이 기구는 흐지부지된 끝에 없어져 버리고 말았으며 위원장이던 함병선 씨는 부정축재 혐의를 받고 떨려났다. 참여했던 대학교수 가운데 대부분은 김종필 씨의 정책연구실로 흡수되었다.

국가기획위원회의 폐지도 결국에는 최고회의 밖에서 쿠데타 이후 혁명 정책을 요리하고 있던 김종필 라인에 의하여 압도된 결과라는 이야기가 유력했다.

기획위원회가 존립해 있을 때도 그랬지만 이 기구가 없어진 뒤로는 국가정책의 하나부터 열까지가 사실상 중앙정보부의 정책연구실을 거쳐 이루어졌다. 최고회의를 중심으로 한 반김세력과 김종필 라인(김종필 사단이라고도 불리었다.) 간의 갈등은 실로 이 연구실 때문이었다고 해도 과언이 아니다.

최고위원들은 '정체불명'의 연구실에서 모든 일이 이루어지고 추진되고 있는 반면, 최고회의는 허울만 좋은 간판뿐으로 김종필 구상의 시녀역할만을 하고 있다고 여겨왔다.

실제로 굵직굵직한 정책들이 최고회의 쪽에서는 전혀 알지 못하는 가운데 김종필 라인 몇 사람의 머리와 손으로 추진되었다. 이를테면 1962년 6월에 있었던 화폐개혁만 하더라도 최고회의에서는 유원식 위원 한 사람 정도가 알 정도였고 재경위원장 김동하 씨를 비롯하여 다른 최고위원이나 심지어는 송요찬 내각수반마저 발표가 날 때까지 깜깜무소식으로 소외되었다. 한일교섭과 그 과정에서 흥정된 청구권 같은 것은 완전한 김종필 개인플레이였다. 이러한 중요정책의 추진은 박정희 의장과 김종필 부장 간의 단독협의, 혹은 메모교환으로 이루어졌다.

최고회의를 소외시킨 가운데 이루어진 김종필 아이디어와 그로 말미암은 주체 세력 간 갈등의 클라이맥스는 공화당조직을 둘러싼 것이었다.

최고회의 소외시킨 채 김종필 독주

5·16세력이 민정으로 타고 넘어갈 정치기구인 공화당은 이미 1962년 1월부터 비밀리에 조직이 추진되기 시작했다. 박의장의 1963년 8·12 민정이양 스케줄에 따라 정치활동을 1963년 1월 1일부터 시작할 수 있도록 작정해 놓았기 때문에, 이보다 1년이나 앞선 공화당의 조직 활동은 정치활동을 금지한 포고령 제4호 위반이었으며, 군정 동안 손발이 꽁꽁 묶여 있던 구 정치세력에 비추어 볼 때 최소한 페어플레이가 아니었다.

김종필 씨의 정책연구실이 정당조직을 구상하고 있다는 소문은 진작부터 최고회의 주변에 떠돌고 있었다. 1962년 초부터는 시내 몇 곳에 비밀 아지트를 차려놓고 구체적인 조직 작업에 착수했다는 사실을 언론계에서는 캐치하고 있었다. 그러나 기사화가 불가능했다.

반김 라인의 최고위원들도 물론 이러한 정당조직의 소식을 듣고는 있었다. 그러나 그 누구도 새로이 탄생될 정당의 성격이나 조직 내용 등에 관하여 전모를 파악하고 있는 사람은 없었다. 조직 작업이 철저한 베일 속에서 비밀리에 추진되었기 때문이었다.

전모가 밝혀진 것은 정치활동 재개를 눈앞에 둔 1962년 말이었다. 김종필 씨는 그 해 12월 23일 민주공화당 조직에 관한 이른바 김종필 플랜이라는 것을 브리핑했다. 플랜이라고는 하지만 이미 구상단계를 지난 확정단계에서의 설명이었다. 왜냐하면 그 당시 이미 김종필 씨는 공화당의 근간이 되는 사무국 요원 1천 3백여 명을 포섭, 훈련을 완료해 놓고 있었기 때문이다.

브리핑을 통하여 그 때까지 단편적으로만 이야기 들어오던 공화당 조직의 성격을 알고서 대부분의 최고위원들은 소스라치게 놀랐다고 한다.

김씨가 소개한 공화당 조직은 여태까지 한국의 정당에서는 찾아볼 수 없는 2원체계의 독특한 조직이었다. 당기구는 대의기관, 집행기관, 정책기관으로 3분되고 당원은 정치당원과 사무당원으로 양분되었다. 당 대의기관으로는 중앙당에 중앙위원회, 도당에 도위원회, 지구당에 지구위원회가 있고 당 집행기관으로는 각 당부마다 관료체제로 짜여진 당 사무국이 있어 유급사무당원들이 일체의 당무를 집행하도록 했다. 의회에 진출하는 정치당원과 당 집행기관(사무국)을 움직이는 사무당원은 당이라는 큰 조직 속에서 평행선으로 각각 별개의 궤도에서 공존하며 여하한 개인도 당 조직 내에서는 한 개의 점에 불과하도록 선 조직이 아닌 점조직의 체계를 채택한 것이었다.

이런 구상에 관해 김종필 씨는 나름대로의 명분을 내세웠다. 즉 앞으로 만들 정당이 과거의 정당들처럼 부패하지 않고 참된 정당정치를 해 나갈 수 있는 합리적이고도 과학적인 정당이 되기 위해서는 개인조직이 집대성되어 당의 조직을 꾸몄던 보스체제를 타파해야 하며, 국사와 사사를 혼동했던 국회의원의 부패를 막기 위해서는 개인이 당 조직에 복종하게 되는 강력한 사무국 기구가 필요하다는 것이었다.

그러나 김씨의 이러한 명분론은 최고위원들에게는 의혹으로 받아들여졌다. 심하게는 이런 조직체계를 공산당식이라고 의심하는 사람도 있었다. 그 배경으로서 공화당 사전조직 때 북에서 간첩으로 침투해 온 황태성이 조직을 지도했다는 이야기까지 나오기도 했다.

이런 정도까지는 의심을 안 했다 해도 대부분의 반김라인 최고위원들은 공화당 2원조직이라는 것이 결국에는 사무국 당원을 통하여 국회의원들을 통제함으로써 궁극적으로는 김종필 개인이 정당을 좌우할 수 있게 만든 체계라고 반발했다. 요컨대 '2원조직, 당 우위 원칙이라는 걸 내세워 국회의원 공천을 당사무국에서 관장하고 원내 활동도 당사무국을 통해서 한다면 최고위원들이 공화당에 들어간다 해도 김종필 개인의 바지저고리 노릇밖에 못하는 게 아니냐는 생각이었다.

워커힐에서 열린 크리스마스 파티를 겸한 브리핑 모임에서는, 대판으로 싸움이 붙었다(워커힐 자체가 김씨의 아이디어로 의혹 속에 건립, 준공된 지 며칠 안 되는 때였다.). 김씨는 반발하는 최고위원들을 무마하려고 워커힐 내부를 소개할 겸 파티를 베풀었던 것이다. 손님으로 초대된 최고위원들은 "민정호 버스에는 당신만 타느냐. 김종필 너 혼자 다해먹기냐"고 벌떼처럼 들고 일어났다. 재떨이가 날아가는가 하면 어떤 사람은 권총을 빼들고 대들기까지 했다.

반 JP의 선봉장은 김동하 소장

최고회의 쪽 반발위원의 중심인물은 김동하, 김재춘 씨 등이었다. 특히 김동하 씨는 그 당시 독자적인 정당조직을 구상하면서 이미 모대학 H교수와 언론계의 L씨 등을 브레인으로 하여 각 도의 조직책임자까지 배정해 놓았다는 이야기가 나돌았었다. 만약 그렇다면 이미 천 수백 명의 사무국 당원을 철저히 훈련시켜 놓은 김종필 라인의 공화당 플랜 앞에 자신의 조직 활동은 상대가 안 되는 것으로 판단되었을 것이다.

많은 최고위원들이 민정에서의 국회의원을 꿈꾸고 있던 당시의 상황에서 사전조직에 의한 김종필 라인의 공화당 출범은 완전히 기선을 제압한 것이었다. 정치활동을 목전에 두고 민정에 참여할 생각이라면 불만과 의혹이 많더라도 어쩔 수 없이 공화당이라는 발판에 끼어들지 않고서는 안 될 형편이었다.

김종필 씨는 스케줄대로 공화당 발기를 밀고 나갔고, 최고회의 쪽은 머뭇거리고만은 있을 수 없어 우선 들어가서 어떤 정당인가를 살펴보자는 생각에서 1차로 몇몇 사람을 입당시키기로 했다.

김동하, 김재춘, 강상욱, 오정근, 이석제, 신윤창, 조창대, 장동운, 서상린 씨 등이 선발대로 발기인에 참여했다.

이렇게 해서 진통을 거듭한 민주공화당은 63년 1월 18일 78명의 발기인 이름으로 조선호텔에서 발기선언대회를 갖기에 이르렀다.

그러나 78명의 발기인 가운데 15명뿐인 최고회의 쪽 반김세력은 당내에서 완전한 소수파에 지나지 않았으며 꾸어다 놓은 보릿자루 신세였다. 이런 정황에서 생긴 것이 바로 김동하 씨의 사퇴 선언이었다. 1963년 1월 21일, 김동하 씨는 "국민을 배신할 수 없어 최고위원직과 공화당 발기인을 사퇴한다"고 성명했다. 김동하 씨는 기자들에게 "당이라고 들어가 보니 우리는 박수부대에 불과한 것을 발견했다"고 불만을 털어놓았다.

최고회의 쪽의 불만은 급격히 연합전선으로 발전하여 김종필 사단 토벌작전으로 변해갔다. 처음 김종필 플랜의 수정을 주장했다가 김종필 씨의 당직사퇴로 격화되더니 나중에는 김 씨의 외국추방론으로까지 격화되었다. 그리고 공화당조직의 성격과 배후에 관한 의혹을 노골적으로 거론하기 시작했다.

1963년 1월 25일로 기억된다. 최고회의 쪽 반김세력인 강상욱, 조창대, 조남철, 장도운 씨 등과 김 씨측 민간인 발기인 30여 명이 소공동에 있는 국제호텔(지금의 KAL빌딩 자리) 서란정에서 이틀 동안에 걸쳐 협상을 가진 적이 있었다. 그 때 반김세력의 발기인들은 취재하러 갔던 기자들에게 "김종필 플랜의 배후에는 노출되지 않은 다른 무엇이 또 있어, 그의 플랜대로 당이 조직된다면 앞으로의 정치는 무서운 정보특무정치가 된다"고 말하면서 "적당한 시기가 오면 배후에 있는 그 '무엇'을 공개하겠다"고 그 당시로서는 알쏭달쏭한 말을 했다. 이 말은 "자유민주주의에 입각해서 민정에 참여하려고 정당에 가입했으나 모든 문제점이 해결될 여지가 없음을 발견하고 국민을 배신할 수 없어 당직에서 물러난다"고 한 김동하 씨의 사퇴 성명과 일맥상통하는 것이었다.

요컨대 반김종필세력이 김 씨를 반대한 데는 김 씨 뒤에 조직된 브레인이 있어 이들의 비밀동정이 매우 석연치 않을 뿐 아니라, 또 조직방법이 지역별, 직능별로 뿌리깊이 뻗쳐 있어 의혹에 가득 차 있다는 이야기였다. 그들이 품은 이 '의혹'은 수개월 후 민정을 위한 선거과정에서의 사상논쟁에서 야당에 의해 제기되었다.

공화당의 첫 출범에 추태를 드러냈던 5·16 주체세력 간의 권력 헤게모니 쟁탈전은 마침내 박정희 의장의 단안으로 일단 휴전기에 들어서게 되었다. 김종필 씨를 당직으로부터 사퇴시킨 것이다.

1963년 2월 20일, 김 씨는 "일체의 공직을 떠나 초야의 몸이 되겠다"

는 성명을 발표한 다음, 공화당 창당준비위원장 자리에서 물러났다. 그로부터 5일 후에는 '자의반 타의반'의 외유길에 올라야 했다. 그의 최대 라이벌이었던 김동하 씨는 김종필 씨가 외유를 떠난 지 얼마 후에 쿠데타를 모의했다는 혐의로 체포됨으로써 정치활동이 끝났다.

군정 말기는 '막판의 먹자판'

정치활동이 재개된 1963년 한 해 동안은 정치부 기자들이 본연의 활동영역을 되찾은 시기였다. 대통령선거가 실시되고 여기서 박정희 씨가 근소한 차로 윤보선 씨를 물리치고 민정의 통치자로 군림할 때까지 눈코 뜰 새 없이 바빴다. 최고회의가 여전히 군정의 최고기관이었으나 이때는 최고회의 출입기자보다는 재야담당 기자 쪽이 오히려 더 활발히 움직여야 했다. 거의 2년 만에 정치부 기자들은 제 페이스를 찾은 셈이었다. 그러나 4·19이후와 같은 신나는 기분이 아니었다. 오히려 무언지 모르게 우울함과 불안함을 느끼지 않을 수 없었다.

무엇보다도 기자들의 입맛을 쓰게 만든 것은 일부 군인들의 물욕과 5·16 세력의 한없는 권세욕이었다.

그래도 초기에는 최고위원이나 최고회의에 관계하고 있는 군인들이 무척 신경을 쓰면서 몸조심하는 것 같았다.

이를테면 군정에 관여하고 있는 군인들이 외부 사람, 특히 실업인 같은 사람의 초대를 받으면 굉장히 망설였다. 혹시 수표 같은 것을 주면 어쩌나 싶어서 동료들에게 얘기를 하고 그런 자리면 가급적 함께 나가기가 예사였다.

어느 최고위원은 동생의 결혼식 때 부정축재자로 거론된 어느 기업체 사장이 적지 않은 부조금을 가져온 것을 그 이튿날 부관을 시켜 그대로 돌려보내기도 했다. 또 어느 군정 당국자는 모실업인이 사과궤짝 가득히 돈을 넣어 보내온 것을 되돌려준 적도 있었다. 초기에는 모든 사람들이 긴장하고 자숙했다.

그러나 이런 시기는 얼마 지속되지 않았다. 몇 개월이 지난 61년 말 무렵부터는 주체세력의 부정사건이 심심찮게 터져 나오기 시작했다. 가장 어처구니없는 일은 구정권 때의 부정축재자들을 조사하러 나선 조사단이 매수당한 일이었다. 말하자면 미이라잡이가 미이라가 된 꼴이었다.

이들은 체포되어 모조리 혁명재판에 회부되었지만, 드러나지 않은 부정 사례가 적지 않을 것으로 짐작된다는 것이 당시의 분위기였다. 군정에 참여한 군인들 가운데는 하루하루가 다르게 과거 군에 복무했을 때의 형편과는 다른 풍족한 생활을 누리는 경우가 있었다. 경제적으로 몹시 어려웠던 시절에 대한 일종의 반발로서 축재에 탐닉한 것으로 여겨졌다. 5·16 전에 영관급 장교로서 셋방을 전전하던 사람이 5·16 후 어느 국영기업체의 간부직에 취임하더니 몇 달 사이에 거창한 집을 짓고 으리으리한 가재도구를 들여놓는 것을 보았다. 불과 1년 남짓 그 직에 있는 동안 거액의 축재를 하여 그 자리를 그만 둔 뒤에는 아무 하는 일 없이 축재한 돈으로 사채놀이를 하여 내처 풍족한 생활을 누리고 있는 케이스를 나는 알고 있다.

군정이 민정으로 넘어가는 최고회의 시절의 말기에는 온통 사회천지가 부정으로 뒤범벅이 된 듯한 느낌이었다. 구황실 재산을 먹어치우는가 하면 공원용지를 멋대로 불하하여 사리를 채웠다. 군정말기에 쏟아져 나온 부정 사태를 보고 기자들은 '막판의 먹자판'이라고 개탄하였다.

갈림길

적어도 1962년 말부터 63년에 이르는 기간에 드러난 권력층의 부정부패 사례는 구정권의 부패를 바로잡기 위해 거사했다는 5·16세력의 쿠데타 명분을 무색하게 만드는 데 충분했다.

구정권 때와 비교하여 한 가지 다른 점으로 비쳤던 것은 자유당이나 민주당 시절의 부정이 주로 정치자금과 관련되어 저질러졌던 것에 비해 군정 말기의 부정은 개인의 축재로 비롯되었다는 점이다. 그리고 무한한 욕심을 갖고 탐욕스럽게 부정축재한 부류의 대부분이 과거 경제적으로 너무 어려운 처지에 있던 층이었다는 사실이 눈에 띄었다. 이런 현상으로 해서 과거 구정치인의 경우는 부정사실에도 불구하고 결국 개인적으로는 아무것도 남는 것이 없는 경우가 상례였으나 5·16 후의 부정 케이스에서는 어느 한 개인 혹은 가족의 축재로 고스란히 남는 경우가 많았던 것 같다.

그렇다고 하여 군정 동안에 정치자금과 관련된 부정은 없었다는 것이 아니다. 이 부분의 부정도 과거에 비해 그 규모나 수법은 오히려 엄청난 것이었다. 예를 들면 공화당 조직자금을 마련하기 위하여 감행된 증권조작 등 이른바 4대 의혹사건이다. 수법의 교묘함과 대담성, 그리고 말아올린 돈의 거액에 정치인들의 부정에는 이골이 나다시피 한 기자들도 입이 딱 벌어졌다. 당시 민주당 정권 때 요직으로 있던 K씨는 4대 의혹사건의 내용에 관해 비난하기보다는 오히려 감탄하고 있었던 기억이 난다.

일부 주체세력의 물욕과 함께 당시 기자들을 아연하게 만든 또 한 가지는 그들의 권세욕이었다. 정치권력을 향한 그들의 한없는 의욕은 어떤 정치적 이념이나 철학에 뒷받침된 것이 아니었다. 공화당이 사전 조직될 때, 원대복귀를 약속한 혁명공약은 이미 퇴색했었다. 그리고 민정의 헤게모니를 둘러싸고 주체세력이 갈라져 "너 혼자만 다 해먹기냐?", "우리는 들러리만 서란 말이냐?"고 머리 터지는 싸움을 벌였을 때 사실상 혁명이념은 자취를 감추어 버렸다. 남은 것은 오직 권력에 맛들인 벌거벗은 인간본능뿐이었다.

정치활동이 재개된 이후 처음 몇 달 동안에 보인 박장군의 행동은 어느 의미에서는 퇴색해 가는 혁명이념과 권력의 틈바구니에서 고민하는 5·16 세력의 고뇌를 상징한 것이었다고 볼 수 있다. 이른바 일련의 번의과정이었다.

원대복귀를 약속한 혁명공약 제6항을 외면하고 민정에 참여할 것을 결심했다가 이를 번의하여 불참을 선언하고 또 며칠 안 가서 다시 민정참여와 군정연장 안을 제안하는 등 뒤죽박죽으로 변전하는 1963년 초 한때의 정치 사태를 취재하면서 한마디로 한심하다는 생각밖에 들지 않았다.

1962년 12월 27일, 기자회견에서 박정희 의장이 "당에서 공천하면 대통령 출마 문제를 고려하겠다고 민정참여를 언명한 이래 1963년 2월 18일의 민정불참 선언, 3월 16일 군정연장 성명, 4월 8일 원상환원조치에 이르는 약 4개월간은 한국의 정치적 운명을 좌우할 결정적 요인들로 점철되었다. 최고회의와 중앙정보부, 그리고 장충동에 있던 의장공관에서

밤낮으로 연이어진 이면의 '역사'는 국민들은 전혀 알지 못하는 가운데 격동의 소용돌이 속에서 이루어지고 있었다. 당시 최고회의나 공화당 출입기자들도 자세한 내막을 알 길이 없었다.

어느 정도의 윤곽은 좀 더 시간이 지난 다음에 조금씩 드러났으며 그 당시에는 최고회의 주변에서 단편적으로 흘러나오는 이야기에서 주체세력 내부의 심각한 갈등을 눈치 챌 수 있을 뿐이었다.

송요찬 씨도 군정 연장을 반대

5·16 이후 일체의 비판을 봉쇄한 가운데 만능의 자리에서 독주해 온 군정세력이 거센 맞바람을 맡기 시작한 것은 정치활동이 재개되면서부터였다. 그 맞바람은 안팎에서 함께 불어 닥친 것이었다. 친김, 반김으로 갈라진 내부다툼과 새로 활동을 시작한 야당세력으로부터의 일제공세였다.

이 두 가지 맞바람 속에서 박정희 장군을 정점으로 하는 군정세력은 하루아침에 자신을 잃고 비틀거리기 시작했다. 말하자면 1년 7개월간 군정이라는 온실 속에서 보호되어 온 화초가 온실의 꺼풀이 벗겨지고 자유정치활동이라는 한데로 내놓여지자 갑자기 시들어가는 모습과 같은 것이었다.

김종필 라인의 독주와 공화당 2원조직에 반발한 최고회의 쪽 반김세력은 김 씨를 걸고넘어지면서 박의장의 원대복귀를 요구하고 나섰다.

먼저 군정의 내각수반이었고 한때 국방부장관까지 겸했던 송요찬 씨가 반기를 들었다. 63년 1월 8일 송 씨는 박의장 출마포기를 촉구하는 한편 여기서 그치지 않고 한발 더 나아가 야당의 대동단결을 호소하는 성명을 발표했다.

그로부터 약 2주일 후인 1월 21일, 김동하 씨가 공화당과의 극적인 결별을 선언했고 국방장관 박병권 씨를 비롯한 3군 쪽에서도 박의장의 대통령 출마포기를 주장하고 나섰다. 특히 최고회의의 김재춘 씨 등은 병력동원까지를 계획하면서 박의장의 민정참여 포기를 윽박질렀다.

처음에 대통령 출마를 결심했다가 포기선언을 내고 다시 군정연장안을 제안했다가 결국 원점으로 되돌아가 김종필 라인이 마련해 놓은 공화당 조직을 타고 민정에 참여할 것으로 낙착지은 박정희 의장의 정치적 행태에 대해 그 당시 야당 사람들은 '기막힌 정략'이라고 평했었다. 그들의 말인즉, 박·김 라인은 5·16 당초부터 원대복귀는 생각지도 않았고, 장기간의 군정, 혹은 군정 이후의 민정참여를 작심하고 있었으며, 2·18 원대복귀 성명 같은 것은 짐짓 한번 그래 본 것에 지나지 않는 것이었다는 것이다. 오히려 박·김 라인의 본심은 3·16 군정연장 성명에 있었던 것이나, 이것은 당시 미국측이 '중대한 결심을 갖고' 맹렬히 반대했기 때문에 실현되지 않았을 뿐이라는 것이 야당 측 인사들의 주장이었다. 그들의 주장에 의하면 결국 1963년 초에 있었던 일련의 번의과정은 주체세력 내부의 갈등을 무마하면서 야당과 국민의 눈을 현혹시키기 위한 고등전술이었다는 것이다.

이렇게 믿고 있던 일부 야당 사람들은 박·김 라인의 정치술수가 구정치인을 빰치는 기막힌 것이라고 감탄하고 있었다. 그들은 박의장이나 김씨를 가리켜 "군인답지도 않고 정치인답지도 않다"고 꼬집으면서 "군인답지 않은 이 같은 마키아벨리적 정치수법이 과거 군대내의 정보 분야에서 줄곧 일해 온 결과일 것"이라고 평했다.

박의장의 2·18 민정포기 성명에 한때 기뻐하면서 범국민 정당조직이라는 엉뚱한 구상을 추진했다가 결국 헛물만 켜고 주저앉은 일부 반김파 인사들도 자기들이 박·김 라인의 고등전략에 깨끗이 휘말렸음을 시인하고 있었다.

당시 일본의 어느 신문은 논평란에서 한국 군정 당국자들의 치밀한 정치 술수를 은근히 비난하기도 했다.

그러나 나는 일련의 번의과정이 박의장의 계산된 정략이었다고만은 생각하지 않고 있었으며 지금도 그렇게는 여기지 않고 있다.

확실히 김종필 씨와 그 배후의 브레인들은 5·16 당초부터 장기집권을 구상하고 있었다. 그리고 이를 위해 정보 분야의 출신답게 사전계획과 모략에 의한 치밀한 정략을 구사한 것도 사실이다. 하지만 박의장 자신이 이런 정략을 앞장서 추진했다고는 보기 어렵다. 그보다는 결과야 어떻든 적어도 번의의 과정 자체는 박의장의 인간성과 관련시켜 해석해 보는 것이 정확하지 않을까 생각된다.

민정불참을 선언하는 역사적인 2·18성명을 발표하기 직전, 한 1주일 동안을 박의장은 의장공관에서 두문불출, 머리를 싸매고 고민했었다 한다. 나중에 알려진 이야기지만 이 때 박의장은 찾아오는 측근에게 주체세력들간의 내부분열에 환멸을 느껴 "진저리가 난다. 다 집어치우고 어디 목장이나 하나 마련해서 은퇴하고 싶다"고 실토했다는 것이다.

훗날 3선 개헌과 유신헌법으로 무한한 권력욕을 드러냈지만, 63년 초까지만 해도 인간 박정희는 그렇게 집권욕에만 사로잡혀 있지는 않았다. 때문에 그는 함께 혁명을 한 주체세력 동지들의 권력다툼에 진심으로 환멸을 느꼈고, 정치활동이 허용되자 기다렸다는 듯이 일제히 비난을 퍼붓고 들고 일어선 야당진영의 공세에 부딪혀, 정치에 회의를 느꼈던 것 같다.

그 자신은 5·16 직후부터 민정참여냐 불참이냐의 두 가지 갈림길에서 줄곧 고민해 왔다. 원대복귀는 엄연한 혁명공약이었다. 적어도 5·16을 계획하고 이를 성사시킨 쿠데타 직후의 박의장 심정은 '혁명공약 완수 후'에는 원대복귀하려는 생각이었을 것이다.

그러나 그가 가장 신임했던 김종필 라인의 끈질긴 권유와 그 자신 집권 후에 맛본 권력의 매력 때문에 시간의 흐름과 더불어 당초 결심은 흔들렸을 것으로 판단된다.

번복 거듭한 혁명 주체의 거취 문제

박의장이 민정이양 스케줄을 발표하던 1961년 8월 무렵까지만 해도 그 자신을 포함하여 대부분 최고위원들의 생각은 어느 기간 동안의 군정이 실시된 다음에는 군인들은 당연히 원대복귀한다는 생각들을 갖고 있었다.

그러던 것이 1961년 후반기부터 주체세력들로부터 민정이양이라는 말이 점차 사라지기 시작했다. 그런 반면 기자들이 민정문제를 꼬집어내기만 하면 대부분의 주체세력들이 신경을 곤두세웠다. 어느 기자가 박의장에게 민정이양과 민정참여 문제를 질문했다가 신경질적인 반응을 얻고 겁을 먹었던 시기가 이 무렵이었다.

박의장이 출마하느냐 안 하느냐, 출마한다면 군복을 입고 하느냐 벗고 하느냐는 얘기를 당시의 신문들이 사실대로 못 써서 '거취'라는 애매한 표현으로 썼던 것은 이러한 두려움 때문이기도 했다.

박의장은 꽤 오랫동안 원대복귀와 민정참여를 놓고 고민했던 흔적이 뚜렷했다. 말하자면 두 가지 가치의 사이에서 샌드위치맨과 같은 고뇌를 겪고 있었던 것이다. 이 문제가 그만큼 심각한 것이었기에 박의장 자신은 기자들이 이 문제를 거론하는 것은 마치 아픈 상처를 건드리는 것으로 느꼈던 것 같다.

2·18성명은 그 때의 시점에서는 정점(政點)이 아니라 민정에 참여하지 않겠다는 본심을 토로한 것에 틀림없었다. 이 결심에는 심정적인 좌절감과 함께 당시 반김파세력에서 들고나온 물리적인 위협이 작용했다고 보아야 한다. 가령 공화당의 조직내막이 드러난 후 최고회의 안팎의 군부세력은 김종필 라인만을 제외하고 거의 모든 세력이 박의장의 민정참여에 반대하고 있었으며 특히 김재춘 씨 등은 박의장의 민정불참을 건의하되 사태가 여의치 않을 때는 그가 이끌고 있던 방첩대의 병력동원도 고려하고 있었다.

박의장의 결심은 2월 27일 시민회관(지금의 세종문화회관)에서 거행된 3군 참모총장 및 야당지도자들 앞에서의 엄숙한 민정불참 선서로 서약되었다.

이 서약식의 스케줄은 이후락 공보실장이 꽤 짜임새 있게 마련한 것으로 알려졌다. 2·27성명 자체가 이후락 씨의 손으로 초안된 것이었다. 정세판단에 남다른 혜안을 지니고 있는 이후락 씨마저 박의장의 원대복귀는 불가피한 것이며 따라서 자기 주재 하에 역사적인 이 선서식을 의미 있게 치러야겠다는 나름대로의 계산을 하고 있었던 것 같다.

에피소드지만 그 날 사회를 맡았던 이 실장은 역사적인 이벤트라고 해서 미리 사회연습을 열심히 해두었다는 것인데, 연습 때는 개회인사 시작을 "지금으로부터……"로 잘 하다가 정작 당일 마이크를 잡았을 때에는 "시방으로부터……"라고 했다면서 실수를 아쉬워하기도 했다.

그러나 사태는 그 영리한 이 실장을 포함하여 최고회의 쪽 주체세력 및 모든 야당정치인들의 의표를 뚫고 불과 17일 만에 일전하고 말았다.

2·27의 시민회관 무대 위에서 박의장은 눈물을 글썽이며 "혁명 정부의 노력은 이 나라 대다수 정치인들의 완고한 반대에 부딪치게 되어 일대 정치적 난국을 초래하게 되었으며 급기야는 오늘 이와 같이 정부계획의 후퇴와 양보로써 이 정국을 수습하기에 이른 것"이라면서 "본인은 민정에 참여하지 않겠다"고 서약했었다. 그랬던 박의장은 열흘 후인 3월 7일, 원주발언을 통하여 태도변화의 조짐을 보였다. 일선시찰 도중 원주의 야전군 사령부에 들른 박의장은 "해독을 끼친 구정치인은 물러나야 한다"고 강조하고 "정계가 혼란해서 위기가 다시 닥칠 때는 방관하지 않겠다"고 다짐했다. 3·16성명을 미리 암시, 또는 감득케 하는 발언이었다.

반목은 반혁명 사건의 씨앗으로

이때부터 일어난 일들은 다분히 사태를 예정된 한 방향으로 몰고 가려는 정략적인 낌새를 내포하고 있었다.

원주발언이 있은 지 나흘 뒤인 3월 11일에 김동하, 박임항 씨 등 군 일부 쿠데타 음모사건이 발표되고 그로부터 또 나흘 후에는 육군 장병 약 80명이 최고회의 앞마당에서 군정연장을 주장하는 창군 이래 최초의 군인데모가 벌어졌다.

허리에는 권총을 차고 군복을 입은 모습으로 최고회의 앞마당을 꽉 메운 가운데 '군정연장'을 소리 높이 부르짖는 군인 데모 광경을 취재하면서 최고회의 출입기자들은 한치 앞 정국을 가늠할 길이 없는 심상찮은 분위기를 느꼈다.

사실은 김종필 계열은 군 일부 쿠데타 음모사건의 발표를 계기로 계엄령 선포를 계획했다. 이 계엄령 선포 속에서 박의장의 민정불참 선언을 뒤엎고 또 다시 정치활동을 중지시키며, 장기간의 군정을 계속할 계획이었다. 그러나 박병권 국방부장관의 완강한 반대로 이 계엄령 선포계획은 불발로 그치고 말았다. 김종필 라인이 배후에서 조종한 것으로 알려진 이날 군인데모는 반김세력에 대한 시위였으며, 박 국방장관의 사퇴를 요구하는 압력이었다.

박의장의 3·16군정연장 성명은 군인데모가 있은 지 하룻밤 지난 바로 다음날에 나왔다.

정계에 문자 그대로 청천벽력과 같은 충격을 가한 3·16성명은 군정 당국자들 사이에서도 불과 몇몇 사람만이 그 계획을 사전에 알고 있었다. 김현철 내각수반이나 김재춘 중앙정보부장, 박병권 국방부장관, 김종오 육군참모총장들도 발표 날 때까지 아무것도 모르고 있었다.

주한 미대사관 측에서도 전혀 짐작조차 못하고 있다가 발표 수 시간 전인 15일 밤 정동 미대사관저에서 열린 파티석상에서 박의장으로부터 군정연장계획을 통고받고서야 처음으로 알았다. 국민투표의 절차, 정치활동 중지 등을 규정하는 법안, 성명 등 준비 작업이 그 날 밤중으로 의장공관에서 진행되었다. 국내정계뿐만 아니라 미국을 비롯한 자유우방들마저 경악케 만든 이 군정연장안은 어떻게 해서 이루어졌는가? 그 아이디어맨은 누구였던가?

박 의장 자신은 그 결심이 이루어지기까지의 과정을 훗날 그의 저서 『국가와 혁명과 나』에서 이렇게 기술하고 있다.

"2·27 선서를 마치고 돌아서는 본인의 심경은 명경지수 그대로였다. 오직 담담하였을 뿐, 그러면서도 내심은 감정을 억누를 수 없었다. 그리고 이 날의 시각을 계기로 하여 정계가 신면목을 갖추고 나갈 것을 기원하였다.

그러나 그와 같은 본인의 절실한 소원은 다음날에 벌써 어긋나기 시작하였다. 한마디로 말해서 그들은 주는 떡을 받아먹기 위하여 저렇듯 억지 배우가 되었던 것이다. 완전히 배신을 당한 것이다. 애초, 저들의 생리를 믿었던 우리의 순진성이 여지없이 짓밟히고 만 것이다.

본인은 이 쓰라린 기억을 되씹고 싶지 않다. 구태가 가실 줄 기대한 그 날 이후, 이들은 본인이 민정에 참정하지 않겠다는 데 더욱 야심을 날려, 구태가 하룻밤 사이에 기하급수적으로 배가하였던 것이다. 배신과 식언을 밥 먹듯 하고도 조금의 가책도 느끼지 않게 된 구정치강령으로 자란 그 생리가 하루 한시에 고쳐졌을 리 만무하다.

본인은 이 이상 더 관용이나 이해를 그들에게 베풀 수는 없게 되었다. 진정, 이대로 저들에게 정권을 넘긴다는 것은 다시 제3차의 혁명의 불씨까지 덤으로 보태는 것과 다름이 없다는 결론이 났다.

그러나 비극은 이 이상 있어서도 안 된다. 이로 인하여 피해를 입는 것은 수천 명에 불과한 그들 구정치인이 아니고 그들을 제외한 전체 국민이기 때문이다. '혁명의 악순환', 생각만 하여도 몸서리치는 사태가 아닌가. 이 땅에 다시는 혁명이 있어서는 안 된다. 그러면 이 혁명도 사전에 막고 건전한 민정을 탄생하게 하는 방법은 무엇인가.

혹자는 부득이 군정을 연장하는 수밖에 다른 길이 없다고도 하였다. 아니, 그것이 대다수의 의견이었던 것으로 기억한다. 그러나 그 때마다 본인은 이를 단호히 거부하였다. 이러한 방법의 선택은 확실히 불행하기 때문이다.

그러나 앞으로 다가올 국가 민족의 불행은 무엇으로 막겠다는 것이냐. 군정을 연장하고 안 하고는 본인에게 권한이 있는 것이 아니다. 이미 개정헌법이 국민투표에 의하여 결정되어 있는 이상 이의 결정 여부는 국민의 생각에 달려 있는 것이다.

드디어 본인은 대다수의 의견을 좇기로 하였다. 아무리 궁리하여도 그 길밖엔 다른 도리가 없었기 때문이다. 그 내용은 곧 3·16 성명에 나타난 그대로다.

이것을 공고하기까지의 제반 경위가 정부로 하여금 그렇게 만들었음에도 불구하고 적반하장격으로 구정객들은 마치 본인이 정치에 미련이 있는 것처럼 왜곡 선전하기를 주저하지 않았다.

본인은 여기에서 새삼 후진국의 부패한 정치풍토 위에서 청신한 혁명을 완수하기란 얼마나 힘겨운 것인가를 뼈저리게 느꼈다. 과연 인간 '박정희'에게 그러한 사심이 있었던가."

'군인은 군으로 되돌아가야……'

인용한 저서의 문맥만을 가지고 이야기한다면 박의장의 군정연장 결심은 정국이 돌아가는 것을 그대로 두다가는 국가민족의 불행이 닥칠 것이라는 판단에서 스스로 결단내린 것처럼 되어 있다. 그렇다고 하더라도 결단의 원인이 전적으로 구정치인들의 작태 때문인 것만으로 기술한 것은 좀 의문이 간다. 구정치인보다는 1차적으로는 그 원인이 주체세력 간의 내부분열에 있던 것이 아니었을까?

그리고 군정연장을 '다수국민의 의견'이라고 단정한 것도 사실과는 거리가 있다고 보아야 할 것이다. 당시의 분위기로는 다수 국민이 군정연장을 찬성한 것이 아니라 오히려 다수 국민은 군정연장을 반대했다고 보는 편이 정확할 것이다. 박의장이 사실을 알고서도 일부러 이렇게 진술했는지 여부는 알 길이 없으나, 다만 박의장으로 하여금 정세판단을 내리는데 김종필 라인의 진언이 상당한 영향을 끼쳤으리라는 의견이 지배적이었다. 이러한 진언을 한 사람들은 장태화 씨나 최영두 씨 같은 정보부 정책연구실계 인사들로 기자들 사이에 알려졌다.

장 씨가 2·18 성명 후 빈번히 의장공관을 출입하고 있던 사실이 당시 기자들의 주목을 끌었다. 최씨는 3·16 군정연장 성명을 초안한 장본인으로 알려졌다. 그들 배후에는 김종필 씨가 있어 당시 자의반 타의반의 외유로 프랑스 파리에 체재하고 있던 김씨가 수시로 국제전화를 걸어 이들과 긴밀한 연락을 취하고 있었다.

3·16 성명이 나오고 난 뒤에 일어난 정국의 격동은 새삼스럽게 이야기할 필요도 없이 극렬한 것이었다. 5·16 이후 최초의 반군정데모가 거리를 휩쓸었고 이런 가운데 박의장과 윤보선 · 김도연 · 장택상 씨 등과 사이에 '조야회담'이 열리기도 했다.

이 조야회담은 군정 당국자들과 구정치인들이 서로 극도로 불신하고 있던 당시의 상황으로서는 드물게 보는 해프닝이었다. 더욱이 회담 자체가 기자들에게 공개되었다는 점에서 재미있는 뉴스거리가 되었다. 그때 조야회담에서 피력된 박의장과 구정치인의 발언은 그들의 전형적인 사고방식과 재치의 편린을 드러내는 것 같아 몹시 흥미 있었다. 최고회의 상황실에서 열린 두 번째 회담에서 있었던 발언들을 한마디씩만 적어 보면 이러했다. 먼저 최고회의 측에서 3·16 성명을 발표하게 된 동기를 설명하는 가운데 김희덕 외무국방위원이 "지도자란 만화경 같은 상황에도 적응해야 된다"면서 발언을 유도했다.

장택상 ; 그러한 지도자가 되기 위해서 박의장께서는 3·16 성명을 번의할 용의는 없습니까?

박정희 ; 여러분들은 나를 보고 신의가 없다고 하지만 모든 사태를 참작할 때 3·16 성명은 불가피했습니다. 그러나 지탄받는 구정치인이 자진해서 정계에 나서지 않는다는 보장만 된다면 3·16 성명에 신축성을 둘 수는 있을 겁니다.

윤보선 ; 3·16 성명이 박의장의 깊은 사려에서 나온 줄을 모르는 바가 아니나…… 세상만사가 그렇게 박의장이 제안한 것처럼 척척 될는지도 의문이고 또 내가 아니면 안 된다는 식은 바로 이승만 박사의 사고방식과 같습니다. 인간개조라는 것도 하루 이틀에 되는 것이 아니고 20년이고 30년이고 점진적으로 이룩되어야 할 줄로 압니다. 그리고 군인의 사명은 국방에 있느니만큼 군인은 군으로 돌아가야 할 것입니다.

박정희 ; 오죽 당신네들의 과오를 못 참았으면 군인이 일선에서 돌아왔겠소.

김도연 ; 미국 같은 나라도 대통령 후보가 열 아홉이나 나오던 때가 있었는데 우리나라에서 뭐 정당이 많다고 우려할 것까지 있겠습니까.

박정희 ; 나라가 망한 후 애국자라는 말을 듣기보다는 역적 소리를 듣는 한이 있더라도 나라를 바로잡아 보겠소.

윤보선 ; 때 안 묻은 사람만이 잘한다는 보증이 없지 않겠소? 구공탄 같은 것도 순전히 석탄만으로 안 되는 것이고 잡토도 좀 섞어야 하는 겁니다.

박정희 ; 아니 윤 선생님은 정치를 어떻게 구공탄에 비교하는 겁니까? 그래, 정치란 중대사를 썩은 놈들에게도 마구잡이로 맡기라는 말입니까?

장택상 ; 5·16 때 살아난 것만 해도 다행인데 박의장 말에 조금이라도 찬성 않다가는……. 하기야 국민 앞에 얼굴도 못 들 것 같기도 합니다. 그러나 옛날에 눈을 뜨면 모두 도둑놈같이 보여서 항상 눈을 감고 있었던 사람이 있다더니 박의장이 그런 것 아니오?

혁명 주체의 분열로 흔들리는 공화당

우여곡절을 겪은 끝에 박의장이 또다시 극적인 번복을 통하여 군정연장안에 대한 국민투표의 실시를 보류하고 정치활동을 재개시킨 것은 4월 8일이었다. 이른바 4·8 조치는 들끓는 군정연장 반대 소리의 소용돌이 속에서 이루어진 것이었으나 그것을 이룩하게 한 원인은 반대여론이나 조야회담의 결과가 아니었다. 그 때 박의장으로 하여금 후퇴하게 만든 결정적인 요인은 미국의 힘이었다.

미국 정부는 3·16 성명이 나오자 대한원조의 중지를 결정했으며 미국 매스컴은 박의장을 군사독재자로 규정했다. 미국은 전례 없이 강경한 태도로, 만약 박장군이 이끄는 군사정부가 당초 예정대로 민정이양을 하지 않을 경우 미국의 영향력으로 박정권을 대체할 결심임을 비추기까지 했다. 박의장의 마지막 번의는 결국 이러한 미국의 압력 때문이었다. 결과적으로는 박의장의 후퇴로 낙착되었으나 몇 차례 엎치락뒤치락하는 가운데에 박의장과 김종필 라인은 반김세력을 따돌린 뒤 민정참여의 길을 확고히 했으며, 당초 스케줄보다 몇 달 동안의 시간을 벌었다.

정국이 소용돌이치는 가운데 '범탕'이라는 것이 있었다. 곰탕이나 설렁탕 같은 음식 이름이 아니라 어엿한 정당을 두고 하는 이름이었다.

정식 명칭은 자유민주당. 주체세력과 재야세력을 망라한 범국민정당을 지향했다 하여 당시 정치부 기자들은 속칭으로 '범탕'이라고 불렀다. 이런 속칭에는 다분히 당시 기자들의 경멸적인 기분이 나타나 있었다.

자유민주당은 말하자면 군정 동안에 있었던 하나의 정치적 막간극이었다. 박의장과 김종필 라인의 구상 및 그들이 구사하고 있던 고도의 정략을 꿰뚫어 보지 못한 순진한(?) 일부의 반김 주체세력과 구정치인 그룹이 한때 손잡아 보려 했던 어설픈 해프닝이었다. 그 시말은 이러했다. 범국민당의 태동 배경은 번의과정에 일어났던 정치상황이었고, 그 계기는 4·8조치 직후 박의장이 표명한 군민합작에 의한 범국민정당의 필요성이었다.

애당초 공화당을 타고 민정에 넘어가려 했던 박의장은 주체세력 내부분열로 공화당이 흔들리자 3·16성명으로 시간을 벌면서 사태를 만회하려 했다. 그러나 내부의 압력에 부딪혀 군정연장 계획은 조기에 포기하지 않을 수 없게 되었고, 공화당은 사실상 해체하지 않을 수 없는 궁지에 몰려 있었다.

그렇다면 어떤 말을 타고 민정에 참여해야 할 것인가? 4·8조치를 발표할 무렵에는 민정에 참여하겠다는 박의장의 결심은 굳어 있었다.

여기서 구상된 것이 군민합작에 의한 범국민적인 정당조직이었다. 이 아이디어는 이후락 실장이 생각해 낸 것으로 알려졌다. 그리고 아이디어의 힌트는 조야회담에서 얻었다는 이야기가 있었다. 즉 최고회의에서 몇 차례 야당의 영수급 인사들과 회담을 가졌을 때 재야사람들의 보조가 맞지 않는 것을 보고 군정 쪽에서는 "이 정도면 야당세력의 일부를 꿰어 차고 민정에 참여할 수 있지 않겠느냐"는 생각이 들었다는 것이다. 그 무렵 공개된 조야회담과는 별도로 야당의 모 거물급인사가 비밀리에 박의장과 접촉했다는 설이 있었다.

범국민정당의 필요성에 관한 박의장의 발언을 재빨리 수용하여 구체화시킨 사람이 반김세력의 선봉장이며 당시 중앙정보부장이었던 김재춘 씨였다. 김씨는 박의장의 이 같은 발언이 공화당 및 김종필 라인과의 결별을 뜻하는 것으로 해석했던 것 같다.

반 JP 공동전선 편 김재춘 · 이후락

김씨는 정보부장 자리를 최대로 이용한 이른바 4대 의혹사건의 조사를 통하여 김종필 라인에 타격을 가하는 한편 재야인사와 접촉하여 범국민당 조직을 재빨리 구체화해 가기 시작했다.

이와 비슷한 시기에 최고회의 안에는 정책소위원회라는 것이 설치되었다. 당초 이 정책소위의 설치는 일급비밀로 붙여졌다. 뒤늦게 발표된 때에도 소위의 기능이 박의장의 4·8조치에 의한 9월의 조야회담에 대비하여 민정이양의 기본계획을 심의하는 데 있다고 설명되었다.

그러나 이 기구가 범국민정당 조직과 깊은 관련이 있다는 사실은 한참 뒤에야 밝혀진 일이었다. 소위원회의 멤버는 유양수, 길재호, 홍종철, 유병현, 박태준 씨 등이었다. 최고회의 세력분포로 보아 강, 온, 내지는 친김·반김 라인을 골고루 참여시킨 셈이었다.

당시 신문들은 정책소위 구성을 그 무렵 있었던 최고회의 의장고문진의 일괄사퇴와 관련하여 군정 브레인의 교체라고 평가하였다. 이 같은 브레인의 교체는 박의장 측근에서 3·16성명 지지론자들이 후퇴하고 그 대신 범국민정당론자들이 등장하는 것으로 해석되었다.

정책소위의 범국민당운동은 두 갈래의 지원을 받고 있었다. 한 쪽은 중앙정보부의 김재춘 씨였고 또 한 쪽은 최고회의의 이후락 실장이었다. 역할로 보자면 김씨는 실질적인 정당조직을 맡고 있었고 이씨는 홍보담당이었다. 이씨는 "앞으로의 민족은 재야정치인과 혁명주체 세력이 결속하는 범국민당만이 이끌어갈 수 있다"고 역설하고 있었다.

그 당시, 1963년 4월 후반부터 5월 초에 걸쳐 범국민당 운동은 정계의 모든 정치활동에 있어 태풍의 눈이었다. 군정 영도자인 박의장이 이 정당을 타고 민정에 참여하리라는 전망 아래 여야의 많은 정치인들이 한때 여기에 집결했었다. 김재춘 씨의 뒷받침과 이후락 씨의 홍보활동 아래, 박준규, 엄민영, 김재순, 민관식 씨 등의 공화당 이탈과, 김용우, 이형모 씨 등 전 자유당계, 이필호 씨 등 민정당계, 정중섭 씨 등 민주당계 등이 속속 모여들었다.

이 무렵 세종로 네거리에 있던 의사회관(지금의 교보빌딩 자리) 3층, 범국민당 사무실은 각계 정치세력의 집산지와도 같은 인상을 풍겼다. 정치부 기자들에게는 당연히 최대의 취재대상이기도 했다. 그러나 활발한 움직임과 여기에 드나드는 기라성 같은 정객들의 얼굴에도 불구하고 이 범국민정당 운동은 기자들 눈에 어딘가 짜임새 없는 엉성한 움직임으로만 비쳤다. 심하게 이야기하자면 도떼기시장과 같았고, 기회주의자들의 집결체인 것처럼 느껴졌다.

무엇보다도 정당으로서의 이념이 뚜렷하지를 않았다. '군민합동의 안정세력 지향'이라는 당면목표만이 있었을 뿐, 그 위에 서있어야 할 조직철학이 없었다. 때문에 이념보다는 다분히 실익을 내다본 기회주의적인 이질인사의 집합체로 전락할 가능성이 처음부터 컸다.

실상 이 범국민정당 운동은 박의장이 이를 외면하자 급속도로 와해의 길을 걷고 말았다.

김재춘마저 정처 없는 외유에

처음에 범국민당의 필요성을 주장했다가 얼마 안 가서 이를 외면하고, "혁명 이념을 이어받을 정당으로서의 공화당에 기대가 크다"고 한 박의장의 발언은 어떤 의미에서 보자면 또 하나의 번복이었다.

박의장이 이처럼 결심을 바꾼 원인이 어디 있었는지는 헤아릴 길이 없었다. 당시 일설에는 이후락 실장의 작용이 컸다는 이야기도 있었으나 신빙성이 약하다. 이씨가 박의장의 결심을 뒤바꿔 놓았다고 보기보다는 오히려 박의장의 결심이 바뀐 것을 보고, '박정희교의 신봉자'를 자처하리만큼 철저하게 박정희 한 사람만을 추종하던 이씨가 눈치 빠르게 자기의 의견을 고쳐먹은 것이라고 보는 편이 정확할 것이다.

다만 이 번의에 있어서도 김종필계의 작전이 크게 작용했으리라는 점을 짐작할 수 있다. 김재춘 씨가 범국민당에 착수한 것은 박의장의 힌트에 따른 것임은 물론이고, 이 힌트에 따라 공화당은 당연히 해체될 것으로 판단했다. 그러나 공화당은 결코 해체되지 않았고 끝내는 박의장의 마음을 공화당으로 끌어들인 것이다.

공화당이 해체되지 않고 롤백 작전으로서 결국에는 범국민당을 말아먹은 원인에 대해 김재춘 씨의 말을 빌리면 "자기들이 너무 순진했다"는 것과 공화당 청산인으로 임명된 윤치영 씨가 그 임무를 뒤집어 "상상을 절할 만한 정치술수를 갖고서" 그 자리에 눌러앉아 버렸기 때문이라고 했다.

범국민당의 산파역으로서 한때 부푼 꿈을 안고 정치활동을 벌였던 김재춘 씨는 9월의 어느 날 남산관광호텔 입구에서 납치되어 그 길로 코리아하우스에 연행되어 미리 대기하고 있던 기자들 앞에서, 미리 준비된 성명을 읽힌 다음, 그 길로 김포공항에 모셔져, 정처 없는 외유길에 오르게 되었다. 그의 곁에는 한때 그와 함께 범국민당 홍보에 그토록 열을 올리던 이후락 씨가 딱 달라붙어 비행기 트랩에 오를 때까지 한시도 떨어져 있지를 않았다.

'범탕'의 실패는 결국 이번에도 박·김 라인의 정치적 속셈을 헤아리지 못한 세력의 판단착오에서 벌어진 것이었다. 김재춘 씨 자신의 말마따나 '너무나 순진하여' 박의장의 말을 그대로 믿었고, 김종필 씨의 저력을 제대로 헤아리지 못한 결과였다고 볼 수도 있다.

아마도 김재춘 씨가 스스로 후회한 '순진함'은 박의장과 김종필 씨의 관계를 너무나 안이하게 평가한 데 대한 후회였을 것이다. 김 씨는 4·8조치가 나온 시점에서 박의장과 김씨의 관계는 끊어졌다고 판단했으나 이 점은 큰 오산이었다. 이 두 사람의 관계가 그렇게 쉽사리 끊어질 수 없는 사이라는 사실은 그 후 오랜 세월 동안의 공화당 통치과정에서 증명되었다.

사상논쟁으로 불꽃 튄 총선

정치활동 재개와 더불어 1963년에 들어서면서 소용돌이치던 정국은 막상 민정의 첫 대통령선거가 본격화됨에 따라 오히려 정돈되어 가기 시작했다.

처음에 공화당, 자민당, 민정당, 국민의 당, 신흥당, 정민회, 추풍회 등이 제각기 대통령후보를 내세워 난립했던 선거정국은 후반부에 들어서서 공화당 후보인 박정희 의장을 목표로 야당진영이 단일후보 옹립을 추진함으로써 최종단계에서는 박정희 : 윤보선 후보로 압축되었다. 당락의 전망은 투표 전날까지 아무도 예상할 수 없는 상황이었다.

이런 가운데 터져 나온 것이 이른바 사상논쟁이었다.

선거 기간이라고는 하지만 아직 서슬이 시퍼런 군정통치하의 세상이었다. 이런 분위기 속에서 야당의 대통령후보가 군정의 최고통치권자를 맞대놓고 빨갱이의 혐의가 있다고 터뜨려 놓았으니 놀랄 일이 아닐 수 없었다. 문제의 발단은 선거유세 동안에 있었다.

선거가 종반전에 들어간 1963년 9월 23일 낮 민정당 선거유세반이 전남 순천을 거쳐 여수에서 연설회를 가졌을 때였다. 찬조 연사로 등단한 윤제술 씨의 연설이다.

"이곳은 여순반란 사건이란 핏자국이 묻은 곳이다. 그 사건을 만들어낸 장본인들이 죽었느냐, 살았느냐? 살아 있다면 대한민국에서 지금 무슨 일을 하고 있는가를 여러분은 아는가 모르는가? 여러분이 모른다 해도 저 종고산은 알고 있을 것이다."

그는 꽤나 감상적인, 그러나 선동적인 발언을 했다. 그 고장 사람들에게는 악몽과도 같은 15년 전의 반란사건에 관해 그 주모자가 누구인가를 윤씨는 구체적으로 지칭하지는 않았다. 그러나 그가 누구를 빗대고 한 말인가는 자명했다. 유세장에 모여 있던 8천여 명의 청중들은 아연 긴장했다. 그러나 그 날은 아무 일이 없었다.

나는 당시 소속사를 「민국일보」에서 「서울신문사」로 옮긴 때였고 정치부 데스크로서 행정부와 정당 쪽을 총괄하면서 선거 종반에는 주로 윤보선의 유세반을 따라 취재를 하고 있었다.

이튿날인 24일 전주에 도착한 윤보선 씨는 숙소인 전동여관에서 수행기자들과 만났다. 마침 이 날 아침 박정희 후보가 서울 중앙방송을 통한 첫 정견발표에서 "이번 선거는 민족적 이념을 망각한 가식의 자유민주주의 사상과 강력한 민족적 이념을 바탕으로 한 자유민주주의 사상과의 대결"이라고 주장했었다. 기자들은 상대방 후보의 이와 같은 발언에 대한 윤보선 씨의 코멘트를 물어봤던 것이다.

논평을 요구받은 윤씨는 순간 얼굴이 굳어지면서 분노를 감추지 못했다.

"여수강연에서 특별히 느낀 것은 여순반란사건의 관련자가 지금 정부에 있다는 것을 상기했다. 도대체 어떤 놈이 민주주의자고 어떤 놈이 비민주주의자인가? 누가 민족주의자고 누가 비민족주의자인가? 누가 공산주의자고 누가 비공산주의자인가? 역사를 캐어보자."

누가 애국자며 누가 공산주의자인가

윤보선 씨는 그 날의 흥분에 관해 4년 후 그의 회고록 『구국의 가시밭길』에서 다음과 같이 설명하고 있다.

"나는 참으로 분격했다. 내가 비록 남과 같이 지조와 애국심에 있어 부족하다 하더라도, 그래도 내 딴에는 애국한다고 해 온 사람이다. 나이 20도 안 되어 혁명에 투신한다고 고향과 가족을 떠나 외국 땅에서 고난을 겪었으며 마음속으로나마 배일(排日) 구국의 일념을 버린 적이 없었다……. 그런데 내가 그러한 소리를 들어야만 할 짓을 했던가. 만일 내가 마음으로부터 존경하는 사람에게서 그런 말을 들었다면 나는 경복했을 터이지만 적어도 박정희 씨는 내게 그렇게 말할 자격이 없는 인물이다.

그 동안 부득이하여 접촉을 갖기는 했었지만 조금도 그를 존경하고 싶다는 생각을 가질 수가 없었다.

또한 그의 행적을 봐서도 그가 내게 감히 그렇게 말할 수는 없는 것이다. 설혹 그가 일본 사람 밑에서 생활했고 그들에게 협조했다 하여, 한때나마 마음에 없는 노릇을 한 것을 가지고 일일이 탓할 처지라 하여도 그를 비난하자는 적의가 본래 내게는 없었다. 나 자신도 만일 부조(父祖)의 덕이 아니었더라면 어떻게 그렇게 외국에 다닐 수가 있었을 것인가. 그래서 해방 후 친일파를 가려내어 처단하려는 반민특위의 움직임에 대하여도 나는 적극 반대했던 것이다. 도대체 그 한계부터가 애매하기 때문이었다.

그럼에도 불구하고 박정희 씨로 말하자면 직업 중에서도 하필이면 일본 군인이다. 천황을 위해 목숨을 바치기로 맹세했던 사람이 아니었던가.

그리고 그 후 해방이 되어 고국에 돌아와서는 또 자의로 공산주의에 투신하여 이 나라를 전복시키고자 했던 것이니, 따지고 보면 두 번이나 나라를 해치려 했던 사람이 아닌가. 그러한 사람이 감히 나보고 비민주주의자요 비애국자라 하니 적반하장도 분수가 있는 법이다. 그가 이런저런 소리 없이 가만히 있었더라면 내가 그의 사상을 왈가왈부하려 들지는 않았겠지만, 그가 먼저 싸움을 걸어오는 이상은 참을 수가 없었던 것이다."

5·16직후에 박정희 장군의 사상경력에 관하여 일부 외신이 보도한 적이 있었으나 국내에는 거의 알려지지 않았던 사실이었기에 그 날 윤보선 씨의 발언은 사실 청천벽력과도 같은 것이었다.

그 때 윤씨와 회견했던 기자들은 발언의 중요성에 비추어 말 한마디라도 정확히 인용하기 위하여 되풀이해서 질문을 했었다. 윤씨의 전주발언이 그의 회고록에서 설명한 것처럼 남을 비난할 자격이 없는 사람이 자기를 비난한 데 대한 흥분과 분개에서 나온 것인지, 혹은 미리 계산된 선거 전략이었는지는 지금도 알 길이 없다. 우연인지는 모르나 같은 날 '국민의 당'의 대통령후보로 나섰던 허정 씨도 담화를 발표, "박정희 씨가 강력한 민족이념을 바탕으로 한 자유민주주의를 표방한 데 대하여 그의 진의가 어디 있는지, 그의 과거행적과 더불어 의아롭게 생각한다"면서 "합의정부를 전복하고 쿠데타를 감행한 그의 사상적 근저가 강력한 민족이념을 바탕으로 한 자유민주주의냐? 일반적으로 민주주의를 표면에 내세우면서도 그 전제조건으로 교도니 진보니 혹은 민족이니 하는 것을 붙인 사람들이 본질적으로 민주주의를 유린해 왔던 것"이라고 화살을 퍼부었다.

점차 확대되는 사상논쟁의 여파

윤씨의 전주발언이 나왔을 때 기자들은 선거 정국이 심상치 않은 방향으로 흘러가고 있다는 사실을 직감했다.

일방의 대통령후보이긴 하지만 최고회의 의장이요 당시의 대통령 권한대행이었던 박정희 씨를 다른 것도 아닌 빨갱이로 몰아붙였으니 군정당국이 가만있지 않을 것이라고 내다보았다. 선거가 연기될지도 모른다는 추측이 나돌기까지 했다. 아닌 게 아니라 최고회의는 곧 긴급 본회의를 소집하고, 3군 참모총장, 중앙정보부장, 공화당 간부진을 연석시킨 가운데 대책회의를 열었다. 극도의 긴장과 살벌한 분위기 속에서 윤씨의 발언은 선거 전략의 차원을 넘어선, 혁명정신의 모독과 국가안위를 해친 중대발언이라는 전제 아래 '당장 구속하자'는 강경론이 처음엔 회의를 압도했다고 한다. 그러나 '사태의 추이를 좀 더 두고 관망해야 한다'는 신중론에 따라 야당 후보의 체포나 선거연기와 같은 초강경책을 쓰지 않기로 하고 다만 윤씨의 전주발언을 수사기관으로 하여금 인지수사케 한다는 방향으로 우선 낙착지었다. 군정 당국의 최초 반응은 예상했던 것보다는 온건한 것이었다. 이런 반응에 힘입었는지 모르나 윤씨의 전주발언으로 불당겨진 사상논쟁은 그 후 걷잡을 수 없을 만큼 확대되어 나갔다.

전주발언 이튿날인 9월 25일, 재야 6당 공명선거투쟁위원회는 서울시내 교동초등학교 교정에서 시국 강연회를 열었다. 이 강연회에서 야당측 연사들은 일제히 박정희 후보의 사상문제에 집중포화를 퍼부었다.

"북한에는 공산당이 있고 남한에는 공화당이 있다."
"교도 민주주의 빛깔을 밝혀라."
"북한 김일성을 물리치는 데는 여러분 자제들의 피와 생명이 필요했지만 남한의 박 장군을 물리치는 데는 여러분의 한 표가 필요하다."

이 날 강연회를 긴장시킨 것은 연사들의 연설내용도 그랬지만 그보다는 강연이 끝날 무렵 연설장 주변과 시내 몇 곳에 뿌려진 괴삐라였다. '구국청년동지회'란 이름으로 '박정희 씨에게 묻는다'는 표제를 단 이 괴삐라는 사상문제와 관련된 새로운 의혹을 폭로하면서 그 진위를 다음과 같이 묻고 있었다.

① 세칭 간첩 황태성사건의 전모를 국민 앞에 공개하라. ② 황태성은 대구 10·1 폭동사건 당시 박정희 씨의 친형과 같이 주모자로 활약하였다는데 이에 대한 진부 ③ 황태성을 박정희 씨의 형수가 수차에 걸쳐 면회했다는데 그 이유는? ④ 박정희 씨의 둘째형이 6·25 후 월북했다는데 이에 대한 진부 ⑤ 공화당 중견 간부인 김모 씨가 6·25 당시 충청도 인민위원장이었다는 사실은 아는가?

간첩 황태성 사건은 당시 여러 가지 루머가 떠돌고 있었으나 그 진상은 뚜렷하지 않았다. 그 때까지 알려진 바로는, 황은 해방 직후 박정희 씨의 친형과 친구로서 대구 10·1폭동사건을 주모했으며 월북하여 북한 무역성 부상(副相)까지 지냈다가 5·16 후인 1961년 8월말, 박의장의 형수 조 씨를 포섭하여 박의장과 접촉하기 위해 남하했다가 10월 20일 체포되었다는 것이다. 황은 동년 12월 1일 육군중장 고등군법회의에 송치되어 12월 27일 사형선고를 받고, 사상논쟁이 일어났을 무렵에는 대법원에 계류 중이었다. 1963년 12월 14일, 황은 사형이 집행되었으나 그 후로도 루머는 한참 동안이나 꼬리를 끌어, 정부발표와는 달리 황은 사형이 집행되지 않았으며 외국에 나가 살고 있다는 소문이 나돌기도 했다.

간첩 황태성과 관련하여 주목을 끈 것은 황이 공화당 사전조직에 관여했다는 일부측의 주장이었다. 이러한 주장의 근원이 야당보다는 주체세력 안의 반김라인이었다는 점에 더욱 심상찮은 의혹을 불러일으켰다.

간첩 황태성의 공화당 관련설

김재춘 씨 같은 사람의 말에 의하면 김종필 씨는 박의장을 포섭하러 내려왔다는 간첩 황을 조선호텔 특호실에 수일간이나 기거시키며, 황으로 하여금 서울시내 곳곳에 마련된 공화당의 비밀교육장소에서 밀봉교육을 지도하도록 이용했다는 것이다.

나중에 알려진 이야기이지만 4·8 조치 후 범국민운동이 벌어지고 있을 무렵 김재춘 씨는 공화당의 사전조직과 간첩 황과의 관련설을 비밀히 박의장에게 보고하면서 공화당의 해체와 자민당의 육성을 건의했다는 것이다. 그러나 자민당의 인적 구성 등에 환멸을 느낀 박의장은 '공화당이 지니고 있는 비밀'만 영구히 보전되면 문제없으리라는 판단 아래 자민당을 버리고 공화당을 택하게 된 것이라고 반김계열에서는 말하고 있었다.

전주발언 이후 야당진영에서는 하루도 빠짐없이 번갈아 가며 사상문제를 거론했다. 박 후보의 과거 '불순한 경력'을 뒷받침하기 위해 여러 가지 내외 간행물들을 증거로 공표하기도 했다.

약 2주일간 침묵으로 일관해 오던 박정희 후보 자신이 드디어 입을 열어 응수하기 시작했다.

"정적을 빨갱이로 모는 구정객들의 비열한 짓은 선거가 끝나면 나의 결백성을 위해서도 법에 의해 철저히 흑백을 가려놓고 말겠다"고 다짐하면서 박 후보는 다음과 같이 반격했다.

"3권을 쥐고 있는 최고회의 의장을 빨갱이로 모는 구정치인들이 정권을 잡는다면 앞으로 우리나라에는 그들에게 밉게 보이는 사람은 누구를 막론하고 빨갱이로 몰리는 무서운 분위기가 조성될 것이다."

"싸우다 힘이 모자라면 빨갱이라는 모략을 하는 것이 바로 야당이다. 과거에 한민당이 이따위 수법을 썼는데 오늘도 야당은 이와 똑같은 수법을 쓰고 있다. 과거와 양상이 다르다면 과거는 여당이 야당을 잡았는데 지금은 야당이 여당을 잡으려 뒤집어씌우고 있다."

"빨갱이 성분을 가진 박의장이 어떻게 자유당 치하에서 별을 둘씩이나 달고 군참모장, 군수기지사령관 등 요직에 앉아 있을 수 있었겠는가?"

"매카시즘의 한국적 아류인 그들은 그 악습의 보검을 구사하고 있다. 시커먼 무쇠를 매카시즘이라는 번철에 달달 볶아 새빨간 빨갱이로 만들려는 수법을 농하고 있다. 자기들의 정치지반인 전근대적 유제가 위협당하면 용공이니 빨갱이니 하는 상투적 술어로 상대 세력을 학살시켰던 것이 한국판 매카시즘의 아류들이 저질러 온 행적이었다."

박정희 후보의 신승으로 끝난 대통령선거

간첩 황태성 사건에 관해서 박 후보는 유세 도중 수행기자들에게 이렇게 해명했다.

"황태성은 나의 친형과 친구관계이다. 어려서부터 집에 놀러 오는 사이였다. 해방 후 내가 귀국해 보니 황은 이미 새빨갛게 된 공산주의자로서 김천에서 위원장 노릇을 하고 있었고 당시 나의 형은 「동아일보」 지국장을 하고 있었는데 별로 거래가 없었던 것 같다.

5·16이 나던 해 9~10월경 김종필 정보부장이 찾아와서 황태성이를 아는가라고 물었다. 나는 그 후 그 소식을 모르고 있었는데 김종필 씨는 황이 월북해서 김일성 정권에서 무역성 차관급까지 올라갔었는데 간첩사명을 띠고 넘어왔다가 체포된 것이라고 말했다. 황은 나를 만나기 전에는 아무 말도 할 수 없다고 주장하다가 나중에 중앙정보부장이라도 만나게 해달라고 하여 치안국의 한 경찰관을 중앙정보부장으로 위장케 하여 조선호텔에서 만나게 했다.

황은 그 자리에서 박의장의 형과는 옛날 친구인데 만나게 되면 남북협상을 제의하려고 왔다고 토로했다. 황이 체포된 경위는 대구에 와서 사람을 보내어 형수를 만나려고 한 것을 형수가 그 날 밤으로 상경하여 김종필 씨에게 이야기해서 체포된 것이며 그 후 재판을 받아 사형선고를 받았다는 이야기를 들었다.

지난 3월, 박의장이 거물간첩과 접선하여 남북협상을 하려고 한다는 소문이 돌고 있다는 정보를 듣고 미국에서도 이를 알고 의심하고 있다는 말을 들었다.

그 후 조작된 허위사실이 어떤 경위를 통해서 유포되었는가를 캐어보니까 송요찬의 전 비서가 형무소에서 나온 조웅이라는 사람에게서 들었다고 말했다. 그 후 조를 수색해 보니까 모 외국기관에 잠복해 있었다. 조는 모 외국기관에 종사하는 베이커 집에 숨어 있던 황헌친과도 같은 허위사실을 만들어서 외국인 기자에게도 전해 주었다는 정보를 들었다. 따라서 외국정보기관에서 의심한다는 얘기를 듣고 당시 중앙정보부장이던 김재춘 씨가 조를 끌고 형무소에 있는 황태성과 대질시켜보니 황에게서 박의장이 황과 남북협상을 토의했다고 말하던 조가 황과는 만나본 일이 없는 것이 드러났다.

이 사실에 대해 배후관계를 조사해 보니 별로 없고 다만 조가 박의장이 보기 싫고 혁명정부를 미워했기 때문에 이런 말을 한 것이라고 말하더라는 것이다."

이러한 박정희 후보의 해명에도 불구하고 야당 쪽은 이를 믿으려 하지 않았다.

윤보선 후보는 여순반란 사건 당시의 숙군(肅軍)재판 기사가 실려 있는 당시의 신문을 제시하는 등 선거 바로 전날까지 사상논쟁을 물고 늘어졌다.

군정 940일, 과도기냐 공백기냐

마침내 1963년 10월 15일, 군정 시절을 마감하는 민정의 투표일을 맞았다. 국민들도 그랬지만 선거과정을 줄곧 취재해 온 우리 기자들은 선거결과가 어떻게 나타날지에 관해 과거 어느 때의 선거보다도 참을 수 없는 궁금증을 갖고 맞이했다. 특히 선거 후반기의 최대 이슈가 되었던 사상논쟁이 어떤 영향을 끼쳤을까에 관심이 쏠렸다.

더러는 박 후보가 치명상을 입을 것이라고 했고, 또 더러는 오히려 역효과를 가져와 윤 후보에게 불리할 것이라고 내다보았다.

결과는 전국적으로 15만여 표라는 근소한 차이로 박 후보가 민정대통령으로 당선되었다. 관심의 대상이었던 여·순지구의 개표결과는 여수에서 1만 3천표 대 1만 8천표로 윤 후보가 우세했던 반면 순천에서는 1만 4천표 대 1만 1천표로 박 후보가 승리했다. 결국 사상논쟁의 결과는 별로 투표성향에 영향을 끼치지 않았던 것이 아니냐는 분석이 가능했다.

다만 결과적으로 윤보선 씨가 패배했다는 사실에서 사상논쟁은 오히려 야당 측에 마이너스로 작용했다는 풀이가 나왔다. 특히 선거막판에 민정당의 김사만 씨가 "부산과 대구에는 빨갱이가 많다. 운운"한 발언이 영남표를 박 후보에게 쏠리게 한 최대원인이 되었다고 야당 안에서조차 통탄하고 있었다.

그토록 치열했던 사상논쟁도 선거가 끝난 뒤로는 하루아침에 씻은 듯이 사라지고 말았다. 박정희 씨가 정권을 잡으면 당장 큰일이라도 날듯이 서슬이 시퍼렇던 야당도 아무 소리 없이 입을 봉해 버렸고, 선거 끝나면 두고 보자던 박대통령도 그 이상 아무런 조처나 아무런 해명 없이 흐지부지하고 말았다.

사상논쟁뿐만이 아니었다. 군정 동안에 일어났던 갖가지 궂은 일들이 제3공화당 출발이라는 그 시점에서 시비를 초월한 망각지대로 매몰되고 말았다.

최고회의 시절 940일은 과연 우리의 정치사에서 어떤 의미를 지닌 것이었을까? 시행착오의 과도기였을까? 혹은 완전히 낭비되고 만 공백기였을까? 우리는 이를 독재의 시작이라고 말해야 할 것이다.

5·16 쿠데타 사전내통설

유원식·윤보선 논쟁의 진위

5·16 마지막 미스터리

5·16에 관한 일로서 아직까지 그 내막이 밝혀지지 않은 이야기는 별로 남아 있지 않다. 50여 년의 세월이 흐르는 동안 그 당시에 극비에 속했던 사실도 이제는 거의가 그 베일을 벗어 내용이 밝아졌다. 아직도 그 전모가 드러나지 않은 약간의 스토리가 남아 있긴 하지만 그것도 대체적인 윤곽은 이미 드러난 것들이며, 설사 애매한 부분이 있다 해도 그것은 당시에 역할했던 사람들의 주관적인 해석이나 보는 시각에 따른 차이일 뿐이다. 철저하게 장막에 가려 비밀에 묻혀 있거나 정반대되는 두 갈래의 내막으로 설명되는 이야기는 찾아보기 힘들다.

그러나 단 한 가지, 아직껏 그 진부를 가릴 길이 없는 스토리 하나가 여기 남아 있다. 민주당 정권 당시 대통령이었던 윤보선 씨와 최고주체를 자칭하고 있는 유원식 씨의 이른바 사전내통설이다.[3)]

간단히 이야기하자면 5·16이 있기 몇 개월 전에 유원식이 쿠데타 계획을 윤보선에게 제보해 주면서 대통령직을 보장해 줄 테니 거사에 협조해

---

3) 이 부분은 미국 정보문서에 의해서 사전내통되었음이 확인된 바 있다.

줄 것을 당부하여 윤보선이 이를 받아들였다는 '설'이다. 만약 사실이라면 구파와 신파로 갈라져 치열한 권력다툼을 전개하고 있던 당시의 정치상황과 관련하여 중대한 정치음모임에 틀림없는 일이다.

이 설은 당시 민주당 정권의 내부사정, 5·16 당일 청와대에서 있었던 윤보선 대통령과 쿠데타 주동자들 사이에 오간 대화들, 그 후 윤보선의 행동 등과 관련하여 훗날 두고두고 설왕설래되어 왔다. 주목되는 점은 이 내통설의 당사자가 처음부터 윤보선·유원식 단 두 사람으로 압축되어 왔다는 사실이다. 시나리오의 설정으로 봐서는 5·16 세력이 당시 민주당 신·구파의 권력쟁탈전에 파고들어 구파를 이용하여 신파가 장악하고 있던 권력을 탈취하는 형식으로 되어 있지만, 여기에는 어떤 세력이 동원된 바가 없다. 구파라 해봐야 윤보선 한 사람이고, 5·16 세력 쪽에서는 유원식이 사전내통공작의 유일한 당사자이다.

때문에 사실이라면 엄청난 음모임에도 불구하고 내용을 알고 증언해 줄 수 있는 사람은 윤·유 두 사람밖에 없다. 만일 내통설에 관여한 사람이 복수였다면 진부는 일찌감치 쉽게 드러났을지 모른다. 그러나 관련자는 단 두 사람, 그나마 이 두 사람이 한 가지도 공통점이 없는 완전히 평행되는 주장을 처음부터 되풀이하고 있어 그 진상은 아직껏 베일에 가려져 있다.

진실은 하나밖에 있을 수 없다. 이 하나밖에 없는 진실을 두고 20여 년이 지난 오늘날에 이르기까지 두 가지 주장이 평행선을 긋고 있는 것이다.

유원식은 지금도 틀림없이 사전에 윤보선과 내통한 적이 있다고 주장하는 반면, 윤보선은 터무니없는 소리라고 반박한다. 지난 세월 동안 두 사람은 기회가 있을 때마다 서로 논박을 되풀이해 왔다. 어느 한쪽이 주장을 하면 다른 한쪽은 어김없이 반박하면서 오늘에 이르렀다. 지난 1983년 10월까지만 해도 유원식이 『정경문화』 지상에 발표한 회고록을 통해 5·16 당시 윤보선 대통령과의 사전내통설을 기술하자, 윤보선은 놓치지 않고 이를 반박하는 글을 보내왔다

두 사람의 주장에는 한 치의 공통점이나 양보가 없다. 현재의 상태로는 해묵은 이 내통설은 진부를 부각시키지 못한 채 영원한 수수께끼로 남을지 모른다. 이쯤에서 거의 40년에 걸쳐 마지막 하나 남은 5·16 내막을 총정리해 볼 필요가 있을 것 같다. 하나의 진실에 도달하지는 못할망정 진실에 접근하는 작업은 의의 있는 일이라고 판단되기 때문이다.

「동아일보」에 내통설 게재

사전내통설이 처음으로 공개된 것은 5·16 주년이 가까워가는 1962년 5월 4일이었다. 최고위원으로 있던 유원식이 당시 동아일보 정치부 기자로 있던 이만섭에게 귀띔해 준 것이다. 그 날 「동아일보」 1면에는 꽤 큰 제목으로 이를 보도했었다. 기사 전문은 다음과 같았다.

"5·16혁명 전에 혁명군의 계획이 당시의 윤보선 대통령에겐 알려져 있었다는 새로운 사실이 5·16 1주년을 2주일 앞둔 3일 하오 최고회의 유원식 위원에 의해서 밝혀졌다.

유위원은 자기가 작년 말쯤 혁명이 일어나지 않을 수 없다는 이야기와 함께 그것

이 계획되고 있다는 사실까지도 윤대통령에게 알리고, 혁명이 일어나거든 대통령으로서 국민에게 사과하는 성명을 발표하고 일단 사표를 내면, 혁명군이 대통령의 사임을 말리고 그대로 유임토록 할 것이라는 이야기까지 했었으며, 이때 윤대통령도 이에 동의했었다고 말하였다.

그러나 막상 혁명이 난 후 얼마 동안 윤대통령이 사과성명을 하지 않고 있을 때, 방송을 위한 녹음을 자기가 맡아서 하도록 했다는 유위원은 5·16 직후 청와대로 박의장 등과 함께 갔을 때 '내가 지난번 사복으로 만났던 유 대령입니다. 그 때 이야기했던 대로 해 주십시오'라고 말하여 대통령을 안심시키기까지 했었는데, '그 뒤 사과성명 등에 우물쭈물하는 것이 크게 기대에 어긋났었다'고 말하면서, 따라서 그 뒤에는 애써 만나지를 않았다고 말하였다.

그는 확실한 일자는 기억할 수 없으나 윤대통령을 만난 때의 곳이 청와대로, 이름이 바뀌기 전인 경무대였다고 말하고, 윤대통령을 잘 아는 심모 씨를 통해서 만났었다고 말하였다."

당시 유원식의 직책은 최고회의 재정경제위원장이었고, 윤보선은 세 차례에 걸친 제의 끝에 마침내 대통령직에서 물러난 지 한 달 남짓 지난 때였다. 5·16 쿠데타가 군인들의 거사에 의해 성공한 것으로만 믿고 있던 국민들은 그 배후에 군인과 구정치인이 손을 잡은 일종의 정치음모가 개재되어 있었다는 사실에 놀랐다. 특히 5·16 직전까지만 해도 구파의 대통령이 도사리고 있는 청와대 쪽에 커다란 불만을 품고 있던 장면 총리 쪽의 신파 사람들은 '그러면 그렇지' 하는 기분으로 윤대통령을 원망하기에 이르렀다. 일부 신파 정치인들은 5·16 직전 신·구파의 권력쟁탈전이 절정에 이르렀던 당시의 사정에 비추어 보면 윤보선이 능히 그런 내통을 할 수도 있었을 것이라고 추측했다.

5·16을 2개월쯤 앞둔 1961년 봄 무렵의 민주당 내부사정은 그야말로 견원지간이라는 표현이 어울릴 정도였다. 신·구파는 이념과 생각을 같이 하는 동지당원이 아니었고, 그렇다고 해서 어떤 룰에 입각하여 정권교체를 구상하는 여·야 관계도 아니었다. 시기와 증오가 엇갈린 원색적인 감정대결에다, 정권을 둘러싸고 뺏고 빼앗기지 않으려는 줄다리기의 관계였다.

신파의 총리실과 구파의 청와대는 완전히 동상이몽을 꾸고 있었다. 하루도 거르지 않고 데모가 꼬리를 이으면서 각종 위기설이 나도는 가운데, 1961년 3월 신·구파는 청와대에서 이른바 4자회담이라는 것을 열고 시국수습방안을 협의한 적이 있었다. 대통령 · 국무총리와 민의원 및 참의원의 양의장이 참석한 회담이었다. 계속되는 사회혼란과 정국의 긴장상태를 시정하고 신·구파 간의 갈등을 해소시켜 보려는 의도에서였다.

그러나 회담결과는 완전히 의도와는 반대방향으로 빗나가 버렸다. 시국수습을 위한 돌파구나 신·구파 갈등을 해소할 수 있는 방안이 마련되기는 커녕, 오히려 두 정파 간의 감정대립만을 격화시키는 결과를 가져왔던 것이다.

회담 도중 윤보선이 창면 총리에게 "혼란한 정국을 수습할 자신이 있느냐?"고 물은 데 대해, 신파 쪽은 이 같은 윤보선의 발언이 정권을 내놓으라는 힐난이라고 반발, 청와대를 음모처라고 공박하고 나섰다. 구파측에서도 이에 대항하여 격렬한 어조로 반격, 신·구파 갈등은 절정에 이르렀다. 훗날 신파 사람들 가운데는 윤보선이 이 무렵 5·16세력의 일부와 내밀히 통했을지도 모르며, 설사 내통하고 있지 않았다 해도 신파정권을 타도하고 구파정권의 성립이 보장된다면 군부세력이 어떤 제의를 해올 경우, 이를 받아들일 심정적인 태세는 적어도 갖추어져 있었을 것이라고 말하는 사람이 있었다.

윤보선, 처음에는 노 코멘트

유원식이 최초로 내통설을 밝히고 나왔을 때 신파측은 '역시 그랬었구나'하고 나름대로 수긍을 했을 것이다. 그러나 당시는 구정치인의 거의가 정치활동정화법에 묶여 발언할 수 없는 형편이라 아무런 반응을 나타낼 수 없는 시기였다. 윤보선 자신도 그 때 유원식의 발언에는 가타부타 코멘트를 하지 않았다. 처음 이 사실을 듣고 보도한 '동아일보'의 이만섭 기자가 윤보선을 찾아가 논평을 구했으나 일체 함구하는 바람에 반응을 얻지 못했다.

그 전부터 거의 1년 동안 '내통설'은 구정치인들 사이에 뒷면에서 화젯거리가 되어 왔으나 겉으로 논의된 적은 없다. 그러다가 표면화된 것이 민정이행을 위한 선거 때였다. 1963년 10월 17일의 제3공화국 대통령선거는 막바지에 이르러 공화당의 박정희, 민정당의 윤보선 후보로 압축되었으나, 초반에서 중반에 이르기까지는 재야에서 여섯 명의 후보가 출마하는 난립상이었다. 때문에 처음에는 여야 대결이라기보다는 재야후보끼리 먼저 정통성을 다투는 좌충우돌식의 난장판이었다.

과거 민주당 구파세력은 민정당을 조직하여 윤보선을 후보로 내세웠으나, 신파계열은 별도로 대통령 선거에 후보를 내세우지는 않았지만 '국민의 당'의 허정 후보를 대체로 미는 형편이었다.

민정 대통령 선거에서 최대 이슈로 등장한 것이 이른바 사상논쟁이었다. 공화당 박정희 후보의 과거 사상경력을 놓고 이질적이니 아니니 하고 논박을 벌였던 일종의 해프닝이었다. 처음 이 사상논쟁의 테이프를 끊은 윤보선에 대하여 공화당이나 '국민의 당'이 반박 혹은 설명을 요구하면서 들고나온 문젯거리가 바로 '내통설'이었다. 유원식의 최초 발언 이래 1년 여만에 선거과정에서 재연된 것이다.

당시 최고회의 공보실장이었던 이후락은 사상문제를 거론하고 나온 윤보선의 주장에 대하여 정면으로 반박하기보다는 은근히 내통설을 들먹이면서 윤보선 후보를 비꼬는 투로 논평했다. 즉 이후락은 63년 9월 26일 "박의장과 혁명정부의 이념에 대해서는 5·16을 환영·합리화하고, 또 1년여 혁명정부의 대통령으로서 혁명을 적극 지도·협조해 주신 윤씨에게 물으면 잘 알 것"이라고 논평했다.

그 당시 공화당 서인석 대변인도 '윤씨는 이중인격자'라고 규정하면서, 유원식의 말을 인용, "혁명군의 일원이었던 유씨가 60년 말께 당시 대통령이었던 윤씨에게 혁명의 불가피성과 군에서 혁명이 계획되고 있음을 밝히고, 혁명이 일어나면 대통령으로서 국민에게 사과하는 성명을 발표하고 일단 사표를 내면 혁명군이 사임을 말리고 그대로 유임토록 할 것"이라고 말해 윤씨가 이에 동의했다고 비난했다. 윤보선이 주장하는 박정희 후보의 사상적 의혹에 대해 그 당시 최고회의나 공화당의 응수는 정면대결이 아니라 발설자인 윤후보의 5·16당시 행동에 빗대어 사시적으로 응대하는 태도가 주목되었다.

민주당 신파계열의 지원을 받고 있던 '국민의 당' 허정 후보도 한쪽으로는 박정희를 겨누면서도 또 한편으로는 윤보선의 행적을 걸고 넘어졌다. 허정은 63년 9월 24일, "혁명을 합법화시키고 정치정화법에 도장을 찍어 놓고 대통령후보를 사퇴한다, 출마한다고 하는 윤보선 씨야말로 신의가 없는 사람"이라고 비난했다.

선거 기간 윤보선은 자기 자신에 대한 비난에 관해 별로 반박한 적이 없다. 유세를 통해 몇 차례 해명하는 발언을 한 적이 있으나 별로 여기에 중점을 두어 이야기하지는 않았다. 어떻게 보면 별로 신경 쓸 것 없다는 대범한 자세인 것도 같았고, 또 어떻게 보면 수세의 입장을 면치 못하는 태도인 것도 같았다.

5·16 새벽의 진상

5·16 당시의 일에 관해 선거 후 최초로 윤보선이 발언한 것은 한 월간 종합지와의 대담을 통해서였다. 66년 1월호 『신동아』 지상에서 윤보선은 당시의 「동양통신」 논설위원 심연섭 씨와의 대담에서 비교적 상세하고 체계적으로 '5·16 새벽의 진상'에 관해 이야기했다.

"아침 10시쯤에 박정희 씨와 유원식이 들어왔어. 그 때 또 3군 참모총장들과 헌병대 사령관, 그리고 현(玄)국방이 따라 들어와 있다가 합석을 하여 나와 만나게 됐었지. 응접실에 내가 나가서 모두들 서 있는 것을 앉으라고 자리를 권한 다음, 내 입에서 나온 첫마디 말이 '날 것이 났구먼!'이었어. 이 말이 후일에도 자주 인용되어 내가 마치 혁명을 고대하고 있었다느니, 혹은 혁명군과 내통하고 있었으니 하는 따위로 멋대로들 해석하고 있으나 실은 그게 아니란 말이야.

그 당시의 사회적·정치적 혼란상을 생각해 보시오. 연일 데모로 편안한 날이 없고 3월 위기설이다, 4월 위기설이다 하여 금시 무슨 일이 생길 것 같은 상태 아니었소. 그래서 '날 것이 났구먼!' 하는 말이 나온 것이지, 다른 뜻은 없었지.

그 날 3군 총장들이 날더러 무슨 이야기를 하자고 들어왔는지는 지금도 알 수 없는 일이지. 박정희 씨만은 날 보고 '근심을 끼쳐드려서 대단히 죄송합니다'라고 이야기를 했소.

그 때 내가 그 사람들에게 부탁하기를 '그대들이 애국하기 위해서 혁명을 했다면 애국하는 방향으로 일해야 하지 않겠느냐'는 것이었는데, 내 진의는 그 때는 벌써 계엄령이 선포되어 있으니 민주당 장관들에게 손을 대선 안 된다, 동족 간에 피를 보아서는 안 된다는 부탁이었지.

또 그 사람들 이야기는 날더러 계엄령을 추인하라는 거야. 내 대답은 간단했지. 계엄령은 누가 펴놓고 날더러 추인하라는 거냐는 것이었소.

이래서 그 사람들이 모두 몰려나가게 되었는데, 박정희 씨와 유원식 두 사람만이 나가다가 내게 되돌아와서 날더러 혁명을 지지하는 성명을 내달라는 거야. 그 요청도 세 가지 이유를 들어 거절했소이다. 첫째로 후세의 사가들이 이 혁명을 어떻게 평할는지는 모르지만, 나는 쿠데타를 했다는 사실을 좋아하지 않는다. 둘째로 종래에 일면식도 없고 속도 모르는 그대들을 어떻게 믿고 지지성명을 내겠는가? 셋째로 내가 만일 여기서 지지성명을 내면 국민은 둘 중에 한 가지, 즉 청와대가 혁명에 내통을 했다고 생각하든가, 그렇지 않으면 대통령이 혁명군의 위협에 못 이겨 성명을 낸 것이라고 추측할 터이니 그렇게 되면 피차간에 이롭지 못하다는 이유로 지지성명을 거부했지.

그리고 나는 청와대를 물러나 내 집으로 가겠다고 이야기했어. 대통령직에서 물러나겠다는 거지. 그랬더니, 그들은 종래에도 대통령께 충성을 다해 왔고 앞으로도 그 충성에는 변함이 없을 테니 굳이 그대로 있어 달라는 거야. 그들은 이 쿠데타를 인조반정(仁祖反正)에다 비해서 이야길 하더군."

윤보선은 이 대담이 있었던 거의 같은 시기에 희성출판사에 나온 『정계비사—사실의 전부를 기술한다』라는 책자에 기고, 같은 내용의 회고담을 실었다.

그로부터 1년 후인 77년 초, 한국정계사에서 『구국의 가시밭길』이라는 본격적인 회고록을 발행, 윤보선은 당시의 일을 포함한 자신의 정계기록을 280면 정도의 책자로 남겼다. 이 회고록에 기록된 5·16 당시의 내막도 처음 『신동아』 지와 대담한 내용이나 『사실의 전부를 기술한다』는 책자의 내용과 똑같았다. 다만 윤보선이 그 날 아침 개구일성으로 했다는 그 유명한 말이 "날 것이 났구먼!"에서 "올 것이 왔구나!"로 바뀌어져 있었다.

1970년 5월호 『월간중앙』에 윤보선은 좀 더 상세한 5·16 기록을 발표했다. '내가 겪은 5·16, 올 것이 왔는가'라는 제하로 2회에 걸쳐 발표된 이 기록 가운데서 5·16 날 아침의 정황을 윤보선은 다음과 같이 묘사하고 있다.

"날이 밝아 아침 9시쯤이나 되어서였다. 장도영 중장, 박정희 소장과 유원식 대령, 현(玄)국방장관과 3군 참모총장, 헌병대 사령관이 청와대로 들어와 내게 면접을 요청한다는 것이었다.

내가 응접실로 급히 내려가니 그들은 모두 서서 나를 기다리고 있었다. 그 사람들을 대하는 내 마음은 불안하다기보다도 일종의 비감과 실의가 엇갈린 상태였다.

그 때 내 입에서 무심결에 새어 나온 첫마디 말이 '올 것이 왔구나!'였다. 나도 모르게 이 말이 떨어졌다. 후일에 이 말이 자주 인용되어 내가 마치 군사쿠데타를 고대하고나 있었던 것처럼 전해지기도 했으나 실은 그런 의미와는 거리가 있었다. 그 당시 사회적·정치적 혼란상을 생각해 볼 때에 연일 계속되는 데모로 나라엔 영일이 없고 3월 위기설이니 4월 위기설이니 하여 당장 무슨 일이든지 터지고야 말 것만 같지 않았던가.

그래서 '올 것이 왔구나!' 즉 '달갑잖은 것이 기어이 왔구나!' 하는 한탄하는 심정에서 이런 말이 나온 것이다. 다른 뜻이 있을 수 없다…….

나는 5·16 비상사태에 직면하여 그들의 요청대로 대통령 자리를 지키면서 옳지 않은 방법으로 수습할 생각은 당초부터 추호도 품고 있지 않았다. 순간 나는 미련 없이 청와대를 물러날 결심을 하게 되었다.

계엄령 추인이 거부되자 그들 일행은 모두 물러갔다. 그런데 장도영 중장을 비롯한 3군 참모총장, 즉 공군참모총장 김신 장군, 해군참모총장 이성호 제독, 그리고 해병대 사령관인 김성은 장군이 현국방장관 등과 일행이 되어 한꺼번에 나가더니 잠시 후 박정희 소장과 유원식 대령이 되돌아섰다.

'우리들은 대통령각하께 과거에도 충성을 다했고 지금도 그러합니다. 앞으로도 그 충성에는 변함이 없을 것입니다.'

'……'

'그리고 이 혁명을 저희는 인조반정으로 생각하고 있습니다.'

뒤에 알게 된 일이지만 사전에 대통령인 나를 제거하느냐, 마느냐 하는 문제로 열띤 논의도 있었다고 한다. 유대령에 이어 박 소장이 말을 받아 '각하께서 이 혁명을 지지하는 성명을 내주십시오'하고 간청하였다. 나는 이 요구를 즉각 마다하면서 그 이유를 들어 설명했다…….

대통령의 혁명지지 성명으로 명분을 세워 보려던 그 뜻이 무너지자 박 소장이나 유 대령의 마음이 어두워진 것은 사실일 것이다."

현석호의 '증언'

5·16 날 마침 청와대에서 박정희가 윤보선에게 했다는 '인조반정'이란 말은 두말할 것 없이 '살제폐모'(殺弟廢母)로 신망을 잃었던 광해군을 쿠데타의 비상수단으로 폐위시키고 인조를 왕위에 등극시킨 이조 중엽의 역사적 사실을 지칭한 말이다. 그대로 비유해서 이야기하자면 장면이 광해군, 그를 받드는 신파세력은 대북파, 윤보선은 인조, 구파는 서인세력이요, 쿠데타로 광해군을 폐위시키고 인조를 등극시킨 김유(金瑬), 이귀(李貴), 최오길(崔鳴吉) 등은 아마도 박정희, 김종필, 유원식 쯤으로 비유되었는지 모르겠다.

윤보선이 회고록 같은 데서 누누이 기록하고 있는 5·16 아침 청와대 모임은 한국정치사의 운명적인 분수령이었다. 5·16의 운명정치의 방향을 결정지을 역사적인 담판이었다. 쿠데타군에 의한 요인 체포와 장면 총리의 재빠른 피신 및 정부기관의 무력 점령으로 말미암아 행정기능이 송두리째 정지된 상태에서 당시 청와대는 유일하게 남은 최고 헌법기관이었다. 그 날 윤보선 대통령의 태도 여하에 따라 쿠데타는 성공할 수도, 혹은 실패할 수도 있는 중대한 갈림길에 있었던 것이다. 만일 그 때 윤보선이 주한 미군사령관 매그루더나 그린 주한 미국 대리대사의 요청을 받아들여 쿠데타 반대를 명백히 하고 나섰다면 아마도 5·16은 실패로 끝났을지 모른다.

윤보선의 회고기록 하나만을 놓고 보자면 자신은 미국 측의 요청을 거절했지만 그렇다고 하여 박정희나 유원식의 혁명지지 요청도 아울러 거절한 것처럼 되어 있다. 그러나 이 점에 관해서는 당시 청와대 담판에 참석했던 다른 사람들의 회고 내지는 증언과 차이가 난다.

먼저 윤보선과는 정반대되는 입장에서 민주당 각료 중 유일하게 청와대에 참석했던 신파출신 현석호 국방장관의 증언이다. 그는 5·16 이후 정치활동에서 손을 뗀 다음 독실한 가톨릭 신자로 전신, 과거사에 관해서는 오랫동안 입을 굳게 다물고 있었던 인물이다. 그러다가 5·16 8년만인 1969년 5월, 『주간조선』과의 인터뷰에서 최초로 입을 열었고, 그 후 1970년 7월호 『월간중앙』에 '5월 16일 10시의 윤보선 씨'라는 제목의 글에서 당시의 상황을 비교적 상세히 기술했다.

"생각하기조차 불쾌한 당시의 정황에 대하여 달리 할 말이 있을 수 없다. 그러나 여기에서는 5·16 사태에 대한 최대의 책임을 통절히 느끼는 나로서 두 번 다시 우리 역사상에 그러한 불상사가 없어야 하겠고, 뿐만 아니라 그런 일로 인한 어떠한 부작용도 근절돼야 하겠다는 일종의 참회의 심정에서 밝힌다."

그는 5·16 아침의 일은 다음과 같다고 했다.

"장도영 중장의 안내로 청와대로 가게 되었다. 아침 10시 가까운 시각이었다. 오랫동안 기다리다가 윤보선 대통령과 자리를 같이한 사람으로는 3군 참모총장과 박정희 소장, 유원식 대령, 그리고 민주당 각료로선 나 한 사람뿐이었다. 자리를 잡은 일동 중 거사를 한 사람들이 윤대통령에게 5·16의 경위를 설명하기에 여념이 없었다. 국가와 민족을 위해서 들고 일어났다는 것이었다.

'애국일념에서 목숨을 걸고 이 혁명을 일으켰습니다. 전서울이 이미 혁명군 수중에 들어와 있고 전국적으로 계엄을 선포해 놓았습니다. 대통령각하께서는 저희가

선포해 놓은 계엄령을 추인해 주시기 바랍니다.'

윤보선 씨는 선뜻 계엄을 지지하지 않았으나 이에 조금 앞서 '올 것이 왔구나!' 하면서 5·16사태를 애국적 거사로 극구 찬양해마지 않았다. 오늘에 와서 그가 어떠한 해명을 하든 그것은 그의 자유에 속하는 문제이겠으나, 그 날 그의 태도는 지극히 불투명하였다.

그동안 민주당 정권이 해온 일에 대한 약점을 일일이 열거하면서 5·16 사태를 충심으로 기다려온 사람처럼 언동을 삼가지 않았다. 나로선 그대로 있을 수가 없었다.

'군의 책임자로서 드릴 말씀이 없습니다. 대통령께서 지금의 비상사태를 잘 수습하는 것이 좋으리라 봅니다. 그러나 합법적인 절차에 의하지 않고는 정권인수란 있을 수 없다고 생각합니다.'

'나라를 구하는 길은 이 길밖에 없다고 나는 보오. 그러면 군사혁명이 일어난 이 마당에 어떻게 하자는 말이오?'

윤보선 씨는 당장 정권을 내놓으라는 의중의 뜻을 암시하면서 군부처사에 대한 찬양과 민주당에 대한 비난을 계속하였다.

'그렇다고 우리가 수단과 방법을 가리지 않고 정권을 유지하겠다는 것은 아닙니다. 민주당은 온 국민의 절대적인 지지와 성원 속에서 세워진 합헌정부이니만큼 합헌적인 절차에 의하지 않고서는 정권을 넘길 수 없다는 기본 입장을 밝힐 뿐입니다. 우리가 군부에 의해서 타도되어야 할 근원적인 정치적 과실이 있었다고는 생각되지 않기 때문입니다.'

'그러면 민주당 정권을 이끌어 온 그대들의 처사가 옳다고 보오? 거국내각을 제대로 한 것도 없고 국민의 여망에 따라 정치를 해 온 것도 없으니 이번에 단념하는 게 좋을 것이오.'

'과거 우리가 비합법적으로 해 온 일이 어디 있습니까. 이제 계엄령이 선포된 이 비상사태의 수습을 대통령께서 잘 처리하셔야 하리라고 생각됩니다. 우리는 피를 흘려가며 정권을 유지할 생각은 추호도 없습니다. 어디까지나 합헌적으로 해결해

주시기 바랍니다.'

윤보선 씨와 나 사이의 논란은 한때 격렬해진 느낌이 들었다. 한데 그것이 대체 무슨 실효를 거둘 것인가에 대해서 나로서는 지극히 회의적일 수밖에 없었다. 왜냐하면 윤보선 씨의 마음이 이미 민주당 정권에 대한 애착이라고는 없어 보였기 때문이다. 윤보선 씨가 모든 실권을 가지고 있는 것은 아니었으나, 그가 아직 대통령으로서 유일한 헌법기관임이 사실이고 보면, 어떠한 방법으로든지 적절한 사태수습에 최선을 보여야 한다는 것은 하나의 상식이 아니겠는가. 그럼에도 불구하고 그가 지니고 있던 평소의 탐탁치 않은 시국관이 작용하는 한에 있어서 우리에게 조금도 이롭지 못하리라는 예감이 앞서는 것이었다. 윤보선 씨는 내각책임제에서 한갓 상징적인 대통령 자리에 있으면서 정부의 일이 충심으로 잘되어 나가도록 충언을 했다기보다 자파의 세력형성에 주안점을 두고 그동안 정권을 넘겨다보는 야심을 품어온 것이 당시 숨길 수 없는 그의 입장으로 우리에게 여겨졌기 때문이다…….

윤씨는 쿠데타 진압을 방지하기 위해서 온갖 방법을 다 쓰고 있었다. 17일에 김모 비서를 제1군사령관과 각 군단장에게 파견하여 진압을 저지하도록 명령을 내렸다. 국군통수권을 쥐고 있는 대통령의 태도가 이러한 것을 안 이상 나라의 운명은 결정되었다. 육군참모총장은 말할 것도 없고 대통령까지 쿠데타에 가담하고 있는 격이니 민주당 정권의 비운은 결정적이었다…….

지금 와서 말할 수 있는 것은 당시 장 참모총장이 양다리를 짚지 않고 굳세게 나갔거나, 매그루더 장군을 만나 윤대통령이 사태를 진압할 성의를 보였더라면, 5·16은 쉽사리 성공을 거두기 어려웠을 것이다. 결국 모범적인 민주정치를 해 보자던 우리의 염원은 완전히 수포로 돌아가고 만 것이다."

김재춘의 증언

현석호의 회고기 가운데서 주목되는 점은 그 막다른 판국에서도 5·16

군인들이 있는 자리에서 고질적인 신·구파의 다툼을 벌인 점이다. 여하튼 그 날 아침 신·구파를 대표했던 현석호 국방과 윤보선 대통령 두 사람은 사실 다 외로운 입장에 처해 있던 사람들이었다. 국무총리가 앞뒤를 가리지 않고 수녀원 깊숙이 숨어 버렸고, 모든 헌법기관이 정지된 상태 속에서 이 두 사람이 취할 수 있는 선택범위란 지극히 좁은 것이었다. 그러면서도 한 가지 상황에 대해 두 사람의 회고기록이 크게 차이가 나는 점은 의아스러운 일이다.

다른 사람의 증언을 들어보자. 박정희·유원식과 함께 그 날 아침 청와대에 들어갔으나 외부연락관계로 합석하지는 못한 김재춘은 이렇게 이야기하고 있다(『월간중앙』 1969년 5월호, '나의 혁명 전후').

"우리는 윤보선 대통령을 만나러 갔다. 이 때 유원식 대령은 전부터 윤대통령과 친분 있는 사이라고 해서 동행했다. 이 자리에서 현장관과는 아무것도 타협할 수 없는 상황이었다. 그 때 현장관의 연금책임을 박치옥 대령이 맡고 있었다. 나는 벌컥 화를 내버렸다.

'도대체 뭘 하자는 거냐. 혁명을 할 작정이냐, 말 작정이냐. 왜 맘대로 그러느냐?'

나는 감정을 억누를 수가 없었다. 안에선 왜 빨리 안 들어오느냐고 재촉을 해서 들어갔더니, 현장관은 격앙된 어조로 한참 따지고 있는 중이었다. 누구 마음대로 계엄령을 선포했느냐는 얘기였다. 윤대통령은 '올 것이 왔다'는 그 유명한 말을 이 자리에서 토로했다. 그를 대통령으로 떠받들겠다는데 협조를 안 할 리가 없을 것이다. 하여간 협조를 하겠다는 뜻을 그는 분명히 밝혔다. 앞으로 모든 사태는 빨리 수습되고 건전한 궤도로 가야 된다는 식의 얘기를 했다. 나는 그 후에도 윤보선 씨를 여러 번 만났지만, 내각책임제하에서 로봇 대통령을 하는 것이 자기 딴에 몹시 서러웠던 모양이다. '잘 되었다'는 생각도 들었을지 모른다. 그래서 혁명은 오케이 되었다."

김재춘은 1982년 2월 26일자 「중앙일보」를 통한 한 좌담회에서 "윤보선 대통령은 '각하를 모시고 할 것'이라는 우리 계획을 확인하고 희색이 만연하더라"고 술회했는가 하면, 1983년에는 좀 더 자세하게 그 날 일을 다음과 같이 기술하고 있다(『신동아』 1983년 10월호 '5·16혁명사는 다시 쓰여져야 한다').

"대통령 거실 안에서 일어난 일을 나는 박 장군에게서 자세히 들었다.

'윤대통령도 민주당 신·구파 싸움에 아주 지친 모양이야. 올 것이 왔구려 하면서 군사혁명을 지지하고 계엄령도 추인했어. 우린 이제 성공했어!'

현장관은 대통령 거실에 들어서자마자 한동안 분을 참느라고 씩씩거리더니 소리를 질렀다.

'대체 계엄령은 누가 선포한 거요? 국방장관도 모르고 참모총장도 모르는 계엄령을 누가 선포했단 말이오? 계엄령이 몇몇 사람 마음대로 선포할 수 있는 겁니까? 대통령의 승인을 받고 내린 건가요?'

윤대통령은 차분히 가라앉은 목소리로 박 장군에게 혁명을 일으키게 된 동기와 현황을 들었다. 박 장군은 그 동안 기회 있을 때마다 역설해온 내용을 간략하고 요령 있게 설명하고 이어서 혁명군의 현황을 자세히 브리핑하였다. 대통령은 관심 있게 현황을 들은 다음에 마지막 판단을 내렸다.

'젊은 애국자들의 나라 사랑하는 마음을 우리가 헛되이 저버릴 수는 없는 것입니다.'

이 말 한마디로 계엄령은 합법적인 절차를 거쳐 그 날로 추인되었다. 육군본부로 돌아온 박장군은 혁명지도자급을 회의실에 소집하여 윤대통령과의 면담내용을 설명하고 새로운 기분으로 정권인수의 채비를 차리도록 지시하였다.

청와대에서 대통령의 의중이 명확하게 판가름 나지 않았다면 돌이킬 수 없는 대참극이 벌어졌을 것은 너무나 분명한 일이었다. 이미 목숨을 내걸고 모든 것이 표면에 드러난 이상 혁명군으로서는 추호의 양보도 있을 수 없는 것이었기 때문이다."

'소극적이나마 쿠데타 지지했다'

그 날 청와대에 모였던 사람 가운데 당사자가 아닌 비교적 중립적인 위치에 있었다고 볼 수 있는 당시의 3군 참모총장들은 그 때 일에 관해 아직껏 입을 열려고 하지 않는다. 그리고 기억도 많이 퇴색한 것 같다. 해병대 사령관으로 동석했던 김성은은 "윤대통령이 현장관에게 '내가 뭐라고 했어. 그렇게 싸우지 말라고 했는데 내 말을 안 듣더니……'라고 힐책한 것은 기억에 남아 있다"고 단편적으로 증언하고 있다.

상반되거나 혹은 뉘앙스가 다른 증언들에도 불구하고 결론적으로 종합해 보면, 5·16 아침 청와대에서 있었던 담판에서 윤보선 대통령이 적어도 적극적인 자세로 쿠데타 반대를 표명하거나 결심했던 것은 아닌 것 같다. 현 국방장관과 박정희를 비롯하여 그곳에 참석해 있던 다른 사람들은 윤보선 자신의 의도나 그 후의 회고담 여하에 불구하고 윤대통령이 쿠데타를 지지하는 것으로 받아들였다. 이러한 판단은 5·16에 관한 정사(正史) 기록인 『한국군사혁명사』(1963년 발행)에도 나타나 있다.

"상오 9시경 박 소장은 혁명위원회의 결의에 따라 대통령에게 계엄령 선포문제와 혁명의 지지획득을 위하여 장교를 대동하고 청와대로 윤 대통령을 방문하였으며, 또 같은 시기에 육군참모총장이 해군 및 공군참모총장과 함께 시청에 연금중이던 현석호 국방부장관과 함께 청와대에 닥치게 되어 접견실에서 일동은 회동을 가졌다. 성과는 득도 실도 없는 것으로 소극적이나마 혁명의 필연성을 인정하는 데 의견의 일치를 보게 되었다."

소극적이나마 쿠데타를 지지했다는 윤보선의 태도와 관련하여 여기서 다시 클로즈업된 것이 사전내통설이었다. 그 날 쿠데타 세력으로서는 유일하게 박정희와 함께 청와대 담판에 참석한 유원식은 그 누구보다도 윤보선의 태도를 음모적인 눈으로 살피고 있었다.

윤보선이 1970년 4월·5월 두 차례에 걸쳐 『월간중앙』에 회고담을 기고, 5·16 날 청와대에서 있었던 일과 내통설을 '허무맹랑한 것'이라고 일축하는 글을 발표하자, 유원식은 동지 8월호에 즉각 이를 반박하는 '올 것이 왔다의 진상'이라는 글을 보내왔다. 그 후 유원식은 원고지 2천매에 달하는 회고록을 집필 완료했다. 그 일부가 1983년 9월·10월호 『정경문화』에 실린 바가 있다. 다음은 그의 미발표 회고록 가운데서 5·16 날 아침 청와대 담판을 기술한 부분이다.

"청와대 소회견실에 들어섰을 때 우리는 이상한 장면에 직면하였다. 그곳에서는 먼저 도착한 사람들이 뜻밖에도 반란진압책을 의논하고 있었던 것이다.

동쪽의 높은 의자에는 호피를 깔고 윤대통령이 앉아 있었고, 그 앞 왼쪽 첫머리에는 뜻밖에도 체포한 줄로 알았던 현석호 민주당 국방부장관이 앉아 있었으며, 그 다음 육군참모총장 장도영이 앉아 있고, 그 다음 자리는 비어 있었고, 그 다음은 해군참모총장이, 그 다음 김신 공군참모총장, 그 다음 자리가 비어 있었고, 다음에 김성은 해병대 사령관 등이 앉아 있었다. 나와 박장군이 들어가 앉자 누군가가 이런 말을 하였다.

'쿠데타 주모자들은 해외유학을 보내고 사병들은 명령에 의해서 출동한 것이니 모두 원대복귀시키면 됩니다.'

이때였다. 현석호 국방장관이 나를 보더니 제법 의젓한 시늉을 해보이며 '유대령! 당신이 주모자요? 희생자가 얼마나 되오?'하고 물었다. 나는 이 질문에는 대답하지 않고 대통령을 바라보면서 입을 열었다.

'윤대통령 각하! 저를 모르시겠습니까?'

나의 느닷없는 질문에 윤보선 대통령은 마치 초학 걸린 사람처럼 전신을 부들부들 떨고 있다가 간신히 대답을 하였다.

'내가 왜 모르겠습니까? 유원식 대령 아니십니까.'

'그럼 그 전에 나와 말씀하신 그대로 하십시오. 이 자리에는 민주당 국방부장관도 참석해 있습니다만, 이 사람한테 질문을 받으러 온 것이 아니고 우리가 선포한 계엄령의 추인을 받으러 왔습니다. 그러니 이 순간부터 민주당 정권과 민주당 장관은 염두에 두지 마시고 그 전에 말씀하신 대로 행동하십시오.'

그러자 윤대통령은 '민주당 정권의 실정에 대해서는 본인도 책임이 있으니 이 자리를 물러날 용의가 있습니다. 그리고 계엄령 선포는 아주 적절한 시기에 잘한 것으로 알고 있습니다'고 말하였다.

'저희들 목적은 계엄령 선포의 추인을 받으러 온 것인데, 각하께서 이를 추인하셨으니 이제 저희들 용무는 끝났습니다. 그럼 바쁘니까 저희들은 이만 돌아가겠습니다.'

말을 마친 나는 의자에서 일어섰다. 그러자 다른 사람들도 일어섰으며, 윤대통령은 현석호 장관·장도영 장군과 차례로 악수를 한 다음 나에게 다가와 두 손을 쥐고 '단둘이서 조용히 만날 시간을 좀 주실 수 있습니까?'하고 물었다.

나는 그 말을 듣고 박장군을 향하여 고개를 끄덕이자 눈치 빠른 박장군은 손가락으로 발아래 깔려 있는 붉은 융단을 가리키며 신호를 보내 내가 머리를 끄덕여 결국 나와 대통령, 박장군 세 사람만 남게 되었다.

모든 사람들이 밖으로 나간 후 나는 대통령에게 '이제부터 모든 일을 믿고 상의하실 분은 제가 아니고 여기 계시는 박장군입니다. 그러니 앞으로 모든 일을 이 박장군과 상의하십시오.' 하였다. 그러자 박장군은 '우리가 거사한 것은 인조반정과 같은 것입니다'라는 등 구구한 소리를 늘어놓은 다음 육군본부로 되돌아왔다."

'전에 약속하신 대로 하십시오'

이 대목의 내용은 10여 년 전 『월간중앙』에 기고한 내용과 거의 똑같다. 다만 표현상 박정희를 묘사하는 데 경멸적인 표현을 사용한 것이 다를 뿐이다. 이를테면 '눈치 빠른 박 장군'이라느니, 박정희가 '구구한 소리를 늘어놓았다'는 따위의 표현 등이다.

유원식의 회고록은 결정적인 대목에 가서 윤보선의 회고와 정면으로 상반되고 있다. 첫째는 유원식은 이른바 사전묵계설을 윤보선이 확인한 것처럼 기록하고 있으나, 윤보선의 회고록에서는 묵계설의 확인은커녕 유원식과의 대담에 관해서는 한마디도 기록조차 하지 않고 있다.

둘째, 유원식은 대통령이 계엄령을 추인했다고 주장하고 있으나, 윤보선은 '계엄령을 이제 와서 추인한다는 것은 나로서 할 수 없는 일이오'라고 거절했다고 술회한다.

셋째, 유원식은 청와대 담판이 끝나고 현 국방 및 3군 참모총장과 악수를 나눈 다음 윤보선이 자기 손을 잡고 단둘이 만나자고 부탁했다고 말함으로써 다분히 음모적인 분위기를 시사하고 있다. 그러나 윤보선은 그런 일이 없고 모두 함께 물러나갔다가 박정희와 유원식 두 사람만이 스스로 되돌아와 좀 더 이야기를 나누게 된 것이라고 기술하고 있다.

몇 가지 상반되는 주장 가운데서도 가장 중요한 부분은 유원식이 윤대통령을 향하여 '그 전에 나와 말씀하신 그대로 하십시오'라고 발언한 데서 시사되는 사전내통설이다. 이제 이 내통설의 내막을 발설자인 유원식을 통해 순서대로 추적해 보자.

유원식이 5·16후 거의 1년 동안을 잠자코 있다가 5·16 비화의 하나라고 하면서 자기와 윤보선 사이에 군부거사에 관해 사전 내통한 적이 있다고 발설한 것은 1963년 5월 4일이었다. 그 때 윤보선을 중간에서 소개해 준 사람은 심모씨라고 밝혔다. 이 심모씨를 통한 내통설의 경위를 「올 것이 왔다의 진상」에서 유원식은 다음과 같이 기술한 적이 있다.

"심모라는 분은 전 국방부장관 김용우 씨의 장인되시는 심명구 씨를 말한다. 5·16 군사혁명에 처음부터 많은 협력을 하여 주시고 혁명이 성공한 후에 혁명주체 속에 끼이지도 못하고 한때 곤욕까지 당했다. 지금 한국경제계에서 존재가 뚜렷한 심모사장(후일 기회가 오면 정확한 이름과 업적을 천명하게 될 것이다)의 소개로 군사혁명을 도와줄 분이라고 해서 바로 그 사장 댁에서 이 분을 처음 만났다.

1960년도 늦은 가을철로 기억한다. 물론 심명구 선생은 해위(윤보선)의 한 사람이었다. 그 분은 해위와는 동창으로 막역한 사이이며 그 당시도 조석으로 상종한다고 하였다. 이 분은 당시 우국노인회 회장이기도 했다. 처음 만나던 날부터 '이제는 군밖에는 바라볼 데가 없습니다'고 하면서 오히려 나에게 군사혁명의 필요성을 강조하고 격려하여 주었다…….

심명구 선생은 윤대통령을 나에게 소개하여 주었을 뿐 아니라 그 당시 크라운맥주 주식회사 사장이던 민덕기씨 의 계씨(季氏)되는 민모씨도 나에게 같이 와서 소개해 주었다. 그리하여 이 분들은 해위와 협력하여 군자금으로 2천만 환을 조달하여 준다고까지 말하였다. 그 군자금은 현금조달이 잘 되지 않아서 민모씨와 해위의 일부 가옥 등 부동산까지 저당하고 대부라도 받아 주겠다고 하면서 집문서를 들고 다니는 것을 보았다. 그러나 끝내 그 돈은 혁명이 성공하던 날까지도 내 손에 들어오진 못하고 말았다.

나는 그 때 가져온다던 군자금 2천만 환 때문에 동지들 사이에서 일시 오해를 받은 일까지 있었는데, 혁명 후 심명구 선생은 거액의 수표뭉치를 가져온 적이 있었다. 나는 그 분에게 야단을 쳐서 돌려보냈다. 당시의 특무부대장이던 김재춘 장군도 이들을 알고 그 수표의 출처와 내가 돌려보낸 그 수표가 제대로 원래의 주인에게 전액이 돌아갔는가를 알아보기 위해서 심선생을 특무부대에 청해다가 부대장실에서 조사를 해 본 일까지 있다.

이러한 경로로 해위와의 이야기는 시작되었다. 비록 거액의 군자금은 내지 못하였으나, 군사혁명이 일어나서 장면 총리가 실각을 하면 해위는 인조반정처럼 그 실권이 자기에게 돌아갈 것이라고 생각하고 또 바랐던 것은 전후의 행동으로 짐작이 간다. '올 것이 왔다'는 말도 이런 연유로 해서 해위의 마음속에서 무의식중에 우러나온 것이라고 나는 생각된다.

내가 수행한 대(對) 해위 공작의 전모를 여기에 상세히 수록하면 매우 흥미 있는 일이지만 관련자가 많고 또 해위 주변의 인사들부터 손을 대어 점점 구심점으로 좁혀 들어간 복잡하고도 단계적인 일이라서 방대한 기록이 될 것이므로 이 시점에서는 좀 거북한 일이다. 따라서 후일로 미루지 않을 수 없다. 다만 사전에 내가 약속을 받았던 세 가지, 즉 군사혁명의 성공을 결정적으로 내외에 선포하는 계엄령 선포의 인준과 국민에 대한 사과담화문, 즉 혁명지지성명, 그리고 민주당 정권의 대통령직에 대한 사표를 제출하고 군사혁명정권으로부터 대통령직을 다시 수임한 경위만을 여기서 밝히고자 한다."

제3의 인물 심명구란 사람

이렇게 기술한 유원식은 그로부터 19여 년이 지난 1982년 2월 26일 「중앙일보」에 다음과 같은 글을 또 기고했다.

"군납업자로 친면에 있던 심상준(5·16후 수자원개발공사 사장을 지냄) 씨가 군부거사에 협조키로 해 내게 3백 50만 환을 건네주었다. 이 돈은 표면상 두부의 건조식 조리법 등 나의 특허 두 가지를 산다는 명목이었지만 사실은 거사지원자금이었다. 나는 심상준 씨에게 거사엔 윤대통령의 협조 내지는 양해가 필요하다는 말을 했다. 그랬더니 얼마 뒤 윤대통령과 오랜 친구인 심명구 씨를 소개해 주었다. 김용우 전 국방장관의 장인이기도 한 심씨는 그 당시 우국노인회 회장으로 청와대 출입이 잦은 노인이었다. 심씨는 나를 윤대통령에게 소개해 주었고, 윤대통령이 장면정부에 기대할 것 없이 군부거사에 협조하기로 했다고 알려 주었다.

심씨는 그 당시 C맥주회사 사장의 부친인 민병수 씨와 함께 나를 찾아왔다. 그들은 거사를 격려하면서 '윤대통령이 자금지원도 하기로 했다'고 말하면서 '곧 2천만 환을 마련해 주겠다'고 약속했다. 그런데 이 돈은 거사 당일까지 내게 전달되지 않아 내가 착복한 것처럼 동지들의 오해를 사기도 했다.

윤대통령은 심명구 씨 영식 심규식을 비서로 데리고 있었는데, 5·16 새벽 심 비서를 보내 심명구 씨를 불러오게 했다. 그는 심씨에게 '이게 바로 유 대령이 말하던 것인가?'라고 물었고, 심씨가 그렇다고 하니까 그제 서야 안심을 했다. 윤대통령은 거사 직후 대통령 사임서를 내기에 앞서 내게 전화를 해왔다. 거사하면 윤대통령이 계엄을 추인하고 민주당 실정에 대해 성명을 낸 뒤 자신도 도의적 책임을 지고 사퇴서를 내면 우리가 반려한다는 것이 사전 약속이었다.

윤대통령은 약속대로 사퇴서를 내기로 작정하고 내게 '반려'라는 약속이행을 한 번 더 다짐받기 위해 전화를 건 것이었다. 마침 그 때 나는 금융동결령에 따라 재정자금마저 묶여 있던 때여서 그 문제 협의를 위해 재무부에 나가 각 부처 사무차관·주무국장·연락관들과 함께 회의 중이었다.

나는 그 때 윤대통령이 약속은 이행치 않고 거국내각 구상 등의 움직임을 보인 것이 못마땅해 전화를 받지 않았다. 윤대통령은 내가 '안 받겠다. 약속대로 하면 된다고 해'라고 소리 질렀음에도 불구하고 5, 6차례나 전화를 해왔다. 그러나 끝내 나는 받지 않았다. 이 사실은 당시 회의장에 있던 임익순 대령 등 30여 명이 목격했다."

유원식의 미발표 회고록에서는 심명구와의 해후와 그를 통한 윤보선과의 접촉을 이렇게 기술하고 있다.

"이 무렵 심명구라는 노인을 알게 되었다. 윤보선 대통령과 아주 막역한 사이라고 하였다. 나와 윤대통령과의 관계가 생긴 것은 바로 이 심명구 노인의 소개로 비롯되었다. 1960년 겨울 무렵부터의 일이었다. 하루는 심노인이 '윤대통령은 집을 잡히고 거사자금을 조달해 주겠다고 합니다'라는 말과 함께 '내가 윤씨의 집문서를 가져왔소. 자, 이걸 보시오'하면서 집문서까지 나에게 보이고 대통령의 열렬한 지원을 확인했다.

그러나 모든 일이 뜻대로 안 되어 그 해는 그대로 보낼 수밖에 없었다. 새해를 맞이하여 청와대로 윤대통령에게 신년하례를 갔을 때였다. 대통령은 내 손을 꼭 잡고 '금년에는 반드시 성공하오' 하고 격려를 해 주었으나 그 말을 들은 나는 낯이 뜨거웠다."

한 가지 공통점

이와 같은 유원식의 주장에 대해 윤보선은 현재까지 적어도 여섯 차례 이상 자신의 입장을 밝히는 반박기록을 발표했다. 이것을 정리해 본다.

“유원식 씨와 나의 관계를 설명하면 다음과 같다. 지금은 작고했지만 나의 친구에 심명구 씨라는 분이 있었다. 이 심명구 씨는 전에 국방부장관을 지낸 김용우의 장인이 되는 분인데, 그 무렵 종종 청와대를 출입했었다.

1960년 겨울로 기억되는데, 하루는 심씨가 청와대에 와서 내게 지나는 말로 ‘군 일부에서 반란을 책동하고 있는 모양이던데 윤대통령은 들은 일 있소’ 하며 자신도 의아한 소리를 하기에 ‘자네 나잇살이나 먹은 사람이 그런 허무맹랑한 소리 하고 다니지 말게’하고 타이른 적이 있다. 지난 날 군 계통과 무슨 관련이 있던 사람도 아니고, 그의 말인즉 대체로 신빙성이나 영향력도 없는 편이어서 나는 그의 말을 지나는 허튼 소리로만 넘겨 버렸다.

언젠가 다른 기회에 심씨를 만나게 되었는데, 그는 좀처럼 또 납득이 가지 않는 얘기를 꺼냈었다.

‘유원식이라는 사람이 대통령을 만나고 싶어 하는데 그는 쿠데타를 모의하는 군인들 중의 한 사람이라더군.’

또 싱거운 소리를 늘어놓는다 싶었다.

‘자네 그 쓸데없는 소린 왜 하고 다니나, 앞으로 그런 소리 하고 다니면 신변이 위태로울지 모르니 큰 망신당하기 전에 입을 다물게.’

나로선 거듭 충고의 말을 그 친구에게 해 주었다. 아무리 생각해 보아도 이렇다 할 직책도 없이 떠도는 그의 행적으로나 무엇으로 보아도 근거 없는 위기설의 일환으로 간주되었던 까닭이다. 만일에 확실한 근거가 있었더라면 치안국이나 검찰계통을 통하여 즉시 확인해 보았을 것이다.

‘어떻게 유대령을 만나 보겠나?’

‘아니 글쎄, 유 무엇이란 자가 쿠데타를 하려는 자라면 어찌 내가 여기(청와대)

앉아서 만나야 되겠는가. 그런 이야기는 두 번 다시 입 밖에 내지도 말게.'

해가 바뀌어 1961년이 되었다. 당시 청와대는 일반 하객을 맞기 위해 개방되었다. 심씨가 웬 40대의 뚱뚱한 사복차림의 사람을 소개하면서 '이 사람이 전에 내가 말한 유원식 대령'이라고 하는 것이었다. 하객들이 장사진을 치고 밀려 있었기 때문에 나는 유씨와 악수만 하고 다른 객을 만났다. 이렇게 1961년 1월 1일, 청와대의 신년 하례식장에서 유씨를 처음 만났던 것이다. 만나기는 했지만 하객들이 밀려 있어 악수만 하고 헤어졌으며, 아무런 얘기도 할 수 없었던 분위기였다.

그 후, 1961년 4월초 어느 일요일, 가족을 동반하고 교외로 나간 길에 우이동 골짜기에서 군인제복을 한 상주 유원식 씨를 우연히 만나게 되었다. 해공·유석 묘소나 둘러볼까 하던 참이었다. 그 때 마침 며칠 전에 작고한 단주 유림 선생의 묘가 근처에 있다는 말을 듣게 되었다. 단주가 활약하던 상해 시절부터 나는 들어서 아는 바가 있었다. 귀국한 뒤 몇 차례 만난 일도 있고 서로 알고 지내는 처지였는데, 상중에 내가 마침 지방에 일이 있어 조상도 못한 터였다. 그 날 일요일 단주의 삼오제인 관계로 근처에 남녀 상제들과 문상객이 있었다. 뒤늦게 문상을 하고 보니 상주가 유원식이라는 것을 비로소 알게 되었다.

그리고 5월 16일 아침에 그가 청와대에 불쑥 나타난 것이다. 그 날 하필이면 그가 박정희 소장과 함께 청와대에 왔다. 의기양양하게 들어왔다가, 내가 강경하게 거절하는 바람에 고개도 제대로 들지 못하고 나간 그가 아닌가? 그러했던 유씨가 나의 친구 되는 심명구 씨를 통해 사전에 그 당시 대통령으로 있던 나와 유씨 사이에 군사혁명의 사전모의가 있었던 것처럼 주장하는데, 한마디로 말해 허무맹랑한 날조라고밖에 말할 수 없다.

이렇듯 유원식이 허위보도를 조작하자 당시 생존해 있던 심명구 씨는 '이 사람이 도대체 무슨 속셈으로 이렇게 터무니없고 허무맹랑한 얘기를 하는지 모르겠다'고 분개했었다. 심씨는 또 나에게 '유원식 대령과 자기가 몇 번 만난 것이 해위의 명예에 큰 피해를 입히는 결과를 초래했다'면서 미안하다는 말을 했었다."

세 사람의 증언

윤보선·유원식 두 사람의 평행선을 가는 주장 가운데서 단 한 가지 주목되는 공통점은 그 두 사람 사이에 심명구라는 인물이 개재되어 있다는 사실이다. 두 사람이 다 심씨를 통하여 처음에 서로 알게 되었다는 사실을 인정한다. 그리고 이 심씨라는 사람이 가운데 서서 어떤 역할을 했던 것으로 부상되어 있다. 그렇다면 모든 진상을 증언해 줄 수 있는 유일한 제3자는 심씨이겠으나 이 사람은 수년 전에 작고하고 없다. 다만 유원식 씨가 거론하고 있는 그 밖의 몇몇 관계자들은 생존하여 증언을 남겼다.

▲ 심상준(전 국제원양 회장) 씨

혁명 나기 1년 전쯤 종친인 심명구 씨가 유원식, 민병수 씨를 데리고 내 집에 왔었다. 군납관계 사업 얘기였는데 나는 거절했다. 나로선 거사자금을 건네준 일이 없고 심명구 씨와 유 대령 사이의 그 후의 관계는 아는 바 없다.

▲ 심규식(당시 청와대 비서) 씨

5·16 새벽 부친(심명구 씨)을 모시고 간 것이 아니고 나 혼자서 청와대에 들어갔다.

▲ 임익순(당시 대령으로 계엄사 내무반 연락관) 씨

그 날 청와대에서 세 차례인가 유 대령을 찾는 전화가 걸려왔다. 유대령은 이 전화를 받지 않았다. 세 번째 전화가 걸려왔을 때는 전화 받는 직원이 “윤대통령께서 나와 계십니다”라고 했다.

전화 심부름한 부관이 내게 와 이런 사실을 전하면서 “대통령께서 전화에 나와 계신데도 안 받겠다고 해 난처한데 임 대령께서 말씀 좀 해주십시오"라고 부탁했다.

내가 유 대령에게 "대통령의 전화인데 그럴 수가 있느냐"라고 했더니 "임 대령은 상관없는 일이야. 모르면 가만히 있어요"라고 면박까지 했다. 유 대령은 '약속대로 하면 된다'는 뜻의 얘기를 꽤 불손한 언사로 송화기를 통해 전해지라는 듯 큰소리로 쏘아댔을 뿐 끝내 전화를 받지 않았다. 대통령의 거취문제로 다투는 것 같았다. 하도 뜻밖의 일이어서 20년이 지난 지금도 뚜렷이 기억하고 있다.

앞서도 지적했다시피 이른바 5·16 내통설에 관련된 인물은 지극히 한정되어 있다. 윤보선과 유원식 두 당사자를 제외하고는 이미 작고한 심명구라는 사람 정도가 증인이 될 만한 인물이다. 유원식 말에 의하면 내통 계획을 알고 있던 사람은 5·16 주체세력 가운데도 단 한 사람 박정희뿐이었다고 한다. 그러나 박정희도 이미 작고하고 없다.

따라서 관련자라고 해서 증언을 들어본 전기한 몇몇 사람들도 사실은 내막의 극히 일부에 관련된 사람들이며, 그나마 그들도 오랜 세월이 지난 다음이라 기억이 무디어진 흔적을 엿볼 수 있다. 그러나 그 정도의 증인들 이야기에서도 여전히 서로 상반된 주장을 듣게 된다. 윤보선에 유리한 증언도 있고, 유원식의 주장을 뒷받침하는 증언도 있다.

오랜 세월 동안 끝내 평행선을 치닫고 있는 '하나의 사실'에 접근하기 위해 필자는 아직 생존해 있는 두 당사자들을 이 기회에 직접 부딪쳐 보기로 작심했다. 1983년 9월 27일, 필자는 1차로 유원식을, 그 다음날 윤보선을 각각 인터뷰했다. 사전 취지 설명과 연락 하에 2시간 이상씩 충분한 시간을 갖고 문답식으로 이야기를 들었다.

'윤보선 씨 지금 와서 딴 소리'

먼저 만난 유원식과의 인터뷰는, 안타깝게도 유씨 본인의 신체적인 장애로 말미암아 애로에 직면하지 않을 수 없었다. 5·16 이전부터 살아온 삼선동의 한옥 자택을 방문했을 때 홀로 집을 지키고 있다가 몸소 대문을 열어 준 유씨의 모습은 겉으로 보기에 아주 건강했다. 그러나 2년 전 회고록 집필 도중에 일어났던 뇌졸중으로 말미암아 불행히도 기억력에 적지 않은 장애를 일으켰고, 말을 하는 데도 몹시 힘겨워했다. 감정의 기복이 심한 것 같았다. 다음은 알아들을 수 있는 부분만을 정리한 문답내용이다.

문 ; 장군께서 5·16 이전에 당시의 윤보선 대통령을 직접 만나본 적이 있습니까?

답 ; 물론 만났지요. 한 번이 아니라 여러 번 만났어요.

문 ; 그 때 군부의 거사계획에 관해 이야기한 적이 있습니까?

답 ; 자세히 이야기하지는 않았습니다. 그렇게 할 수는 없는 일이지요. 그러나 혁명 전에 크라운맥주 사장이 윤보선 씨의 집문서가 든 보따리를 갖고 나를 찾아왔어요. 바로 이 방으로 말이오. 물론 그 문서를 나는 받지 않았지만……. 혁명 2~3일 후엔가는 심명구라는 사람이 나를 찾아왔습니다. 바로 저쪽 방으로 찾아와 탁자 밑에 뭔가를 놓고 가려는 것을 내가 뭐냐고 물었지요. 그랬더니 심씨가 아드님 학자금으로나 쓰라고 하면서 적잖은 돈을 가져온 거예요. 내가 화를 내서 돌려보냈지요. 그 때 나는 돈이 제대로 돌려졌는지 알아보기 위해 당시의 김재춘 보안사령관에게 조사를 시켜 본 일도 있지요.

문 ; 그 김재춘 씨는 훗날 유장군을 가리켜 주체세력이 아니라고 말한 적이 있는데요?

답 ; 당치 않은 소리요. 김재춘은 나와 가장 친한 사이인데…….

문 ; 5·16혁명엔 어떻게 해서 참여하게 됐는지요?

답 ; 5·16은 내가 참여한 것이 아니라 내가 계획한 것이오. 내 계획에 동조한 사람 가운데는 그 후 실제 혁명에 참여한 사람도 있고 안 한 사람도 있으나 육사 8기생들은 아니오. 나하고 박정희 등 몇 사람이 계획했는데 김재춘은 그냥 따라만 다녔지…….

문 ; 윤보선 대통령과의 사전묵계설에 대해서.

답 ; 윤보선 씨가 지금 와서 딴소리를 하지만 그 때 당시 윤씨는 무슨 수를 써서라도 장면 정권을 뒤집어엎으려고 하고 있었소. 내가 그 뒤에 있었던 거요. 이건 윤씨도 모르는 일이지. 그때 중령 한 사람이 있었는데 내가 그를 조정해서 윤보선 씨와 장면 씨를 싸움 붙여 놓았지요.

나는 그때 육본에 있을 때인데 뒤에 있으면서 윤씨가 장면 정권을 뒤집어엎도록 조정하고 있었소.

문 ; 다시 말하면 장군께서는 배후에 있으면서 윤보선 씨로 하여금 장면 정권을 전복시키도록 조정했었단 말인가요?

답 ; 그렇소.

문 ; 군부가 혁명을 일으켜 윤보선 대통령이 민주당 정권의 실정에 책임을 지고 일단 사과성명을 내면, 다시 윤씨를 대통령으로 추대한다는 약속을 했다는데 그 약속은 시기적으로 언제 한 것입니까?

답 ; 그건 그 때 했겠지. 혁명 후에…….

문 ; 혁명 후에요? 그 이전이 아니고?

답 ; 그 이전이 아니오.

문 ; 그렇다면 혁명 전에 윤대통령과 어떤 사전 약속이 있었던 것은 아니었군요.

답 ; 사전에 뚜렷한 약속은 없었습니다. 다만 말을 던졌다 뿐이지 뭣을 어떻게 해주겠다고 하지는 않았소. 그렇게 할 수도 없는 일이고…….

문 ; 그렇다면 사전묵계설의 이야기는 다른 것이 아닙니까? 혁명 전에 윤대통령을 만나 거사계획을 설명하고 윤대통령이 혁명을 지지하는 성명을 내면, 계속 대통령에 유임시켜 주다는 등의 사전약속을 한 것이 아니군요?

답 ; 아니지요.

문 ; 그렇다면 5·16 당일 윤보선 대통령에게 '전에 약속한 대로 하십시오'라고 말한 그 '약속'이란 도대체 뭡니까?

답 ; 세 가지 약속이 있긴 있었지. 내용이 뭐더라? 잊어버렸는데…….

문 ; 어떻든 간에 약속이 있었다면 그것은 5·16 이후가 아니라 5·16 이전에 있었던 것이 아닙니까?

답 ; 허, 잘 모르겠는데…….

이상 기술한 유원식 씨와의 인터뷰 내용에는 얼핏 이해가 가지 않는 부분이 있다. 그리고 두서가 맞지 않는 내용도 있다. 그러나 앞서 지적했듯이 이 인터뷰를 가졌던 당시의 유씨는 뇌졸중의 후유증으로 기억력과 발언, 그리고 감정표현이 정상적이 아니었음을 부기해 둔다.

'시비 가리는 것이 부끄럽다'

이튿날인 9월 28일 하오 필자는 안국동으로 윤보선 씨를 찾아갔다. 그 유명한 99칸짜리 한옥의 어느 응접실에 안내되었을 때 윤보선 씨는 단정한 차림으로 독서 중이었다. 방문취지를 이야기하자 윤씨는 기다렸다는 듯 일사천리로 설명해 나갔다.

"전혀 허무맹랑한 이야기를 신망 있는 월간잡지에서 그대로 낸다는 데 대해서 이의가 있소이다. 나로 말하자면 유원식이란 사람의 터무니없는 이야기에 걸려 들어가 가만있을 수도 없고, 그렇다고 시비를 가리자니 내 자신이 부끄러운 생각도 들고……."

이렇게 시작한 윤보선 씨의 서두는 정확히 45분이나 줄줄이 계속되었다. 질문을 던져 볼 틈이 없었다. 유원식 씨의 최초 발설로부터 거슬러 올라가 5·16 당시에 있었던 일, 그 당시의 심정, 민주당 신·구파의 알력, 심명구씨에 관한 일 등, 한 가지 빠짐없이 일사천리로 설명해 나갔다. 그 내용이나 순서는 놀랍게도 윤보선 씨 자신이 그동안 몇 차례 발표한 회고 기록들과 거의 문장 하나 틀리지 않을 만큼 정확하고 질서정연한 것이었다. 지난 일 한 가지를 기억해내고 이를 이야기하는 데 그토록 힘들어 하던 유원식 씨와의 인터뷰 경우와는 정반대였다. 사실상 질문하고 싶었던 내용의 거의 전부를 서두에서 빠짐없이 이야기하고 난 뒤였다.

문 ; 유원식 씨를 언제 어떻게 만나게 되셨는지.

답 ; 5·16 나기까지는 유원식이란 사람을 전혀 만난 일이 없소. 1961년 정초 신년하례 때 청와대에서 심명구 씨가 유씨를 데리고 와 소개를 하길래 악수하고 '복 많이 받으라'고 이야기한 것뿐, 그것이 처음이요 마지막이었소이다. 좌우간 유원식이란 사람은 그 후 차차 이야기를 들으니까 군대 안에서도 그 이름이 대포라더구먼. 꽝꽝하고 거짓말 잘하는 사람이고 박정희 씨한테도 신용을 잃고……. 그러나 이런 건 나보다는 유원식 씨하고 같이 일하던 군대들한테 물어보면 유씨라는 사람이 어떤 사람이라는 걸 더 잘 알 것이요.

내 이 사람하고 싸운다는 것은 억울하고 대단히 창피하고…… 맞싸울 수도 없고,

그렇다고 가만히 있을 수도 없고, 참으로 곤란한 처지요.

문 ; 선생께서 5·16 후 최초로 대통령직 사퇴를 표명하셨을 때 최고회의 쪽에 연락을 취하신 적이 있습니까? 아니면 아무 연락 없이 일방적으로 사의를 표명하신 건가요?

답 ; 연락했다는 생각은 안 나요.

문 ; 유원식 씨는 신년하례 때 선생이 자기에게 "이번엔 성공하시오"라고 이야기 했다는데?

답 ; 천만에. 천만에 말씀.

문 ; 5·16 날 아침 청와대 담판 때 현석호 국방장관과 많은 얘기를 나누었는가요?

답 ; 뭐 그렇게 많지 않았소. 그런데 현장관 쪽에서는 그 후 '온다던 것이 왔다'고 내가 한 말을 '올 것이 왔다'로 자꾸 선전합디다. 그러나 현장관도 그 날 내가 5·16 지지성명 내달라는 것을 거부했고 계엄령을 추인해달라는 것을 거부했던 사실은 들었을 것이오.

문 ; 유명한 '온다던 것이 왔군' 하는 말은 선생께서 5·16 아침 청와대 접견실에 내려와 맨 처음 하신 발언인가요?

답 ; 내가 접견실에 들어갔을 때, 누군가가 쿠데타가 일어났다고 이야기하길래 내가 탄식하는 말로 맨 처음에 한 이야기가 '온다던 것이 왔구먼'이라는 말이었소. 이 말은 혁명을 환영한 이야기도 아니고 규탄한 것도 아니며 다만 그 때 여러 위기설이 나돌던 때라 그 당시의 사정을 그대로 이야기한 것뿐이었소.

문 ; 유원식 씨가 내통설을 처음 발설한 것은 1962년 5월인데, 그 때 선생께서는 반박하지 않으셨지요.

답 ; 그 땐 침묵을 지켰지요. 그 후 선거과정에서 신파측이 이걸 문제 삼았는데, 내 생각에 그 때 신파에서는 이랬던 것 같았소. 즉 자기네가 실수해서 국민의 신망을 잃고 또 쿠데타까지 일어나서 이를 방어하지 못하고 도망을 했는데, 다시 살려면 그 결과를 누구에게 뒤집어씌워야겠다고 생각했던 것 같소. 그것을 나한테 뒤집어씌운 것이오.

문 ; 마지막으로 한 가지만, 선생께서는 5·16 전에 한 번도 만나본 적이 없는, 일면식도 없는 사람의 허무맹랑한 낭설에 걸려들었다고 하셨는데, 그렇다면 선생님은 유원식 씨라는 사람이 왜 그토록 물고 늘어지는 것이라고 생각하십니까?

답 ; 글쎄, 아무 이유를 생각할 수 없소. 내가 그 사람 얼굴도 모르고, 또 그 사람하고 나하고 무슨 적이 된다든지, 이해관계가 있는 것도 아닌데……. 있다면 그 사람이 박정희 씨한테 자기가 나와 친하다고 얘기했는데, 그 날 청와대에 들어왔을 때 내가 혁명지지, 계엄령추인이라는 두 가지 요구를 거부하니까 자기로서는 나한테 퍽 악의를 품었고, 또 박정희 씨에 대해 입장이 곤란했던 게 아닌가 싶소. 그밖에는 아무 이유도 생각할 수가 없는 일이오.

진실은 어디에 있는가

필자가 전직 대통령의 시간을 너무 뺏는 것 같아 "감사합니다"하고 일어서려 했을 때, 윤보선 씨는 "뭐 또 의심나는 것 있으면 더 물어 보시지"하고 오히려 인터뷰의 종료를 아쉬워하는 것 같았다.

20여 년간에 걸쳐 윤보선·유원식 두 사람 사이에 간헐적으로 벌어졌던 '내통설'을 추적하면서 필자는 하나의 진실, 하나의 사실에 접근하기 위해 가능한 노력을 다해 보았다. 그러나 솔직히 말해 이 시점에 이르러서도 어느 쪽이 진이고, 어느 쪽이 위인지를 판단할 자신이 없다. 다만 두 사람의 기록을 훑어보고 두 사람을 직접 대면하여 장시간에 걸쳐 인터뷰한 결과 내 나름대로 하나의 사실을 발견했다. 그것은 적어도 현재 두 사람은 어느 쪽이고 자기가 진실을 이야기하고 있으며, 또 그 진실이 언젠가는 밝혀지리라고 자신하고 있다는 점이다.

두 사람은 그 누구도 위증을 하고 있다는 꺼림칙한 심리를 갖고 있지 않았다. 모두 자신이 만만한 것이다. 기자의 심증으로는 그럴 수밖에 없으리라는 결론을 얻었다. 그것은 인간이 갖는 표현력의 한계성, 거기서 빚어지는 오해, 그리고 세월이 지나는 동안에 굳어진 인간심리의 속성, 서로 다른 정반대의 입장에서의 자기류의 사태해석, 이런 모든 것이 한데 작용하여 오늘날 두 당사자로 하여금 서로 상반되는 '주장'에 확신을 갖도록 만들지 않았나 하는 내 나름대로의 결론이다.

박정희와 사상논쟁

사상논쟁의 발단

'박정희 의장은 국방경비대 시절 좌익에 관련했었다.'

'그는 여순반란 사건 때 군사재판에서 무기징역 선고를 받았다.'

'박의장의 형도 대구 10·1 폭동사건 때 활약했다.'

'공화당은 남파된 간첩 황태성의 아이디어에 의해 공산당 식으로 조직되었다.'

이제는 박정희 전대통령이 여·순 반란사건 때 주도적인 일을 하고 사형선고까지 받았던 것이 밝혀졌지만 반공을 국시로 한다던 5·16 세력에 대하여 상상할 수 없는 엄청난 이야기들이라 하지 않을 수 없었다. 당시 국가원수의 경력과 집권당의 조직을 둘러싸고 정치인들 간에 공개적으로 거론된 적이 있었다. 지금부터 꼭 50년 전인 1963년 9월과 10월에 있었던 해프닝이었다.

군정에서 민정으로 넘어가는 제3공화국의 대통령선거 과정에서 종반의 최대쟁점으로 등장한 것이 이른바 사상논쟁이었다. 이 거창한 이슈를 두고 해프닝이라고 한 것은 문제가 얼핏 타이틀에서 풍기는 것과 같은 이념차원의 논쟁이 아니었고, 그렇다고 이 문제가 어떤 생산적인 결말을 가져온 것도 아니었기 때문이다. 다분히 매카시즘적인, 그리고 우리나라 선거철에는 어김없이 나돌았던 인신공격과 모략의 요소를 내포했었기 때문이다.

그런데도 불구하고 사상논쟁은 한때 선거분위기를 최대의 위기상황으로 몰고 갔을 뿐만 아니라, 그로 말미암아 선거결과의 양상에 지극히 미묘한 영향을 미쳤다는 점에서 되돌아 검토해 볼 여지를 충분히 남기고 있다. 더욱이 박정희의 사상적인 경력관계는 5·16 당초부터 미국과의 관계에서 심각한 문제점으로 제기되었고, 그 후 박 정권의 정치형태에 적지 않은 영향을 미쳤을 것으로 판단되어, 결코 한때의 해프닝으로 무시할 수만은 없는 의미를 내포했다고 볼 수도 있다.

걷잡을 수 없는 파문

군정당국이나 공화당의 태도 여하에 불구하고 일단 터진 사상논쟁은 걷잡을 수 없이 번져나갔다. 윤보선이 발언한 다음날인 9월 25일 서울 교동초등학교에서는 재야 6당 공명선거투쟁위원회가 주최하는 시국강연회가 열린다. 이 연설회에 나선 재야의 구정치인들은 약 2만 5천명의 청중을 상대로 군사정부의 실정과 함께 박정희의 과거 경력과 사상에 관해 통박했다.

"현재 한국에 민주주의란 없다. 최고위원들에겐 자유가 있을지 모르나 우리 국민에겐 자유가 없다"(백남훈 민정당 최고위원).

"북한에는 공산당이 있고 남한에는 공화당이 있다. 북한에는 소련에서 교육을 받고 온 김일성이란 자가 있고, 남한에는 일본에서 교육을 받고 온 자가 있다. 김일성은 나라를 팔아먹고 망쳤고, 박정희 의장은 정치를 망쳐버리고 말았다. 이런 박의장을 물리치는 데는 여러분의 한 표가 있다"(안호상 '국민의 당' 최고위원).

"이번 10·15 대통령선거는 선거라기보다 국민들이 그 동안 빼앗겼던 권리를 되찾는 데 최대의 관심을 가져야 한다. 박정희 장군은 포병 장교 출신이니까 공포를 안 쏠 것으로 아는데, 공명선거를 하겠다고 했으니 선거내각을 구성하여 페어플레이를 하라"(장택상 자유당 수석최고위원).

"우리는 민주주의 수호를 위해 공산당과도 싸웠고 갖은 풍파를 다 겪었다. 이러한 민주주의가 흉측한 사람들의 흉계로 탈이 났는데, 그 사람들이 독재적 요소가 들어 있는 교도민주주의를 운위하고 있으니 어찌된 일인가?"(박순천 민주당 총재).

"공화당이 윤보선 씨를 고발하였다니 가소롭기 짝이 없다. 나도 ML당원으로 활동하다 7년 징역형을 받은 사람이지만, 나는 이 사실을 이력서에까지 쓰고 있다. 박의장은 과거의 행적에 대해 왜 명백히 발언을 못하는가?"(김준연 자민당 대표최고위원).

특히 이 날 강연회에서 김준연은 5·16 직후 1961년 5월 25일자로 발행된「타임」지의 기사 가운데 박정희의 프로필을 소개한 대목을 인용하여 폭로했다.

이 날 강연회장에 모인 청중들은 긴장감 속에서 오히려 당혹과 불안감에 휩싸였다. 그럴 수밖에 없었다. 5·16의 리더요 군정의 최고통치권자인 박정희의 과거 사상경력에 관해서 그때까지 국민들은 아무것도 아는 것이 없었기 때문이다. 극히 소수의 사람들이 알고는 있었으나 감히 입 밖에 낼 수 있는 성질의 것이 아니었다.

5·16 당시 외신에서는 비교적 활발히 박정희와 주체세력 몇몇 사람의 사상경력에 관해 보도한 적이 있었으나 국내 매스컴에는 일체 보도되지를 못했다.

사실은 5·16이 나자마자 미국이 주한 유엔군사령관과 대사관으로 하여금 쿠데타 반대를 성명토록 한 원인이 주동세력들의 이 같은 사상적 배경 때문이었다.

미국 정보기관에서는 벌써부터 박정희의 군대 내 사상경력 및 가족배경에 관하여 파악하고 있었다. 즉 박정희의 형 가운데 한 사람이 대구폭동 사건 때 가담하여 처형당했다는 것, 박정희 자신은 여·순 반란 사건 후 있었던 숙군 당시 좌경리스트에 올라 군법회의에 회부되어 무기형을 선고받았으나 동료·상관들의 구명운동으로 석방되었다는 점, 석방된 후 한때 육군본부 정보국의 문관으로 있다가 한국전쟁 발발을 계기로 현역에 복귀했다는 사실, 그리고 김종필은 대구폭동 사건 때 처형당한 박정희의 형의 사위라는 사실, 쿠데타 직전 박정희의 참모장을 지냈고 나중에 최고회의 부의장이 된 이주일도 숙군 당시 군법회의에 회부된 적이 있다는 사실 등이었다.

이런 배경을 알고 있었기 때문에 미국은 박정희의 군대 내 언행에 관해 줄곧 주시를 해 왔다. 물론 숙군 당시에는 모함에 의한 '억울한 사람'이 많았고, 설사 한때 사상이 의심스러웠다 하더라도 의심할 나위 없이 전향한 것은 틀림없지만, '일단 군법회의에서 무기형을 선고받았다'는 전력은 박정희의 군대생활에 있어 두고두고 제약조건으로 작용해 온 것이 틀림없었다. 진급심사 때마다 이 전력이 문제가 되었고, 따라서 그에게는 끝내 일선 지휘관직이 주어지지 않았다.

그 당시 장성의 인사문제에는 한국군에 대한 작전지휘권을 쥐고 있는 유엔사령관이 반드시 관여했기 때문에 사상적 전과의 기록을 갖고 있는 박정희의 경우, 진급이나 보직에 있어 미국 측의 견제를 받아 왔으리라는 점은 쉽게 짐작할 수 있는 일이었다. 5·16 직전에는 미국 측의 압력에 의하여 박정희는 예편될 운명에 놓여 있었다.

이러고 보면 5·16 자체가 박정희가 품어 온 울분의 표현이었으며, 미국에 대한 도전이었다고 말할 수도 있다.

외신에 보도된 사상경력

5·16 당시 국내 매스컴에는 한 줄도 비치지 않았으나 외신에 보도된 박정희의 사상경력에 관한 기사를 몇 가지만 간추려 보면 다음과 같다.

"서울 현지에서 보내 온 가장 최근의 정보국 메모에는 그 당시 육군 79부대로 알려진 정보연구소장 이후락 소장이 서울 현지에 미정보기관에 제보한 것으로서 박정희와 김종필의 과거 사상에 문제가 있다는 내용이 있다.

얼마 후 군사정부 당국은 문제의 이소장을 체포해 버렸는데, 이 때문에 워싱턴 당국은 쿠데타의 성격에 관한 의구심을 더욱 버리지 못했다"(「뉴욕타임즈」).

"박정희 소장은 1948년 군 반란을 음모하는 데 일부 관련된 사실이 있었다. 그래서 그는 이승만 씨의 장교들에 의해 무기형을 선고받았다. 그러나 그는 보도된 바와 같이 그 후 동료·상관들의 구명운동으로 석방되었다.

지금 그는 명백하고 강력한 반공주의자로서 육군의 작전참모부장직에까지 이르렀다. 박장군은 이정권의 부패에 불만을 품고 지난해 일찍이 시위를 계획한 것으로 알려졌었다. 그러나 학생의거로 이씨가 추방됨으로써 그의 계획은 일단 좌절되었다"(「타임」).

5·16 당초에는 외신만이 박정희의 사상경력 관계에 관해 보도했을 뿐, 그 사실을 알고 있다는 사람도 누구 하나 입을 열지는 않았다.

그러나 언론계 주변에서는 심심찮게 그런 이야기들이 나돌았으며, 군정이 실시하는 정책이나 자세를 보고 의혹을 품었던 사람도 없지는 않았다.

가령 5·16 직후 김종필이 처음 기자회견을 갖고 '앞으로 군정은 혼합경제를 실시할 계획'이라는 발언을 했을 때, 기자들은 5·16정권이 자본주의 경제체제가 아닌 어떤 다른 체제를 구상하고 있지 않는가 하고 의심하기도 했다.

수식어 붙은 민주주의 논쟁

좀 더 지난 다음의 이야기이지만 박정희의 저서 같은 데서 행정적 민주주의니 혹은 민족적 민주주의 하는 용어가 자주 쓰여진 데서도, 이런 수식어가 붙은 민주주의가 자유민주주의와는 다른 이질성을 내포하는 것으로 해석되었다.

그 당시 이른바 김종필 라인과 여기에 참여한 몇몇 대학교수 그룹의 머리에서 나온 것으로 알려진 '수식어 붙은 민주주의' 개념은 사실 뚜렷한 이데올로기로 정착되지는 못했다. 박정희 자신은 '사대주의적인 구정치인들'이 매달리고 있는 실패를 거듭한 서구식 민주주의에 대칭되는 개념으로 민족적이니 혹은 행정적이니 하는 민주주의를 생각했던 것 같다.

특히 그는 민주주의에 있어서 지도성의 문제를 일찍부터 강조했다. 이를테면 『국가와 혁명과 나』에서 박정희는 "우리에게 지금 큰 애로가 되고 있는 것은 지도이념의 결핍"이라면서 다음과 같이 주장했다.

> "지도원리로서 지금까지 우리 사회에 있어온 것은 전근대적인 봉건사조와 사대적인 의타(依他)이념의 두 가지 형이었다……. 적어도 한 사회의 지도자가 되려면 자신의 인생관의 확립과 함께 지도이념에 신념을 가져야 하는 것이 선결요건이어야 할 것이다. 특히 서구 민주주의의 직수입이 한국적인 체질에서 여하히 작용할 것인가에 이르러서는 이 지도이념은 바로 애국의 이념과도 통할 수 있는 것이다. 교도민주주의건, 규범민주주의건, 이것 또한 지도이념에서 택하여질 수 있는 것이다. 그러므로 신민족사회 건설에 있어 그 지도자는 먼저 자신의 이념의 확립이 급선무가 아니어서는 안 될 것이다."

요컨대 박정희는 그가 주장한 민족적 혹은 행정적 민주주의를 이데올로기가 아닌 지도성의 차원에서 해석했던 반면, 재야세력에서는 곧바로 그의 과거 사상경력과 연관 지어 이데올로기 차원에서 해석했던 것이다.

구정치인들의 해석은 확실히 비약적인, 악의로 해석하자면 다분히 매카시즘적인 흔적마저 내포한 것이었기 때문에 국민의 지지는 별로 받지 못했다.

그러나 지도성을 강조하는 5·16세력의 '수식어 붙은 민주주의'도 식자들 간에 경계의 대상으로 여겨졌다.

이 문제에 관해 63년 9월 27일자 「경향신문」은 '여적'란에서 이렇게 거론하고 있다.

"민주주의에 삿갓을 씌워놓고 왈 민족적이라고 말하는 사람들이 있다. 그냥 민주주의라고 하면 어딘가 근지러운 모양이다. 인도네시아의 교도민주주의란 것도 강렬한 민족주의 이념을 바탕으로 한 것이다. 정치비평가들의 말대로 인도네시아의 민족주의는 지나친 과열상태로 도리어 해를 끼치는 일이 많다. 우리가 다 알고 있듯이 그것은 말만 민주주의이지 완전한 독재주의 체제이다.

민주주의에 '삿갓'을 씌우는 순간, 벌써 그것은 민주주의라고 말하기 어렵다. 삿갓만 남고 그 얼굴은 보이지 않는다. 삿갓 뒤에 숨은 그 얼굴의 표정을 우리는 볼 수가 없다. 그야말로 '가식된 민주주의'가 활개를 칠 뿐이다……. 자유는 거룩한 것이다. 만인이 다 쟁취해야만 할 생명이다.

그러기 때문에 일부에서는 이 '자유'를 팔아 자기 야욕을 채우고 자기 권력을 확보하려는 사람들도 있었던 것이다. 자유를 표방하고 나설 때 사람들은 침묵하게 된다. 왜냐하면 반자유주의자의 혐의를 받게 될지도 모른다는 의구심 때문이다.

그러나 식민지하에서 오랫동안 눌림을 받아 왔던 신생국가에서는 '민족'이란 말이 그와 같은 역할을 한다. '민족'이란 말만 들어도 피가 끓고 가슴이 뛴다. 수카르노 밑에서는 '민족이여! 그대의 이름 밑에서 얼마나 많은 사람들이 죽어갔는가'라는 말도 성립될 수 있는 것이다.

민족을 앞장세운 독재였기에 그에 저항하다가는 반민족주의의 낙인이 찍힌다.

자유를 앞세운 독재는 다 같이 자유주의도 아니며 민족주의도 아니다. 독재를 합리화하는 수단이며, 그것을 방어하기 위한 구실에 지나지 않는다……. 우리는 정신을 바짝 차리고 저 삿갓 속의 정체를 들여다보아야 한다."

이후락 등 윤씨 비난

처음 박정희의 과거 경력에 대한 의혹에서 출발한 사상논쟁은 시일이 지나가면서 걷잡을 수 없이 그 의혹의 범위가 확대되어 나갔다. 재야 6당 공명선거투쟁위원회가 시국강연회를 열었던 9월 25일, 뒤숭숭한 가운데 그 날 저녁 시내 몇 곳에 '구국청년동지회'라는 이름으로 '박정희 씨에게 묻는다'는 표제를 붙인 삐라가 뿌려져 정국을 한층 긴장시켰다.

이 삐라는 세칭 간첩 황태성과 박정희의 관계를 몇 가지 사항으로 요약하여 묻고 이에 대한 답변을 통해 국민이 품고 있는 의혹을 풀어달라고 요구하고 이 사실이 공개되지 않을 시에는 자신들이 아는 사실대로 전국민 앞에 공개될 것이라고 했다.

일종의 협박적인 도구였다. 이 삐라살포 사건에 관련, 허위사실 유포죄로 5명의 야당정치인이 구속됐지만 사태는 심각했다.

이쯤 되자 최고회의와 공화당도 마침내 반격을 시작, 사상논쟁은 다시 한 번 무서운 불꽃을 튀기게 되었다.

최고회의 이후락 공보실장은 9월 26일 "혁명정부의 이념은 혁명정부의 손으로 입안·기초하고 국민 절대다수의 지지를 얻어 통과된 개정헌법이 바로 그 이념이며, 박정희 의장 개인의 이념은 자주·자립을 시행할 강력한 민족주의 이념을 바탕으로 한 민주주의가 그 이념"이라면서, 그 이념의 배경과 구체적 표현은 '혁명공약', 『국가와 혁명과 나』, 9월 23일의 라디오 정견발표, 『6·25동란사』, 『군사혁명사』, 『육군전사』에 수록되어 있다고 설명했다.

그러면서 이후락은 "박의장과 혁명정부의 이념에 대해서는 5·16을 환영, 합리화하고 또 1년여 혁명정부의 대통령으로서 혁명을 적극 지도·협조해 주신 윤씨에게 물으면 잘 알 것"이라고 말했다. 이렇게 해명한 이후락 자신이 5·16 직후에는 박정희의 사상경력을 미국 측에 제보한 장본인이었다는 점을 생각하면 아이러니가 아닐 수 없다.

공화당 대변인도 '윤씨는 이중인격자'라고 비난했다. 특히 공화당 대변인은 최고위원이었던 유원식의 말을 인용, "혁명군의 일원이었던 유씨가 60년 말께 당시 대통령이었던 윤씨에게 혁명의 불가피성과 군에서 혁명이 계획되고 있음을 밝히고 '혁명이 일어나면 대통령으로서 국민에게 사과하는 성명을 발표하고 일단 사표를 내면 혁명군이 사임을 말리고 그대로 유임토록 할 것'이라고 말해 윤씨가 이에 동의했다"고 비난했다.

최고회의나 공화당의 응수는 야당 측이 주장하는 박정희의 사상적 의혹에 대해 정면으로 반박하는 것이 아니라, 발설자인 윤보선의 5·16 당시의 행동에 빗대어 사시적으로 응대하는 태도였다.

군정당국이나 공화당 쪽에서 '정치적인 이중인격자'라고 몰아붙이던 5·16 당시 윤보선의 형태란 아직도 진부를 가릴 수 없는 일종의 '정치음모설'이다. 앞장에서도 자세히 밝혔듯이 그 당시 최고위원이었던 유원식의 말에 의하면 5·16 이전에 이미 자기와 윤보선 사이에는 묵계가 성립되어 있었고 군부가 거사할 때 윤보선은 이를 지지하기로 약정이 되어 있었다는 것이다. 이에 대해 윤보선은 물론 터무니없는 소리라고 일축하고 있다.

황태성 사건 공방

사상논쟁의 발단 이래 며칠간 이상스럽게도 잠잠했던 중앙정보부가 드디어 움직이기 시작했다. 9월 27일 중앙정보부는 '간첩 황태성 사건의 진상'을 공표했고, 이어 28일에는 김형욱 부장이 기자회견을 자청, '정부 내에 여·순반란사건 관련자는 없으며, 간첩 황이 공화당 사전조직에 관련되었다는 설은 터무니없는 말'이라고 못 박았다. 중정이 발표한 황태성 사건의 진상이란 다음과 같은 것이었다.

① 간첩 황태성은 연희전문학교 2년을 중퇴하고 일제 때부터 공산주의 운동을 했다. 해방 후에는 조선공산당 경북도당 조직부장으로서 10·1 영남폭동사건의 주동자로 활약하다가 1947년 10월 월북, 북괴 상업부 관리부장·무역부상까지 지냈다.

② 황은 5·16 후 북괴 노동당 중앙당으로부터 이른바 '남북통일의 방법과 타협을 모색하라'는 공작사명을 띠고 1961년 9월 1일 서울에 잠입, 질녀와 그의 남편을 포섭하여 10월 10일 이들 두 사람으로 하여금 '약 40년 전부터 혼인중매로서 지면이 있는' 정부 모 고위층(박정희)의 형수인 조여사에게 상면하자는 서신을 보냈다.

③ 황의 서신을 받은 조여사는 다음날 기차 편으로 대구에서 서울로 상경, 중앙정보부에 '황태성의 정체와 그의 질부녀(姪婦女)라는 사람이 서신을 휴대하고 왔다'는 사실을 신고했다.

④ 이로써 황은 10월 20일 검거되어 구속취조를 마치고 12월 1일 육군중앙고등군법회의에 구속·송치되었다.

⑤ 12월 27일 1심에 사형, 62년 9월 11일 2심에서도 사형을 선고받았고, 1963년 7월 19일 대법원에 불복상고 하여 9월 27일 현재 대법원에 계류 중이다.

정부 안에 과거 여·순 사건에 관련된 사람은 없으며 야당의 발설은 전부 거짓말이라고 해명했던 김형욱이 훗날 박정희와 결별하여 미국에 망명가서는 박정희의 과거 행적에 의문이 있다고 기를 쓰고 불고 다닌 일을 생각하면 이것도 엄청난 아이러니였다.

간첩 황태성 사건에 대한 중정의 해명은 그러나 분분했던 의문을 시원스럽게 해결해 주기보다는 오히려 더 많은 의혹을 불러일으킨 꼴이 되었다. 9월 28일 유세차 청주에 들른 허정은 '중앙정보부에 석연치 않은 점이 많다'고 전제하고 다음과 같은 점을 밝힐 것을 요구했다.

① 중앙정보부 발표에 의하면 간첩 황은 조여사와 약 40년 전부터 혼인중매관계로 지면이 있었다고 하는데, 간첩 황이 박정희 씨의 형수와 알게 된 동기는 무엇인가?

② 박정희 씨는 친형이 간첩 황과 같이 대구 10·1 사건의 주모자라는 설이 있는데, 이런 관계로 황과 박 씨의 형수가 알게 된 것이 아닌가?

③ 박정희 씨는 그의 형제 중 공산당 관련자가 어떤 경위로 어떻게 되었는지를 간첩 황 사건과 결부해서 밝히라.

한편 광주에서 벌어진 자민당 선거연설회에서 조영규는 황태성 사건에 언급, "5·16이 일어난 그 해 바로 9월에 김일성 지령을 받고 내려온 황을 국민에게는 알리지 않고 군재(軍裁)가 비밀재판을 붙인 것과 공화당조직도 같이 했다는 간첩을 2년이 넘도록 처형치 않고 형무소에 모셔둔 꿍꿍이속을 알 수 없다"고 말하는 한편, 최고위원이던 유양수의 말을 빌려

"공화당에는 불순한 사상을 지닌 자가 많다. 비밀조직은 천하가 다 아는 사실이다. 밀봉교육을 받은 특별부대도 있다"고 폭로했다.

윤보선의 폭로

유양수가 말했다는 황태성과 공화당과의 관련성은 일찍부터 정가의 일각에서 나돌고 있었었다. 반김종필세력이 추진하고 있던 범국민정당운동(자민당의 전신)이 한창 열을 올리고 있던 1963년 6월 초순 무렵, 당시 중앙정보부장이던 김재춘은 김종필이 만든 공화당의 '반민주적 조직'과 간첩 황태성과의 관련설을 은근히 퍼뜨리면서 공화당의 해체를 주장했다. 그의 말에 의하면 거물간첩 황을 김종필은 조선호텔에다 모셔놓고 공화당의 사전조직을 위한 밀봉교육에 이용했다는 것이다.

황은 서울시내 5개처에 깔린 공화당의 비밀교육 장소에서 당원들이 서로의 정체를 모르는 점조직 방식으로 밀봉교육을 시켜왔다고 하였다.

그 때 알려진 바로는 김재춘은 박 의장에게 여러 번 이 같은 사실을 알리고 하루속히 공화당을 백지화시키고 그 대신 자민당을 키워 그 공천을 받아 대통령에 출마할 것을 간곡히 권유했으나, 박의장은 오히려 자민당의 구성멤버에 환멸을 느끼고 공화당을 편애해 왔다는 것이다.

투표일이 가까워지면서 야당의 공격은 열기를 더해 갔다. 특히 난립되었던 양당 입후보자가 허정의 사퇴(10월 2일), 송요찬의 사퇴(10월 7일)로 정리되어 사실상 박정희 대 윤보선의 여 · 야 단독대결로 압축되자, 재야 측에서는 크게 기세를 올리면서 사상공세의 회초리를 더욱 높이 추켜올렸다.

민주당은 10월 4일, 도하 각 신문지상에 공개질의서라는 광고를 내고 일본 아사꾸라 경제연구소가 발행한 아사꾸라 저 『한국 및 한국인』이라는 책에서 박정희의 과거 행적을 폭로하고 있다면서, 그 진부를 해명하라고 다음과 같이 요구했다.

"우리는 구태여 남의 과거사를 들추기를 원치 않는다. 그러나 민주국가의 원수가 국제적으로 그 사상성분을 의심받고 있다면 그야말로 국가안위에 관한 문제이므로 이 중대사실을 국민 앞에 경고하는 동시에 박정희 씨의 석연한 해명을 요구하지 않을 수 없는 것이다. 외국 서적을 인용한다고 귀하는 질책하는 측에서는 군정 하 국내 간행물에 그런 기사가 실려질 수 있었던가를 반문하고 싶다."

10월 5일 서울 남산 야외음악당에서 열린 연설회에서 윤보선은 새로운 사실 하나를 더 폭로했다.

YTP의 정체

"YTP라는 이름으로 각 대학에 비밀결사가 되어 있는데, 그 비밀결사는 명령복종에 생명을 걸겠다고 서약했고, 또 이 YTP의 비밀을 폭로하면 역시 생명을 내놓는다는 이 무시무시한 조직은 무엇에 소용되는 조직인가?"

윤보선이 폭로한 학원 내 YTP조직이란 그 당시 정가에서는 꽤나 유명했던 의혹의 대상이었다.

간단히 이야기하자면 이 조직은 당시 무소불위(無所不爲)였던 군정의 정보기관이 학원에 침투시킨 일종의 정보조직이었다. 다시 말하면 YTP란 당시 권력에 기생하면서 권력을 위해 봉사했던 극우적인 일종의 비밀결사였다. 그 정체는 오랫동안 철저히 비밀에 가려져 밝혀지지를 않았다.

선거가 끝나고 제3공화국이 들어선 지 한참이 지나서야 그 정체가 조금씩 드러났다. 1964년에 들어서면서 벗겨지기 시작한 YTP의 정체는 이런 것이었다.

청사회(靑思會) ; 영문으로 YOUTH THOUGHT PARTY의 이니셜을 따 YTP라고 부른 이 조직의 시발점은 1960년 7월에 있었던 총선거였다. 4·19 학생혁명 후 처음으로 실시된 이 선거 동안 서울 영등포 을구에서 출마한 사회대중당 소속 입후보자 유병헌을 지지하여 선거운동에 종사했던 대학생 약 40명이 선거가 끝난 다음 '우리나라와 같은 후진 사회에서는 무엇보다도 강력한 젊은이들의 조직체가 필요하다'는 명분 아래 구국당(KKP)이라는 정치조직을 형성했다. KKP는 처음부터 철저히 극우 노선을 지향하면서 멤버들에게는 집총교련과 전투훈련 및 정보수집 방법 · 비밀접선방법 · 교살법 · 교살을 자살로 가장시키는 법 따위를 가르치는 비밀결사로 출발했다.

당원들은 '비밀은 생명을 걸고 지킨다', '당을 위해 일체를 바친다'는 등의 선서를 하고 입당했다.

민주당 정권 동안 KKP의 배후에는 구 족청계의 이범석, 안호상, 조경규, 윤재욱 등이 도사리고 있었으며, 4·19 직후의 혼란을 이용하여 한때 혁명 사태까지 불러일으킬 계획을 꾸몄다. 이 계획은 5·16으로 무산되고 말았으나, 당시의 세력은 약 2천 명으로 추산되었다.

5·16 쿠데타의 돌발로 말미암아 한때 방향을 찾지 못하고 주춤했던 이 집단은 조경규의 주선으로 군사정부의 모기관과 접선하는 데 성공했으며, 군정기관은 그 조직과 비밀성에서 이용가치를 발견하여 KKP를 하수조직으로 이용키로 작정했던 것이다.

군정의 모기관은 이 조직에 요원을 파견하여 지도위원으로 임명케 하는 한편, 상당액의 자금을 지원하여 주로 학원의 정보수집과 공작에 임하게 했다.

5·16 정권과 유대를 맺게 되면서부터 KKP는 문맹퇴치회(MTP)라는 이름으로 개칭하고, 혁명공약 6개항을 자기 공약으로 선언하는 한편, '마지막 운명을 건 혁명과업 수행에 최전위대가 되겠다'고 다짐했다.

이 MTP야말로 YTP 바로 그것으로서, YTP라는 이름은 민정이행 직전 MTP가 하나의 사회단체로 세상에 YTP 겉모습을 위장하고 나타나면서 변성명한 것에 불과했다.

군정의 하수기관이 된 YTP는 전국 각 대학에 침투하여 조직적인 학원 사찰행위를 자행했다.

학생들의 움직임, 정부에 대한 반향, 대학 내 서클활동 등 각 방면에 걸쳐 정보를 수집하여 상부에 보고하고, 때로는 학생써클을 파괴하는 공작을 펴기도 했다.

학원사찰뿐만 아니라 10·15 선거 때 YTP는 정치활동에까지 손을 뻗쳐 '독수리 작전'이라는 이름으로 공화당후보를 당선시키기 위한 계몽회·회식·사랑방집회 등에 앞장서기도 했다.

한창 때 YTP의 활동은 학원 내에 불신과 불안을 조성하여 64년 3·24

학생데모를 계기로 그 조직이 동료학생들에게 의해 폭로 · 규탄되었다.

그 정체가 백일하에 드러남으로써 뒤에서 이 조직을 이용하고 있던 모측에서 손을 떼었고, 이로 말미암아 YTP는 급속히 쇠퇴·소멸하고 말았다.

윤보선이 선거유세에서 YTP를 거론했을 때 이 조직은 한참 '독수리 작전'이라는 선거운동을 벌이고 있을 때였다. 그러나 그 당시 민정당은 YTP의 이름만을 알았다 뿐이지 정확한 정체는 모르고 있을 때였다.

막바지 사상공격에 열을 올린 윤보선은 10월 8일 안국동 자택에서 기자회견을 갖고 '박정희 씨가 여 · 순반란 사건에 관계되어 무기선고를 받았던 사실'과 '제1군 참모장 당시 좌익에 관계했다'는 사실에 대한 증거서류를 공개했다.

증거물이라고 내놓은 것은 이상스럽게도 정부기관인 공보부가 발행한, 1961년 5월 16일부터 1962년 5월 16일까지 1년간의 『한국관계해외논조연감총집』(韓國關係海外論調年鑑總集)이란 책자였다. 이 책의 927쪽에는 "박의장은 제1군 참모장 당시 좌익의 군 책임자로 복무했고, 1948년 북조선정부를 지지한 여·순반란 사건으로 하여 사형선고를 받았으나 우인장교들의 감형운동의 도움을 받아 군에 다시 복무하게 되었다"는 내용이 기재되어 있었다.

이 자료를 공표한 윤보선은 "박정희 씨는 전 국민이 배심원이 된 자리에서 그 때의 관계서류를 공개하여 당당하게 할 말을 하라"고 윽박질렀다.

사상논쟁은 10월 9일 윤보선의 안동 발언으로 그 클라이맥스에 이르렀다. 투표를 불과 6일 앞둔 이 날 윤보선은 8천 청중 앞에서 "민주공화당은 공산당 돈을 가지고 공산당 간첩이 와서 공산당 식으로 조직한 정당"이라고 단언했다. 그는 "북괴 무역성 부상 황태성이 20만 달러를 가지고 왔는데, 김종필 씨가 그를 조선호텔에 모셔다가 황의 안에 따라 서울에 밀봉교육 처를 다섯 군데나 만들어놓고 공산당 식으로 점조직을 한 공화당이 어떻게 민주주의 정당이냐"고 반문하면서, "공화당은 보수정당도 아니고 민주주의를 신봉하는 정당도 아니다"라고 주장했다. 윤보선의 안동 발언은 막바지에 이른 선거정국을 바짝 긴장시켰다. 대검찰청은 윤씨의 발언을 '국가안보에 관련된 중대 문제'로 단정, 발언내용의 조사를 현지검찰에 지시했다.

VD작전은 선거정략

이튿날인 10월 10일 공화당은 '모당의 VD작전'이란 것을 공개하여 긴장된 정국을 한층 얼게 만들었다. 공화당은 "야당의 분열로 말미암아 승산이 없다는 판단을 내린 한민당의 전통을 이어받은 모당 대통령 후보와 그 측근참모들이 VD작전이라는 이름의 무시무시한 승패 양면공격을 음모하고 있다는 사실을 민주공화당은 사전에 탐지했다"면서 VD작전의 내용을 다음과 같이 폭로했다.

▲ V작전

① 여당에 쏠려 있는 국민의 인기를 극적으로 일변시키기 위하여 모당 대통령후보에 대한 습격연극을 꾸며 여당이나 정부 측의 하수인으로 하여금 상대방 후보를 살해하려는 음모가 실패하였다는 선전공세를 취한다.

② 모당 대통령후보에 대한 습격음모의 헛소문을 퍼뜨려 투표 직전에 그 대통령후보로 하여금 은신케 함으로써 국민의 동정을 받아 약세를 만회, 승리를 거둔다.

③ 투표일을 2, 3일 앞두고 김일성이 박정희 공화당 총재에게 비밀문서를 발송한 것처럼 위장하여 마치 박총재가 북괴와 내통한 것처럼 선전함으로써 국민으로 하여금 반박정희 감정을 유발시킨다.

▲ D작전

박정희후보가 당선되었을 경우 야당 측은 트집을 잡아 박 씨의 당선무효소송을 제기, 군중데모를 선동하여 정국을 혼란시킨다. 또 대통령선거가 부정이었다는 구실을 내세워 그 다음에 있을 국회의원선거도 보이코트한다. 그 결과 국회가 여당일색으로 소집되면 국회를 위헌적인 것이라고 낙인찍어 그 국회에서 행할 신대통령 취임식을 불가능하게 방해한다.

타이틀도 괴상한 이 'VD작전'에 대해 당시의 민정당 임시대변인 김영삼은 다음과 같은 반론을 들어 간단히 일축했다.

▲ V작전

그것은 과거의 자유당정부 시절 민주당 전당대회에서 당시 부통령인 장면박사를 저격한 적이 있던 일을 연상시키는 일종의 마타도어 작전이다. 그 당시 자유당정부는 이것을 마치 민주당 내부에서 한 것처럼 가장하기 위하여 그 하수인으로 하여금 신익희 씨의 사진을 갖게 했을 뿐 아니라 애국적인 행동으로 가장하기 위해서 태극기까지 소지시켰던 것이다.

▲ D작전

우리는 선거에 졌을 때의 구상은 해본 일이 없다. 오직 우리에게는 승리가 있을 뿐이다.

결과적으로 봐서 공화당이 주장하는 'VD작전'이란 것은 가상적인 추측이거나 허구임이 드러났다.

왜냐하면 투표일에 이르기까지 야당 쪽의 V작전도 없었고, 선거 패배 이후 D작전도 없었기 때문이다.

이 'VD작전'은 사상논쟁의 발발 이후 수세에 몰려 있던 공화당이 적극 공세로 방향전환을 시도했던 일종의 선거정략이었다고 볼 수 있다. 확실히 공화당이나 군정당국은 그 시점에 이르기까지 야당이 휘두르는 사상논쟁의 회초리 앞에서 수세의 위치를 면치 못하고 있었다. 윤보선의 기세가 등등하여 좌충우돌로 폭로하고 나선 주장에 대해 뒤따라가면서 겨우 사후 변명에 급급하는 형편이었다. 이를테면 일본 아사게 연구소 발행의 저서를 인용한 10월 4일자 민정당 광고에 대해서 공화당은 내용에 대한 직접 해명은 덮어주고 "이 연구소는 과거 유령불법단체로 조총관련에서 정보공작을 목적으로 설립하였다가 일본정부에 등록도 하지 못한 채 자연 소멸된 것"이라고 간접적으로 대꾸했다.

원용덕 등 여·순 사건 해명

YTP 문제에 대해서는 일체 해명이 없었고, 공보부 발행의 『한국관계해외논조연감총집』에 수록됐다는 박정희의 프로필에 대해서는 "동 책자는 5·16 혁명 후 1년간 혁명정부에 대한 해외신문 또는 정기간행물뿐만 아니라 좌익계 간행물에 실린 논평도 사실 그대로 조사·수집한 것"이라면서, 이 책자에 실린 문제의 기사는 1961년 7월 18일자 일본 시사통신의 시사해설판을 번역·전재한 것이라고 밝혔다. 간첩 황태성이 가져온 돈으로 공화당을 조직했다는 10월 9일의 윤보선의 안동 발언에 대해서는 중앙정보부가 다음과 같이 반박·해명했다.

"황태성이 소지한 금품은 미화 2천 6백 69달러와 한화 20만 환이었으며, 동 금품은 전액 몰수되어 국고에 귀속 처리되었다. 민정당 대통령후보 윤보선 씨의 안동 발언 중 '공화당조직에 황태성의 공작금 사용' 운운은 전혀 근거 없는 허위 사실임은 새삼스러이 해명할 필요조차 없다.

윤씨 발언 중 '황태성의 공작금 20만 달러' 운운은 간첩 이만희로부터 압수한 공작금 20만 달러와 착각·혼동된 것으로 인정되는 바이며, 이만희로부터 압수한 금품 20만 달러는 검거 즉시 소정의 법절차에 따라 국고에 귀속 처리되었고, 동 금품은 그 후 '몰수금품 등 처리에 관한 임시 특별법'에 따라 서울 텔레비전 방송국 시설금으로 충용된 바 있다."

이런 한편 정부·공화당은 여·순 반란 사건과 숙군 당시 관계했던 인물을 통하여 간접적으로 사상의혹에 대한 해명을 시도했다. 여·순 반란 사건 당시 호남방면 군 총사령관으로서 반란진압작전을 총지휘한 원용덕 예비역중장은 10월 4일 다음과 같이 해명했다.

"박의장이 여·순 반란 사건에 관련되었다고 비난하는 민정당계의 발언은 터무니없는 소리이다. 박정희 씨가 좌익의 군사책임자였다고 퍼뜨린 송요찬 씨와 자민당계의 공격도 사실무근이다. 당시 제주도 지방 공비토벌을 맡은 송 장군은 박정희 장군에 관해서는 나보다 아는 바가 적을 것이다.

박 의장은 여·순 반란 사건 당시 오히려 지리산 밑 문주리 토벌작전에서 김지회의 반란군을 격멸하는 데 큰 공을 세웠다. 그 후 박 의장이 군내에서 공산분자들과 접촉했다는 죄목으로 15년 구형을 받은 일이 있는 것은 사실이지만 곧 무시하게 되었다. 박 의장을 여·순 사건 관련자로 몬 장본인은 김창룡 특무대장이었다. 그는 자기에게 순복하지 않는 장교들을 용공분자로 몰아 숙청했다. 박 의장뿐만 아니라 수백 명의 국방경비대 장교들이 이 같은 화를 입었다."

숙군작업에 직접 관여했다는 김창룡 특무대장의 부관 신두식은 숙군경위를 이렇게 설명했다.

"여·순 반란 사건 후 숙군이 개시되어 국방경비대 장교 2천여 명을 무차별 구속했다. 숙군 중반기에 남로당 조직부 특수책 이재복이 체포되었는데, 그가 군내의 파괴공작을 목적으로 원용덕·정일권·김백일·박정희장군 등 우수 지휘관들을 허위로 '프락치'라고 진술했다. 이를 기회로 김창룡은 육사 3기생 때 자기를 낙제시키려 했다는 사적인 원한을 가지고 박장군을 숙청하려 했다. 그러나 심리 도중 군내 프락치의 전체 계보가 명백해지자 무혐의가 된 것이다."

이 밖에도 박정희를 옹호하는 사람은 더 있었다. 여·순 사건의 수사지휘를 맡았다는 당시 SIS(CIC 전신) 파견대장 장철영 예비역 대령은 10월 11일 조선호텔에서 기자회견을 자청하여 다음과 같이 말했다.

"여·순 사건이 일어난 3일 후 광주에 내려가 약 1개월간, 1천명의 부대 내 사건관련자와 1백 70명의 부대 외 사건관련자의 명단을 작성하여 당시 정보국장 백선화 씨에 제출한 바가 있는데, 박정희 씨의 이름은 이 명단에 절대 없었다는 사실을 확인한다."

그러나 그는 기자가 묻는 중요한 부분에 가서는 기억에 없다고 넘겼다.

이 무렵까지도 박정희 자신은 의혹에 관한 정면대결을 회피하고 있었다. 맞받아 넘기기보다는 야당의 주장을 매카시즘으로 몰아가려는 우회적인 선거 전략을 쓰는 듯했다. 선거유세나 신문을 통한 정견발표 같은 데서 이런 의도가 뚜렷이 들여다보였다. 10월 5일자 도하 각 신문에 게재된 박정희의 선거광고는 이렇게 호소하고 있었다.

"전국의 지식인 여러분!

우리들은 이제 이 나라 사회의 근대화작업을 끈덕지게 방해하고 있는 일체의 매카시즘을 타도·청소해야 할 공동의 전선에 섰습니다.

보십시오! 적나라에서 도를 넘어 골격까지 드러내고야만 저들의 자학의 모습을! 외세에 기생하여 낡은 지반을 고수해 보려는 전근대적 정치집단들은 자라는 민족의 자주의식과 새로운 민족적 엘리트의 등장을 극력 저지하고 있습니다…….

매카시즘의 한국적 아류들인 그들은 그 '악지(惡智)의 보검'을 구사하고 있습니다. '시커먼 무쇠를 매카시즘이란 번철에 달달 볶아 새빨간 빨갱이를 만들려는' 수법을 농하고 있습니다. 다시 말할 것도 없이 그들은 이제 알맹이 없는 공허한 관념을 염불하면서, 그들의 집권지반인 이 나라의 온갖 봉건적인 유제와 식민지적 근성들을 온존시켜 보려고 최후발악적 선동을 자행하고 있는 것입니다.

지난날의 우리 헌정사를 더듬어 볼 때 여러분들은 오늘의 야당인사들이 얼마나 많은 지식인들의 진보적인 발언을 매카시즘적인 수법으로 탄압해 왔는가를 똑똑히 알고 계실 것입니다. '참다운 반공'이 무엇인가를, 그리고 '참다운 민주주의'가 무엇인가를 이해하지 못하고 자기들의 정치지반인 전근대적인 유제가 위협을 당하면 용공이니 빨갱이니 하는 상투적인 술어로 상대세력을 학살시켰던 것이 한국적 매카시즘의 아류들이 저질러 온 행적이었습니다.

오늘의 야당인사들은 우리나라의 현시점이 어떤 데 처해 있는가를 모릅니다. 그들은 민족주체의식이니 새로운 지도세력이니 하는 것을 무조건 두려워할 뿐 아니라 한국사회를 과학적으로 점검해 보려는 움직임마저 탄압하려고 발버둥질치고 있습니다."

'안동 발언' 매카시즘으로 반격

공화당이나 박정희가 야당의 사상공세에 정면대결을 회피하고 간접적인 방법으로 응대하고 있는 동안에 야당 측은 공격의 고삐를 한층 바짝 죄어 가고 있었다. 안동 발언이 나올 무렵에는 더 이상 공화당이 우회작전만으로 넘어갈 수는 없는 처지에 이르렀다. 박정희 자신이 어떤 형태로든 입을 열어야 할 차례가 온 것이다.

민정당이 사상논쟁에 불을 붙인 이래 거의 2주일 이상이나 침묵을 지켜오던 박정희 자신이 드디어 입을 열어 응수하기 시작했다. '정치를 빨갱이로 모는 구정객들의 비열한 짓은 선거가 끝나면 나의 결백성을 위해서라도 법에 의해 철저히 흑백을 가려놓고 말겠다'면서 윤보선 씨의 안동 발언에 대하여 이를 매카시즘으로 몰아 반격했다. 그리고 박정희는 10월 10일, 지방유세를 위해 안동으로 가던 중 부산과 경주 간의 열차 안에서 수행기자들과 회견하고 처음으로 간첩 황태성에 걸린 의혹에 관해 해명했다. 이때도 그 자신의 여·순반란 사건 관련 여부에 대해서는 '이미 원용덕 장군이 명백히 밝혔으므로 재론할 필요가 없다'는 이유로 거론치 않고 황태성 사건에 관해서만 밝혔다.

황태성 총살형 집행되다

박정희가 해명을 한 후 얼마 안 되어 말썽 많은 화제를 던졌던 황태성은 대법원에서 사형이 확정, 곧 처형되었다. 간첩사건으로서는 드물게 검거된 지 2년간이나 확정판결을 내리지 않고 재판에 계류 중이던 거물간첩 황태성은 결국 선거과정에서 의혹의 대상으로 말썽이 되자 갑자기 서둘러 처형된 셈이었다. 처형된 뒤에도 황태성은 뒤꼬리를 끌었다. 정부가 황태성을 처형했다고 하지만 실은 처형된 사람은 다른 사람이고 그는 외국에 나가 버젓이 생존해 있다는 등의 루머가 나돌기도 했다. 그러나 이런 루머는 모두 헛소문이었다. 그는 확실히 총살형으로 사형이 집행됐었다.

다만 그가 여느 간첩과는 달랐다는 점에서 5·16 후 월남해 온 그의 진짜 목적과 행적에 관해서는 아직도 미스터리와 같은 어떤 여운을 끌고 있다. 감히 추측이 허락된다면 이렇게 이야기할 수 있을지도 모른다. 즉 북한은 남한에서 5·16이 일어나고 그 주동자가 박정희라는 사실을 알고서는 초기단계에 어떤 오산을 했던 것 같다. 박정희의 과거경력과 관련하여 5·16의 성격을 좌경적인 것으로 제멋대로 속단했을지도 모른다.

이런 유추는 5·16 직후 북한이 보였던 첫 반응에서 끄집어 낼 수 있다. 그 때 북한은 이상하게도 한국의 5·16을 환영하는 듯한 논평을 가했었다. 5월 16일 오후 7시 평양방송은 조선중앙통신의 보도문을 인용하여, "16

일 새벽 3시를 기해 군사정변을 단행한 남조선 군인들은 행정·입법·사법 등 정부기관들과 방송국을 완전히 장악했으며, 청년학생들과 인민들이 장면정권을 타도한 군사정권을 지지·환영하는 군중시위를 진행하고 있다"고 엉뚱한 소리를 늘어놓고는, 서울 주재 미국 대리대사 마샬 그린은 성명을 발표하여 통치권을, 이미 전복된 장면정권에 반환해야 한다고 하면서 노골적으로 남조선의 내정에 간섭하고 나섰다고 주장했다. 북한이 처음 '반공을 국시의 제일'로 내걸었던 5·16 쿠데타를 옹호하면서 미국의 개입을 비난하고 나선 것은 의아스러운 일이었다.

북한의 태도는 곧바로 바뀌어져 나중에 쿠데타에 대한 격렬한 비난으로 표현했지만, 처음엔 북한 나름대로의 어떤 판단을 갖고 있었던 것이 아닌가 싶다. 그렇지 않아도 박정희 등 5·16 세력의 과거경력과 사상성분에 의혹을 품어 반쿠데타를 결의하고 나섰던 미국 측은, 북한의 처음 방송에 더욱 의아심을 굳혀 5·16의 성격을 의심했다.

북한이 황태성을 남파한 것도 이러한 맥락에서 추측해 볼 수 있다. 남한에서 쿠데타로 집권하게 된 박정희의 친형과 옛날 막역한 친구지간이요, 박정희와도 잘 아는 황태성을 내려 보내 군정의 진의를 떠보면서 어떤 제휴의 가능성을 타진해 보는 데 남파의 목적이 있었을 가능성이 크다.

황태성의 친구였다는 박정희의 형은 5형제 가운데 세 번째인 박상희를 말한다. 박상희는 보통학교밖에 나오지 않았으나 대단히 총명하고 지도력을 가진 인물로서 네 사람의 형들 가운데 박정희가 가장 존경했다 한다. 이광수가 지은 『충무공 이순신전』 같은 책을 읽도록 권유하여 일찍부터 박정희로 하여금 역사의식을 깨우쳐 준 사람도 박상희였다. 황태성은 일찍이 박상희와 의기투합하여 서로 자주 내왕했으며 자연히 박정희도 황태성을 알고 있었던 것으로 판단된다.

1946년 5월 박정희가 일본군 중위로서 해방을 맞아 향리인 상모리에 돌아왔을 때, 박상희는 김천에서 「동아일보」 지국장을 지내고 있었고 황태성은 김천에서 좌익활동을 벌이고 있었다. 박정희가 육사 2기생으로 입학하기 위해 상경한 지 한 달도 안 되어 대구에서 10·1 폭동사건이 터졌다. 이 폭동의 와중에서 박정희가 가장 존경했던 그의 형은 경찰에 의해 처형당했고, 황태성은 재빨리 피신했다가 월북했던 것이다.

이런 경위로 해서 오랜 세월이 흐른 다음, 쿠데타로 남한의 통치권자가 된 박정희를 찾아 북한에서 무역성 부상까지 지냈던 황태성이 어떤 '의도'를 갖고 남파되어 왔으리라는 점은 어느 정도 유추해 볼 수가 있다. 물론 황태성이 품고 왔을 그 '의도'란 오산이었음은 두말할 필요조차 없다.

이미 일국의 최고 통치자가 된 박정희가 '북의 밀사'를 그 옛날식으로 대할 리는 만무했었기 때문이다. 그 자신의 의도 여하에 불구하고 황태성은 간첩으로 체포되었으며 재판에 회부되었다.

다만 그 처분에 관해 박정희가 어느 정도 고민했을 가능성은 있다. 그 때문에 검거하고서도 2년간이나 재판에 결말을 못 짓고 처형을 늦추었는지도 모른다. 이런 과정에서 황태성이 공화당을 사전 조직했느니 하는 의혹이 생겨났을 가능성도 있다. 그 내막이야 여하튼 사상논쟁은 황태성의 운명을 속결 지웠음은 틀림없는 것이다.

민정당, 또 다시 한 뭉치 자료공개

마치 마지막 숨통을 조이려는 듯 민정당은 투표일을 이틀 앞둔 10월 13일, 박정희가 여·순 사건에 관련된 것이라는 대전제를 성립시키기에 흡족할 자료 한 뭉치를 공개했다. 자료 가운데는 당시 군법회의를 다룬 1949년 2월 17일자 「경향신문」과 1949년 2월 18일자 「서울신문」도 끼어 있었다.

이들 자료를 통해 민정당은 반란의 동기, 반란의 시발, 반란부대 이름과 지휘관, 최후까지 지휘한 반란두목, 반란진압 부대의 배신, 박정희 임무, 박정희 재판 당시의 군 수뇌부, 박정희 재판의 법관 구성, 피고인과 형량, 재판정으로 사용한 장소 및 일시, 법정에 선 박정희 피고인의 특징, 복직하게 된 경위 등을 나열했다. 그리고 끝으로 원용덕의 해명기사에 대한 반론, 황태성 사건에 대한 처리내용의 부당성을 길게 지적함으로써 결론적으로 '요컨대 박정희는 사상적 이질분자'라고 몰아붙였다.

이 날 민정당이 제시한 '증거자료' 가운데 1949년 2월 17일자 「경향신문」의 기사내용은 다음과 같은 것이었다.

"건전한 국군을 건설하고자 국방부에서는 10월 반란사건 이래 장교를 비롯하여 병사에 이르기까지 1천여 명을 검거하여 취조 중에 있던 중, 조사가 끝난 자들을 지난 8일부터 군법회의에 회부 중이었는데, 지난 13일까지 판결언도를 받은 자는 73명에 달하고 있는바, 그 중 전 마산 15연대장 최남근은 총살 언도를 받았으며, 그 외 김학휴, 조병건, 박정희, 배명종 등은 무기징역 언도를 받고, 기타는 15년부터 5년까지 징역판결이 있었다. 그런데 최남근은 남로당 군 세포책임자로서 전번 체포된 이재복의 사상적 감화를 받아 남로당에 가입한 후 정부를 전복할 목적으로

동지를 규합 중 반란사건 중에는 반군 진압작전 임무를 수행치 않고 탈주로를 열어 주는 등 실질적으로 국군에게 막대한 피해를 입게 하고 38이북으로 도주하려다가 체포된 것이라 한다."

김사만 영주 발언 감표작용

민정당이 마지막으로 제시한 이 같은 자료는 당시 사실로 있었던 일을 뉴스로 보도한 국내신문이기 때문에 그 동안 증거물이라고 하여 여러 번 인용되었던 외국 간행물과는 달리 상당히 신빙성 있는 증빙자료라고 볼 수 있었다. 따라서 이 같은 자료에 대해서만은 그 당시 공화당도 정면으로 부인하지는 못했다.

민정당이 투표일 직전에 제시한 '증거자료'에 대한 공화당과 박정희 자신의 재해명은 선거일 관계로 충분할 수 없었다. 공화당은 박후보가 재판받은 일이 없으며, 관제 공산당원으로 몰린 사실은 있었으나 그것은 여·순 반란 사건 관계는 아니었고, 공정한 재판에 의하여 억울함이 밝혀졌다고 해명했을 따름이다.

마침내 1963년 10월 15일 사상논쟁을 결산하는 선거일을 맞았다. 사상논쟁이 적잖이 영향을 끼치리라고 예상했지만, 그 누구도 투표결과가 어떻게 나올는지 예측할 수 없었다. 박정희 후보가 치명적인 타격을 입어 패배하리라고 점치는 사람이 있었는가 하면, 더러는 매카시즘적인 인신공격이 오히려 역효과를 거두어 윤보선 후보가 질 것이라고 내다보는 사람도 있었다.

결국 개표결과는 공화당의 박정희가 4백 70만 2천 6백 42표, 민정당의 윤보선이 4백 54만 6천 14표라는 아주 근소한 차이로 박정희가 승리했다. 박정희의 득표는 총투표수의 43%, 윤보선은 41%의 득표였다. 나머지 80여 만의 유효투표는 군소정당 후보들이 나누어 가졌다.

선거결과를 놓고 여러 가지로 분석되었다. 투표일까지의 약 20일간 여야가 사생결단의 각오로 주고받았던 사상논쟁이 과연 어떤 형태로 투표양상에 영향을 끼쳤는가 하는 점이 초점이었다. 그러나 결과에 있어서도 사상논쟁이 어떻게 작용했는지는 뚜렷이 부각되지를 않았다.

여·순 반란 사건의 본바닥이었고, 따라서 투표결과가 어떻게 나타날지 관심의 초점이었던 여수와 순천에서부터 투표결과는 혼미했다. 즉 여수에서는 윤보선이 약 5천 표 차이로 승리했던 반면, 순천에서는 박정희가 약 3천여 표 차이로 앞섰다. 이 두 군데에 관한 한 사상논쟁의 결과는 투표성향에 별다른 영향을 미치지 않았다고 평가할 수 있다.

전국적으로 봐도 사상논쟁이 끼친 영향을 이것이다 하고 꼬집어낼 만한 성향을 발견하기는 어려웠다. 다만 종래 여당의 아성이라고 일컬었던 경기·강원·충청도 지방에서 윤보선이 우세한 반면, 과거 야당의 금성탕지로 손꼽히던 영남과 호남에서 박정희가 우세하여 여태까지 없던 '남북현상'을 빚어낸 점을 두고 사상논쟁이 휴전선에 가까운 지역일수록 경계심을 불러일으켜 박정희에 불리하게 작용한 반면, 6·25 당시 북한에 덜 유린당한 남쪽에는 그다지 영향을 끼치지 않은 것 같다고 분석됐다.

그러나 이런 분석도 별 설득력이 없었다. 북쪽의 서울에서는 여전히 야당이 압도적으로 우세했고, 남쪽의 경우도 광주·목포·전주·군산·마산·

포항·김천 등지에서는 공화당이 패배했다. 따라서 사상논쟁보다는 전통적인 '여촌 야도'에다가 지역성향이 선거결과에 크게 작용한 것으로 판단되었다.

사상논쟁에 불을 지른 윤보선이 패배하고, 이 논쟁에서 줄곧 수세의 입장에 놓여 있던 박정희가 근소한 표차로나마 승리했다는 사실에서, 결과적으로 사상논쟁은 민정당에 유리하게 작용하지만은 않았다고 볼 수 있다. 특히 마지막 판에 가서 민정당의 한 지원유세자가 '부산·대구에는 빨갱이가 많다'고 발언한 것이 선거결과에 결정적인 영향을 미쳤다고 분석하는 사람이 적지 않았다. 10월 10일 경북 영주에서 유세를 벌인 민정당의 김사만은 '부산·대구는 빨갱이가 많은 곳이다. 만약 김일성이를 보면 만세를 부를 사람이 많다'고 역설하여 청중들을 어리둥절케 했다.

축하전문 교환, 망각의 저편으로

김사만의 망언이 신문에 보도된 뒤 부산·대구 지역에서는 민정당을 규탄하는 소리가 들끓었다. 서울에서는 11일 밤 민정당 당사가 습격을 받아 간부당원들이 테러를 당하고 기물이 파괴되는 사건도 있었다. 이로 말미암아 종반의 성거양상은 어수선해졌으나 공화당은 내심 회심의 미소를 짓고 있었다.

김사만의 영주 발언은 사상논쟁이 내포하고 있던 역작용의 모든 것을 드러내는 것이었다. 수세에 몰리면서도 뭔가 걸리기만을 기다리고 있던 공화당에게 사상논쟁의 추한 꼬투리를 잡힘으로써 민정당은 치명적인 타격을 입었다. 대구를 비롯한 영남 각 지역에서 박정희가 윤보선을 압도하게 된 원인의 하나가 김사만의 엉뚱한 망언에 있었음은 부인 못할 사실이다.

선거가 끝나고 불과 2%의 근소한 차이로 패배했을 때 민정당은 김사만이 모든 것을 망쳐놨다고 통탄해 했다. 사실은 김사만이 공화당을 위해 선거 막판에 그런 엉뚱한 발언을 일부러 했을지도 모른다고 의심하는 사람조차 있었다.

워낙 근소한 표차였기 때문에 김사만 발언이 당락에 영향을 끼쳤을 가능성은 컸다. 그러나 설혹 그 발언이 없었고 윤보선이 당선되었다 할지라도 그 차이는 역시 근소했을 것이며, 따라서 선거의 대세를 크게 좌우할 것으로 생각되었던 사상논쟁은 결국 득표성향에는 별다른 영향을 끼치지 못했다고 말할 수 있을 것이다. 왜냐하면 사상논쟁은 선거의 큰 흐름을 바꿔놓을 만한 차원 높은 이념논쟁이 아니라, 과열된 선거과정에서 튀어나온 일종의 정략이었기 때문이다.

야당이 노렸던 충격적인 효과도 사상논쟁은 발휘하지 못했다. '빨갱이'라는 말은 한국 국민에게는 치명적인 효과를 가져올 수 있는 용어임에 틀림없었다. 그러나 반면 그 용어 때문에 시달려 온 숱한 과거의 기록은 갖고 있는 국민에게 이 말은 매카시즘적인 역효과를 가져다 줄 소지를 다분히 내포하고 있는 용어이기도 했다. 민정당은 전자의 효과를 노리면서 사상논쟁에 불을 지른 것이겠지만, 결과는 후자의 역효과로 끝장난 것 같다.

선거가 끝난 다음 박정희와 윤보선은 서로 전문을 주고받으면서 당선 축하와 위로를 교환했다. 선거 다음날 박정희는 다음과 같은 전문을 윤보선에게 보냈다.

"민주정치 재건의 역사적 과업인 제3공화국 대통령선거에 있어서 귀하의 시종 선두에 대하여 만강의 경의를 표합니다. 비록 앞으로 여야의 입장을 달리 하더라도, 새로운 정치기풍의 조성과 그 전통의 수립을 위하여 앞으로 더욱 협조와 편달 있기를 빌어마지 않습니다. 귀하와 귀당의 무궁한 발전을 빕니다."

이에 대해 윤보선은 당선을 축하하는 회전을 보냈다. 선진 민주주의 국가에서 흔히 보는 페어플레이의 아름다운 끝맺음이었다. 하지만 선거과정에서 서로 빨갱이니 아니니 하고 사생결단의 각오로 싸웠던 사람들치고는 좀 의외의 태도였다.

사상논쟁은 이런 아름다운 전문교환과 함께 언제 있었더냐는 듯 선거가 끝나자 흔적도 없이 자취를 감추어 버렸다. 사상논쟁을 끄집어낸 민정당의 논리대로 하자면 이질적 사상의 소유자가 대통령이 되었으니 결코 축하만 할 수 없는 큰일이요, 공화당으로 말하자면 '선거가 끝나면 두고 보자' 했으니 스스로를 해명하기 위해서도 '무고자'에 대한 후속조치가 있어야만 할 일이었으나, 이 모든 것이 선거 종료와 함께 하루아침에 일변하고 만 것이다.

민정당은 그 후 한 마디도 사상문제를 거론한 적이 없었고 공화당도 그만이었다. 결국 이름만 거창했던 사상논쟁은 군정으로부터 민정으로 넘어가는 길목에서 선거정략으로 튕겨 나온 하나의 해프닝에 지나지 않았다. 그래서 박정희의 집권과 함께 이 논쟁 아닌 논쟁은 망각의 저편으로 사라지고 만 것이다.

군사정권의 어용교수들

고목에 핀 곰팡이

5·16 군사정권 하면 흔히들 군인들의 정치라고 생각하게 된다. 쿠데타로 정권을 장악한 5·16 정부는 확실히 군인 주체세력들에 의해 국정이 요리되었다. 이 같은 현상은 쿠데타 직후의 군정기간뿐만이 아니라 사실상 민정 이후에도 그대로 계속되었다. 군인들이, 혹은 군복 벗은 5·16 세력들이 국정의 방향을 틀 잡아 왔던 것이다.

그러나 5·16 이후의 한국 정치에 군인 아닌 또 하나의 아마추어 정치세력이 개재되어 왔다. 대학교수들이었다. 그들은 앞장선 군인들에 가려 전면에는 나타나지 않았으나 5·16 후, 특히 군정과 민정 초기에 한국의 정치과정에 중대한 영향을 끼쳤다. 그들의 영향은 사실상 60년대와 70년대의 박정희 정권의 전 기간에 걸쳤다고 볼 수 있다.

정치에 관해서는 똑같이 아마추어이면서도 이론적인 무장을 갖추었다는 점에서 현실에 참여하고 나선 교수들은 5·16의 이념구축, 일반정책 수립, 법률 개발 작업으로부터 정당조직, 심지어는 정치정략에까지 영향을 끼치기도 했다. 그들은 군정 당시 말썽 많았던 민족적 민주주의와 한국적 민주주의 같은 5·16 이념을 설정하는 데 일조를 했고, 경제성장 정책의 아이디어 그룹으로 각광을 받기도 한 반면, 통화개혁 · 농어촌고리채정리 등에서 시행착오를 거듭했다. 그들은 또한 군정에서 민정으로 넘어가는 과도기에 군인들을 위하여 헌법을 만들고 정당법을 만들었을 뿐만 아니라, 공화당 사전조직에 직접 참여했고, 훗날 유신체제를 구축하는 데 아이디어를 제공했다.

이렇게 해서 교수들은 아마추어 군인 정치가들에게 머리를 제공함으로써 한국정치를 이끌어 가는 데 커다란 도움을 주었던 반면, '정치교수' '어용교수'라는 그다지 달갑지 않은 용어를 탄생시키기도 했다. 그 공과의 손익계산서는 여하튼, 대학교수들의 정치참여는 박정희 정권 18년의 한 가지 두드러진 특징이었다고 말할 수 있다.

대학의 현실참여(이 경우 지속적인 정치참여)는 외국에서는 거의 제도화된 일이고, 여기에 특별히 이상하게 생각될 요인은 없으나, 한국의 경우 교수가 정부 · 여당에 가담하는 것을 곧잘 색안경으로 들여다보기 일쑤였다. 참여 곧 어용이라는 투로 받아들여지기가 쉬웠다.

이렇게 된 데는 그럴 만한 역사적인 이유가 있었다. 자유당 정권 말기에 이승만 대통령이 3·15 정·부통령선거를 전후하여 자유당을 지지하도록 주요 각 대학의 총·학장들을 동원한 데서 비롯된 것이다.

결국에는 부정선거로 규정되어 자유당 정권의 몰락을 가져온 3·15선거 때 당시의 성균관대, 중앙대, 이화여대, 연세대, 동국대, 신흥대, 건국대, 한양공대, 숙명여대, 동덕여대 등의 총장 · 학장들이 자유당 정 · 부통령선거 중앙대책위원회의 지도위원으로 된 적이 있었다. 대부분은 정부의 동원령에 걸려 어쩔 수 없이 부정선거의 지도위원이란 감투를 쓴 것이지만,

그 가운데는 자유당 정권을 위해 곡학아세(曲學阿世)적인 행태를 서슴지 않은 사람도 있었다.

이를테면 당시 이화여대 문리대학장이던 L씨나 경희대 총장 C씨 같은 사람은 신문지상에 이기붕을 찬양하는 글을 쓴 적이 있고, 성균관대 총장을 거쳐 문교부장관이 된 L씨는 '못살겠다. 갈아보자'는 야당 구호에 대해 '못살겠으면 이북으로 가라'고 대꾸하여 말썽이 된 적이 있었다.

3·15선거 후 경찰이 발포하여 최초로 학생들의 희생자가 난 마산사건에 대해 공산당이 조종하였다는 담화를 두 번씩이나 발표하는 교수들이 있었고, 4·19 직후 서울시내 각 대학 총장들의 모임에서 모 여대 총장은 "4·19사건은 우리가 교육을 잘못시킨 탓으로 발생한 것이니 모두 이대통령께 사과하러 가자"는 발언을 했다가 훗날 말썽이 되기도 했다.

대학교수의 정치참여를 놓고 좋게 평가하기보다는 어용이라고 보게 된 연유는 이런 데 있었다. 당시 어느 평자는 자유당 말기 정권에 앞장선 참여교수를 가리켜 '고목에 핀 곰팡이 같은 폐물들'이라고 매도하면서 "이 같은 폐물들이 진리의 전당인 학원을 등지고 역사의 전환점에 서서 조국과 동포를 배반하고 독재의 주구로서 이성과 지성을 바치는 데 서슴지 않았다는 사실은 이 나라 교육계를 위하여 비극적 암이 아닐 수 없다"고 개탄하기도 했다.

교수들의 정치참여 3단계

그러나 자유당 정권 전체를 통틀어 살펴보자면 대학교수의 지지적인 정치참여는 별 대단한 것이 없었다. 대부분이 말기에 잠시 참여했을 뿐, 그 전에 대학교수가 자유당 정권에 참여하는 케이스는 거의 없었다고 볼 수 있다. 사실 그 때는 넘칠 듯한 프로 정치인들 틈바구니에 교수들이 참여하려고 뜻을 가져봐야 그럴 만한 기회도 없었다.

한국의 정치사에서 대학교수들이 본격적으로 정치의 현장에 대거 뛰어든 시기는 5·16 이후의 일이다. 이 시기의 교수참여는 자유당 때에 비해 몇 가지의 특징을 드러냈다. 우선 그 수에 있어서 비교가 안 될 만큼 대량이었다. 자유당 당시에는 극소수의 사람이 개별적인 입장에서 행정부나 혹은 의회 쪽에 참여했었다. 5·16 이후에 있어서는 그 수가 '대거'라는 용어로 표현될 수 있을 만큼 다수였다. 그 전공분야도 광범위했다. 헌법·정치학·경제학·사회학·철학·물리학·전자학 등 전 학문 분야에 걸쳐 전공교수들이 망라되었다.

참여방식에 있어서도 차이가 있었다. 자유당 당시 정치에 참여했던 교수들은 말기의 한 시기를 제외하고는 비록 수적으로는 적었으나 모두가 자기 스스로의 희망이나 포부에 의하여 상아탑에서부터 정계 혹은 행정계로 전신한 케이스였으나, 5·16 이후의 경우에는 거의가 타의에 의해 동원된 교수였다. 특히 5·16 직후 군정 당시에 있어서는 사실상 정치에 참여하게 된 거의 모든 교수들이 위협적인 분위기 속에서 강제로 상아탑에서 끌려나오다시피 된 케이스였다.

물론 참여 양태는 그 후 변화되었다. 징발된 참여 케이스는 없어지고, 1960년대 후반이나 1970년에 들어와서는 교수 쪽에서 적극적으로 정치참여에 발 벗고 나서거나, 은근히 정부권력 쪽에서 부름이 있기를 기대하는 경우가 많아졌다.

5·16 이후 박정희 정권이 몰락할 때까지의 18년간, 교수들의 참여양태 및 이를 수용하고 활용하는 정부 태도와 관련하여 구분해 보면 대학교수의 정치참여는 대체로 3단계로 그 시기를 나누어 볼 수 있다. 첫 단계는 5·16 직후 군정시기와 민정이행을 전후한 초기단계, 두 번째 시기는 정부가 경제발전에 온 힘을 다했던 60년대 중반 이후의 개발전략시대, 세 번째는 70년대의 유신체제 시절이다.

1. 5·16 군사정권 시대

최고회의 산하 국가기획위원회

쿠데타에 성공한 5·16 주체세력의 군인들이 각 대학으로부터 교수들을 대거 동원하여 군정에 참여시킨 이유는 두 가지를 들 수 있다. 하나는 앞으로의 국정운영에 있어 교수들의 머리를 이용하자는 것이었다. 사실 군인들이 쿠데타를 계획하고 이를 실행에 옮겨 성공시킬 때까지 5·16 주체세력이 생각하고 있던 것은 '현실부정'과 이를 위한 정권장악의 방법이었지, 그 후의 장기계획은 구체적으로 세워져 있지를 않았다. 물론 몇 가지의 막연한 정책방향은 구상하고 있었지만, 이를 구체화시키고 실현시킬 능력은 적어도 쿠데타 모의 단계의 군인들에게는 갖추어져 있지 못했다.

그 당시 쿠데타를 주동하던 핵심멤버들은 거사가 성공한 후에는 대학교수들을 국정에 대거 참여시켜 브레인으로 활용한다는 계획을 세워놓고 있었다.

5·16 세력이 교수들을 동원한 두 번째 이유는 이렇게 함으로써 무력에 의한 강제적인 권력 장악에 최대한의 정통성과 권위를 장식하자는 뜻에서였다. 대학교수는 사회를 이끌어가는 지식인의 대표였으므로 따라서 그들의 동권과 국정참여는 권력에 대한 권위의 밑받침이 될 수 있다고 판단되었다. 이 때문에 5·16 당시 군인들은 대학교수 가운데서도 유명대학의 교수, 국민들에게 존경을 받고 많이 알려진 교수들을 동원하는 데 온갖 힘을 다 기울였다.

쿠데타 성공 이후 권력실체로서 조직된 기구는 혁명위원회였다. 그리고 이 혁명위원회는 5·16 사흘 후인 5월 19일 국가재건최고회의로 그 이름이 바뀌었다. 이 국가재건최고회의는 쿠데타 주동의 핵심멤버와 3군의 최고책임자들로 구성된 이름 그대로의 최고 통치기구였다. 사실상 3군을 장악하여 혁명의 비전을 펼쳐나갈 국정의 중추였다. 대학교수들은 이 기구의 자문역으로 동원된 것이다.

6월말에 맨 먼저 최고회의 의장 고문이라는 이름으로 6명의 대학교수들이 군정에 동원되었다. 박희범(서울대), 김성복(서울대), 이한기(서울대), 성창환(고려대), 박동앙(고려대), 유형진(숙명여대) 등이었다.

최고회의가 본격적인 활동을 시작하면서 구성된 기구가 국가기획위원회였다. 최고회의의 의욕을 구체화시키고 주체세력의 비전을 정상화시켜 갈, 말하자면 정책산실로 구성된 기구였다. 위원장에는 당시 국방대학원장으로 있던 함형선 중장을 임명하여, 그 밑에 정치·경제·사회문화·재건기획·법률의 5개 분과위원회를 두었다.

최고회의 산하의 정책산실로 구성된 이 기획위원회에 대학교수들이 대량으로 동원된 것이다. 그 수는 각종 연구기관 종사자 등을 포함하여 실로 4백 70명에 달했다. 먼저 위원장 고문으로 당시 고대 총장이던 유진오 씨를 비롯, 최호진(중앙대)·이용희(서울대)·서석순(연세대) 교수 등이 임명되었다.

기획위원회 5개 분과위원회에는 현역 대령급 분과위원장의 책임 아래 자문위원이라는 타이틀로 각 대학교수들이 동원·참여되었다. 분과위별로 위촉된 저명인사를 보면 다음과 같다.

▲ 정치분과위 ; 윤천주, 조순승, 오병헌, 이원, 백상건, 김운태

▲ 경제분과위 ; 황병준, 나익진, 주석균, 조기준, 탁희준, 이활, 이은복

▲ 사회·문화분과위 ; 이해영, 김두종, 김기석, 정범모, 왕학수, 이정식, 박종홍

▲ 재건·기획분과위 ; 이균상, 현신규, 심종섭, 주원, 안경모, 정재석, 이기홍, 이만갑, 김영준, 강병규

▲ 법률분과위 ; 이종극, 김증모, 박일경, 박원선, 이건호

중정 부설 정책연구실 구성

최고회의 산하의 국가기획위원회는 2개월 남짓밖에 존속하지 못했다. 이렇게 단명으로 끝난 데는 당시 주체세력 내부의 권력다툼에도 그 이유가 있었다. 최고회의 쪽과 김종필이 추진하고 있던 중앙정보부 쪽의 헤게

모니 쟁탈전에서 김종필계가 승리한 결과이기도 했다. 즉 최고회의 쪽의 기획위원회가 구상한 정책안들이 번번이 빛을 보지 못하고 대신 중정 쪽에서 마련한 정책이 그대로 시행됨으로써 기획위원회 쪽은 빛만 화려했지 별 볼일 없는 곳으로 전락했기 때문이다.

흐지부지되어 간 기획위원회의 참여 대학교수들은 그 무렵 구성된 중앙정보부 부설 정책연구실에 대부분 흡수되었다. 이 정책연구실은 완전한 김종필의 개인 작품이었다. 그리고 그 발상에서 기획위원회와는 성격이 달랐다. 줄여서 이야기하자면 기획위원회가 국정 전반에 대한 정책산실로 출발 했던 반면, 정책연구실은 김종필을 중심으로 한 이른바 JP라인이 군정 이후 민정참여까지를 내다보면서 이를 위한 방법론을 연구하기 위해 발족된 주류세력의 부속기관이었다.

이 세력의 힘은 사실상 최고회의를 압도했고, 여기서 구상된 아이디어는 그대로 정부정책으로 추진된 경우가 많았다. 따라서 참여한 교수들은 기획위원회보다는 연구실 쪽에서 더욱 보람을 느꼈을 것으로 판단되었다. 중정의 정책연구실이 발족한 단계의 참여 대학교수 가운데 핵심적임 멤버는 윤천주(고려대), 김성희(서울대), 강상운(중앙대), 이종극(중앙대), 정범모(서울대), 윤태림(서울대) 등이었다.

이들 교수 외에도 정책연구실에는 김정겸, 김학열, 최규하, 이필상 등 훗날 제3공화국에서 요직을 맡았던 관료출신 엘리트들이 참여하고 있었다. 연구위원은 전부 21명, 육사 교수부장을 지낸 준장 출신의 최영두가 실장자리를 맡았고, 그 밖에 이영근, 강성원, 김우경 등 JP의 직계 주체세력들이 연구실 교수들의 후견인 역할을 맡았다. 참여교수들에게는 당시 돈으로 상당한 연구수당과 승용차로 지프 한 대씩이 배정되었다.

중앙정보부, 따라서 김종필의 브레인트러스트로 출발한 정책연구실이 떠맡은 과제는 크게 나누어 다음 네 가지였다.

> 첫째, 5·16 세력이 군정 이후에도 계속 정권을 잡을 수 있는 방법.
>
> 둘째, 민정이양의 경우 주체세력이 가장 효과적으로 여기에 참여하여 정권을 장악할 수 있는 방법.
>
> 셋째, 이에 대비하여 스스로의 득표조직과 주체세력의 정권담당조직을 꾸미는 일.
>
> 넷째, 이에 맞도록 헌법 등 관계제도를 개편하는 일.

약 두 달 동안의 연구 활동 끝에 정책연구실은 수임사항에 대한 청사진을 마련했다. 구정치인의 손발을 묶어 놓은 정치정화법의 제정, 새 헌법 관계 법률의 심사 착수, 주체세력을 민정으로 실어 나를 공화당의 사전조직 등이었다. 정책연구실에 참여했던 교수들은 실로 JP계열이 목표로 했던 주체세력의 계속 집권을 위해 갖고 있던 지혜를 모두 짜냈던 것이다.

구정치인을 정면으로 대결해서는 승산이 없으니 그들의 정치활동을 법률로 금지시킨 다음, 주체세력 중심의 정당을 조직한다는 아이디어라든가, 공화당조직 2원화 등은 모두 그들의 머리에서 나온 것이었다. 특히 민정이행 당시 주체세력 안에서까지 크게 말썽이 되었던 공화당의 2원화 조직은 김성희, 윤찬주 교수의 연구소산이었다. 그들은 영국의 이론정치학자 R. T. 메켄지의 『영국정당제도론』을 토대로 공화당 조직을 설계한 것으로 알려졌다.

정책연구실 참여교수들은 단순히 머리를 제공했을 뿐만 아니라, 그 중 일부는 직접 정치활동에 뛰어들기도 했다. 공화당 조직의 아이디어를 꾸며낸 윤천주 교수는 사전조직 당시 공화당(당시의 이름은 재건동지회)의 훈련원장이 되어 비밀아지트에서 당원들에게 '정당론' '5·16의 불가피성과 그 이념계승의 의의' '정당조직의 원리' 등 지하당원으로서 필요한 정신무장 특강을 맡기도 했다. 나중에 이 정책연구실의 역할은 증권조작 등 이른바 4대 의혹사건에까지 연결된다.

회현동 호텔 방에서 징발

5·16 직후 정치에 관여한 교수들의 대부분은 동원된 케이스였다. 스스로의 의사에 따라 자발적으로 참여한 사람은 별로 없었다. 이 점은 훗날 60년대 후반의 개발전략 시대나 70년대 유신체제 시대에 자의에 의하여 정계에 전신한 현상과는 대조된다.

참여한 방식도 5·16 직후 군정시대에는 무척이나 거칠었다. 문자 그대로 동원이라는 표현이 적절했다. 초빙이라는 말에 어울리지 않았고, 더더구나 삼고초려와는 거리가 멀었다. 몇 가지 예를 들어 본다.

5·16이 나고 얼마 안 되는 어느 날, 서울대의 H교수는 권총을 찬 군인들을 자기 사무실에서 맞았다. 헌법학을 전공한 H씨는 당시 모 신문사의 논설위원 직을 겸하고 있었다. 신문사 논설위원실로 주체세력의 한 사람인 이석제 중령이 허리에 권총을 찬 몇 사람의 군인을 거느리고 들이닥치더라는 것이다. 이 중령은 대뜸 "혁명헌법을 만들어야겠는데 좀 도와주어야겠소"라며 학교와 신문사 일을 중지하고 군정 일에 참여할 것을 요망했

다 한다. 단순한 요망이 아니라 사실상의 협박이었다.

H씨는 처음엔 거절했다고 한다. '헌법이란 국민 전체의 의사에 따라서만 만들 수도 있고 고칠 수도 있는데, 군정 당국이 국민의사를 물어 보는 절차는 생략한 채 새 헌법을 제정한다는 것은 불가능하다'는 의견을 제시하면서, 자기로서는 혁명헌법 제정에 참여할 수 없다는 뜻을 표명했다.

그러나 이 정도로 물러설 군인들은 아니었다. 5·16은 혁명이며 혁명주체세력이 혁명헌법을 독자적으로 결정하는 것은 당연한 일이며, 이 같은 혁명과업에 교수는 갖고 있는 지식으로써 참여할 의무가 있다는 명분(?)을 내세워 H씨의 참여를 계속 요구했다.

5·16 직후의 분위기는 삼엄했다. 영장 없이 수많은 사람들이 어디로인지 모르게 연행되는 판이고, 그 가운데는 몇몇 대학교수들도 포함돼 있었다. H씨가 군인들의 요구를 끝내 거절할 경우 어떤 봉변을 당할지 알 수 없는 분위기였다. 결국 H씨는 '혁명과업을 수행할 수 있는 잠정헌법은 만들어 줄 수 있다'는 나름대로의 명분으로 군정에 참여하기로 했다.

그 날부터 H씨는 서울시내 회현동에 있는 한 호텔 방에 거처를 정하고는 꼬박 1주일에 걸쳐 혁명헌법의 제정 작업에 들어갔다. 처음 군정참여를 꺼려했던 H씨는 훗날 국회의원까지 되었고, 당시 일부 야당계로부터는 군 출신 이상으로 철저한 여당행세와 정치에 맛들인 것 같다는 평을 듣기도 했다.

박장군 옆집 C교수의 경우

최고회의 분과위원으로 위촉되었던 A교수는 이런 식으로 동원됐다. 5월말의 어느 날, 젊은 장교 한 사람이 대학교 강의실로 불쑥 들어서더라는 것이다. 그러면서 이 장교는 한참 강의하고 있는 A씨에게 다짜고짜 "같이 좀 가 주셔야겠습니다"고 말을 건네더라는 것이다. A씨가 "지금은 강의중이니 끝나면 갑시다"고 대답했으나 이 장교는 당장 가야 한다면서 우기더라고 한다.

A씨는 어쩔 도리가 없이 강의를 중단하고 그 군인을 따라 나섰다고 하는데, 당시 몇몇 대학교수들이 구속된 형편이라 처음엔 A씨도 자기를 잡으러 온 것으로만 여겼다고 한다. 불안한 느낌으로 젊은 장교를 따라 지프를 타고 도착한 곳이 퇴계로에 있던 최고회의 국가기획위원회 사무실이었다. 여기서 대령 계급장을 단 어느 고급장교로부터 "교수님, 혁명정부에 협력해 주셔야 하겠습니다"는 말을 듣고서야 최소한 구속되는 것은 아니구나 하고 안도했다 한다. A씨는 이때부터 기획위원회 일을 보게 되었는데, 학교강의만 허용하고 때로는 외부출입을 제한당하면서 어떤 때는 사무실에서 먹고 자기도 했다.

당시 기획위원장 고문으로 임명되었던 C교수의 경우는 비교적 예우를 받은 케이스였다. 한국 경제학계의 태두로 알려진 C씨의 당시 자택이 신당동에 있었는데 이웃에 박정희 장군의 집이 있었다. 이 때문에 C씨와 박장군이 친하다고는 할 수 없었으나 안면이 있는 사이였다. 나중에 가서야 이웃에 사는 박 장군이 쿠데타의 주동인물이라는 것을 알았다는데, 그렇게 알고서 얼마 되지 않은 5월말쯤 최고회의로부터 나와 달라는 연락을 받았다고 한다. 가 보았더니 경제관계 자문을 맡아달라는 것이었고, 이에

C씨는 그 날부터 곧장 최고회의에 출근했다고 한다.

C씨에게는 지프가 배정되어 매일 출퇴근을 시켜 주었다. 그리고 매월 활동비가 지급되었다. 당시 참여교수들에게는 그 때 돈으로 평균 30만 환 가량의 보수가 지급된 것으로 알려져 있다.

몇몇 교수를 제외하고 대부분 교수들은 당시 문교부가 갖고 있던 '전국대학 교수 및 교사명부'에서 전공분야별로 추출되어 동원됐다. 특히 당시 대학생을 포함하여 젊은 지식인들 사이에 인기가 있던 『사상계』 지에 단골로 집필하던 정치, 경제, 철학관계 학자들은 빠짐없이 동원대상이 되었다.

몇 가지 에피소드

5·16 세력이 대학교수들을 동원하여 맨 처음으로 착수한 일은 군사통치의 법적 뒷받침이 되는 과도적인 비상입법과 새 헌법의 제정이었다. 이러한 입법 작업을 맡은 학자들이 유진오, 한태연, 박일경 교수 등이었다. 이들은 이석제, 유원식, 손창규 씨 등 최고회의의 헌법기초위원들에 자문하는 형식으로 만들어 나갔다. 군사정부는 군정 2년 7개월 동안에 무려 1천 5백 67건의 법령을 제정·정비 혹은 개정했는데 그 가운데 중요법안의 손질은 이들 법률학자들의 자문으로 이루어졌다.

기존헌법의 기능을 일부 정지시키고 최고회의로 하여금 입법·행정·사법의 3권을 장악케 한 국가비상조치법은 한태연 교수가 최고회의의 부름을 받고 호텔방에 앉아 꼬박 1주일 동안에 걸쳐 마련해 놓은 초헌법적인 비상입법이었다. 한 교수는 이 법을 만드는 데 주로 나치 독일 시대의 수

권법(授權法)을 많이 참조했다 한다.

헌법제정에 관해서는 재미있는 에피소드가 한 가지 전해지고 있다. 당시 최고회의 박정희 의장은 새 헌법에 깊은 관심을 갖고 조항 하나하나를 놓고 교수들과 직접 검토하기도 했다. 그 당시 이미 박의장은 군복을 벗고 민정에 참여할 계획으로 있었기 때문에 민정이양 이후 제3공화국의 기틀이 될 새 헌법 내용에 관해서 특히 관심을 가질 것은 당연한 일이었다.

교수들이 헌법초안을 갖고 의장공관을 찾아갔을 때의 일이었다. 초안 내용 가운데 대통령의 임기에 관한 조항이 논의되었다. 교수들이 '대통령의 임기는 4년으로 하고 1차에 한하여 연임토록 규정했다'고 설명하자, 박의장은 연임을 반대하고 단임제를 주장했다고 한다. 박의장의 말인즉 "교수들이 두 번만 하게 하고 3선을 금지토록 규정했다지만 이승만 대통령도 더 하려다 망했으니, 차라리 임기를 6년으로 하고 그 대신 한 번만 할 수 있게 하면 어떻겠느냐"라는 의견을 제시하더라는 것이다.

박의장의 이 같은 단임제 주장에 대해 교수들은 "두 번 단임제로 8년을 하게 되더라도 중간에 선거를 통해 국민의 심판을 받도록 되어 있으니 괜찮습니다. 단임제라 하더라도 부적격한 사람이 6년씩이나 하게 되면 오히려 더 문제가 됩니다"고 설득하여 원안대로 4년제 연임안이 확정되었다고 한다.

이 같은 에피소드는 훗날 박대통령이 여론의 반대를 무릅쓰고 3선 개헌을 강행한 일이나, 유신헌법으로 영구집권의 길을 터놓았던 사실에 비추어 보아 권력에 대한 인간의 약점 같은 것을 느끼게 한다.

입법과정에서 교수들과 군인 사이에는 때로 격렬한 의견충돌이 빚어지기도 했다. 기술적인 면에서가 아니라 법이념에 관한 견해차이 때문이었다. 예를 들면 국가재건비상조치법을 제정할 당시 조순 교수 같은 이는 '입법·행정·사법의 3권을 한꺼번에 장악하는 초헌법적인 법률을 제정하면 우방의 신뢰에도 문제가 발생한다'면서 반대의사를 표명했었다. 이에 대해 최고회의 쪽은 '하라는 일은 안 하고 탁상공론만 한다'고 반격했다.

통화개혁의 아이디어

농어촌 고리채정리법을 마련할 때였다. 몇몇 교수들은 '농어촌 고리채는 수백 년 내려오는 한국의 폐습으로 일개 법률로 해결될 성질의 것이 아니며 헌법이 살아 있다면 그것은 사유재산권에 대한 침해'라는 이유를 들어 반대했다. 이에 대해 군정당국은 '정책적인 문제는 우리가 걱정할 일이오, 교수들은 법조문과 체계가 제대로 짜여 있는지 여부만 봐 주면 되는 것'이라고 간단히 묵살해 버리더라고 했다.

요컨대 당시 군정에 참여했던 교수들은 정치적인 문제를 법체계라는 테두리 속에서 소화하면서 될 수 있는 대로 현실 상황을 비혁명적인 방식으로 해결하려고 했던 반면, 5·16 군인세력은 교수들의 이념참여를 거절하면서 혁명적인 방식으로 모든 일을 속결하려 했던 것이다. 따라서 5·16 초기, 교수들은 정치에 참여했다고는 하지만 그들이 5·16 세력의 정치이념에까지 영향을 끼칠 수는 없었고, 기술적인 입법과 정책차원에서 군인들의 하청을 담당했을 뿐이었다고 말할 수 있다.

그러나 참여교수 가운데는 군정 고위층의 신임과 자신의 포부에 따라 어느 정도 독자적인 재량권을 갖고 중요정책의 입안과 추진에 직접 참여했던 사람도 있었다. 그 가운데 두드러진 사람이 서울상대 교수로 있다가 박의장의 자문역으로 참여한 박희범 씨 같은 인물이다. 그는 군정 초기 통화개혁의 아이디어맨으로 유명했다.

새 정권이 제1목표로 역점을 두어야 할 정책지표는 경제부흥이며 이를 위해서는 방대한 투자자금이 필요하다는 것, 구정치인들은 막대한 돈을 은닉해 두고 있을 터인즉 그들의 퇴장(退藏) 자금을 강제로 끌어내 투자자금으로 이용해야 한다는 것, 그러기 위해서는 통화개혁이 필요하다는 아이디어였다.

이렇게 해서 1962년 6월 10일 통화개혁이 전격적으로 단행됐다. 그러나 기대했던 퇴장 자금은 없었다. 구정치인들이 막대한 돈을 감추어 두고 있으리라는 생각은 현실을 모르는 상아탑 속 교수의 머릿속에 막연하게 그려져 있던 상상에 지나지 않았던 것이다. 결국 통화개혁은 국민들에게 막심한 불편만을 초래한 채 실패로 끝나고 말았다.

이때부터 항간에는 교수들에 대한 심한 비판이 나돌기도 했다. 국민들 사이에서뿐만 아니라 교수들을 채용한 주체세력 군인들 사이에서도 '책 몇 권 더 읽었다고 무슨 소용이 있느냐'는 불만이 나오기도 했다. 이론과 현실의 괴리를 지적한 말이었다.

악화가 양화를 구축

사실 군정시대는 시행과 착오의 연속이었다. 쿠데타로 정권을 맡은 군인들이나 이에 참여한 교수들이나 정치현실에 관해서는 한결같이 모두가 아마추어였기 때문이다. 그러면서도 이상과 의욕은 높았기 때문에 번번이 실패를 거듭하면서도 시행착오를 되풀이했다.

초창기에 참여교수들의 대부분은 의도 면에서는 순수했다. 비록 동원되다시피 참여한 꼴이었지만, 일단 정치에 관여한 이상 나름대로 품고 있던 포부를 현실정치면에서 펼쳐 보려는 의욕을 갖고 있었다. 이런 과정에서 실패도 있었고, 새로이 터득한 지식도 있었다. 그리고 정치에 관여하면서 상아탑에서는 맛볼 수 없었던 권력의 맛을 들인 교수도 생겨났다. 권력지향적인 이른바 '어용정치교수'의 연원이었다.

참여교수의 행태에 관해 군정 당시 그들을 가까이서 지켜볼 수 있었던 주체세력의 한 사람인 오정근(吳定根) 씨는 다음과 같이 소감을 이야기한 적이 있다.

"최고회의 시절 국정에 대거 참여했던 지식인과 학자들에는 두 가지 유형이 있는 것을 발견했다. 하나는 자기의 이상과 이론을 이 기회에 한번 실천해 보겠다는 큰 뜻을 품고 참여한 학자들이고, 또 하나는 그저 권력 가까이에 날쌔게 접근해서 이득을 보려는 특권의식에 사로잡힌 어용 지식인들의 부류였다. 딱하게도 여기에 '악화는 양화를 구축한다'는 그레샴의 법칙이 작용하고 있었다. 수적으로 훨씬 많은 후자의 부류는 급속도로 어용학자의 성향을 띠고 이론을 저버리고 권력에 아부했다. 전자는 여기서 고립되지 않을 수 없었고 실질적인 영향력을 잃어갔다. 어용 지식인들은 모든 면에서 부패한 기성세력에 깊이 얽혀 있었으며, 뜻있는 학자들은 이들에게 당해낼 수가 없었다. 그러나 그레샴의 법칙이 지배하는 가운데서도 참된 학자들이 우리 사회의 발전에 큰 공헌을 했던 것을 결코 낮게 평가해서는 안 된다. 경제정책·사회복지정책 등에서 지식인들은 국가의 발전에 크나큰 기여를 했던 것이다. 특히 어떤 경제학 교수는 자신이 제안한 금융정책의 책임을 지고 용퇴했는데, 그의 깨끗하고 강직한 학자적 양심은 존경할 만한 것이었다. 원래 지식인이란 권력을 가까이 하면 누구보다도 현혹되거나 부패하기 쉬운 존재인 것 같다. 지식인은 그가 지닌 위치나 직책에서 독립된 자세로서 정책에 자문하도록 해야 한다는 교훈을 여기서 얻었다."

김종필 씨가 만든 정책연구실에 참여한 교수들은 주로 주체세력들이 민정에 참여할 때 부드럽게 넘어가기 위한 여러 가지 방편을 마련하는 데 머리가 동원되었다. 정당법, 선거법의 제정과 공화당 조직과 관련된 아이디어 제공이었다. 이들은 JP의 브레인트러스트로서 공화당을 조직하고 그 이념을 설정하여 가장 효과적인 방법으로 JP계열이 민정에 참여할 수 있는 제도를 마련하는 데 명실 공히 이바지한 인물들이었다.

체제파 교수와 '정치교수'

공화당의 말썽 많았던 2원화 조직과 사전조직이 모두 이들 정치학 전공의 교수들 머리에서 나온 아이디어였다. 공화당의 2원화 조직이란 한마디로 당사무국 조직과 원내 대의기구를 전혀 별개 차원의 조직으로 2원화시켜 사무국이 대의기구를 통제할 수 있게 한 조직 원리였다. 말하자면 당에 의한, 당을 통한 정치를 지향, 선거에 있어서는 당 조직에 의한 선거, 정치권력의 구조에 있어서는 국회 및 행정부에 대한 당 우위의 정치

형태를 의미하는 것이었다.

영국 보수당과 과거 손문(孫文)의 국민당, 혹은 제3제국의 지도 원리에서 원용한 듯한 이 2원화 조직은 나름대로 교수들의 이상이 담겨진 것이었다. 종래 국회의원 중심의 정당체계를 변혁하여 사무당원 중심의 과학적 정당을 지향함으로써 여태까지의 붕당적인 병폐를 일소해 보자는 생각이었다.

당시 이들 교수의 정치이념은 박정희, 김종필 등에 의해 표명된 민족적 민주주의·행정적 민주주의, 혹은 한국적 민주주의와 같은, 당시 한때 유행했던 '수식어가 붙은 민주주의'의 이념적 기초가 되었던 것으로 알려졌다.

공화당 사전조직 당시의 참여교수는 윤천주, 김성희 씨, 그 밖에 중앙당 기간요원으로 황성모(서울대), 이호범(국민대), 박동윤(연세대), 이용남 씨 등이 있었다. 그 후 63년 2월 공화당이 사전준비단계를 거쳐 국민 앞에 공당으로 선을 보일 때에는 최규남(서울대), 고광만(서울대), 김용택(국민대), 신기석(중앙대), 윤일선(서울대), 윤위영(중앙대), 이종극(연세대), 조효원(연세대) 교수 등이 창당준비발기인으로 리스트 되어 있었다. 이 밖에 공화당의 초창기 참여 교수로는 이효상(경북대), 백남억(대구대), 박준규(서울대), 신기석(부산대) 씨 등이 있다.

그리고 지방당부에는 다음과 같은 교수들이 참여했다.

예춘호(동아대), 정태성(충북대), 박규상(동아대), 박노준(전북대), 이승택(제주대), 박철재(인하대), 임녹재(숙명여대), 정종화(동아대), 박판암(대구대), 유일지(정구대), 정병조(전남대)

이 때 참여했던 대학교수들은 군정이 끝난 다음 다시 대학에 돌아간 사람도 있으나, 대부분은 관계 혹은 정계로 진출하여 정치인으로 완전히 탈바꿈을 했다.

민정이행 직후 대학가는 이들 현실정치에 참여한 체제파 교수들과 정부에 반대하는 반정부 교수들로 양분된 양상을 한때 빚기도 했다. 특히 8월 한·일 국교교섭에 반대하는 학생데모가 거리를 휩쓸었을 때 이러한 현상은 절정에 달했다. 3백 56명의 교수가 한·일 협정에 반대하여 서명을 벌이고 나선 이른바 '정치교수파동'이었다.

한쪽에서는 한국 헌정 사상 전례 없이 대규모의 대학교수들이 정권에 참여하고 있는 속에서, 그것에 못지않은 수의 대학교수들이 정부에 반대하고 나섰던 것이다. 그 때 문교당국에 의해 '정치교수'로 낙인찍혀 파면 결정을 받은 반정부파 대학교수들은 다음과 같은 사람들이었다.

황산덕, 김기선, 양호민, 황성모(이상 서울대), 조지훈, 이항령, 조동필, 김성식, 김경주(이상 고려대), 정석해, 권오순, 서석순, 이극찬(이상 연세대), 이헌구, 김성준(이상 이화여대), 조윤재, 김경광(이상 청구대), 김삼수(숙명여대), 정범석(건국대), 김윤경(한양대), 양주동(동국대), 김경연(한신대), 박삼세(대구대).

이 가운데는 훗날 장관이 된 사람도 있고 평가교수단의 일원이 된 사람도 있다. 당시 박대통령은 정부에 반대하는 이들 교수들을 가리켜 "학생데모를 영웅시하고 그들을 선동함으로써 자기가 입신출세할 수 있는 기회가 주어지기를 은근히 바라는 기회주의 학자, 학생의 주장에 아부하고 그

감정에 영합하여 값싼 인기를 얻지 않고서는 자기의 무식과 무능을 감출 수 없는 사이비 학자, 신분이 보장됨을 기회로 삼아 책임도 지지 못할 망언으로 국민을 우롱하는 무책임한 학자들"이라고 비난했다.

2. 개발 전략 시대

박정희, 평가교수 직접 체크

박정희 장군을 비롯한 쿠데타 주체세력이 군복만을 벗고 그대로 고스란히 참여한 민정의 제3공화국은 체제만 바뀌었을 뿐 그 이념과 사상에 있어 사실상 군정의 연장이었다. 5·16 당시 혁명공약으로 표현된 정책목표는 제3공화국의 목표이기도 했다.

민정에 참여한, 군복 벗은 5·16 세력이 최대의 역점을 두고 추진한 정책목표는 경제였다. 정부는 이미 62년 1월 13일에 제1차 경제개발 5개년 계획을 발표하고는 단계적인 경제개발계획에 착수했다. 연평균 GNP 성장률을 7.1%로 책정한 제1차 경제개발 5개념계획은 5·16 세력의 의욕을 담은 것으로 평가되었지만, 계획의 청사진은 사실상 민주당 시대에 이미 만들어진 것이었다. 정부는 민주당 정권이 제대로 시행해 보지도 못하고 남겨놓은 이 경제계획을 5·16 세력 특유의 의욕과 박력을 가지고 밀고 나갔다.

한·일 국교교섭의 타결을 통하여 들어온 청구권 및 차관·무상자금과 부정축재자를 동원하여 마련한 자금 등을 투입하여 60년대 후반에 들어서면서 경제는 괄목할 만한 성장궤도에 들어서고 있었다.

문제는 5개년계획의 개발성과에 대한 평가 작업이었다. 5·16 세력은 의욕과 박력을 가지고 연차계획에 착수하여 이를 추진하고는 있었지만, 그 파급효과와 장기적인 전망을 내다볼 수 있는 조직적인 '머리'는 아직 갖추지 못하고 있었다. 여기서 구상된 것이 교수동원이었고, 그들로 구성된 것이 평가교수단이었다.

최고회의 시절 2개월 남짓 국가기획위원회에 참여했던 교수들 중 일부는 대학에 복귀하고 또 일부는 중정의 정책연구실에 흡수됐다가 민정이행과 함께 학교로 돌아가거나, 아니면 정치인으로 완전히 탈바꿈했다. 따라서 제3공화국에 들어와서는 일정한 거리를 두고 정부정책에 참여하는 교수들의 자문기구는 존재하지 않았다. 평가교수단은 민정 최초의 교수자문기구이며, 정부정책에 대한 대학교수들의 본격적인 참여 시스템이었다. 이 기구는 박정희 정권이 몰락할 때까지 계속된다.

평가교수단이 처음 구성된 것은 65년 7월이었다. 이때는 제1차 경제개발 5개년계획이 실시된 지 4년째를 맞는 해이며, 한국경제가 바야흐로 성장단계에 들어서는 테이크 오프의 시기였다. 당시의 내각 기획조정실(실장, 조효원 연세대 교수)이 건의하여 처음으로 평가교수단 제도가 발족했다. 창설될 당시의 초기 멤버는 다음과 같은 14명이었다.

남덕우(서강대), 박진환(서울대), 조동필(고려대), 표현구(서울대), 유진무(중앙대),

윤동석(서울대), 이기준(국민대), 장석윤(한양대), 최호진(연세대), 김상겸(고려대), 이석륜(경희대), 이창렬(고려대), 조래훈(성균관대), 최영박(한양대).

창설 당시에는 법적인 설치근거가 마련되지 못했다. 그러다가 72년에 들어와서 대통령령으로 '정부의 기획 및 심사분석에 관한 규정'을 공포하여 평가교수단에 대한 법적 뒷받침을 마련했다. 이 규정을 보면 '국무총리는 정부의 기본운영계획의 집행결과를 종합평가함에 있어 이에 관한 전문지식이 있는 의견을 듣기 위해 사계의 권위자로 구성된 평가교수단을 둘 수 있다'고 규정되어 있다.

평가교수는 내각의 기획조정실장의 추천으로 국무총리가 위촉하는 형식을 취했다. 자격은 뚜렷한 규정은 없으나 대체로 4년제 대학교의 조교수급 이상으로 삼았다. 대체로 담당 전공 분야의 권위자로 인정되는 사람이 위촉된 것으로 알려졌으나, 전문지식 못지않게 정부에 대한 태도도 위촉기준의 중요한 요소가 되었다. 당시 위촉되는 평가교수의 리스트에 대해서는 박대통령 자신이 일일이 체크했다 한다.

이른바 서강대학파 탄생

당초 14명으로 출발한 평가교수단은 그 후 대폭 증원되었다. 발족 이듬해인 1966년에 30명, 1970년부터는 90명 선으로 늘어났다. 이에 따라 전공분야도 다양하게 확대되었다.

발족 당시의 교수단이 전원 경제학, 공학, 농학 부문의 전공자만으로 구성되었던 것이 정치학, 사회학, 교육학 등 비경제분야의 사회과학계 및 인문과학계 전공교수에까지 확대되었다. 이 같은 현상은 경제계획의 진척과 더불어 경제외적 문제들이 새로이 정부정책의 중요대상으로 클로즈업됐기 때문이다.

평가교수단의 임무는 경제개발 5개년계획에 대한 종합평가 작업이었다. 계획의 목표와 실적을 분석·평가하면서 당면한 문제점에 관한 대안을 대정부 건의형식으로 제시하는 일이었다.

초창기에는 경제문제에만 국한되었으나 교수단의 멤버가 다양해지면서 나중에는 경제관계에 국한하지 않고, 외교, 문교, 문화예술, 사회, 새마을운동, 국민정신사, 사회질서, 행정관리 등 사실상 국정 전반에 대한 문제점 제시와 건의를 했다.

평가교수단은 매년 한 번씩 담당분야에 대한 방대한 평가보고서를 작성해 제출했다. 이를 위해 교수들은 필요한 경우, 정부 부서의 정책추진 현장에 나가 직접 확인하는 활동을 벌이기도 했다. 또한 매분기마다 평가보고회를 가지며, 월례회의 혹은 부정기 회의를 통해 정부의 주요정책과 계획을 검토하고 새로운 정책방향을 건의하기도 했다. 특별한 경우에는 그룹별로, 혹은 해당 전문교수에게 개별적으로 연구가 의뢰되기도 했다.

평가교수단 제도는 군정시대 대학교수들의 직접참여와는 달리, 정부와는 일정한 거리를 두고 정부정책을 분석, 평가, 건의하는, 말하자면 간접참여 방식이라고 볼 수 있다. 여기서 나온 정책 건의 가운데는 정부에 의해 채택된 것이 상당히 많았던 것으로 알려졌다. 이를테면 대북한 관계에 있어 정부가 이니셔티브를 취한 8·15 선언이라든지 남북대화·대UN 대책

등의 배후에는 큰 흐름을 면밀히 분석·평가·건의한 전문학자들의 영향이 컸다고 한다. 그리고 이들의 영향은 유신체제의 확립에도 큰 몫을 차지했던 것으로 알려졌다.

평가교수단은 정부의 싱크탱크였을 뿐만 아니라 인력공급처의 구실도 했다. 많은 수의 평가교수단 출신 인물들이 고위관직과 정계로 진출했다. 장관, 차관, 대통령특별보좌관, 여당소속 국회의원이 되었다. 그 가운데서도 가장 유명한 것은 경제과학심의위원을 거쳐 재무장관, 부총리 겸 경제기획원장관으로 발탁되어 1960년대 말부터 70년대에 걸쳐 한국의 고도성장정책을 리드해 온 남덕우 교수 중심의 이른바 서강대학파였다. 이 서강대학파는 일정한 거리를 두고 정부정책을 평가하다가 직접 정부 일을 맡아 굵직한 족적을 남긴 박정희 시대 교수행정의 클라이맥스였다.

박대통령과 반주 곁들여 저녁도

임명된 특보들은 대학 강의를 그만두고 청와대에 상근하며 매월 상당액의 보수를 받았으며, 전용차량과 사무실이 배정되었다.

박대통령은 1975년 5월 새로이 서울대의 이용희 교수와 고려대의 김경원 교수를 청와대 특별보좌관의 멤버로 기용했다. 이교수가 장관급의 정치담당 특보로, 김교수는 차관급의 국제정치담당 특보가 되었다. 이교수는 1965년 한·일 협정 비준 때는 이에 반대하여 한때 문교부로부터 해외여행 추천을 금지당하는 일이 있는 등 당시에는 반정부적인 입장에 있었다. 그가 회장으로 있던 한국국제정치학회가 66년 10월 '한국 민족주의 대심포지움'을 열었을 때는 정부로부터 색안경을 끼고 보여지기도 했던 유명교수였다. 그랬던 이 교수에게 그 후 국무총리설, 스위스대사 고사설 등이 나돌다가 결국 대통령 특보가 된 것이다.

대통령 특별보좌관 제도는 제5공화국이 출범한 뒤인 1980년 9월 9일 자로 폐지되었다. 특보교수들 가운데는 다시 대학에 돌아간 사람도 있고 전두환 정권 하에서 또 다른 요직을 맡은 사람도 있다.

박진환, 장동환, 김명윤 교수 등은 대학에 돌아간 케이스이다. 이용희 교수는 1년 남짓 특보 생활을 한 다음 통일원장관이 되었다가 제5공화국 출범 이후 한 대학에 돌아갔으나, 1982년부터는 다시 한 번 전신하여 이번엔 모재벌 재단의 이사장 자리에 앉아 있다. 김경완 씨는 제5공화국의 대통령 비서실장이 되었다가 1982년 주유엔대사로 임명되었다. 함병춘 씨는 박정희 사망 이후 한때 외교안보연구위원을 거쳐 일단 대학에 돌아갔다가 1982년 6월부터 김경원 씨의 뒤를 이어 대통령 비서실장이 되었다.

청와대 비서관이나 특별보좌관 같은 공식 포스트를 지닌 교수출신 인사 외에도 박정희 대통령과 비공식으로 접촉하던 저명 대학교수 출신들이 몇 사람 있었다. 최문환(서울대), 이선근(성균관대), 이은상(영남대) 씨 등이었다. 박대통령은 이들과 청와대에서 한 달에 한두 번씩 반주를 곁들인 저녁을 들면서 세상 돌아가는 얘기를 교환하고 그들의 자문을 들을 뿐만 아니라 한국의 역사에 관해 강의를 들었다고 한다.

3. 유신체제 시대

유정회에 대거 진출

현실정치에 대한 대학교수의 참여는 1970년대 유신체제 하에서 그 절정을 이룬다. 이 시대의 교수참여의 특징은 정치지향적인 교수들이 국회 쪽으로 몰려 여당의원으로 대거 진출한 현상이다. 이와 함께 반체제적인 교수와 학생들의 반정부활동이 두드러지면서 이른바 '어용교수 시비'가 대두한 점이다.

1972년 10월 17일 비상계엄령 선포 아래서 단행된 유신체제는 정부당국의 명분에도 불구하고 여론의 평판은 좋지 않았다. 이 제도는 명백히 민주주의의 대폭 후퇴였고, 사실상 박대통령 개인의 영구집권을 가능케 하는 체제의 구축을 의미했다. 따라서 학원과 지식층에서 격렬한 반대운동이 벌어졌다. 정부는 새 헌법에 의한 대통령 비상조치 권으로 이를 다스리는 한편, 또 한편으로는 대학과 지식층에 대한 무마와 분열정책을 시도했다. 여론 지도층에 대한 무마책의 한 가지 방법으로 나타난 것이 대학교수들의 대거기용이었다.

이 점에 있어서는 평가교수단 제도도 비슷한 목적 아래 실시된 것이지만, 특히 유신체제 아래서 교수들을 정책에 직접 참여시켜 정치인으로 전신시킴으로써 체제옹호와 선전에 몸소 나서도록 한 점이 특징이다. 그 중심조직체는 유신정우회였다.

유정회의 시원은 물론 유신헌법이었다. 이 헌법에 의해 국회는 지역구 선출의원과 통일주체국민회의 선출의원 두 갈래로 구성케 됐다. 국회의원 정족수의 3분의 1을 차지하도록 된 국민회의 선출 케이스는 대통령의 추천을 받게 돼 있었고, 추천된 후보자는 국민회의에서 거의 100%의 지지를 받아 모두 당선되었기 때문에 유정회 의원은 사실상 대통령 임명의원과도 같은 것이었다. 이렇게 해서 선출된 유정회 소속 국회의원은 박대통령과 유신체제를 옹호하는 전위조직임이 분명했다.

유신헌법 제정에 한몫 거들었고 이 체제 하에서 첫 번째 유정회 의원으로 추천받아 국회의원이 된 갈봉근 교수(중앙대)는 '유정회 의원은 입법부의 행정부에 대한 견제를 재 견제하기 위해 대통령이 지명한 것'이라고 풀이한 적이 있었지만, 실제로 유정회는 원내 활동에 있어 같은 여당인 공화당을 앞질러 대야견제에 앞장을 서기도 했다. 이와 같은 성격의 유정회에 대학교수들이 대거 추천된 것이다.

1973년 3월 7일에 실시된 제1기 대통령 추천케이스 국회의원 후보자 73명(유정회)에 대한 통일주체국민회의 선거에 추천, 당선된 대학교수 출신 국회의원 명단은 다음과 같다.

갈봉근(중앙대), 강문용(성균관대), 구범모(서울대), 김명회(연세대), 김기형(대구대), 김형규(전남대), 서영희(경희대), 오주환(고려대), 이범준(이화여대), 장준(공주교대), 한태연(서울대)

3년 후인 1973년 2월 16일 제2기 유정회 의원이 추천, 선출되었다. 1기 때의 11명에 비해 2기 유정회에서는 대학교수 국회의원이 22명으로 배나 불어났다.

갈봉근(중앙대), 강문용(성균관대), 구범모(서울대), 김도영(서울대), 김동성(서울대), 김명회(연세대), 김익준(서울대), 김진복(동국대), 김진국(명지대), 박동앙(성균관대), 백영훈(중앙대), 서영희(경희대), 신상초(성균관대), 윤여훈(성균관대), 이범준(이화여대), 이성근(명지대), 신범식(국학대), 윤위영(중앙대), 이승윤(서강대), 이연식(동국대), 주영관(국민대), 한태연(서울대)

유정회 제3기는 1978년 12월 21일에 선출되었다. 당시 대학교수 출신은 다음과 같다.

갈봉근(중앙대), 김옥열(숙명여대), 박동앙(성균관대), 박준규(서울대), 백영훈(중앙대), 서영희(경희대), 신동순(단국대), 신범식(국학대), 신상초(성균관대), 윤지(국민대), 윤여훈(성균관대), 이성근(명지대), 이승윤(서강대), 이정식(동국대), 이종율(미버지니아주립대), 정일영(서울대), 장기선(외국어대), 정희채(부산대), 한기춘(연세대), 한태연(서울대), 현기순(서울대)

유정회 출신 몇몇의 발언록

유정회 소속 대학교수 출신 국회의원들의 주된 역할은 두말 할 것 없이 유신체제 옹호를 위한 정책비전의 제시와 유신 정치철학의 실천가로서 이론 면에서 친여정치의 안전판 역할을 수행하는 데 있었다. 그들은 원내에서는 물론이고 원외의 각종 연구 활동이나 세미나 혹은 강연 등을 통해 유신체제를 옹호하고 홍보하는 데 많은 기여를 했다.

체제 옹호와 관련한 교수출신 유정회 의원 몇 사람의 발언을 1975년 4

월에 있었던 정책연구세미나에서 들어보면 다음과 같다.

▲ 갈봉근(중앙대) ; 유신헌법의 당위성과 필요성에 관하여

아무리 좋은 서구의 민주헌법이라 하더라도 그대로 도입하는 것은 우리의 고유하고 현실적인 헌법생활과는 무관한 것이라 볼 수 있다. 경우에 따라서는 그것이 오히려 해독이 될 수 있다. 우리가 무비판적으로, 맹목적으로 도입한 서구 민주제도가 우리의 토착적 민주주의 발전을 저해했다.

▲ 구범모(서울대) ; 반대당의 유형과 역할에 관하여

한국 야당은 몇 십 년 동안 찬밥만 먹어 갑자기 더운 것을 먹으면 소화불량에 걸릴 상태다. 한국반대당(야당)은 정치적 패자의 집단이다.

▲ 김명회(연세대) ; 공리주의 이론과 그 적용문제

긴박한 국내외 정세를 고찰할 때 최우선 순위를 갖는 국가안전보장에 대한 강력한 입법조치가 있어야 한다. 국민총화를 저해하는 제요인에 대해서 강력한 행정적 규제를 취할 수 있는 법률제정이 있어야 한다.

▲ 서영희(경희대) ; 국가위기와 언론의 책무에 관하여

한국 언론은 「뉴욕 타임즈」, 「아사히신문」이 우리나라를 비난하면 같이 북치고 장단 맞춘 적은 없었던가? 선동과 반역의 사이에는 종이 한 장이 놓여 있을 뿐이다. 언론의 자율적인 규제가 바람직하지만, 이 방법이 여의치 않을 경우 언론에 대

한 정부의 권한이 신중히 확대되어야 한다.

유신정책심의회 조사연구팀

1973년 7월 박정희 정부는 대학교수들로 구성되는 또 하나의 정책심의팀을 발족시켰다. 국무총리가 의장이 되는 유신정책심의회에 조사연구위원으로 대학교수들을 대거 위촉한 것이다. 설립 목적은 중화학공업의 현황분석과 문제점 및 대책 연구에 대학의 두뇌지원을 조직적으로 동원하는 데 있었다.

평가교수단과 다른 점은 평가교수단이 경제정책을 중심으로 국정 전반에 대한 평가와 정책대안을 건의하는 데 목적이 있었던 데 비해, 유신정책심의회의 조사연구 교수팀은 공업 분야에 한하여 연구 과제를 맡은 점이었다. 이에 따라 위촉된 조사연구교수는 자연과학 및 응용과학 계열의 전공교수들이 압도적이었고, 대부분 박사학위 소지자였다. 연구과제도 미세하고 전문적인 것이 특징이었으며, 명실 공히 두뇌 기능의 제공자로서의 역할을 했다.

처음 위촉될 당시 조사연구 교수팀은 모두 70명이었다. 이들은 철강, 조선, 기계, 전자, 비철금속, 화공, 사회간접자본, 자원개발 등 8개 조사연구위원회에 배속되어 박정희 정부가 의욕적으로 펼친 70년대 중화학공업의 청사진을 마련하는 데 이바지했다.

위촉된 70명의 교수 가운데 66명이 박사학위 소지자로서, 외국의 대학이나 전문기관에서 연구한 경험을 갖고 있는 등 이 두뇌집단의 수준을 짐작케 했다.

소속대학별로 보면 서울대가 31명으로 가장 많고 전원이 박사학위 소지자였다. 다음이 한양대 10명, 인하공대 8명, 고려대 8명, 연세대 6명, 서강대, 건국대가 각 2명, 성균관대, 중앙대, 서울시립산업대가 각각 1명씩으로, 10개 대학 교수들이 참여했다.

이른바 교수 재임용제

유신시대에 정부의 정책분야가 확대됨으로써 이에 따른 두뇌동원이 광범위하게 요구되었다. 이와 아울러 대내, 외적으로 말썽이 많았던 체제를 옹호하고 또 그 정당성을 선전하기 위한 전략상 교수동원이 필요하기도 했다.

이 경우에 있어 활발했던 것은 새마을운동이었다. 유신체제와 관련하여 범국민적인 의식개혁운동에까지 확대된 새마을운동에는 기술지도뿐만이 아니라 정신지도가 중요하다고 하여 여기에 대학교수들이 동원되었다. 수원에 있는 새마을연수원에는 각계각층의 인사가 새마을 강사로 나서 간접적으로 현실정치에 참여했는데, 이에 참가한 새마을 교수로는 유달영(서울대), 김대환(이화여대), 이지현(서울대), 송세종(서울대), 주정일(숙명여대) 교수 등을 들 수 있다.

대학교수들의 현실참여는 1970년대 유신시대에 절정을 이르렀다. 참여방식도 직접, 간접으로 다양했고, 참여 스케일도 전례 없이 대규모였다. 개각이나 정부의 기구개편으로 혹은 선거 때가 되면 어느 대학의 누가 정부에 들어가고 국회의원으로 추천되는가가 화제가 될 정도였다.

대통령 특별보좌관이나 평가교수단 혹은 유정회 의원 같은 기구상의 포스트를 얻어 참여하는 경우만이 문제가 아니었다. 유신체제하 교수들의 현실참여 문제는 체제 자체가 지니고 있는 문제성과 이 체제 아래서 추진된 대학 정책의 말썽으로 인하여 대학사회에 반목과 갈등을 유발시켰다. 여기서 발생한 것이 어용교수 시비였다.

유신체제 하에서는 대학사회라고 하여 치외법권적인 상아탑의 분위기로 남을 수는 없었다. 사회의 다른 모든 분야와 같이 대학도 정치권력의 강력한 통제와 영향 아래 놓이게 되었다. 어떤 의미에서 보자면 대학이 학생들에 의한 반체제활동의 거점이었기 때문에 유신권력의 간여는 더욱 강력했다고 볼 수도 있다.

정부당국의 영향력 행사가 학생교육과 지도를 맡고 있는 교수들을 일차적인 대상으로 삼았음은 더 말할 것도 없다. 친정부적인 교수들에게는 갖가지 혜택이 베풀어졌던 반면, 체제나 정부에 비판적인 교수에 대해서는 음으로 양으로 불이익이 돌아갔다.

유신정부가 대학교수들의 자유스런 언행에 얼개를 씌운 하나의 제도적 수단은 76년에 도입된 이른바 교수재임용제도였다고 말할 수 있다. 이 제도의 당초 취지는 대학교수들의 연구열을 높이고 학생들에 대한 생활지도를 충실히 함으로써 '스스로 연구하며 학생들과 함께 노력하는 대학교원상'을 정립하려는 데 있었다. 실제로 이 제도의 실시에 의하여 10년 동안 때 묻은 노트 하나만으로 강의시간을 메우던 연구심 없는 무능한 교수들이 도태되었다.

그러나 이 제도에는 치명적인 부작용이 따랐다. 재임용과정에서 평소 정부에 비판적인 말을 했거나 글을 쓴 교수들과 사립대학의 경우 사학재단에 고군고분 따르지 않은 교수들이 탈락되는 사례가 발생했기 때문이다.

유신 옹호자가 비판자로 둔갑

이른바 '정치교수'들을 관계기관이 30~40명의 명단을 만들어 재임용심사 작업을 하고 있는 각 대학에 통보, 일부는 사표제출을 강요당해 사직했고, 끝까지 사표제출을 거부한 교수들은 재임용 때 탈락됐다.

또 일부 사립대학에서는 학교재단이나 총학장과 평소 감정이 좋지 않았거나 학교운영방식에 반대의사를 보였던 교수들을 재임용 심사 때 해직시켜, 중대한 교권침해사례를 만들기도 했다.

대학교원계약임명제(재임용제)가 실시된 이후 유신체제가 몰락할 때까지 이 같은 '정치적인' 이유로 재임용에서 탈락된 교수는 최소한 1백 명 선에 이를 것으로 추산되고 있다. 이 제도의 실시로 비판적인 현실참여 교수들은 불리한 처지에 놓이게 되었던 반면, 지지적인 참여파 교수들은 여러 면에서 유리한 고지를 점령하는 결과가 되었다.

재임용 심사의 평가기준은 대학에 따라 달랐으나 대체로 정부의 안보강연 등 활동에 참여하고 있는 교수는 재임용에 우선적으로 고려되었던 것으로 알려졌다.

이 때문에 실제로는 무능한 교수가 친정부적인 언행을 함으로써 유리한 위치를 확보하는 등 사이비적 교수상을 보이기도 했다. 이런 경우 그 교수는 유신체제에 동조하는 발언을 하고 글을 썼다고 하더라도, 그것은 학자적인 양심이나 신념에 따라 그렇게 한 것이 아니라 시류에 따른 기회주의적 곡학(曲學)과 아세(阿世)였다.

이 정도까지는 가지 않는다 해도 유신체제에 참여했던 교수들은 도덕적 신념이나 학자적인 사색보다는 기능주의적 사고방식을 보다 중시했던 인물들로 분류될 수 있겠다. 그들은 지식인과 구별되는 '지식기사'로 불리는 편이 정확하다고 보는 사람도 있다. 즉 그들은 정치적 지배집단이 필요로 하는 실용적 통치술 지식과 정보를 제공한 어용교수들이었다는 것이다.

어용교수 시비는 유신체제가 끝난 다음 한때 봇물 터지듯 학원가의 논란거리가 되었다. 유신체제를 지지하고 옹호했던 교수들은 거의 싸잡아 어용교수로 낙인찍혔다. 주목할 점은 공격이 감정에 치우쳐 교수들이 그들이 갖고 있는 지식과 논리를 통해 국가발전에 기여하는 자세를 부도덕시하는 지나친 상아탑적 감상주의가 풍미하기도 했다는 점이다. 그리고 하루아침에 어용교수로 전락한 유신시대의 참여교수들이 변명 한마디 없이 침묵을 지키고만 있었다는 점이다.

결국 참여교수들은 침묵을 통하여 그들의 유신참여가 학문적인 논리와 소신 때문이 아니었음을 스스로 증언하는 꼴이 돼 버렸다. 특히 어떤 교수는 체제에 대한 평소의 자기논리를 하루아침에 1백 80도 전환함으로써 학문적인 변절을 하기도 했다.

예를 들면 유신체제를 이론적으로 뒷받침해 오던 H교수는 박대통령의 사망으로 유신체제가 끝장나자, 재빨리 논리를 전환시켜 유신체제에 비판을 시도했다. 그는 유신시대에 간행된 책자에서 "10월 유신의 이념은

5·16으로 되찾은 우리 민족의 위대한 자아를 바탕으로…… 통일의 새 역사를 창조해 나가기 위한 민족의지의 표현이며…… 유신체제는 여태까지 모험적인 고도성장정책을 지속하는 가운데 정치안정을 유지하고 경제성장을 가속화함으로써 안보체제를 강화하는 데 매우 효율적인 체제로 증명되어 왔다……. 정부권력의 과강(過强)은 영명한 정치지도자의 자기희생적인 민주의식 및 사명감…… 에 의해서 충분히 시정될 수 있다고 전망된다"고 유신옹호의 논리를 전개했었다.

그러나 박대통령이 사망한 지 두 달 남짓밖에 지나지 않은 80년 초, H 교수는 그의 논문에서 "그 동안 유신체제는 주로 관료기업인, 군 출신 행정 엘리트들과 매우 현실주의적인 지식인, 특히 경제전문가와 현실적응적인 자유직업인들에 의해 주도됐기 때문에, 그 정책 구상이나 통치방법이 현실주의적, 보수주의적, 권위주의적인 경향을 벗어날 수가 없었다. 이래서 유신체제는 이념화, 정치화, 혁신화될 수가 없었던 것이다"라고 유신체제를 비판했다.

과도기의 학원사태 속에서 과감하게 자기정리를 하고 나선 한 사람의 대학교수가 있었다. 홍익대학 총장 이항령 교수였다. 그는 "10·26 사태 이후 감옥 등에서 고생하다 풀려나온 여러 교수와 학생들을 보니 너무나 가슴이 아프고 큰 죄를 지은 기분이었으며, 혼자 편히 살고 혼자 안일하게 지낸 데 대해 양심의 가책을 금할 수 없었다"면서, 다음과 같은 요지의 '반성문'을 1980년 1월 26일자 「조선일보」에 발표했다.

"역사의 전환점에 서 있는 오늘에 있어서 나의 심정은 매우 착잡합니다. 온 세상이 민주화를 위한 정치발전작업에 들떠 있지만, 나는 그것보다도 나 자신이라는 인간이 싫어졌고, 나의 처세에 구토를 느낍니다. 민주주의를 위해 온갖 어려움을 무릅쓰고 갖은 고난을 겪은 사람들이 이제 내 앞에 서있습니다. 그들이 어려움을 참을 때에, 그들이 지조를 지킬 때에, 그들이 순교하고자 할 때에 나는 도망을 쳤습니다……. 나는 4·19 이후에 그때까지의 비교육자적인 처신을 일시 후회했습니다. 다시는 역사와 민족 앞에 부끄럽지 않은 사람이 되겠다고 맹세하기도 했습니다. 그러나 오래지 않아 나는 다시 곡학아세의 길을 걸었습니다. 나는 학원의 영원한 발전보다는 일시적 무사를 택했습니다. 오늘의 우리나라에 진정한 학문이 없고 진정한 교육이 없는 것은 모두 나와 같은 파렴치한 때문입니다. 나는 이것을 깊이 참회하고 있습니다. 그리고 새사람이 되기를 결심도 합니다."

이 반성문 발표 후 이 교수는 소속대학의 재임용을 사양하고 30년 동안에 걸친 대학교수 생활을 청산, 변호사로 전업했다. 그의 반성문 발표에 대해 당시 대학가에서는 어려운 전환기를 넘기기 위해 자신을 호도하는 처신이라는 일부 비난도 없지 않았으나, 대부분의 반응은 그의 글에 깊은 공감과 감명을 나타냈다.

이항령 교수는 유신체제에 참여하거나 체제를 옹호하는 글 혹은 발언을 한 적이 없었다. 그랬던 그가 공개적으로 자기성찰을 감행하고 나선 것은 유신체제하 대학교수들의 처신이 얼마나 신경쓰이고 어려웠던가 하는 점을 나타내는 하나의 반증이었다. 그리고 유신체제가 끝장난 다음에 벌어진 과도기에 있어 학원의 진통이 얼마만큼 심각했던가를 반영하는 한 가지 사례였다.

어용교수 손익계산서

당시 학원가에서 회오리쳤던 어용교수 논의는 사실 그 기준이 애매했다. 대체로 학문적인 양심을 떠나 입신출세를 위해 권력에 아부하고 곡학했던 교수를 지칭하는 것으로 해석되었으나 그 해석은 막연했고, 더욱 구체적으로 어떤 교수들이 어용이었느냐 하는 점에 있어 때로는 중구난방이었다.

어용시비가 절정에 이르렀던 80년 초 전남대 일부 학생들은 '어용교수 백서'라는 것을 만들어 여기서 어용으로 지목된 교수들의 이름과 그들의 비교수적인 형태를 지적한 바가 있었다.

예를 들어보자.

S교수 ; 정보형사의 앞잡이로 사사건건 간섭을 일삼았고, 민주학생에 대한 회유책이라는 명목으로 일부 학생들을 색주가로 데리고 다니는 추잡한 작태를 연출했다.

B교수 ; 학생시위사건의 주모자로 투옥된 A군이 안경이 없어 독서를 못한다는 딱한 소식에 동료들이 안경구입 운동을 펴자 이를 저지시킨 장본인.

'백서'의 내용은 오히려 믿을 수 없을 만큼 충격적인 것이다. 설혹 사실이라 하더라도 그토록 비교육적인 교수는 극히 소수였을 것이라고 믿고 싶지만, 어떻든 교수로서 바람직하지 않은 언행을 한 교수가 적지 않았음을 당시의 김옥길 문교장관도 시인했다. 김장관은 "국가의 장래를 위해 바람직하지 않은 일이라는 것을 알면서도 당장의 이득을 위해 어용한 사람이 있다"고 발언했다.

당시의 상황으로는 상당한 수의 '어용교수'가 대학을 떠날 것으로 예상되었다. 그러나 곧이어 제5공화국의 출범과 함께 대학가의 소요나 어용시비는 일단 침묵되었고, 어용교수 시비도 더 이상 거론되지 않았다. 그 때 어용대상으로 지목된 교수들도 일단은 대학에 머물 수 있게 되었다.

'교수정치론', '어용교수론' 등의 용어로 표현되는 대학교수들의 정치참여는 60,70년대에 있어서 한국정치의 한 가지 특징이라 할 수 있다. 그 공과에 관해서는 아직 정확한 손익계산서를 내 볼 수가 없다. 다만 한 가지 틀림없이 지적할 수 있는 일은 한국에서 대학교수들의 지지적인 정치참여는 많은 경우 색안경을 끼고 주시되어 왔으며, 더러는 그렇게 평가받을 수밖에 없는 어용적인 형태를 자행한 교수들도 있었다는 점이다.

한·일 유착의 흑막

가깝고도 가까운 나라

흔히 한일관계를 '가깝고도 먼 나라'라고 부르고 있다. 이것은 두 나라 국민들의 감정적인 차원에서 본 거리감을 표현한 말이다.

그러나 60,70년대를 통해 한일 양국에는 두 나라의 관계를 '가깝고도 가까운 나라'로 여겼던 사람들이 있었다. 이 사람들은 주로 정권을 담당하고 있던 양국의 정치인, 혹은 권력의 배후에 도사리고 있던 막후의 인물, 그리고 정권과 밀착된 일부 사업가들이었다.

그들에게 있어 한일 관계는 지리적으로나 감정적으로나 결코 먼 나라가 아니었다. 두 나라의 국민감정이야 어떻든 그들에게 있어 한일 양국은 언제나 서로 유무상통(有無相通)할 수 있던 그런 밀착된 관계였다. 실제적으로 이야기하자면 그들 사이에는 현해탄도 없었고 국경도 없었다. 그야말로 이웃집 정도로 가까운 사이였고 때에 따라서는 한 지붕 아래서 안방과 건넌방을 드나들듯 서로가 왕래했다.

그들은 서로를 형제라 부르기도 했고 부자간이라는 호칭을 쓰기도 했는가 하면 부부간이라고 표현하기도 했다. 이러한 유착(癒着)된 관계에서 박정희 정권 하 한일관계에는 검은 탁류가 밑바닥 깊숙한 곳에서 흐르고 있었던 것이다.

이 탁류의 흐름은 한 갈래가 아니었다. 특히 한일 관계의 전반기에 있어서는 친한, 친일적인 양국의 정치인, 실업가, 막후 '거물'들 간에 각종 이해를 둘러싼 검은 파이프라인이 얽히고 설켜 있었다. 한 시대가 종말을 고한 지 수년이 지난 현재까지도 한일 관계의 검은 이면에 관해서는 거의 밝혀져 있지 않다.

공식적인 외교관계가 아니라 이면에서 거래되는 흥정 내지는 유착관계에는 반드시 뭔가 드러내놓기 어려운 비밀스러운 것이 개재되어 있었기 때문이다. 그 비밀스러운 것이란 대개의 경우 돈과 관계된 스캔들이었다.

5·16 정권을 통틀어 일본과의 유착관계에서 생겨난 돈의 커다란 부분이 정치 자금 내지는 특정 권력인이나 실업자의 떳떳치 못한 몫으로 호주머니 속에 들어가는 사례는 비일비재하다. 뒷거래로 주고받는 과정에서 일본 쪽의 정치인이나 사업가들도 톡톡히 그들 몫을 차지했던 것은 물론이다.

정상 외교루트를 택했던 민주당

유착관계의 시작은 아무래도 5·16 이후라고 말할 수 있다. 자유당 정권 때는 이승만 대통령의 고집스러우리만큼 완강한 배일자세로 말미암아 유착관계는 생각도 할 수 없는 일이었다. 기시(岸信介)와 같은 생래적인 친한파 정객과 소수의 실업인들이 한국 측에 추파를 던진 적이 있었으나 끝내 이정권 시대에는 한일 국교정상화가 이룩되지 못했다.

민주당 시대는 너무나 집권기간이 짧았다. 장면은 집권하자마자 경제개발을 위한 자금수요라는 이유와 미국 측의 강력한 측면지원 아래 적극적인 대일국교 의욕을 보였으나 성사되기 전에 5·16이 일어났다. 그러나 짧은 통치기간에도 불구하고 민주당 때, 한·일국교정상화의 기초공사는 사실상 거의 완결되었다.

4·19로 중단된 한일회담이 장면 내각이 들어선 지 두 달이 채 못 된 1960년 10월에 재개되었고 이 회담에서는 그 때까지의 부질없는 법이론 시비나 감정론을 배제하고 실질적인 토의에 들어가는 데 성공했다. 난제였던 청구권 액수는 해방 후 최초인 고사까(小坂善太郎) 외상의 한국 방문을 계기로 사실상 6억 달러 선에서 타결키로 양해되어 있었다.

민주당 정권 당시 대일외교의 특징을 이야기한다면, 정상적인 외교루트를 통한 국교교섭이었다고 말할 수 있다. 양국 의회 의원들의 왕래와 술좌석 같은 데서의 비공식적인 접촉이 있었지만 이것은 측면에서 분위기를 조성하는 정도의 효과밖에는 지니지 않는 것이었다. 협상의 터전은 어디까지나 두 나라가 공식으로 내세운 대표들 간의 협상테이블이었다. 그러했기 때문에 민주당 정부는 회의석상에서의 협의를 전제로 한 외교도상(圖上) 연습 같은 것을 진지하게 실시했던 것이다. 그리고 이러한 민주당 정권의 외교교섭 자세에는 '1인외교', '유착관계', '막후흥정' 같은 정치적 거래는 별로 개재될 수 있는 여지가 없었다.

민주당 정권이 일본과의 국교정상화에 적극적인 의욕을 갖고 있었는데도 불구하고 비공식적인 막후외교보다는 정상루트를 통한 외교교섭에 치중했던 사실은, 후계정권인 박정희 정부의 성격과 관련된 몇 가지의 특징을 부각시켜 준다.

흥정 아닌 공식외교 보인 장면 정권

민주당 정권도 박정희 정부와 마찬가지로 집권하자마자 최대의 국정지표를 경제에 두었다. 집권 전반기에는 자유당 독재정치에 대한 반발로 말미암아 초래된 과잉자유와 그 결과인 사회혼란 때문에 경제정책의 실효를 거두지 못했으나 후반에는 그런 대로 장기 경제개발계획의 수립, 국토개발계획, 농어촌고리채 정리 등 의욕적인 경제정책을 입안, 추진하기 시작했다.

이러한 경제부흥정책에 필요한 소요자금으로서 민주당 정권이 눈독들인 곳이 대일 청구권 자금으로, 도합 6억 달러를 일본이 한국에 지급하기로 대체적인 약속이 이루어졌다. 이 청구권 자금은 민주당 정부가 말년에 성안한 제1차 경제개발 5개년계획의 주요한 투자자금 몫으로 사용될 예정이었다.

한일간에 거의 최종적으로 타결되었음에도 불구하고 청구권 자금을 둘러싸고 그 당시에는 별로 말썽이 없었던 까닭은 앞서 지적한 것과 같은 민주당 정부의 담백한 대일 외교자세 때문이었다. 막후 흥정보다는 공식외교석상에서 모든 것을 해결하겠다는 외교방식이 의혹을 불러일으킬 여지를 없애 주었던 것이다.

그리고 민주당 정권 당시에는 경제 제1주의를 내세우기는 했지만 박정권에 비해 그토록 적극적인 의욕을 갖고 있지 않았다. 따라서 경제부흥에 소요되는 대일 청구권 자금에 대해서도 그렇게 절실한 필요성을 느끼지 않고 있었다고 말할 수 있다.

무엇보다도 민주당 정부는 그 때까지도 일본에 대해서 경계심을 풀지 않고 있었다. 이승만 시절과 같은 맹목적인 반일은 아니었지만, 아직도 일본이라고 하면 감정적으로 거부반응을 일으키는 항일 기질의 소유자들이 정부 안팎에 광범위하게 도사리고 있었다. 장면 총리 자신은 과거 항일경력의 소유자가 아니었고 그가 이끄는 민주당 신파세력 안에는 친일 관료 출신이 많이 있었지만 해방 이후 한국 정계의 기본적인 주류였던 항일전통은 연면히 흐르고 있었다.

특히 국민여론을 의식해야 하는 정치인의 입장에서 일본과의 유착적인 관계는 금기였다. 적어도 정치적 생명을 걸고서까지 일본과 부딪쳐보려 했던 정치인은 아마 장면 정부 안에는 한 사람도 없었을 것이다. 말하자면 민주당 정권은 좋게 말해서 국민여론에 충실했다고 평가할 수 있었던 반면 반대로 이야기하자면 신념과 의욕을 결여 했다고 말할 수 있다.

이렇게 보면 '유착'이란 용어로 표현되는 특수한 한일관계는 5·16 이후 박정희 정권 이후에 이루어졌다고 말할 수 있다.

5·16 나자 관동군 출신들 쾌재

1961년 5월 16일, 박정희 소장을 리더로 하는 일단의 군부세력이 거사에 성공하여 한국의 집권자로 등장했을 때, 일본에서는 이를 보고 쾌재를 부른 그룹이 있었다. 한국 신문에 커다랗게 게재된 박정희 소장의 사진을 보고 "아! 이 사람은 다까기(高木正雄 : 박 소장의 일본명)가 아닌가?"고 놀라면서 "한일관계에 새날이 찾아왔다"고 기뻐했다는 이들 그룹은 다른 사람들이 아니라 이른바 일본에서 정재계(政財界)에 은연 중의 세력을 뻗치고 있는, 이른바 만주인맥이었다. 구체적으로 이름을 들자면 기시(岩信介)를 비롯하여 시이나(集名悅三郎), 이시이(石井光次), 야쓰기(失次一夫), 고다마(兒玉譽士夫) 등과 이들과 종횡으로 연계를 짓고 있는 구 만주국의 관리 및 관동군 출신자들이었다.

이들이 5·16을 보고 기뻐한 까닭은 두말할 것 없이 그 지도자였던 박정희 소장과 해방 전에 연결된 옛날의 인연 때문이었다.

박 소장은 1940년 문경초등학교에서의 교사생활을 청산하고 만주의 군관학교에 들어갔다. 이 군관학교에는 만주, 조선, 일본 등지에서 야심 많은 젊은이들이 몰려들었다. 졸업과 동시에 일본군 내지는 만주군 장교로 임명되어 대륙경영의 첨병으로 동원된 이들은 군관학교와 군대생활을 통하여 독특한 유대관계를 형성했다. 5족(族) 협화(協和)라는 미명 아래 일본이 설립했던 만주국에는 군관학교와 아울러 또 하나의 인맥형성기관이 있었다. 그것은 관리양성기관인 대동학원이었다. 여기에도 조선, 일본의 유능한 젊은이들이 몰려들어 훗날 동창관계의 인맥을 형성했다.

수적으로 보자면 일본인이 압도적으로 많았으나, 이에 못지않게 한국인들도 만주에 진출하여 군관학교와 대동학원을 거쳐 나왔다. 군관학교 출신자들은 대부분 해방 후에 그대로 국군에 참여했고 대동학원 출신자들도 과거의 경력을 살려 해방된 한국의 각계에서 중요 포스트를 차지하고 있었다.

한국인으로서 군관학교 출신 국군장성을 들어보면 다음과 같다.

박정희, 정일권, 원용덕, 이한림, 백선화, 김동하, 윤태일, 김윤근, 양국진, 송석하, 이주일, 김석범, 박임항, 강문봉, 최주종, 김백일, 임충식.

한편 대동학원 출신으로 5·16 이후 이름을 날렸던 유명 인사로는 최규하, 서정귀, 황종율, 권 일, 고재필, 이충환, 김병화, 안광호, 김준태, 정범석, 김삼수 등을 들 수 있다.

동기끼리 현해탄 자주 건넌 만주인맥

일본 출신 만주인맥은 2차 대전 종전 후 한때 뿔뿔이 흩어졌으나, 얼마 안 있어 「국제선린협회」라는 단체를 만들어 횡적인 연락을 취하면서 집권 자유당에도 만만찮은 영향력을 끼쳐왔다. 이 단체의 핵심인물이 바로 한일교섭 당시 일본 측의 열렬한 친한파였던 기시, 시이나 등이었다.

일본 쪽에 비하여 한국 측 만주인맥의 활동은 해방 후 이렇다 할 만큼 눈에 띄는 것이 없었다. 그럴 수밖에 없는 것이 해방된 한국에서는 과거 일본 제국주의 군인으로 참여한 친일파였던 만주인맥들이 명함을 내놓고 활동할 수 있는 때가가 아니었기 때문이다.

그러나 해방 후 미군정이나 이승만 정권이 과거의 출신성분은 제쳐놓고 우선 치안·국방·소유자를 무척 아쉬워했기 때문에 일본군 출신 장교나 총독부 관리 출신의 만주인맥들은 거의가 신생국 정부의 주요 지위를 차지할 수 있었다. 다만, 이승만 정부 아래서는 강력한 배일정책으로 노골화시키지는 못했다. 그렇지만 이면에서는 과거의 동창이나 동기끼리 자주 접촉을 가져 왔고, 일본과는 현해탄을 건너, 동기끼리의 왕래가 암암리에 빈번히 이루어져 왔다. 주로 한국 쪽에서 공사간의 용무로 일본을 방문했을 때 그 쪽의 동창생들과 서로 연락하여 동경이나 하꼬네(箱根)의 요정 같은 데서 어울려 회포를 풀었던 것이다.

이들 양국의 친일·친한적인 만주인맥 내지는 구 일본군 출신 동창관계들이 햇빛을 보고, 공공연히 터놓고 거래를 할 수 있게 된 시기는 5·16 이후였다.

박 정권의 등장을 보고 쾌재를 부른 일본 측 친한파 인맥의 기대는 어긋나지 않았다. 박정희 정부는 집권하자마자 놀라울 만한 열의를 가지고 대일국교정상화를 밀고 나갔던 것이다. 5·16으로부터 6일밖에 지나지 않은 아직 어수선한 시기에 군정이 공식기자회견을 통해 최초로 정부태도를 표명한 문제가 다름 아닌 한일교섭에 관한 희망이었다. 5월 22일, 당시 외무부장관이었던 김홍일은 "일본은 우리와 여러 가지로 관계가 있는 국가이므로 정상적인 국교수립을 위한 우리의 생각과 노력은 변함없다"고 공표한 뒤, 주일대표부를 통해 국교교섭의 재개 희망을 통고하는 한편, 7월 5일 다른 어느 나라에 앞서 군정의 친선 사절단을 제1착으로 일본에 파견했다.

그로부터 얼마 안 되어 박정희 자신은 집권 후 최초의 방문외국으로서 일본 땅에 발을 내디뎠던 것이다.

5·16 정부의 대일 의욕에는 경제계획에 필요한 자금소요라든지, 극동전략에 기본을 둔 미국의 측면압력 등이 그 배후에 개재되어 있었음은 두말

할 필요가 없다. 이유를 따지자면 이 두 가지가 가장 큰 요인이었을 것이다. 그럼에도 불구하고 5·16 정부의 '이상적(異常的)인' 대일국교 열의는 단순히 이 두 가지 요인만으로는 설명할 수 없다. 인맥관계가 한·일 간의 특정세력으로 하여금 서로 이끌게 만든 정신적 배경이 되었던 것이다.

박정희의 막후협상과 기시 수상의 속셈

1961년 11월 12일, 박정희 최고회의 의장은 케네디 대통령의 초청을 받아 미국을 방문하는 길에 일본에 들렀다. 이께다(池田勇人) 일본수상과의 단독회담에서, 박의장은 '동북지방이나 가고시마(兒島) 출신 사람보다 더 훌륭한 일본말'을 구사하여 국교정상화에 관한 그의 의욕을 피력했다. 일본에 30시간 머무는 동안 박의장은 외무성에 특별히 요청하여 만주 군관학교 시절의 교관과 동기생들을 만나 회포를 풀었고, 점심때는 기시, 이시이, 아까기(赤域宗德)), 고사까 등, 일본 정계의 친한파 인물들과 동경 시내의 요정에서 회동했다. 이 자리에서 박의장은 "나는 일본 명치유신의 지사가 된 심정으로 일을 하고 있다. 나는 일본 육사 출신이지만, 강한 군대를 만드는 데는 일본식 교육이 가장 좋다"고 자꾸만 '일본정신'을 강조하는 바람에 동석해 있던 일본 정객들은 한편으로 즐겁기도 하면서 또 한편으로는 오히려 민망한 생각이 들었다고 한다.

박의장의 일본 방문 이후 5·16 정부와 일본 간의 국교교섭 협상은 급피치로 진행되어 나갔다. 대일교섭 과정에서 박 정권은 정규적인 외교채널보다는 변칙적인 정치흥정을 통한 막후교섭을 즐겨 사용했다. 그리고 그 대상이 주로 과거 만주나 중국대륙에서 한가락씩 날렸던 극우보수 색깔의 정객 및 막후의 괴물 같은 인물들이었다.

당시 친한파의 거두는 5·16 직전까지 일본의 수상직을 맡았던 기시였다. 그는 대륙경영을 거쳐 태평양전쟁으로 휘몰고 가던 1941년의 도오조(東條) 내각에서 상공대신과 국무대신(기획원 총재)을 지내면서 사실상 만주괴뢰국의 실권자로 등장했다. 그는 일찍부터 '소화 최대의 괴물'로 알려진 야쓰기와 친교를 맺어 전전, 전후를 통해 계속 야쓰기를 자신의 정치고문 내지는 특사로 이용했다.

전후에는 A급 전범자로 소까모(巣鴨) 형무소에서 복역, 이때 고다마와 만나 훗날의 정계복귀와 보수세력의 집결을 구상했다. 복역을 마친 후 자민당에 참여, 동당 간사장, 고문, 총재를 거쳐, 1957년, 이시바시에 이어 일본 수상이 되었다. 그의 정권담당 기간은 비교적 단명하여 1960년, 일본 정국을 뒤흔든 이른바 안보파동으로 도중하차, 이께다(池田) 내각에 바톤을 넘겼다.

그러나 보수 세력 최대의 정객으로서 그가 차지하는 일본정계에서의 위치는 무시할 수 없었다. 그는 전전의 경력과 관련하여 구 만주국의 관리와 관동군 출신 장교들이 조직한 국제친선협회의 회장직을 맡은 직후부터 한일국교정상화에 앞장서서 영향력을 발휘해 왔다.

수상 취임 1개월 만에 기시는 일제 때 일본이 가져간 한국문화재의 반환을 약속하는가 하면 한때 일본이 주장했던 대한청구권의 포기와 을미사변 조약의 무효를 인정하기도 했다. 그는 한걸음 더 나아가 "한일회담이 열리면 자신은 이승만 대통령과 정상회담을 열 용의가 있다"고 천명했다.

그리고 호의의 표시로서 2차 대전 당시의 재일 한국인 전범 1백 48명을 석방했으며 한국에 친선사절단을 보낼 용의가 있음을 밝혔다.

이대통령의 완강한 배일정책에도 불구하고 기시 수상이 적극적으로 한국에 대해 호의를 표명했을 때 그 까닭을 자신은 언젠가 이렇게 표현한 적이 있었다.

"나는 서부 일본의 야마구찌 현(山口縣) 출신이다. 야마구찌 현은 예로부터 한반도와 왕래가 잦았던 곳이다. 그런 만큼 내 고장인 야마구찌 현 사람들의 피 속에는 한국인의 피가 적지 않게 섞여 있는 것이 사실이고 내 혈통에도 한국인의 피가 흐르고 있는 것으로 판단된다. 말하자면 한일 양국은 형제국이나 다름이 없다. 이러한 형제국이 오늘날 국교도 맺지 않고 서로 원수처럼 지내고 있는 것은 몹시 안타까운 일이다. 나는 일본의 과거 식민통치의 잘못을 깊이 뉘우치고 조속히 관계정상화가 이루어질 수 있도록 최선의 노력을 다할 각오이다."

괴물 야쓰기의 거짓말 '나는 한국인'

이렇게 해서 기시 수상이 외무성 직업 관료들의 반대를 무릅쓰고 최초로 한국에 진사사절(陳謝使節)로 파견한 인물이 야쓰기였다. 말하자면 야쓰기는 한일교섭에서 움직인 최초의 막후인물이었다. 일본의 유명한 평론가 오야오(大宅將一)로 하여금 '소화사상 최대의 괴물'이라는 평가를 내리도록 한 야쓰기란 인물은 아직까지도 일본에서는 하나의 수수께끼로 통하고 있다. 그는 일본 군국주의의 대두와 더불어 군부에 파고들어 역대 일본내각의 중추에서 암약한 막후의 인물이었다. 1940년 마우찌(米內) 내각의 타도 이래 역대 내각의 탄생과 퇴진에 그림자처럼 따라다녀 당시 일본의 저널리즘은 그를 가리켜 '내각 메이커' '대신임면 청부업자', 또는 '막후흉정의 괴물' 등으로 불렀다.

부두 노동자로 몸을 일으킨 야쓰기가 일본정계의 흑막으로 대두하기 시작한 것은 1930년대이다. 군국주의가 중국대륙으로 세력을 뻗어나가던 1933년에 국책연구회를 창설했고 이 연구회를 통해 당시 상공성의 혁신관료였던 기시와 만나 의기가 투합했다. 기시가 국무대신으로 만주괴뢰국의 실권을 장악하여 대륙경영책을 둘러싸고 군부와 맞섰을 때, 야쓰기는 배후 중재에 나서 기시에게 유리하도록 문제를 해결해 준 적이 있다.

종전 후 기시가 A급 전범으로 수감되었을 때 그 가족을 돌보아 준 사람도 야쓰기인 것으로 전해지고 있다.

야쓰기는 곧잘 "나는 원래가 한국인이다. 호적을 사서 국적을 속이는데 애를 먹었다"고 이야기했다. 그러나 자신이 한국인이라는 이 말은 거짓이었다. 그의 출신지인 사가 현이 한국에 가깝기 때문에 한국인의 피가 섞여 있을지도 모른다는 이야기는 있었으나 이 같은 논법은 기시가 말하는 것과 똑같은 이야기이다.

즉 기시나 야쓰기는 출생관계에서 불가사의한 점을 내세움으로써 자신들을 어떤 신비성으로 감싸려는 계산을 하고 있었던 것이다. 그리고 한국과의 접촉에서 자신이 한국인의 피를 받았다고 내세움으로써 어떤 친근감을 끌어내려 했던 속셈도 있었다고 말할 수 있다.

대만과 같은 한일협력위 구성

자유당 때 기시의 특사로 한국 땅에 첫발을 디딘 야쓰기는 그 후 박정희 정권 시절 빈번하게 현해탄을 건너 한국을 내왕했다. 그 자신 기억해 낼 수 없을 만큼 여러 번 한국에 다녀갔고, 박대통령을 비롯하여 한국의 정계, 경제계 거물들과는 거의 빠짐없이 접촉했다.

지금도 존속하여 한일간에 우호의 다리를 놓고 있는 한일협력위원회는 사실상 야쓰기가 만들어 놓은 것이다. 1968년 8월 어느 날 야쓰기는 당시 일본주재 한국대사였던 엄민영의 초대를 받아 동경 아까사까에 있는 한 요정에서 통음한 적이 있었다. 이 술자리에서 엄대사와 야쓰기는 한일간의 광범위한 협력관계를 협의하기 위한 각계망라의 협의 기구를 설치해 보자는 데 의견을 같이했다.

엄대사가 야쓰기를 상대로 이런 구상을 협의한 것은 당시 그가 일·화(대만)협력위원회의 중추적 인물로서 활동하고 있었기 때문이다. 차이나 로비이기도 했던 야쓰기는 일찍이 '중화민국(대만) 일본각계대표친선방문단'을 조직하여 대만을 방문한 적이 있으며 이 때 장개석 총통으로부터 "일본은 무엇보다도 한국이 일본에 대해 가진 의혹을 풀어 주도록 최선을 다해야 된다"는 충고를 받았다고 한다.

대만에 대해서 했던 것과 똑같은 방식으로 야쓰기는 1968년 11월 일본의 정계, 실업계 인사로 구성된 방한단을 마련하여 한국에 파견을 주선했다. 이때의 방한이 계기가 되어 이듬해인 1969년 9월 12일, 동경에서 한일협력위원회가 결성되었던 것이다.

여기서 잠시 훗날 한일유착의 토양이 되었던 초기 일본의 친한 로비스트의 형성과정에 관해 잠깐 살펴볼 필요가 있을 것 같다.

영어 한 마디 모르는 외교관 유태하

일본이 패전 후 미군점령 시기를 지나 샌프란시스코 강화조약을 거쳐 정식 독립국가로 인정될 때까지 한국과의 거래는 사실상 존재하지 않았다. 독립 후 미국측의 영향을 받아 한국과 국교교섭을 위한 회담을 열기에 이르렀으나 50년대 중반까지만 해도 국가적 차원에서는 물론 개인 차원에서도 한국에 관심을 갖거나 친한파라고 꼽을 만한 인물은 나타나지 않았다. 대체로 50년대 후반, 특히 기시가 수상이 된 후 친한 로비가 형성되기 시작했다. 그 때 일본의 친한파 형성에 결과적으로 영향을 끼친 인물이 당시 주일대표부 참사관으로 있던 유태하였다. 그의 친한파 로비스트 구축에 관련된 행동에는 여러 가지 우연의 요소가 개재되어 있었다.

당시 이승만 대통령과 프란체스카 부인의 총애를 받고 있던 유태하는 사실 외교관으로서는 적격이 아니었다. 우선 외교관의 필수 조건인 영어를 한마디도 말하지 못했다. 그의 외숙뻘이 되는 당시의 국무총리 장택상의 말을 빌리면 "유씨가 외교관이 되었다는 사실은 그야말로 한국의 기적이 아닐 수 없다"고 할 정도였다.

그러나 유태하는 두 가지의 남다른 재주를 지니고 있었다. 하나는 권력자에 대한 철저한 충성심이었고, 또 하나는 자기의 부족한 면을 커버하여 장기를 살리는 재치였다.

영어가 짧았던 그는 영어가 필요한 외교단의 공식행사 같은 데는 나가지 않고 그 대신 일본말로 통할 수 있는 일본 조야인사들과의 개인적인 막후 접촉을 적극적으로 시도했다. 주로 동경 아까사까에 있는 일류 기생집에서 일본 가요를 부르고, 재치있는 대담으로 상대의 기분을 맞춰 주었다.

이 개인적 막후 접촉은 유태하가 1958년 주일대표부 수석자리에 앉게 되면서부터 그 직위에서 오는 권위의 무게가 더욱 곁들여짐과 동시에 점정을 무대로 해서 정력적으로 일본 각계 인사들과의 지면을 넓히는 활동을 전개했다. 이런 술좌석에서 유태하는 몇 잔 술에 거나해 가지고는 '와스라레누 하나노 가오리요…'(잊지 못할 꽃향기여…)라는 일본 옛날 유행가를 불렀다. 이후 차차 그 폭이 넓혀져 자연히 접촉의 상대들은 어느 새 횡적인 연계를 이루어 갔다. 이렇게 해서 이루어진 당시의 친한파 그룹은 기시 수상을 비롯하여 이시이, 후나다(船田中), 다나까(田中龍夫), 슈또(首藤新八), 기따사와(北澤直吉), 모리시따(森下國雄), 오노(大野一郞), 호시노(星野一郞) 등이었다. 특히 일본정계 원로격인 호시노의 배후엔 시까모도방적회사의 서갑호 사장이 한때 후원자의 한 사람으로 도사리고 있었다.

유태하는 자유당 정권의 몰락과 함께 거세되었다. 그러나 그가 우연히도 구축해 놓은 일본의 친한파 그룹은 그 후 한일 교섭과 한일 유착 관계에 원초적인 핵으로 활동하게 된다.

재일교포 자금유치부터 서둘러

5·16 후 유태하는 그의 주일대표부 시절 외교활동에 관해 알고 있는 모든 정보를 군정에 제공해 주었다. 5·16 정부는 유태하를 혜화동에 있는

모처에 불러다 놓고 특히 그가 구축해 놓은 친한파 로비스트에 관해 브리핑을 들은 적이 있다. 그리고 유태하는 자기가 알고 있는 친한파 인사들을 군정에 연계시켜 주는 다리 역할을 했던 것으로 알려져 있다.

물론 유태하는 전면에 나서지 않았고, 그의 설명에 따라 동경 현지에 나가 일본의 친한파 로비를 수습한 사람은 김종필 측근의 한 사람인 육사 8기 최영택 씨였다. 주일대사관 참사관이라는 직함을 띤 최 씨는 기시, 고다마 등과 접촉하여 친한파 그룹을 수습하면서 미쓰비시(三菱), 미쓰이(三井), 이또쮸(伊藤忠) 등 일본의 재계에 접근하는 한편, 재일교포 실업인들에게도 파고 들었다. 요컨대 최씨는 박정희-김종필 라인으로 연결되는 5·16 주체세력과 일본을 연결시키는 척후병이었던 셈이다. 김종필 자신은 군정 동안 전후 네 차례에 걸쳐 일본을 방문, 최씨가 개척해 놓은 일본 정, 재계 친한파 인사들과 부지런히 접촉하고 돌아다녔다.

해방 전의 경력과 인맥에 따라 일본에 어떤 정신적인 연원을 지니고 있던 박정희와는 또 다른 의미에서 김종필도 일본으로부터 어떤 정신적 준거를 발견하고 있었다. 당시 30대의 젊은 김종필은 구한말의 선구자요 정치인이었던 김옥균을 크게 존경, 그의 서화를 애써 수집하는 등 남달리 심취해 있었다. 김종필은 수구세력을 몰아내고 나라의 기틀을 잡아 빈약한 왕실의 재정을 일본의 도움으로 재건시켜 보려 했던 이 선각자의 사상을 높이 평가했다. 그리고 자기 자신이 한말의 선각자가 된 심정으로 조국 근대화에 발 벗고 나서야겠다는 결심을 세웠던 것 같다. 이런 심정에서 김종필은 여론의 반대를 무릅쓰고 일본과 국교를 터 일본으로부터 투자자금을 끌어들이려 했던 것이다. 일본으로부터 5·16 정권이 들여온 최초의 자금은 재일동포 재산이었다. 그리고 최초의 말썽은 이른바 새나라 자동차 사건이었다. 이 자본금 1억 원으로 새나라공업주식회사라는 회사를 설립하여 일본으로부터 소형자동차 부품을 수입, 한국에서 승용차를 조립 생산한다는 구상으로부터 시작됐다. 아이디어의 주인공은 당시 중앙정보부장이었던 김종필과 정보국 제2국장 석정선 등이었다.

1961년 12월 무렵, 주일대사관 최영택 참사관은 재일동포 실업인 가운데 박노정이란 사람과 접촉하여, 이 아이디어를 설명하면서 투자를 종용했다. 박노정은 일본명 야스다(安田策二)란 사람으로, 제일교포 거류민단의 부단장을 지낸 적도 있는 교포 유력재벌의 한 사람이었다. 동경의 긴자와 원숙에 몇 개의 빌딩과 맨션을 갖고 있고, 로열호텔과 열해에 '팔정원'이라는 요정을 소유하고 있었다.

김종필, 나까소네와 합작그림 그려

돈벌이에는 재빠른 박노정은 제 나름대로의 주판을 굴려 수지맞겠다는 판단 아래 3천만 원을 출자하기로 했다. 1억 원의 자본금 중 나머지는 한일은행에서 융자를 받기로 했다.

1962년 5월, 국가재건최고회의는 '자동차공업보호법'을 제정하여, 향후 5년간 자동차 부품수입을 무관세로 했고, 이런 바탕 위에 새나라 조립공장이 건설됐다.

사건의 발단은 현지 생산을 시작한 새나라공장에서 최초로 생겨난 1천2백만 원의 이익금 분배를 둘러싸고 벌어졌다. 박노정이 기대했던 만큼의 이익금 분배가 돌아오지 않자 각계에 진정서를 돌려 억울함을 호소했던 것이다. 이에 격노한 당시 김종필 산하의 중정이 박의 체포를 명했고, 사전에 이를 눈치 챈 박은 신변의 위협을 느껴 묵고 있던 반도호텔에서 뛰어나와 부산을 거쳐 밀항선으로 일본에 도망치고 말았다. 결국 돈벌이를 해보겠다던 박노정은 돈벌이는커녕 원금도 건지지 못한 채 혼비백산하여 빈손으로 물러서고 말았는데 이때 중정이 올린 새나라 자동차 '수익금'은 공화당 창당 자금으로 사용된 것으로 알려졌다.

5·16 정부와 일본의 관계는 급속도로 진전되어 나갔다. 정식으로 국교 정상화가 되기 이전에 이미 한국과 일본 간에는 여러 갈래의 루트가 형성돼 서로 간에 빈번한 왕래와 흥정이 이루어져 가고 있었다.

군정 동안 한일간을 주름잡은 한국 측 챔피언은 뭐니 뭐니 해도 김종필이었다. 한일협정이 조인될 때까지 사실상 김종필은 교섭 과정에서 1인외교로 시종하면서 대세를 이끌어갔다. 그가 군정의 '넘버 투 맨'이라는 실력자였음이 크게 영향을 주었겠지만, 일본 사람은 묘하게 김종필의 스타일에서 매력을 느꼈던 것 같다. 당시 일본의 매스컴에서도 김종필에 대해서는 칭찬하는 기사가 많았다. 그를 가리켜 '문학청년 풍의 미남'이라고 프로필을 소개하면서, "연약하게 보이는 듯한 그의 어디에, 그만한 열정이 감추어져 있는지 알 수 없다"고 감탄했다. 어느 자민당 정치인은 "어디에 있더라도 그만한 기량을 갖고 있다면 남보다 뛰어난 일을 할 수 있을 것이다. 박정희 의장이 어딘가 어두운 구석이 있는 것처럼 느껴진 데 비해, 김종필 부장은 훨씬 명랑하며 사람을 끄는 무엇인가를 지니고 있다"고 칭찬했다.

일본 사람들은 김종필의 해말쑥한 외모와 '제2의 이완용'이라는 평을 듣는 한이 있더라도 기어이 한일협상을 이루어 놓고야 말겠다는 강인한 의욕에 끌렸다. 특히 친한파 가운데는 그와 인간적인 유대 관계를 이루었던 사람들이 많다. 이를테면 김종필이 한때 부장직을 그만두고 불우했을 즈음, 동경에 들렀을 때도 이들 친한파 정객들은 일본인 특유의 의리를 갖고 김종필을 대했다. 그 무렵 언젠가 일본을 방문한 김종필은 보좌역인 윤천주와 당시 일본 통상상이었던 나까소네(中曾根康弘)를 만나 셋이서 함께 후지산을 스케치한 적이 있었다. 73년 동경에서 열린 한일의원간친회 석상에서 당시의 이야기를 나까소네가 소개한 적이 있었다. 그 때 나까소네는 일본 후지산을 그린 한 폭의 그림을 의원단에 내보이고 김종필 총리가 정치적으로 불우했을 때 이곳에 들러 같이 긴자 거리에 나갔다가 우연히 어느 화방 앞에서 발을 멈춰, 김총리를 수행했던 윤천주 씨와 셋이서 그린 합작 그림이라고 내력을 밝혔다. 나까소네의 설명에 의하면 세 사람이 교대로 3분씩 차례로 반복하여 27분 만에 완성한 그림이라는 것이다. 그러면서 나까소네는 "앞으로 돈이 떨어지면 이 그림을 팔아 쓸 작정인데 1억 엔은 호가할 것"이라고 자랑했다.

그 후 수상이 된 나까소네는 현재도 그 그림을 보관하고 있는 것으로 알려졌다.

첫 유착은 제3국 외국소맥 수입 거간

군정 당국자들과 일본 친한파 로비들의 개별적인 인간관계는 국교 정상화에 앞질러 두 나라의 특정그룹으로 하여금 양국을 가깝고도 가까운 나라로 만들었다. 주로 과거의 인맥관계 등을 인연으로 하여 맺어진 이 같은 인간관계는 의리와 이해 같은 끈적끈적한 원초적인 감정으로 얽혀 있었다.

군정 말기쯤에는 이 같은 관계가 한국정부와 일본정, 재계의 특정 그룹 간에 굵다란 파이프라인으로 연결되었다. 이 무렵 두 나라 관계를 상징하는 유착현상이 이른바 '캐나다, 호주산 소맥도입 사건'으로 드러났다.

1963년 여름, 민정이행을 몇 달 앞두고 군정은 심한 식량난에 허덕이고 있었다. 5·16이 나던 해부터 계속해서 흉년이 들었고, 원활하지 못한 미국과의 관계 때문에 미국산 잉여농산물의 도입도 여의치 않던 때였다. 춘궁기를 겨우 넘기고 민심이 흉흉하여 이대로 가다가는 선거에서 승리할 공산이 희박했다.

그런 8월 어느 날, 박정희 의장은 당시 한국일보 사장으로 있던 장기영을 장충동 의장공관으로 불렀다. 장기영에게 박의장은 한 통의 필서를 써주면서 일본에 건너가 오노(당시 자민당 부총재)를 만나 한국 식량사정의 해결책을 논의해 보라고 지시했다. 박의장의 부탁인즉, 오노를 통하여 일본의 미쓰이 물산을 찾아가 미국이나 일본 정부 몰래 제3국으로부터 식량을 도입해 달라는 이야기였다.

이 밀령을 받은 장기영은 63년 8월 12일 동경으로 건너가 먼저 오노를 만나 박의장의 친서를 전달한 다음 그의 주선으로 미쓰이 물산의 미나까미(水上達三) 사장을 만났다. 장은 미나까미에게 박의장의 특별 부탁이라는 서두로 약 10만 톤 가량의 소맥을 제3국에서 사달라고 요청했다.

당시의 식량사정은 세계적으로 좋지 않아 일본만 해도 미국, 캐나다, 호주 등지에서 밀가루를 최대한도로 수입하고 있었다. 이런 시기에, 더욱이 일본 정부나 미국 몰래 식량을 빼돌려 한국에 도입시킨다는 것은 모험이었다. 그런데도 불구하고 미쓰이의 미나까미 사장은 박의장의 특별 부탁이라는 말에 두말없이 모험적인 상담을 받아들였다. 후에 장기영 자신이 이야기한 바에 의하면 이 거래는 단 2분 동안에 성립되었다는 것이다.

일본의 미쓰이 측이 어떻게 해서 이 모험적인 상담을 그 즉석에서 성립시켰는지 속셈을 헤아리기는 어려운 일이었다. 당시 급피치로 추진되고 있던 한일 교섭의 전망을 내다보면서 대한경제진출의 첫 단계 실적으로서, 그리고 박정희 정부에 대한 하나의 은혜로서 결코 유리하지 않은 이 상담을 끌어안았을 것이라고 추측할 수 있다(사실 이 거래에서 미쓰이는 이익보다는 약간의 손해를 보았다).

박정권 시대를 일관하여 말썽이 많았던 유착관계의 구체적인 첫 실적이 이 거래에서 빚어졌다고 말할 수 있다. 군정은 즉각 신용장을 개설했고, 미쓰이는 현품구입에 착수했다. 미쓰이는 그때 마침 호주에서 소맥 구입계약을 맺어놓고 현지에서 선적을 막 시작한 참이었다. 미쓰이는 선적이 끝난 배를 한국으로 빼돌리기로 했다. 다만 뒷일에 만전을 기하기 위해 계약된 9만 8천 톤의 소맥을 미쓰비시 상사와 절반씩 나누어 맡기로 했다.

장기영이 미쓰이와 맺은 계약조건은 ① 적어도 반년 동안은 미국과 일본에 비밀로 할 것 ② 화물선은 선적항을 떠난 뒤 행선지를 한국으로 바꿀 것 ③ 선금은 60만 달러, 2년 연불(延拂)에 이자는 5.5%로 한다는 것이었다.

그런데 이 계약에 따라 선적된 제1선은 소련에 빼앗겼다. 제2선이 일본을 행선지로 출항하여 북태평양을 항해하던 도중 일본 근해에서 한국행으로 변경되었다. 이 배에 실린 소맥은 그 해 9월에 한국 땅에 떨어졌다. 이렇게 해서 선거를 앞두고 호주, 캐나다산 소맥이 일본상사의 주선으로 한국 땅에 쏟아졌던 것이다. 민정선거 때 방방곡곡에 뿌려져 '밀가루 선거'라는 별칭마저 생겨났던 그 때의 소맥이 바로 이렇게 해서 도입되었다는 사실을 아는 사람은 지금도 얼마 되지 않는다.

민정 출발 직후 일본자금 수수설

한일국교 교섭이 정식으로 성립된 1965년을 전후한 수년간은 일본 친한파 로비들의 활동이 절정에 이르렀던 시기였다. 이 무렵 일본의 정계인사들은 갖가지의 연줄을 타고 한국을 왕래했으며 기업인들은 일본의 대한경협자금으로 들어올 '8억 달러 버스'에 올라타기 위해 동경과 서울에서 암약했다. 이 때는 갖가지 스캔들이 정가에서 난무하기도 했다. 그 스캔들 가운데 최대의 것은 대일청구권자금의 일부가 한일협정이 조인되기도 전에 이미 한국에 들어왔고 그 중 상당액수가 정부에 의해 부정 사용되었다는 이야기였다.

'3·24데모' '6·3사태'로 표현되는 대일외교 규탄 속에서 박정희 정부와 일본 간에 석연치 않은 흑막이 개재되어 있다는 루머는 당시 끈질기게 나돌아 정부를 괴롭히고 있었다. 민정선거를 치르고 제3공화국이 출범한 지 얼마 안 된 1964년 3월 26일, 삼민회 소속 김준연 의원은 국회 본회의에서 "혁명정부가 일본으로부터 1억 3천만 달러를 사전에 받아 부정 사용했다"고 폭로했다.

김준연은 원외의 한일회담반대 강연에서도 같은 주장을 되풀이하면서 박정희 대통령과 김종필을 외환죄로 고소했다.

정부여당 측도 이에 맞서 김준연 의원을 국회에서 징계, 구속케 함으로써 국회는 야당의원들의 단상점령 등 한때 극한 대치를 연출하기도 했다. 그러나 김의원의 폭로는 뚜렷한 증거를 갖고 있었던 것이 아니라서 그의 '1억 3천만 달러 수수설'은 그 후 흐지부지되고 말았다.

'김군은 좋은사람……' 발언에 교포 항변

한일협정을 전후한 시기에 정부의 대일 저자세 외교가 규탄되고 갖가지 스캔들이 난무한 까닭이 있었다. 과거 35년간 한국을 강점한 일본을 상대로 하여 새로운 국교관계를 협상하는 마당에 있어 정부가 보인 외교자세가 의연하지를 못하고 너무나 끈적끈적한 태도를 보였기 때문이다. 이 같은 태도는 한일 두 나라의 교섭 스타일이나 한국 및 일본을 왕래하는 양국 정치인과 재계 인사들의 형태에서 곧잘 드러나곤 했다.

보통 외교협상이라고 하면 양측 대표가 참석하는 회의석상을 연상하기 쉬우나, 한일교섭은 이런 이미지와는 전혀 동떨어진 방식으로 이루어졌다. 실질적인 외교교섭은 테이블 석상에서가 아니라 동경의 고급요정이나 서울의 일류 기생집 술자리에서 이루어졌던 것이다.

현해탄을 오간 양국 정, 재계 인사들의 태도는, 속셈이야 어찌 됐건 때로는 국민들의 오해를 살 만큼 무척이나 '초외교적인 친근함'을 드러냈다. 특히 일본의 친한파 정객들 가운데 이런 사람들이 많았다. 기시는 걸핏하면 '형제지국'이라고 두 나라 관계를 표현하여 암암리에 일본이 형뻘이 되는 나라임을 드러냈고, 중의원 의장이었던 후나다 같은 정치인은 자주 일본을 방문한 김종필을 만나서는 여러 사람이 보는 앞에서 "김군은 퍽 좋은 사내란 말이야……." 하고 어깨를 쳐주기도 했다. 이런 사실이 일본 신문에 보도되자 교포청년들이 김종필을 찾아가 "국가 위신이 말이 아니다"고 항변한 적도 있었다.

1963년 12월, 제3공화국의 대통령이 된 박정희의 대통령 취임식에 일본측 경축사절로 내한키로 된 일본의 친한파 정객 오노는 출발 전 동경에서 가진 기자회견에서 "나와 박대통령과의 관계는 부자간의 관계와 같은 것이어서 아들의 경사스러운 날에 아버지가 가는 것은 더없는 즐거움이다"라고 말해 한때 물의를 일으켰다. 당시 한국의 야당과 매스컴에서는 이 같은 오노의 발언이 "비록 선의에서 나온 소리라고 해도 국가에 대한 비례(非禮)이며, 박정희와 오노 사이의 개인적인 관계는 여하튼 이런 발언 자체가 일본 정치인의 입에서 나왔다는 사실은 여태까지의 대일외교가 얼마나 저자세였던가를 반증하는 결과"라고 비난했다.

그러나 정작 당사자인 오노는 내한한 후 한국기자들의 힐난하는 질문에, "부자간이라는 표현이 적당하지 않다면, 부부관계라고 고치자"고 한술 더 떠서 농쳤다.

일본에서는 드물게 보는 순수한 정당 출신 정치인으로 자민당 부총재까지 지낸 오노는 종전 전에는 한때 한국의 함경도에 거주하면서 어장을 경영한 적도 있는 인물이었다. 종전 후 정계로 진출하면서 처음에는 반한국적인 노선을 취해 왔다. 그 까닭은 해방 당시 본국으로 철수할 때 한국인에게 몰매를 맞은 적이 있기 때문이라는 이야기도 있었다. 이러했던 그가 나중에는 누구보다 앞장서 친한적인 정치인으로 변신했는데 이렇게 변신한 까닭이 무엇이었는지 정확한 사정은 알려지지 않았으나 일설에 의하면 자민당에 돈줄을 대고 있던 일본 우파의 거두 고다마가 그를 불러 호통친 결과라는 후문도 있다.

이권 브로커 고다마를 친한지사로 접촉

고다마는 정치인이나 실업가는 아니었으나 한일교섭 당시부터 배후에서 영향력을 끼친 친한적인 막후의 괴물이었다. 어렸을 적 한국에서 머슴살이도 했고 일제하에 서울 선린상업학교를 다니기도 했던 고다마는 종전 후 일본 정계의 배후에서 막강한 영향력을 과시했던 극우세력의 제1인자였으며 보수진영 최대의 정치 픽서 겸 이권 브로커였다. 일찍이 그는 만주사변을 전후하여 우익테러단에 가입, 만주와 상해 등지에서 군부의 앞잡이로 활동했다. 중일전쟁의 막바지 고비에서 유명한 '고다마 기관'을 조직, 일본 군국주의의 괴뢰였던 왕조명(汪兆銘) 정부를 감싸면서 정보수집, 특무공작, 전쟁물자와 마약의 암거래로 엄청난 돈벌이를 했다.

제2차 대전 종전 당시 '고다마 기관'의 총재산은 일본 최대의 재벌이었던 미쓰이나 미쓰비시보다도 더 많은 약 50억 엔으로 평가되었다. 종전 때 재산의 많은 부분을 중국에 버린 채 일부만을 갖고 나왔으나 그 일부라는 재산도 엄청난 것이었다. A급 전범의 최연소자로 스가모 형무소에서 복역한 뒤 옥중에서 알게 된 기시를 비롯하여 히또야마(鳩山一郞), 고오노(河野一郞), 오노 등 우파 정치인들에게 자기의 돈을 내놓아 자민당 결성 자금에 사용토록 했다. 이 때 내놓은 돈이 당시의 현금으로 7천만 엔과 다이아몬드나 프라치 등이 20상자였다는 것이다.

5·16정부는 집권 직후부터 자민당에 영향을 끼칠 수 있는 최대의 막후 인물로서 고다마를 손꼽았다. 그리고 주일대사관을 통해 그와의 접근을 시도했다. 고다마 자신의 말에 의하면 "한국에서 혁명이 일어난 직후, 한국의 한 요인이 나를 찾아와 한일교섭에 전력해 줄 것을 부탁해 왔다. 나는 이 부탁을 받아 먼저 기시에게 말을 전했는데 이 때 기시는 여태까지의 이승만 정권이라면 싫지만 이번에는 해볼 만하다면서 찬의를 표했다. 또 고오노도 찬성했으나 오노만이 완강히 거부했다"는 것이다.

고다마는 5·16직후부터 부지런하게 한국을 왕래했다. 자신뿐만 아니라 그가 영향을 끼칠 수 있는 정계 재계 거물들을 끌어 모아 방한단을 구성, 한국에 보내기도 했다. 그가 주선한 첫 친선방한사절단은 1962년 12월 10일에 내한했던 오노, 후나다, 사꾸라우찌(櫻內義雄) 등 11명으로 구성된 자민당 유력정치인들이었다. 이 사절단의 방한 배후에는 고다마 말고도, 해방 전 서울에서 경성중학교를 나와 오랫동안 아사히신문의 서울 특파원을 지냈던 시마모또 기자와 동지 모 간부의 영향이 컸던 것으로 알려져 있다.

고다마는 내한할 때마다 김종필, 박종규, 김형욱 등 당시 한국의 실권자들을 만났으며, 71년 2월에는 한·일 친선에 공적이 크다고 하여 한국

정부로터 2등 수교훈장까지 받았다.

그가 막후에서 일본의 친한파 보수 정객들에게 어떤 영향을 끼쳤던 것만은 사실이었다. 그러나 그의 친한적인 행동은 일본의 많은 한국 로비스트들이 그랬던 것처럼 '한국행 버스'에서 어떤 이권을 노렸던 계산의 결과였다. 나중에 전후 일본 최대의 스캔들로 들통이 난 이른바 '록히드 사건' 때, 고다마가 록히드사와 교환한 컨설턴트 계약에 의하면 한국을 이용한 정권 브로커로서의 면목이 여실하게 드러나 있다. 즉 이 계약에는 고다마가 대한항공사(KAL)에 록히드사제 트라이스타 항공기를 판매 주선해 줄 경우 2대 이상 6대까지의 판매에 10억 엔, 7대에서 15대까지 판매에 1대당 3천 6백만 엔, 그 이상 판매시에는 대당 1천 8백만 엔의 리베이트를 고다마에게 주기로 약정되어 있었다.

이러한 이권 브로커를 한국정부의 실력자들은 60년대까지만 해도 일본의 친한적인 '애국지사'요, 정계의 막강한 배후실력자로 여겨 너나없이 접근하려 했다. 그리고 그 과정에서 어처구니없는 에피소드를 남기기도 했다. 한 가지 예를 들어 본다.

고다마와 어울려 '불충' 저지른 정객들

한·일 조약이 정식으로 조인된 지 얼마 되지 않은 1968년 초여름이었다. 한일외교반대의 열기가 아직 가시지 않은 서울에 고다마가 왔다. 이번엔 제일교포 실업가 정건영을 대동했다.

정건영, 이 사람도 5·16 후 한일 간 다리를 놓는 데 나름대로 한가락

역할을 했던 인물이었다. 그는 1923년 동경에서 한국인 아버지와 일본인 어머니 사이에서 태어난 1백 85cm의 거구로서 동경 일대를 휩쓴 '야쿠자'계의 보스였다. 일본명 마찌이(町井久之)인 정은 해방 전에는 이시하라(石原莞爾) 산하의 동아연맹이란 단체를 이끌면서 이시하라와 가까웠던 조영주(후에 재일교포거류민단장), 만주국에서 판사를 지낸 권일(후에 공화당 국회의원) 등과 친교를 맺었다.

정은 해방 후 한때 연합군에 체포된 적도 있고 1949년에는 형사법으로 징역 3년 집행유예 5년의 선고를 받은 적도 있었다. 1955년 극우단체인 '동성회'를 조직, 일본의 안보파동이 절정에 이르렀던 1960년 무렵 고다마에 접근하면서 정치에도 관계했다. '동성회'는 일본의 관서지방을 주름잡고 있던 고다마 계의 '산구조'(山口組)와 협력하여 세력을 확장했다.

정은 1963년에 동아상호기업을 설립했고 동경 한복판 은좌에 2개의 빌딩을 비롯하여 나이트클럽, 한국식 요정, 음식점 등 여러 개의 기업체를 거느렸다. 나중에는 부관페리에도 관여했고 5·16 후 한국 육사에 체육관을 지어 기증하기도 했다.

고다마와 정건영은 잘 어울린 한 쌍이었다. 그리고 이러한 한 쌍이 서울을 방문하여 한국측 정계 실력자들과 만나고 돌아다녔던 일도 당시의 정치상황을 상징하는 에피소드이기도 했다.

서울을 방문하여 반도호텔에 여장을 푼 고다마에게 이튿날부터 한국의 정치 실력자들이 뻔질나게 드나들었다. 먼저 김종필계로 알려진 K씨, S씨, 또 다른 K씨가 방문했다. 이들은 고다마를 상대로 김종필을 극력 팔았다. 말인즉 한국에서 진짜 실권자는 김종필이며, 앞으로 한국과 무슨 일을 하려면 김종필과 손을 잡아야 할 것이라고 설득했다. 그러면서 박정희 대통령이 존재할 수 있는 것도 뒤에 김종필이 있기 때문이라고 주장했다.

이 세 사람이 다녀간 뒤 정일권, 김형욱, 박종규가 다시 고다마와 술좌석에서 함께 어울렸다. 이 자리에서 고다마가 앞서 세 사람의 이야기를 끄집어내면서 짐짓 "한국의 진짜 지도자는 누구인가?" 하고 물었다는 것인데 나중에 이 사실을 안 박대통령이 격하여 앞서 고다마를 만난 K씨, S씨 등을 힐책한 일이 있다. 이 불충사건은 한낱 이권 브로커에 지나지 않았던 일본의 한 우파 폭력 보스를 놓고 일본과 어떤 줄을 대보려 했던 당시 한국 정치 실력가들의 어설픈 행각을 드러낸 부끄러운 해프닝이었다.

기시를 정점으로 한 세 가닥 파이프

이 무렵 한국과 일본 간에는 제가끔 연줄을 따라 이해에 얽힌 여러 갈래의 파이프라인이 형성되어 있었다. 크게 나누어 보면 김종필, 정일권-오노, 고오노-고다마로 이어지는 라인과 이후락, 김동조-기시, 야쓰기로 연결되는 두 개의 굵다란 한일 루트가 있었다. 이 밖에 장기영은 일본에서 평판을 얻고 있는 무용가 조택원을 앞세워 나름대로의 루트를 개척하고 있었고 김종필의 형 김종낙의 일본인 부인도 자주 일본외무성을 방문하곤 했다. 김형욱은 일본 중의원의원 하세(長谷川人)와 줄을 대고 있었다.

이러한 여러 갈래의 한·일 간 파이프라인은 그 후 점차 정리되어 60년대 후반부터 70년대에 걸쳐서는 대체로 다음과 같은 세 갈래의 루트로 체계화되었다. 하나는 공화당 재정위원장이던 김성곤과 미쓰이, 미쓰비시 등 일본 상사들 간에 이루어진 루트이고, 또 하나는 이후락을 통하여 청와대로 연결되는 루트, 그리고 마지막으로 한일협력위원회의 이병희와 일본측 친한파 의원들, 그 중에서도 특히 자민당 내 정담회 멤버들과 연결되는 루트였다. 이 세 루트를 통하여 이루어진 한일 유착 관계에 있어 일본측의 중심인물은 기시였고 한국측의 이른바 밀사적 인물은 이희병이었다. 이희병은 한창 때는 거의 일본에서 살다시피 하면서 한일 간의 여러 가지 문제점들을 비공식 수준에서 처리하기 위한 다리 역할을 했다.

한일조약 체결 전 엔화의 한국행 출장러시

한일 간의 유착구조가 본격적으로 구축되기 시작한 것은 국교타결의 전망이 뚜렷해지고, 따라서 일본으로부터의 청구권 자금도입이 확실해진 무렵의 일이다. 시기적으로는 1962년 11월, 김종필과 오히라(大平正芳) 일본외상 간에 교환된 이른바 '김-오히라메모'를 통해 무상의 경협자금으로 8억 달러 이상의 돈이 일본으로부터 한국에 들어올 것이 뚜렷해졌을 무렵이었다.

8억 달러에 한몫 끼려는 일본의 기업과 이권 브로커들이 제가끔의 연줄과 파이프라인을 통해 뻔질나게 현해탄을 건너오고 건너갔다. 한국보다 앞서 이행된 인도네시아 및 필리핀에 대한 배상과정에서 일본 기업들은 배상자금에 편승한 상행위가 얼마나 돈벌이에 좋았던가를 잘 알고 있었기 때문에 한국에 대한 배상에 있어서도 버스를 놓칠세라 재빨리 움직이기 시작했다. 국교타결을 전후하여 서울의 각 호텔은 일본으로부터 내한한 기업간부들과 정권 브로커들로 항상 만원을 이루었다. 당시 서울의 밤은 8억 달러 버스에 뒤처지지 않으려는 일본기업들이 한국측 요인과의 연줄을 찾아 암약하는 무대였다고 일컬어졌을 만큼 갖가지 흥정이 이면에서 벌어지고 있었다. 이미 한일조약 타결 전에 일본의 일류 상사로 한국에 진출하지 않은 회사는 없다고 전해질 정도였다.

각 기업들의 개인 베이스 잠행 이외에도 일본의 각종 경제단체들이 줄을 이어 한국에 왔다. 청구권 내지는 경협자금의 윤곽이 드러나기도 전인 1962년 2월에 이미 일본의 23개의 기업체 대표들로 구성된 한국광공업보세가공조성단이라는 시찰단이 한국을 둘러보았다. 그 해 9월에는 무에무라(植村甲午郎) 경협단체연합회 부회장을 비롯한 안도(安藤農祿) 오노다(小野田) 시멘트 사장, 안사이(安西正夫) 소화전기 사장, 후지이(藤井內午)하찌만 제철 부사장 등 일본재계의 유력인사 6인으로 구성된 재계 최대의 사절단이 한국경제인협회의 초청으로 내한했고, 12월에는 은행, 상사, 철강, 화학, 자동차, 수산 등 각 업계 대표 33명으로 구성된 제2차 사절단이 한국을 찾아들었다. 64년 2월에는 세노오(姉民三郞) 미쓰비시 조선 부사장을 단장으로 하는 산업기계공업회의 대규모 사절단이 내한했다.

한일조약이 체결된 1965년에는 줄을 이어 각종 사절단이 한국에 찾아들었다. 경단연의 제3차 미션을 비롯하여 일본화섬협회대표단, 일본섬유기계협회시찰단, 일본산업기계공업회, 일본경제조사협회시찰단 등등 여러 가지 이름을 붙인 경제관계 사절단이 내한했다. 그야말로 '엔화의 매머드 출장'이었고 '일본기업의 한국행 러시'였다.

이 같은 일본기업의 한국진출에 대해 경단연이나 상공회의소 같은 일본의 점잖은 경제단체는 그럴 듯한 이유를 붙여 대한경협의 명분을 설명했다. 이를테면 일본상공회의소 회장 아시다쓰(足立正)는 "한국은 우리나라에 있어 공산주의에 대한 방벽의 역할을 하고 있다. 이 방벽이 있기 때문에 우리나라는 얼마 안 되는 국방비 부담으로 충분했고 그 덕분에 오늘날과 같은 눈부신 경제발전을 이룰 수 있었다. 일한 정상화를 서둘러 한국의 경제재건에 일본이 협력하는 당연한 일이다"라고 내세웠다. 그 당시 유행했던 이른바 '부산적기(赤旗)론'에 근거를 둔 이야기로서 한국이 적화되어 부산에 공산주의 깃발이 휘날리는 것을 막아 일본의 경제 번영을 확보하자는 논거에서 출발한 대한경협론이었다. 일본 재계의 공동조사기관인 일본경제조사협의회도 비슷한 논거에서 1964년 1월 '한국경협의 실정'이라는 조사보고서를 발표, 한국경제 재건의 급무를 내세웠다.

박 소장 내세워 보세가공 상륙

그러나 이 같은 이야기는 일본측의 형식상 명분에 지나지 않았다. 한국에 진출한 일본 기업들의 실질적 속셈은 단 한 가지 돈벌이에 있었던 것이다. 1960년대 초 돈벌이 진출의 가장 대표적인 예는 보세가공 무역이었다.

일본의 잉여 설비와 원료를 무관세로 한국에 들여와 한국의 싼 노동력으로 제품을 생산하여 이를 수출한다는 보세가공 무역제도는 5·16 후 일찍부터 일본측 기업들이 눈독을 들여 제일 먼저 한국에 발판을 구축한 분야였다. 이를 주선한 일본 사람은 유가와(湯川康川)라고 하는 또 하나의 괴짜였다.

유가와는 5·16 직후 자기는 박정희 소장과 일본육사 동창이라고 하면서 내한하여 박의장을 비롯한 한국의 당국자 및 경제계 인사들을 만나고 다녔다. 그러고서는 동경에 돌아가 당시의 이께다 수상에게 자기와 박의장간의 동창관계를 과시하면서, "일본이 한국에 빨리 진출하지 않으면 한국 시장을 미국이나 서독, 이탈리아 등에 빼앗길 것이니 국교정상화 이전에라도 보세가공무역, 합변(合弁)사업, 지하자원의 개발 등에 착수해야 한다"고 촉구했다.

이 유가와란 인물은 박정희 의장보다 일본육사 10기 선배에 해당되는 사람으로 1963년 일어났던 일본 군부의 유명한 2·26 쿠데타 사건 때에는 혁신파 장교로 가담했던 파시스트였다. 대전 중에는 고노에(近衞文麿)의 비서, 도히항공기 사장, 요꾸산(翼贊) 장년단 간부로 있는 한편 대소련 정보관계의 일도 맡아보고 있었다. 종전 후에는 이연(理硏)콘체른과 동양 화공건설 사장이 되었다가 한국에서 5·16이 되자 코리언공업진흥회사라는 것을 만들어 1962년 2월에는 이또츄 상사, 오노다 시멘트, 동경은행, 우베흥산(宇部興産) 등 관계업체 23개사의 대표를 이끌고 보세가공 조사를 위해 내한했다.

유가와는 보세가공은 일종의 치외법권이다, "일본인이 보세지역을 신청하면 그 공장은 일본의 소유가 된다"고 큰소리쳤는가 하면 "박정희 의장과는 서로 혁명의 어려움을 알고 있기 때문에 이야기가 통한다." "일한 경제협력은 박의장이 저 쪽에 있기 때문에 성공할 수 있다. 군인은 한번 약속한 이야기는 목숨을 걸고라도 지키기 때문이다" 운운의 소식을 떠들고 다녔다.

유착 관계의 세 가지 얼굴을 벗기면

이른바 한일 유착관계의 구체적인 얼굴은 어떻게 생긴 것이었을까? 유착관계에서 빚어지는 결과는 무엇이었던가를 크게 나누어보면 다음과 같은 세 가지 모습으로 분류해 볼 수 있다.

첫째, 일본으로부터의 경협자금 도입에 따른 직접적인 부정행위

둘째, 일본의 친한파 득세를 위한 정치공작

셋째, 한국의 정치자금과 관련된 커미션 내지는 리베이트

이제 한일 유착관계의 세 가지 모습을 실례를 통하여 살펴보기로 하자.

경협자금 도입에 따른 부정행위는 한일 관계의 초기에 있었던 사례였다. 말하자면 한국 진출에 따른 일본 기업들의 이윤추구에 대응하는 한국 기업 측의 벌거벗은 돈벌이 행위였다. 이 케이스의 가장 대표적인 사례는 1966년 5월에 있었던 삼성재벌 산하 한국비료의 밀수사건이다.

한국 최대의 재벌이던 삼성은 한일회담 체결 직후 일본의 미쓰이 물산으로부터 4천 3백 90만 달러의 상업차관을 들여와 울산에 3만 톤 생산규모의 요소비료공장 건설에 착수했다. 삼성은 당시 경제기획원 장관이던 장기영의 주선으로 미쓰이와 손을 잡았으며 장기영은 일찍이 군정 당시 소맥도입사건으로 박정희 의장의 밀명을 받아 미쓰이와 접촉했을 때부터 그쪽 사람들과 가까웠다. 요소비료공장 건설을 위한 차관은 장기영이 삼

성의 총수 이병철을 1965년 말, 미쓰이 물산 니쓰이와(西嶋東)에 소개함으로써 이루어진 것으로 알려졌다. 장기영은 차관 알선에 그치지 않고 특혜융자에 의한 국내자금 동원에도 힘을 써 주었으며 삼성, 판본방적, 화신산업 등 특정기업들에 대한 특혜융자 정책을 둘러싸고 당시 정부 내에 이견이 벌어져 한때 장기영 경제팀에서 재무장관을 하던 L씨는 장씨에 의해 좌천당한 일도 있다.

말썽이 된 밀수사건은 요소공장을 짓고 있던 삼성 산하의 한국비료회사가 공장건설 자재를 가장하여 사카린 원료 OTSA 2천 4백 부대(시가 5천만 원 어치)를 몰래 들여와 시중에 팔려고 하다가 적발된 사건이었다.

이 사건은 5월에 있었던 일로서, 특정범죄가중처벌법에 의해 다루어져야 할 성질의 것이었음에도 불구하고 어찌된 일인지 당국은 벌금징수라는 가벼운 처리로 끝맺고 말았다. 그로부터 약 4개월 후인 9월 15일, 일부 신문에서 사건의 내막을 보도한 것이 도화선이 되어 이 재벌 밀수는 정치, 사회문제로 번져나갔다.

들끓는 여론 앞에 처음엔 유야무야로 얼버무리려 했던 정부 당국도 특별수사반을 편성하여 사건조사에 착수하지 않을 수 없었고 국회에서도 조사특별위원회를 구성했다.

검찰은 나중에 이병철의 아들이며 삼성의 실권자였던 이창희와 한국비료의 이일섭, 니시시마 등을 구속했으나 국회는 밀수의 총책임자로서 이병철을 구속해야 한다고 주장했다. 그리고 여당인 공화당 내의 강경주류파는 "한비 밀수의 원천적 장본인인 장기영 부총리와 이후락 청와대 비서실장을 후퇴시켜야 한다"고 박대통령에게 요구했으나 이는 묵살되었다.

훨씬 후의 이야기지만 일부 외신은 한비 차관과 관련하여 거액의 리베이트가 한국측에 제공되었으며 밀수된 물건들이 사실은 리베이트로 제공된 몫이었다고 보도하기도 했다.

그 당시 재벌 밀수 사건으로 국회에서 일어난 한 가지 해프닝이 김두한 의원의 오물투척 사건이었다. 국회 본회의에서 밀수사건에 대한 대정부 질의가 본격화된 9월 22일 한독당 소속 김두한은 발언 도중 "이 나라의 모든 부정과 부패를 옹호하고 있는 현 내각은 피고취급을 받아 마땅하다. 나는 행동으로 부정 불의를 규탄한다"면서 미리 준비해 갖고 왔던 사카린을 각료석을 향해 뿌린 다음 깡통 속에 담아온 오물을 살포했다. 이 오물은 김두한의 말에 의하면 "선열의 얼이 담긴 파고다공원의 공중변소에서 퍼 온 것"이라고 했다.

각료석에 앉아 있다가 엉겁결에 오물바가지를 뒤집어쓴 정일권 총리, 장기영 부총리, 김정렴 재무, 박충훈 상공, 민복기 법무 등은 "행정부의 권위와 위신을 위해 국정을 보좌할 수 없다"는 이유로 일괄사표를 제출했고 김두한은 의원직을 잃은 다음 국회의장 모욕, 공무집행방해 등 혐의로 구속됐다.

사카린 밀수가 종결되어 갈 무렵 한비에 의한 제2, 제3의 밀수혐의가 말썽이 되었다. 원자재 도입품목에 끼워 일제 변기, 전화기재, 도어체크 등을 밀수입했다는 이야기였다. 결국 사카린 밀수사건은 이병철이 한국비료를 국가에 헌납하겠다는 의사표명으로 일단락되었다.

이 무렵 재일교포 재벌 서갑호가 경영하는 판본방적도 일제 테트론을 밀수한 사실이 드러나 국민의 분개를 샀다. 수입 원면 뭉치 속에 일제 테트론 2천 5백여만 원 어치를 숨겨 밀수해 왔다가 적발된 것이다. 이 사건에서도 서갑호 사장 등 간부급에 대한 관련혐의에 대해서는 깊이 파고들어 수사되지를 않은 채 흐지부지되고 말았다.

후꾸다 당선 지원자금 국내모금도

한일 유착관계의 두 번째 모습인 정치공작은 그 내용을 잡기가 힘들다. 이 부분은 금전에 얽힌 결탁관계만이 아니라 갖가지의 이해와 인연에 얽힌 인간관계에서도 비롯되기 때문에 그 실상은 구체적으로 드러나지를 않았다.

그러나 일본에서 정권교체가 있을 때 동경과 서울에서 여러 가지로 떠돌아다니던 이야기들과 나타난 정치현상을 통해 그 면모의 일부는 그려볼 수 있다. 그리고 한국의 모 재벌과 일본의 특정정치 세력 간에 이루어진 유대관계는 이러한 정치적 유착관계의 일단을 설명해 주는 자료가 되고 있다.

박정희 정권의 전 기간을 통하여 한국의 정, 재계에서는 일본 자민당의 총재 선거가 있을 때마다 가능한 한 친한적인 정치인의 선출을 노려 백방의 노력을 다 기울였다. 그 노력이 결과적으로 얼마만한 효과를 거두었는지는 별문제로 하고, 기왕에 구축된 파이프라인을 통해 한국정부, 혹은 특정 정치인이나 재벌이 유리하다고 판단되는 인물에 대해 유형무형의 지원을 시도했다.

1972년 사또(佐勝榮作)의 뒤를 이어 다나까(田中角榮)와 후꾸다(福田赳

夫)가 수상 경선을 벌였을 때 한국 정, 재계 일각에서는 후꾸다를 당선시키기 위한 지원자금 모집을 벌인 적이 있었다. 다나까가 반한적이라서가 아니라 기시와 연결되는 후꾸다 쪽이 더 친한적이라는 판단에 기초를 둔 때문이었다. 얼마만한 돈이 모금되었고, 이 돈이 어떤 루트를 통해 전달되었는지 여부는 알 도리가 없었다. 당시 서울에 있는 일본인 소식통에 의하면 상당한 액수의 돈이 모아졌으나 이 돈이 도중에 행방불명이 되어 정작 후꾸다 진중에는 전달되지 못했고 이로 말미암아 큰 말썽이 되었다고 한다.

규모는 작지만, 국회의원 선거가 있을 때 한국측으로부터 일본의 특정 입후보자에게 지원자금이 전달되는 경우가 있었다. 그리고 반대로 한국에서의 선거 시 일본 쪽으로부터 특정 정치인에게 얼마간의 돈이 전달되었다. 이럴 경우 일본으로부터는 대개 1천 달러 정도의 그야말로 '촌지'가 전달되었으나 그 반대로 일본에서 선거가 있어 한국 기업가로부터 일본의 특정정치인에게 지원자금이 전달된 경우 그 액수는 꽤 거액인 것으로 알려졌다.

이러한 유착의 내막관계는 과거 현재를 통해 한 번도 드러난 적이 없지만 단 한 번, 록히드 의혹과 지하철 의혹 사건이 터졌을 때 그 일단이 일본의 매스컴에 보도된 적이 있었다. 그 때 등장한 인물은 대한항공 조중훈 사장과 다나까 일본 수상, 그리고 고다마와 더불어 일본 최대의 괴물이며 '정상'(政商)인 오사노(小佐野賢治) 등이었다. 당시 일본 신문이 보도한 이들의 특수한 연계관계와 그 내막은 이러했다.

검은 돈줄 — '검은 소문'과 대한항공

대한항공 조중훈은 한일 간 '검은 돈줄'과 관련한 한국측 주요인물의 한 사람으로 70년대 초부터 미국과 일본에서 지목되었던 인물이다. 미국의 의회청문회 같은 데서는 국무성 한국과장이었던 레이너드나 미국에 망명한 전 주미한국대사관 공보관 이재현 등에 의해서도 자주 거론되었다.

조중훈과 일본의 유착관계는 오사노를 통한 다나까 파와의 연계였다. 오사노는 일찍부터 정치권력과 이권이 얽힌 스캔들에는 반드시 등장하는 의혹의 인물이었다.

태평양전쟁 당시 자동차부품 공장을 세워 군납으로 막대한 돈을 벌었고 종전 후에는 미군을 상대로 한 버스 대여업 등 점령군과의 거래에서 거민의 부를 축적했다. 다나까와는 전전 다나까가 토건업을 경영할 때부터 맹우로 지내왔으며 록히드 사건 때는 다나까, 고다마, 오사노 등 세 사람이 나란히 의록의 주인공으로 등장했다. 오사노의 직함은 버스, 택시, 호텔, 부동산사업 등을 주요 업체로 하는 국제흥업의 사주이며 일본항공 이사, 전일항공사빈(社賓) 등 약 50개를 지니고 있었다. 그가 얼마만한 돈을 갖고 있는지는 그 누구도 알지 못하지만 떠도는 이야기로는 총자산이 3천억 엔이라고도 하고 2조 엔이라고도 소문났다. 국제흥업은 완전한 가족경영체제로서 4형제가 사장, 전무, 이상 등을 모두 맡고 있었다.

한국의 조중훈과 오사노의 연계는 월남 전쟁 당시로 거슬러 올라간다. 그 당시 월남에 진출한 조중훈의 한진에 오사노가 미군수송용 버스와, 파월한국군병력, 물자, 노무자 등을 수송하는 데 필요한 항공기를 제공해

준데서 비롯되었다.

그 후 1972년, 오사노는 대한항공의 주식 가운데 9.9%를 입수하여 조중훈과 경영상의 제휴관계를 맺었고 73년에는 대한항공과 국제흥업 공동으로 호텔, 레저 등의 제주도 개발을 계획한 적도 있었다.

대한항공은 오사노의 소개로 다나까와 연계를 맺었으며 다나까를 통하여 일본 정계에 지기를 만들었다. 1972년 7월, 다나까가 자민당 총재로 선출되기 직전에는 현금 1억 엔이 조중훈으로부터 오사노의 국제흥업으로 운반된 사실도 있었다는 외신보도도 있었다.

정치자금 주고받고 나면 서류파기

한일유착관계의 전형적인 모습은 뭐니 뭐니 해도 한국의 정치자금과 관련된 일본측 상업의 리베이트와 그 흐름이었다. 국교타결로 일본의 자본이 도도히 한국에 흘러들어오면서 거기에는 온갖 '검은 소문'들이 꼬리를 이었다. 한일간의 경제교류가 단순한 상업 베이스에서 이루어진 것이 아니요, 거의 빠짐없이 정치의 입김이 서려서 가능했기 때문에 항상 의혹스러운 냄새를 풍기기 마련이었다. 부관 페리의 취항, 포항제철소 건설, 한일 대륙붕 협정의 체결 등 중요한 안건들이 정부 간의 표면무대에서보다는 한일협력위원회 같은 친한파 그룹과 한국정부 당국자들 사이의 이면무대에서 흥정되었던 사실은 공공연한 비밀이었다.

특히 차관을 둘러싼 리베이트 문제는 한일유착관계의 실질적인 알맹이로서 한 일 두 나라 여론으로부터 의혹과 규탄의 대상이 되어 왔다. 굵직한 것으로는 화력발전 플랜트의 도입을 둘러싼 일본 상사간의 암투, 서울 지하철 건설의 수유경쟁과 리베이트 수수설을 비롯하여 작은 것으로는 일반기업체의 차관도입에 관련된 수수료 문제 등 '검은 소문'은 끝이 없었다. 60년대 후반으로부터 70년대에 걸쳐 외국 상사의 국내 활동이나 외국으로부터의 자금도입은 박정희 정권 최대의 정치자금원이었다. 일본이나 미국으로부터 한국에 도입되는 차관 및 플랜트 도입에는 거의 여지없이 일정한 비율의 커미션이 부과되어 공화당 정부의 정치자금으로 들어갔다. 주한미군의 조달 계약이나 미국의 식량도입에 개입하여 수수료를 거둬들이기도 했다. 코리아게이트 사건 때 주역을 맡은 박동선의 미국양곡 수입 독점에 따른 수수료 문제가 이런 케이스였다.

특히 양곡이나 원유 등의 도입은 정치자금의 황금노선이었다. 양곡을 파는 외국 업자와 국내의 독점수입업자로부터 일정액의 커미션을 받는 것 이외에도 이들 양곡 등이 대체로 연간 5% 정도의 좋은 조건으로 연불 수입할 수 있었다는 데 착안, 들여온 쌀과 원면을 국내 시장에 팔아 이를 현금화해서 은행에 예치, 금리 차이에서 오는 수십억 원에 달하는 막대한 이득을 정치자금 등으로 썼다.

거둬들인 정치자금의 일부는 스위스나 일본은행에 예치되어 '대통령의 자금'으로 사용되었으나, 그 중 상당액수가 당시 정치실력자들의 주머니 속에 '떡고물' 형식으로 들어갔을 것으로 알려져 있다. 이를테면 미국에 망명한 김형욱의 경우만 해도 미국에 빼돌린 재산이 1천 5백만 달러 이상인 것으로 밝혀졌다.

정치자금 수수는 완전한 비밀 속에서 거래되었다. 이 거래에 관련했던 당시의 중앙정보부장, 청와대 비서실장, 공화당 재정위원장 등 실력자들과 박대통령은 일단 자금거래가 끝난 건에 대해서는 대통령과 자신들의 서명이 있는 모든 서류를 파기하도록 했다. 다만 그 당시 당재정위원장이던 김성곤은 있을지도 모르는 '불행한 사태'에 대비하여 일부의 기록을 남겼다는 이야기도 있었으나 이것 역시 김씨의 사망을 전후해서 모두 파기됐을 것으로 보고 있다.

정치자금 리베이트는 대체로 7%

이렇게 해서 그 당시 정치자금에 관한 대부분의 거래는 증거 하나도 남기지 않게 되었으나 극히 일부분의 몇 가지 케이스는 들통이 나 매스컴이나 의회의 논란거리가 된 적이 있었다. 물론 한국에서는 한 마디도 보도되거나 거론되지 않았으나 그 당시 일본과 미국의 신문, 그리고 의회청문회 같은 데서 이런 의혹이 논란된 적이 있었다. 미국 관계에서 들통이 난 최대의 스캔들은 호남 정유의 합작투자회사인 걸프 사에 대한 정치자금 제공요구였다. 이 문제는 1970년대 중반, 이른바 '코리아게이트' 사건 때 미국 하원의 조사 결과 밝혀진 사실이었다. 1966년과 1970년 두 차례에 걸쳐 걸프 사는 김성곤, 김종필, 이후락 등의 요구에 따라 도합 4백만 달러의 정치자금을 내놓았던 것이다. 이 돈은 스위스 은행의 구좌에 입금되어 공화당 정부의 선거자금 등으로 사용됐다.

'한국에서 계속 돈 벌고 싶으면 정치자금으로 얼마를 내놓으라'는 식으로 걸프 사에서 뜯어간 수법은 별로 세련되지 못했다. 70년대에 들어와 일본을 상대로 한 커미션 거래에서는 공화당 정부의 정치자금 마련이 한층 체계화되고 세련되었다.

청와대, 공화당, 행정부 쪽의 실력자들이 함께 호텔 같은 데서 모여 한국에 들어오는 모든 규모의 정부 및 민간 차관, 특히 상업 차관과 국내의 굵직한 건설공사, 교포재산의 반입 등에 관한 모든 정보와 자료를 망라하여 일정비율의 정치자금을 매겼다. 청와대에서 비서실장이, 행정부에서 부총리 겸 경제기획원장관이, 당에서 재정위원장이, 그리고 중앙정보부에서 부장이 참여하여, 거둬들일 리베이트의 비율을 결정했다. 그 비율은, 많은 것은 도입액, 혹은 계약고의 10%까지 된 적도 있고 적은 것은 2%도 있었지만 대체로 3%에서 7%가 가장 많았다.

한국에 플랜트를 수출하는 일본 상사들은 거의 빠짐없이 이런 리베이트를 지불했다. 그렇다고 하여 이 리베이트로 말미암아 일본 장사치들이 손해를 본 것은 결코 아니었다. 적어도 리베이트로 뜯긴 액수만큼의 웃돈을 물건 값에 덧붙여 팔았기 때문이다.

1970년대 초 일본의 차관도입과 관련되어 말썽이던 최대의 의혹 사건은 서울 지하철 부정이었다. 이 의혹사건 자체는 1973년에 있었던 일이나 비밀의 베일 속에 가려 있다가 들통난 것이 그로부터 약 4년이 지난 1977년 무렵이었다. 그 이전에도 약간의 소문은 나돌아 다녔다. 그러나 전모가 밝혀져 매스컴과 의회에서 대대적으로 거론된 것은 훨씬 후의 일이다. 물론 뒤늦게 벌어진 말썽도 국내에서가 아니라 일본 쪽에서였다. 모든 국내의 여론기관이 침묵을 강요당하고 있는 동안에 일본의 매스컴과 의회에서 이 문제를 연일 커다랗게 다루고 있었다. 그 당시 논란된 '서울

지하철 부정사건'의 내막과 경위는 이러하다.

서울 지하철공사와 정치자금

수도 서울의 교통난 완화와 비상시의 대피장소로 이용하기 위해 서울 지하철 건설이 검토되기 시작한 것은 1968년 무렵이었다. 이 계획이 거창한 사업이며 막대한 자금이 소요되는 공사라는 점은 인정되었지만 이미 경부고속도로 건설에 자신감을 얻은 박대통령은 지하철 건설에도 별다른 주저함이 없었다. 당시의 서울시장 양탁식도 이 계획에 대한 만만찮은 의욕을 갖고 있었다.

동경, 파리 등 세계 주요 도시의 지하철 실태를 연구한 다음 대체적인 마스터플랜을 작성하여 서울시 지하철 건설 본부를 설치한 것이 1970년 6월이었다. 서울의 동서 9.5km를 관통하는 이 지하철 1호선의 건설공사에는 계획단계에서부터 일본과 유럽 쪽의 업자들이 군침을 흘리면서 시설과 차량발주를 위한 이면공작을 벌이고 있었다.

유럽 쪽은 세계적인 '국제정상(政商)'으로 소문난 독일계 유태인 아이젠버그를 앞세운 서독과 프랑스의 업자들이었다. 이들은 앞서 강원도의 산업선 전철화 공사를 따내 실력을 과시한 바 있었다. 그 때도 일본측 상사들이 공사입찰에 응찰한 바 있었으나 실패했었다.

이런 실패를 뼈아프게 느낀 일본은 서울 지하철만큼은 무슨 일이 있더라도 따낼 결심으로 일찍부터 한일 간의 온갖 유착 파이프라인을 동원하여 이면공작을 벌이기 시작했다. '지하철 공사마저 빼앗긴다면 가장 가깝고 유망한 한국시장에서 일본은 쫓겨날 수밖에 없다'는 절박한 심정으로 지하철공사에 임했다는 것이다.

일본은 미쓰이, 미쓰비시, 마루베니(丸紅), 닛쇼이와이(日商岩井) 등 4개의 대기업들이 상사연합을 결성하여 유럽 쪽에 대항했다. 간사사가 된 미쓰비시의 후지노(藤野忠次郎) 사장과, 서울지사장 나까가와(中川忍一) 등이 당시의 김형욱 중앙정보부장을 비롯한 한국정부 실력자들을 뻔질나게 방문하여 공작하고 돌아다녔고, 한일협력위원회 일본측 회장이었던 기시도 박대통령 등을 방문하여 서울 지하철의 차량과 시설 발주가 일본측에 떨어지도록 부탁했다.

이 흥정에 중심적인 픽서 역할로 나선 사람이 김성곤이었다. 그의 역할은 시설 발주에 필요한 차관자금의 유리한 조건과 최대한의 리베이트를 받아내는 일이었다. 김성곤이 일본상사연합을 상대로 공사낙찰의 대가로 요구한 사항은 첫째 연리 8%선인 상업차관 대신 연리 4%라는 유리한 조건의 정부차관으로 전환토록 할 것과, 둘째 리베이트로 발주대금의 8%를 공화당 정부에 제공할 것 등이었던 것으로 알려졌다.

이 같은 요구조건을 제시받은 일본측 상사연합은 자국 내 각계에 작용하여 결국 정부차관을 주선하는 데 성공했다. 이 정부차관은 71년 8월에 열린 제5회 한일정기각료에서 정식으로 결정되었다.

이보다 앞서 동년 4월에 상사연합 측은 1차로 1백 20만 달러에 달하는 돈을 리베이트 조로 김성곤이 지정한 미국 체이스맨하턴 은행의 뉴욕지점에 불입했었다.

이 때는 일본 정부 내에서 서울 지하철 건설을 위한 정부차관이 내정됐던 단계이며 따라서 이를 근거로 상사연합은 김성곤과의 흥정을 이행하는 단계에 이르렀던 것이다.

모든 의혹은 일본 쪽에서 터져 나와

그러나 당초 김성곤이 요구한 8%의 리베이트 요구는 나중에 일본상사연합회 측이 너무 과다하다는 진정을 내세워 결국에는 4%로 낙착되었고 이에 따른 리베이트 잔금 1백 30만 달러는 72년 1월과 73년 5월 두 차례에 나누어 한국외환은행의 어느 가공인물 구좌에 불입되었다. 이 돈이 공화당의 정치자금 내지는 어느 특정 실력자의 주머니돈으로 화했으리라는 추측이었다.

한일각료회의에서 차관이 결정된 지 약 2년 후인 1973년 1월, 서울지하철 프로젝트에 관한 국제입찰이 시행되었다. 그러나 이 입찰은 사실상 형식에 지나지 않는 것이었고 이미 일본의 4사연합에 낙찰되도록 예정되어 있었다. 다만 법률상 요식을 갖추기 위해 국제적인 공개입찰에 붙여졌던 것이며 이 때 4사 이외에 해외물산이라는 일본의 중소기업체 하나가 응찰했다.

이 해외물산이 응찰하게 된 경위를 살펴보면 지하철 공개입찰이 사실상 사전에 낙찰자가 결정된 단독입찰이었음을 뜻하는 의혹을 드러내준다. 후에 해외물산 측은 응찰경위를 이렇게 설명했다. 입찰이 있기 1년쯤 전, 동사의 전무가 서울을 방문했을 때 거래선의 소개로 최대령이란 사람을 알게 되었으며 이 최대령이란 사람이 서울 지하철공사에 관한 정보를 귀

떰해 주면서 여기에 응찰할 것을 종용했다는 것이다. 해외물산은 서울 지하철 규모의 사업에 손댈 만한 대기업체가 아니었으나 최대령의 권유가 있고, 또 낙찰되면 동사는 얼마간의 커미션을 받고 낙찰권리를 대상사에 전매할 :요량으로 응찰했다는 것이다. 결과는 4사연합의 입찰가격보다 고가였기 때문에 낙찰되지 못했다는 것이다.

최대령이란 사람의 정체에 관해서는 끝내 밝혀지지 않았으나, 당시 일본 매스컴들은 그 사람이 일본상사연합측의 의뢰에 따라 형식상의 경쟁입찰을 만들기 위해 해외물산을 상대로 공작한 것이 아니었겠느냐고 보고 있다.

일본신문이 서울 리베이트 구조 폭로

낙찰결과는 지하철용 차량 1대에 평균 6천 3백 50만 엔이었으며 총액 1백 92억 2천 8백만 엔 규모의 매매계약이 1973년 5월, 한국측과 일본의 상사연합 사이에 체결되었다.

서울 지하철 의혹 사건은 낙찰된 차량 가격이 시가에 비해 엄청나게 고가였다는 사실에서 들통 나기 시작했다. 6천 3백 50만 엔이라는 대당 가격은 당시 일본의 국내가격인 대당 3천 2백 4만 엔에 비해 거의 두 배에 달하는 엄청나게 비싼 가격이었다. 비싸진 만큼의 액수 가운데 상당한 부분이 한국의 정치자금과 일본 상사들의 부당이익으로 챙겨지지 않았느냐 하는 의혹에서 서울지하철을 둘러싼 '검은 리베이트' 문제가 클로즈업되었던 것이다.

처음부터 모든 의혹은 일본 쪽에서 거론되어 터져나왔다. 일본의 매스컴과 의회가 이 문제를 끈질기게 거론하면서 그 진상에 육박해 들어갔다. 그 결과 한국의 공화당 정부에 들어간 리베이트의 흐름과 그 규모 및 결탁관계의 구조가 거의 백일하에 드러났다. 지하철 차량과 시설기재 등을 수출하여 일본의 4개 상사연합이 올린 판매이익은 약 20억 엔이었다. 이 이익은 전체 판매액의 9%에 해당하는 17억 5백만 엔이고, 이 가운데 4%인 7억 5천만 엔(약 2백 50만 달러)은 김성곤의 지시에 의하여 뉴욕으로 송금되었고, 2억 2천 2백만 엔은 수수료로서 4사연합의 한국측 브로커인 창일 엔터프라이즈에 지불되었다.

이 창일 엔터프라이즈는 지하철 사건에서 하나의 수수께끼 같은 존재로 등장했다. 브로커로 활약하여 받은 거액의 수수료를 서독, 홍콩 등 의혹스러운 곳으로 송금했기 때문이다. 창일 엔터프라이즈의 사장은 1933년생인 문의룡으로서 서울지하철 계획이 본격화될 무렵 회사를 설립하여 미쓰비시 상사 서울지사에 자주 드나들면서 브로커 역을 따냈다. 종업원은 불과 4명으로, 회사 소재지도 확실하지 않았고 사장인 문의룡 자신의 경력이나 정체도 확실하지 않았다. 그와 거래한 일본 상사 사람들도 키가 1백 75cm 정도의 건강한 체구였으며 미성의 소유자였다는 점만을 알고 있었을 뿐, 그 이상의 것에 관해서는 아무도 아는 사람이 없었다. 이 의문의 인물은 서울 지하철 사건 때 한국과 일본 상사 사이에서 브로커로 활약하여 2억여 엔의 돈을 쥔 다음, 사건이 일본국회에서 말썽나기 직전인 77년 1월 가족과 함께 미국으로 건너가 버렸다.

문의룡은 커미션의 대부분을 미국과 서독의 뒤셀도르프, 홍콩 등지에 송금토록 4개사에 의뢰했다. 의뢰된 송금선은 한국인이 아닌 외국인이 대부분이었는데 뒤셀도르프에는 서울지하철 발주 때 배후에서 영향력을 끼쳤던 것으로 알려진 기시의 전비서 가와베(川部義智雄)가 경영하고 있던 '일본관'(호텔, 식당, 나이트클럽)이 있어, 혹시 커미션의 돈이 기시 계에 건너가지 않았나 의혹을 사기도 했다.

강요당한 침묵으로 묻힌 의혹들

김성곤과 문의룡에게 건너간 리베이트 내지는 커미션을 제외하고 미쓰비시, 미쓰이, 마루베니, 닛쇼이와이 등 일본의 4개상사가 벌어들인 순이익 액은 9억 5천 5백만 엔이었다. 이 액수는 판매총액의 5%에 해당하는 이익률로서 상당한 고이윤이었다. 일반적인 상거래 행위에서 일본의 상사들이 올리는 순이익률이 평균 2%정도이기 때문에 그 두 배 이상의 이익률이라는 것은 상상을 넘는 일이었다. 정작 4개 상사연합이 지하철 발주와 관련하여 차관체인 일본의 해외경제협력기금에 수출 신고했을 때의 예상이익도 2%라고 제출했던 사실을 감안하면, 실제로 예상의 2배 반 이상을 올린 이익률은 정상적인 상행위의 결과가 아니었음을 반증했다. 결국 정치적 결탁에 의한 상행위가 리베이트나 커미션을 떼어주고서도 얼마만큼 실속 있는 장사가 되며 이 때문에 일본의 상사들이 눈에 불을 켜고 한국의 정치실력자들과 손을 잡으려 했던가 하는 사실을 증명해 주는 증거가 되었다.

서울지하철 의혹에 관한 스토리는 모든 것이 일본 쪽에서 밝혀져 나왔다. 당시 한국에서는 일체를 쉬쉬하면서 감추기에 급급했고 신문이나 국회에서조차 이 문제를 다루는 것은 일종의 터부가 되어 있었다. 73년 10월 국회 내무위원회에서 공화당의 김진봉 의원이 일본 신문보도를 인용, 한국이 도입한 지하철 차량이 일본 국내의 싯가에 비해 엄청나게 비싼 이유를 물은 적이 있었다. 이때 답변에 나선 서울시장 양탁식은 "우리 지하철은 레일 폭이 넓고 또 일본 것과는 달리 직류, 교류 양용이어서 가격이 비싸진 것뿐이며 정치자금과는 관계가 없는 것이었다"고 해명했다.

정부 측의 해명이 납득할 만한 것이 못 되었음을 누구나 짐작했지만, 그 정도의 거론도 그 때뿐이었다. 보도기관이나 국회가 침묵을 강요당했기 때문에, 사건 자체가 한국에서는 어둠 속에 사라지고 말았던 것이다.

비싼 지하철 타는 서울 시민들

외국상사로부터 뜯는 리베이트 조의 정치자금은 두말할 것도 없이 장사를 시켜준 데 대한 반대급부로 받는 돈이다. 상사 측으로 보자면 필요경비라고 해석할 수도 있고, 뜯긴 만큼 이익이 줄어든다고 볼 수도 있다. 그러나 서울 지하철 건설의 경우는, 한국정부에 정치자금을 제공하고도 일본 상사들은 평균 이윤 이상의 막대한 소득을 올렸다.

결국 정치적 결탁에 의한 상거래가 상대국에 정치자금을 떼어주고서도 얼마만큼 실속 있는 장사가 되며, 이 때문에 외국의 상사들이 눈에 불을 켜고 한국의 정치 실력자들과 손을 잡으려 했는가를 알 수 있다.

정치자금이란 결코 주고받는 당사자끼리의 문제로 국한되는 것이 아니다. 그 결과에서 오는 주름살은 결국 국민 모두가 지는 것이다. 기업인들은 정치자금으로 뜯긴 만큼 자기가 손해 보는 것이 아니라 그만큼의 액수를 제품가격에 얹어 내놓을 것이기 때문이다. 외국기업을 상대로 한 리베이트나 헌금행위도 마찬가지다.

도입된 액수에 부가되는 리베이트나 커미션은 외국이 부담하는 것이 아니라 결국에는 한국 정부에 정치자금으로 뜯긴 것만큼이 아니라 그 몇 배가는 부가이윤을 더 얹어 폭리를 취했다. 당시의 정부는 그것도 모르고(혹은 알았는지도 모르지만), 우선 손 안에 들어오는 정치자금에 유혹되어 그토록 불리한 상거래를 감수했고 결과적으로는 서울시민들이 비싼 지하철을 탈 수밖에 없게 된 것이다.

외국기업들에 강요한 '정치헌금'

외국을 상대로 한 정치자금 조달의 또 한 가지 방식은, 한국에서 돈벌이 하고 있는 외국기업을 상대로 직접 정치헌금을 요구하는 방법이다. 이 경우의 대상은 주로 합작기업체이고, 선거 때에 곧잘 있었던 일이다. 1966년경부터 1971년 무렵까지의 사이에 한국에 진출하여 합작투자로 재미를 보고 있던 미국의 몇몇 대기업체가 이런 케이스로 정치헌금을 제공한 적이 있다. 성질로 보아 모든 일이 비밀리에 진행되었으나 그 가운데 몇 케이스는 1970년대 중반 미의회에 발각되어 내막이 밝혀진 적이 있다. 당시 의회는 청문회를 열어, 한국정부 내지는 권력자와 미국기업체 간의 막후 흥정과정을 자세히 추적하여 보고서로 발표했다. 그 당시 들통이 난 기업체는 걸프, 칼텍스 등의 몇몇 석유회사였고, 그 밖에도 아직 밝혀지지 않은 헌금기업체가 많을 것으로 추측되었으나 들통 난 케이스만 가지고 보더라도 정치자금을 둘러싼 이면의 흥정과정이 얼마나 음습했던가를 짐작하기에 충분했다.

제6대 대통령선거와 제7대 국회의원 선거를 눈앞에 둔 1966년 5·16 후 한국과의 합작으로 울산정유공장과 대한석유공사에 투자하고 있던 미국의 걸프 회사는 이후락, 김성곤으로부터 1백만 달러의 정치헌금을 내놓도록 종용받았다. 훗날(1975년) 미국 상원외교위원회의 '다국적 기업에 관한 소위원회 청문회'에서, 그 때 돈을 건네준 도오시 걸프 사장은 경위를 이렇게 증언했다.

"한국 정부에 의한 헌금 요청은 몇 명의 고관들에 의해 행해졌다. 그것은 실로 강경한 접근이었다. 협박은 아니었지만 '당신네들이 살아남고 번창하고 싶다면, 그래서 이 나라에서 계속 돈을 벌고 싶다면 그렇게 하는 것(1백만 달러의 헌금을 하는 것)이 최선의 길이로'라고 을러댔다. 그 요청을 만약 거부한다면 무슨 일이 일어날지 능히 상상할 수 있는 정도의 압력이었다. 그 당시 걸프는 한국에 이미 막대한 투자를 하고 있었다. 따라서 우리는 미국기업이 외국에서 흔히 직면하는 무수한 문제들과 직면해 있었다. 본인은 이러한 점에 비추어 헌금에 대한 요구를 신중하게 검토한 후, 1백만 달러를 헌금하는 것이 걸프와 여기에 투자한 주주들의 최선의 이익에 합치하는 일로 여겼다."

이렇게 해서 걸프는 1백만 달러를 내놓았으나 한국측의 요구는 여기서 그치지 않았다. 그로부터 4년 후인 1970년, 제7대 대통령선거를 앞두고 이번엔 1천만 달러의 헌금이 다시 요구되어 왔다. 엄청난 액수에 놀란 걸프 측은 도오시 사장이 서울로 날아와 김성곤을 만났다. 다음은 도오시 사장이 김성곤과 만났을 때의 일을 의회에서 증언한 청문회 보고내용.

미기업이 제공한 8백 50만 달러

"그(김성곤)는 곧장 본론으로 들어갔다. 즉 우리의 사업이 한국에서 대단히 번창하고 있으며, 우리가 계속해서 돈을 벌려면 1천만 달러의 정치헌금을 해야 한다고 나에게 얘기했다. 그는 '어차피 당신들은 우리 정부의 처분에 달려 있고 정부의 묵인 하에 있는 것이오. 당신네의 사업이 앞으로도 번창하고 돈을 잘 벌려면 정부가 당신들 편에 있을 필요가 있을 거요. 서방국과는 달리 여기서는 이런 사정을 피할 수 없소'라고 을러댔다.

그래서 나는 전에도 도와준 적이 있다고 가능한 한 정중히 이의를 제기했다. '우리는 한국의 실정을 알기 때문에 기꺼이 그렇게 했던 것이요. 우리는 선거의 필요성을 알고 있소. 한국에서는 이러한 일을 위해서 일반인들로부터 재원을 조달하는 방도가 거의 없기에 우리는 일종의 의무감에서 그렇게 했던 것이요. 그러나 1천만 달러의 문제는 그렇게 처리할 수 없소. 터무니없는 일이오'라고 얘기하자 그는 나에게 무척 화를 내더니 몹시 신경질을 부리면서 아주 거칠게 말했다. '그 일을 가지고 당신과 논쟁하려고 내가 여기 온 것이 아니오. 그 빌어먹을 돈을 기부하든지, 그렇지 않을 경우 닥칠 결과를 감수하든지 하시오.' 나는 화가 나고 당황해서 그 집을 뛰쳐나와 버렸다."

그러나 몇 차례의 절충 끝에 걸프는 결국 3백만 달러를 현금으로 내놓았다. 이 돈은 70년 7월, 걸프의 계좌로부터 스위스의 유니온 은행으로 대체되어 지불되었다. 이밖에도 걸프는 굴지의 주유소 대리업자인 흥국상사의 주식을 매입하는 과정에서 20만 달러의 돈을 이후락에게 건네준 적이 있다.

걸프 말고 그 당시 정치자금을 제공한 미국 기업체로는 칼텍스 석유회사가 있었다. 칼텍스는 70년부터 71년 초까지 몇 차례에 걸쳐 합작투자회사인 호남 정유의 서정귀를 통해 도합 4백만 달러(그 중 백만 달러는 대부 형식, 3백만 달러는 수수료 선불 형식) 정치헌금을 했다. 이 돈도 모두 스위스 은행에 예치되었다.

이 밖에 콜트 회사, 더글러스 항공기 회사, 퍼모스트 등이 헌금을 요구받고, 여기에 응했다. 재미있는 일은 대상 기업에 따라 접근하는 인물이 달랐다는 점이다. 이를테면 더글러스 항공기 회사에는 장기영이 접근했고, 콜트에는 박종규가 사람을 시켜 헌금을 종용했다. 이렇게 하여 71년 실시된 7대 대통령선거를 앞두고 미국 기업들이 한국 정부에 직업 헌금했거나 혹은 한국인 동업자 내지는 중개인을 통하여 제공한 돈은 모두 8백50만 달러였다. 그러나 이 액수는 밝혀진 것만이고, 드러나지 않은 헌금 액수는 훨씬 많을 것으로 추측되었다. 이러한 돈이 선거자금으로 쓰여져, 박대통령의 당선에 밑거름이 되었지만 그 가운데 상당한 부분은 '떡고물'로 특정인들의 호주머니 속에 들어갔을 것으로 짐작된다.

부패한 정치자금

호텔에 숨겨둔 '정치자금 산실'

박정희 통치가 두 번째의 임기에 들어선 1967년부터 1971년에 이르기까지 서울 한복판에 있던 반도호텔(지금의 롯데호텔 자리) 905호실과 바로 그 옆 뉴코리아 호텔(지금은 사무실 임대빌딩) 1002호실은 항상 '장기투숙객'에 의해 예약되어 있었다. 그러나 이 '투숙객'은 여느 손님과는 달랐다. 외국의 관광객이나 여행자가 아니라 한국의 이름 있는 정치인, 그리고 정부고관들이었다.

이들 예약된 방에 자주 나타나는 주인공은 당시 공화당 재정위원장이었던 김성곤, 아니면 김진만이었고 정부 쪽에서는 이후락 청와대 비서실장과 김형욱 중앙정보부장이 자주 얼굴을 내밀었다. 때로는 경제기획원의 고위관리들이 들락거리기도 했다. 그들은 거의 정기적으로 모여 방문을 걸어 잠근 채 몇 시간이고 뭔가 수군거리는가 하면 때로는 밤을 세워가며 갖가지 서류를 검토하곤 했다.

이 장소와 모임이 바로 제3공화국 정치자금의 산실이었던 것이다. 이 방에서 그 당시 한국에서 장사를 하고 있던 모든 외국기업들의 업무현황이 검토되었고, 한국에 도입되는 모든 규모의 정부 및 민간 차관이 조사되었다. 정부가 개입되는 굵직한 건설공사, 특혜적인 수입업무, 저리 은행융자, 교포재산의 반입 등도 여기서 처리되었다.

그들은 중앙정보부나 경제기획원이 파악하고 있는 방대한 자료를 근거로 하여, 미국의 A기업에는 얼마, 일본의 B상사에는 얼마 하는 식으로 정치헌금을 할당했다. 그리고 어느 기업체가 도입하는 차관에는 몇 %의 수수료를, 또 어느 업체의 건설수주에는 몇 %의 리베이트를 뗄 것인가를 결정했다.

이렇게 해서 결정된 정치헌금, 각종 수수료, 리베이트 등에 의해 거두어들인 돈은 청와대와 공화당의 금고에 입금된 다음, 선거자금, 당 운영비, 소속의원과 동조자에 대한 지원비 등으로 쓰여졌다. 때로는 야당이나 비판세력에 대한 매수자금으로도 쓰였고 일부는 '떡고물'이라는 형식으로 개인의 호주머니 속에 들어가기도 했다.

정치와 돈의 표리관계

미국의 제17대 대통령이던 해리슨이 대통령에 당선되었을 때의 일이다. "하나님의 은혜로 당선되었다"고 감사의 말을 했다가, '워너메이커'란 백화점을 경영하는 실업가로부터 "하나님의 은혜란 건방진 말이다. 내가 준 돈으로 당선되었잖은가"라는 노한 반발을 받았다. 나중에 해리슨 대통령은 그를 무마하기 위해 우정장관(郵政長官)에 임명했다.

이 조그마한 에피소드는 정치와 돈의 표리관계를 기막히게 적출한 상징적인 예다. 민주주의의 모델국가라고 할 수 있는 미국에 있어서도 돈은 대통령을 당선시킬 수도 있고 또는 떨어뜨릴 수도 있는 원동력이다.

정치자금이 가장 판을 치는 시기는 선거 때이다. 이 때는 입후보자와 유권자 사이에 공공연히 거래가 행해지기도 한다. 갖가지 형식을 통한 매표행위가 막대한 정치자금을 필요로 하고, 또 그를 마련하기 위한 비리가 저질러진다. 미국이나 영국 같은 나라만 해도 이른바 '청결선거'가 실현되기 시작한 것은 금세기에 들어와서부터의 일이다. 그 전까지는 정치자금 마련을 위한 기업가들과의 거래, 유권자와의 흥정이 거의 공식화하다시피 자행되었다.

영국에서 '청결선거'가 실현된 것은 1880년대 이후의 일로, 그전에는 선거민에게 술과 향응을 베푼 의원이 그 돈 때문에 도산하거나, 가재도구를 팔고 한밤중에 도망친 일이 빈번했다는 얘기가 남아 있다. 그 당시 리버풀의 선거구에서는 유권자가 투표권을 입후보자 사무실에 가지고 가면 몇 병의 맥주나 돈을 대가로 받았고, 아일랜드 어느 선거구에서는 1표 값을 20파운드로 계산하여 거래되었다. 이것을 본 가톨릭 신부가 "표를 팔아 정치를 부패시키는 사람은 지옥에 갈 것이다"라고 신자들에게 설교를 했더니 매수금이 단번에 40파운드로 껑충 뛰어올랐다고 한다. 우스갯소리 같은 부패판도였다.

예부터 정치와 돈은 표리관계를 이루어 왔다. 특히 민주주의 정치는 돈이 있어야 하고 돈을 필요로 하는 정치제도였다. 어떻게 보면 민주주의 정치 자체가 본질적으로 돈을 전제로 하여 성립된 시스템이었다고 말할 수 있다. 아무리 모범적인 국가라 하더라도 정치자금 없이는 민주주의 제도가 제대로 굴러갈 수조차 없다. 이렇게 해서 정치자금은 민주주의 정치의 필요악일 뿐만 아니라 어떤 면에서는 절대조건이라고 이야기할 수도 있다.

특혜 주고 커미션 상납 받고

하지만 이 정치자금은 어느 나라에 있어서나 그 모습을 떳떳하게 드러내놓지를 않는다. '세계 어느 나라 정당관계 문서를 뒤져 봐도 정치자금의 전모를 드러낸 것은 없다'는 말이 있지만, 정치자금은 항상 베일 속에 가려진 채 뒷전에서 위력을 발휘한다. 따라서 정치자금의 세계는 어느 나라고 음습하다.

특히 한국처럼 민주주의 정치의 역사가 일천한 나라에 있어서는 정치자금의 조달과 그 사용을 둘러싸고 갖가지 부정과 부도덕성이 개재되기 십상이다. 그럴수록 정치자금의 세계는 두꺼운 커튼 속에 가려져 모든 것이 비밀 속에서 진행된다. 그런데도 불구하고 과거 자유당, 민주당 정권과 5·16 후의 제3공화국 및 유신체제를 겪어오는 동안에 밝혀졌던 몇 가지의 의혹사건은 정치자금의 음습하고 추악한 세계를 드러내는 데 충분할 만큼 여러 증거들을 노정했다.

정부보유불(政府保有弗) 및 중석불(重石弗) 사건과 연계자금 사건은 자유당 때의 대표적인 정치자금 사건이었다. 1952년, 당시 정부가 갖고 있던 보유불과 중석불 약 4백만 달러를 미진상사 등 민간업자에게 불하, 그때까지 정부가 직접 담당했던 양곡과 비료의 수입권을 이들 민간업자에게 넘겨줌으로써 공정환율(7천 대 1)과 시장환율(2만 대 1)의 차액 5백 53억 환을 무역업자들이 가만히 앉아서 벌게 했고, 부대당 3~4만 환 하는 비료를 13~14만 환씩, 밀가루는 4만 5천 환짜리를 12만 5천환씩 팔도록 하여 도합 2백 65억 환을 폭리하게 했다는 것이 정부보유불 및 중석불 사건의 줄거리였다. 정부가 이렇게 특정업자에게 특혜를 줌으로써 업자들로부터 거액의 정치자금을 반대급부로 받았으나 그 액수에 대해서는 밝혀지지 않았다.

1958년에 있었던 연계자금 사건은 선거자금 염출과 관계된 스캔들이었다. 그 해 5월 2일에 실시된 제4대 국회의원 선거를 앞두고, 자유당 정부는 당 공천후보자에게 선거자금을 마련해 주기 위해 산업은행으로 하여금 특정업체에 대해 39억 환의 산업자금을 대출케 해주고 그 대신 융자받은 업체들로부터 2할 이내의 커미션을 헌납케 했다. 커미션 조로 거둬들인 정치자금 총액은 도합 15억 환이었다.

민주당 정권 때의 정치자금 부정사건은 중석불 사건이었다. 내용인즉 당시의 오위영 무임소장관이 문창준 대한중석 사장과 일본의 동가식품 사이에 중석 일수(一手)판매 가계약을 알선해 주고 커미션 조로 1백만 달러를 받았다는 것이다. 국회는 이 사건을 밝히기 위해 특별조사위원회까지 구성했으나, 끝내 진상을 밝히지 못했다.

H의원에 놀아난 중석불 사건

자유당과 민주당 시절에 있던 정치적 의혹사건은 그 당시 신문들에 의해 가장 관심 있는 기사로 취급되어 보도되었다. 언론자유가 꽤 보장된 당시의 보도기관들은 정치자금과 관련하여 약간이라도 의혹스러운 점이 드러나거나 폭로가 있을 때는 서슴없이 대서특필로 기사화했다. 민주당 때에 있던 중석불 사건 같은 것도 사실은 신문의 무책임한 과장보도였다. 이 사건은 61년 2월, 민주당 소속 소장파의 H의원이 퍼뜨려 신문은 연일 이에 관한 기사를 톱으로 보도했는데, 나중에 알려진 바로는 H의원의 사감(私感)에 기인한 허위 폭로였다.

즉 H의원이 대한중석 사장 자리에 친척의 한 사람을 밀었다가 여의치 못하자 이에 불만을 품고 허위 정보를 퍼뜨린 것이었다.

실제로 있었던 사건이라고 해도 자유당과 민주당 시절의 정치자금 관련 사건은 그 규모에 있어서나 수법에 있어서 별 대단한 것이 아니었다. 5·16 이후에 있었던 일에 비교하면 원시적이며 때로는 애교스럽기까지 했다. 그나마 자유당 때나 민주당 때의 일은 있는 것 없는 것까지 신문에 의해 샅샅이 보도되는 바람에 정부나 정치인은 그렇게 대담한 부정은 감히 저지르지 못했다.

그리고 또 한 가지 정치자금과 관련된 당시의 특성은 이른바 '떡고물'이라는 게 그렇게 많지 않았다는 점이다. 정치자금이란 문자 그대로 정치를 위한 필요자금으로 쓰였지 그것이 어느 특정인의 개인치부를 위해 호주머니 속에 들어간 예는 흔치 않았다는 얘기다.

그 반증으로는 당시 정치인들의 어려웠던 사생활을 들 수 있다. 이를테면 자유당과 민주당 시절에 걸쳐, 당수나 당 간부로서 정치자금을 마련하고 주물렀던 인물들이 거의 하나같이 제대로 된 집 한 채 지니지 못하고 살았던 점을 지적할 수 있다. 신익희, 조병옥, 김도연, 김준연 등이 한결

같이 그랬다.

그들은 모두 정당을 이끌어간 지도자요 실력자였으며, 항상 정치자금을 만졌으나, 개인적으로는 몹시도 가난했다. 신익희가 사망한 직후, 그가 생전에 기거하던 초라한 빈 방에는 판자를 뜯어 만든 나무상자에 세면도구 등을 넣어 둔 사물함 한 개만이 덩그렇게 남아 있었다.

돈을 세는 법 없이 당원들에게 흔하게 나누어 주곤 했던 조병옥의 집에는 늘 식량이 떨어지곤 했다. 김도연은 죽을 때까지 딸네집 방 한 칸을 빌려 기거했고, 김준연은 집 한 채 마련하지 못한 채 셋방을 전전하다가 아무것도 남긴 것 없이 사망했다. 그들은 돈을 만졌으나 '떡고물'과는 인연 없이 정치를 한 사람들이었다.

각개약진 방식의 자금염출

정치자금의 스케일이나 조달방법, 그리고 사용방식은 5·16 이후에 들어와서 그 모습이 완전히 달라졌다.

먼저 자금규모에 있어 그 액수는 구 정권시대와는 비교가 안 될 만큼 엄청난 스케일로 증대되었다. 국가의 경제규모가 확대되고 따라서 정치자금을 뜯어낼 수 있는 루트가 증가함에 따라 총체적인 정치자금 규모도 자연히 늘어나게 마련이었지만, 새로 정권을 담당한 주체세력들의 대담성이 거액의 융통을 가능케 했고 또 5·16정부가 지니고 있던 정권의 특수성이 방대한 규모의 정치자금을 필요로 했기 때문이다.

한·일회담의 타결을 계기로 쏟아져 들어온 일본의 차관자금과 60·70년대 고도성장정책에 의한 건설공사, 투자확대, 은행대출, 독점적인 수입권, 교포재산반입, 합작투자, 외국상사의 진출 등이 모두 정치자금의 부가대상이 되었다.

주체세력들의 요구는 한이 없었다. 5·16 후 군정기간의 한동안은 돈에 대한 일부 집권자들의 욕망이 도덕적인 자제력을 상실한 것과도 같은 대담성을 띠었다. 개별적인 부정행위는 논외로 치고, 정권 차원에서 감행된 정치자금 조달행위 중 가장 대담했던 것은 이른바 4대 의혹사건이었다. 그 가운데 핵심이었던 증권파동은 군정 기간 중에 일어난 최대의 스캔들로서 이 사건 하나만을 통하여 당시 공화당 사전조직팀은 1백억 원 안팎으로 추정되는 거액의 자금을 거둬들였다.

이 사건 수습을 위해 당시 통화량의 10%에 해당하는 3백 30억 원의 수도(受渡) 결재자금이 특별 융자되었고, 이로 말미암아 인플레이션을 심화시킨 결과를 낳았으니, 거둬들인 정치자금의 규모와 그 결과가 얼마나 엄청났던가 짐작해 볼 수 있다.

일반적으로 정치자금이라고 하면 선거 때의 선거자금과 정당의 정상적인 운영자금으로 소용되는 돈을 뜻한다. 따라서 그 총액은 선거의 빈도 및 규모와 정당조직 및 활동에 따라 대체적인 한계가 설정될 수 있다. 그러나 60·70년대 박정희 통치시대에는 이런 한계가 없었다. 정치자금은 거의 무한정으로 요구되었던 것이다. 그 까닭은 5·16 정권의 성립과정과 그 후의 통치방식에 큰 원인이 있었다.

쿠데타로 정권을 잡은 박정희 정권은 초기에 그 정통성 시비를 억누르기 위해서, 다음엔 근소한 차이의 선거를 치르는 과정에서, 그리고는 1인

체제를 유지하기 위해서 많은 무리를 강행하지 않을 수 없었다. 이 무리를 박정권은 돈이라는 윤활유로 해결하려 했던 것이다. 엇물린 기계에 기름을 쳐야 하는, 그러기 위해서 '기름'을 조달해야 하고, 그것도 방대한 양의 '기름'을 조달하는 과정에서 정치자금에 얽힌 갖가지 부정부패가 잉태되었다.

그 조달 방법은 어떠했던가? 제3공화국과 유신체제 18년간의 정치자금 조달은 대체로 3단계의 변화를 겪었다. 제1단계는 5·16 이후 군정기간을 거쳐 1965년 한일회담이 타결될 무렵까지의 기간이다. 이 기간 동안의 정치자금 염출은 중앙통제적인 것이 아니라 개별적인 각개 약진의 방식에 의해 이루어졌다. 힘 있는 사람의 압력이나, 세력 간의 실력대결이라는 양상으로 조달되었다. 이를테면 정치인들 가운데 행정부나 관계기관에 영향력 있는 사람이 건설공사나 은행융자를 알선해 주고 거기서 돈을 받았다. 때로는 정부기관 자체가 그들이 갖고 있는 고유의 행정권한을 배경으로 업자들로부터 돈을 받기도 했다.

교포재벌 낀 새나라 자동차 사건

새나라 자동차나 빠징꼬(회전당구)를 일본에서 들여오면서 불법을 눈감아 주고 커미션을 받아먹은 방법은 고전적인 방법이었고 공화당 사전조직에 필요한 자금을 마련하기 위해 증권시장을 조작한 방식은 단수가 하나 위인 경우였다. 이 경우에 5·16 주체들이 선택한 방법은 과거와 같이 '얻어 쓰는' 것이 아니라 '만들어 쓰는' 길을 택했다는 것이 특징이었다.

군정기간 동안에는 5·16 세력이 스스로 부정부패로 낙인찍었던 부정축재 실업인들의 신세를 질 수 없는 입장이었기 때문에 이런 방법을 궁리해 냈을 것이라고 해석하는 사람도 있었다.

그러나 증권조작에 의한 자금조달 방법은 특례에 속한 케이스였다. 정보계통 출신의 비상한 머리를 지닌 5·16 핵심멤버들이 생각해낼 만한 기발한 아이디어임에는 틀림없었으나 두 번 다시 써먹기에는 너무나 위험성이 많았다. 실제로 이 같은 수법은 다시는 사용되지 않았다.

4대 의혹사건 가운데서, 조달된 액수는 증권조작에 비해 별로 많지 않았으나 그 수법에 있어 군정하의 제1기에 가장 그럴법하게 어울렸던 자금염출 방식은 새나라 자동차 사건이었다. 내용인즉 이런 것이다.

1962년 12월경, 공화당 사전조직에 한창 열을 올리고 있던 김종필 라인은 자금염출의 한 방법으로 재일교포 재산 반입에 눈을 돌렸다. 교포재산으로 국내에 공장을 건설하여 특혜를 제공함으로써 정치자금을 마련하자는 구상이었다. 당시의 중앙정보부 제2국장이던 석정선 등의 아이디어에 의해 새나라 공업주식회사라는 회사를 설립하여 일본으로부터 소형자동차부품을 조립 생산한다는 플랜이 세워졌다.

공장 건설자금을 끌어들이기 위한 재일교포로는 박노정이라는 사람이 점찍어졌다. 박노정은 일본명 야스다 에이니(安田榮二)란 사람으로 재일교포 거류민단의 부단장을 지낸 적도 있는 교포 유력재벌의 한 사람이었다.

동경의 중심가에 몇 개의 빌딩과 맨션을 갖고 있고 로열호텔과 열해(熱海)에 '팔정원'(八丁園)이라는 요정을 소유하고 있었다. 이 사람에게 당시 김종필의 직계로서 주일한국대사관 참사관으로 있던 최영택이 접근하여 투자를 종용했다.

돈벌이에는 재빠른 박노정은 제 나름대로 주판을 굴려 수지맞겠다는 판단 아래 김종필과 손을 잡았다. 설립자본금을 1억 원으로 하여 박노정이 그 중 3천만 원을 출자하고 나머지는 한일은행에서 융자받기로 했다.

1962년 5월, 국가재건최고회의는 '자동차공업보호법'을 제정하여, 향후 5년간 자동차 부품 수입을 무관세로 했고 이런 바탕 위에서 새나라 조립공장이 발족했다. 그러나 조립이라는 것은 명분에 지나지 않았다. 회사는 부품을 도입한 것이 아니라 일본산 소형 자동차 2천여 대를 완제품으로 들여왔던 것이다. 이것을 면세로 수입하여 고가로 시중업자들에게 팔아넘겼다. 대당 수입가격이 13만 원인 것을 25만 원씩에 팔아 도합 2억 5천만 원을 이득으로 거머쥐었다. 그 돈이 공화당 창당을 위한 정치자금으로 사용됐던 것이다.

현재까지도 그 전모는 밝혀져 있지 않지만, 새나라 자동차 사건은 그 정도로 끝나지 않았다. 그 뒷이야기가 재미있다. 사건의 발단은 현지 생산을 시작한 새나라공장에서 최초로 생겨난 1천 2백만 원의 이익금 분배를 둘러싸고 벌어졌다. 박노정이 기대했던 것만큼의 이익금 배분을 받지 못하자 가만있지를 않고 각계에 진정서를 만들어 호소한 것이 문제가 되었다. 이에 격노한 김종필 산하의 중정이 박의 체포를 명했고, 사전에 이를 눈치 챈 박은 신변의 위협을 느껴 제대로 옷도 주워 입지 못한 채 묵고 있던 반도호텔에서 뛰쳐나와 부산을 거쳐 밀항선으로 일본에 도망치고 말았다. 결국 모국의 권력자와 손을 잡고 돈벌이를 해보겠다던 박노정은, 돈벌이는커녕 원금도 건지지 못한 채 혼비백산하여 빈손으로 물러서고 말았는데, 이 때 올린 이익금도 모두 정치자금으로 이용되었다.

이 새나라 자동차 사건은 정치자금 조달방식으로는 결코 세련된 것이 못 되었다. 최고회의 면세입법을 포함하여 투자자의 진정서 소동까지 불러일으키게 한 노골적인 자금조달 방식은 차라리 원시적이라고 부를 만도 했다. 쿠데타로 출범한 군정하의 초기 정치자금조달의 한 모습이었다.

커미션 높았던 현금 차관

한일국교정상화를 계기로 외국의 돈이 쏟아져 들어오고, 이에 따라 경제규모가 확대되면서 정치자금의 조달방식도 새로운 모습을 띠게 된다. 국내 건설공사, 특혜적인 농산물 도입, 교포재산, 차관 등의 외자도입, 외국기업체의 한국진출에 따른 '기생'(寄生)을 각개약진이나 실력자간의 경쟁으로 다툴 것이 아니라, 일수적(一手的)인 조정과 타협으로 제도화하자는 필요성이 생긴 것이다. 제2단계의 정치자금 조달방식이 이때 등장했다. 첫머리에 기술한 정부여당 실력자들의 호텔 모임이 바로 이럴 때에 있었던 한 가지 풍경화이다. 제2기의 정치자금 조달시기는 대체로 박 정권의 4인체제 시절과 병행하여 이루어졌다. 60년대 후반부터 70년대 초는 청와대, 행정부, 여당의 실력자들이 이해(利害)와 생각에 있어 서로 맞아떨어지던 밀월의 시기였다. 그 때 청와대 비서실장과 중앙정보부장, 그리고 행정부에서 부총리 겸 경제기획원장관, 당에서 재정위원장이 참여하여 정치자금 염출을 협의했다. 대통령이 직접 참석하지 않았다 뿐이지, 가히 한국 최고 권력자들의 모임이라고 부를 만했다.

이 회합에서는 우선 정치자금의 부가대상이 될 만한 온갖 자료가 한 곳에 모아졌다. 외자도입, 건설수입 등 개별적인 각종 청탁은 청와대, 기획원, 재무부, 상공부, 건설부, 서울시 등 여러 창구로 나누어 들어왔다. 실력자들의 모임은 이 같은 여러 갈래의 청탁을 하나의 창구로 모아 이를 종합 검토하여 일정액의 수수료, 커미션, 헌금을 할당하는 작업을 진행했다.

예를 들어 국내 건설공사의 경우, 건설부로 들어온 것, 당으로 들어온 것, 다른 정부기관을 통해 청탁되어 온 것들을 모두 이 실력자 회의로 가져와 여기서 정치적, 경제적 타당성이 논의된 뒤 당재정위원장(처음엔 김성곤, 나중엔 김진만)이 이를 종합, 박대통령에게 보고하고, 결정된 사항을 소관부처에 통보하는 것이 관례가 되었다. 이 때 정치자금으로 얼마를 떼느냐가 결정되는데, 많은 것은 계약고의 10%까지 뗀 적도 있고 적은 것은 2%도 있었지만 대체로 3%에서 7%가 가장 많았던 것으로 알려졌다. 이 비율은 청탁한 기업체의 대정부관계, 정계실력자와의 친소관계 등에 따라 달라졌다.

차관도입에 따른 커미션은 거의 공정 비율이 정해져 있을 만큼 공공연히 거래되었다. 특히 현금차관은 특혜성이 강했기 때문에 여기에 부가되는 커미션의 비율도 높았으며, 그 총액은 어마어마한 액수인 것으로 알려졌다.

정일권이 소개한 박동선

양곡이나 원면의 도입도 정치자금의 황금노선이었다. 양곡을 파는 외국

업자로부터 일정액의 커미션을 받는 것 이외에도, 이들 농산물이 대체로 좋은 조건(연리 5%)의 연불수입이라는 데 착안, 들여온 쌀과 원면을 국내 시장에 팔아 이를 현금화해서 은행에 예치, 금리 차이에서 오는 수십억 원에 이르는 막대한 이득을 정치자금 등으로 썼다. 이 케이스에 해당되는 예로는 박동선사건을 들 수 있으나 이 경우, 박동선은 정치자금을 국내에 납부하지 않고, 워싱턴에서 로비활동자금으로 쓰다가 들통이 나 말썽을 불러일으킨 케이스이다.

70년대 중반에 한미관계를 최악의 위기에까지 휘몰고 갔던 이른바 박동선사건의 핵심은 다음과 같은 것이었다.

고등학교 때부터 미국에 건너가 생활을 해 온 박동선은 천부적인 사교성을 밑천으로 하여 워싱턴 정가에 일찍부터 얼굴을 팔아 두었다. 한국에서 5·16이 나자 박동선은 그가 알아둔 몇몇 미국 정치인들을 앞세워 한국정부에 자기를 팔았다. 왈 미국에서는 자기만큼 광범위하게 워싱턴 정계에 아는 사람이 많은 인물은 없다는 것이었다. 그러면서 적당한 이권을 하나 주면 거기서 나오는 돈으로 미국을 상대로 로비활동을 벌이겠다고 했다.

당시 미국과의 관계에 있어 원활하지 못한 처지에 있던 박정희 정부는 박동선의 이 같은 제의에 귀가 솔깃했다. 박을 처음으로 소개하여 권력측과 연계시켜 준 사람은 정일권이었고, 박을 뒷바라지하여 그로 하여금 워싱턴에서 활약하게 만든 배경은 김형욱이었다.

박동선이 로비활동의 대가로 요구한 이권은 미국산 쌀의 독점 수입중개권이었다. 이 이권을 따놓기만 하면 미국 쌀 수출업자들로부터 앉아서 거액의 커미션을 받을 수 있는 보물단지였다.

1968년 가을, 박동선은 한국정부의 힘과, 그가 평소 잘 알고 지내는 몇몇 미국 하원의원의 도움을 얻어 캘리포니아 주 쌀재배자협회(RGAC)의 중개인으로 확정되었다. 한국이 도입하는 미국산 쌀의 수입권자가 된 박동선은 1969년에 미국업자들로부터 첫 번째 커미션으로 20만 달러를 받았고 1970년에는 적어도 50만 달러 이상의 커미션을 또 받았다. 1969년부터 1976년까지 8년 동안에 그가 쌀장사들로부터 받은 커미션은 정확히 9백 20만 4천 8백 15달러 55센트였다.

한국정부보다 한 수 위였던 박동선

이 중에서 한국정부와의 약속에 따라 로비활동으로 쓴 돈은 수입액의 불과 8%밖에 안 되는 70만 달러 정도였다. 나머지를 박동선은 독식하고 말았다. 애당초 박동선이 서울에서 김형욱 등과 약속할 때 커미션 수입의 몇 %를 로비활동 자금으로 쓴다는 구체적인 숫자상의 계약은 없었다. 따라서 그가 수입액의 극히 일부만을 한국정부를 위해서 쓰고 나머지를 전부 자기 호주머니 속에 챙겨 넣었다고 하여 위약이라고까지 말할 수 없는 성질이었다. 하지만 당시 정부의 당사자들은 박이 적어도 수입액의 반 정도는 로비자금으로 쓸 것으로 기대하고 있었다. 때문에 나중에 박동선 사건이 말썽이 되어 수입과 사용액수의 내용이 밝혀졌을 때 정부당국에서는 그의 독식 행위를 괘씸하게 여기고 있었으나 그렇다고 하여 이 문제를 표면화시킬 계제가 아니었다. 정부는 울며 겨자 먹기로 박동선에게 이용당한 사실을 참을 수밖에 없었다. 당시 외신들만이 박을 '최고의 사기꾼'이라고 보도하고 있었다. 박동선은 이 때 치부한 돈으로 국내에다가 여러 기업체를 차려 놓았다. 그리고 미국에는 초호화판 별장을 지어놓고 그 속에서 독신 귀족행세를 하며 지냈다.

박동선 사건은 정치자금과 관련하여 살펴볼 때 좀 독특한 케이스였다. 이권을 주고 이에 대한 반대급부로 정치자금을 마련한다는 점에 있어서는 흔히 있는 자금 조달방법과 같았으나, 이를 돈으로 직접 받지를 않았고, 또 그 사용대상이 외국이었다는 점에서 보통의 경우와는 달랐다.

정부는 박동선과 손을 잡으면서, 꽤나 약은 방식을 택한 것이라고 만족해했을지도 몰랐다. 어차피 누군가의 손에 들어갈 외국에서의 이권을 거들어주고, 그 대신 이쪽에서는 손 하나 까딱하지 않고도 외국 업자들로부터 커미션을 받아 그 돈으로 로비활동을 할 수 있다고 했으니, 말하자면 땅 짚고 헤엄치기였다.

그러나 일이 그렇게 쉽게 풀려가지만은 않았다. 박동선은 더욱 약았고 어줍잖은 로비활동 때문에 한국 정부는 최대의 우방국가로부터 부도덕한 나라라는 낙인이 찍혀버렸다. 실로 박동선 사건은 외국을 상대로 정치자금을 잘못 쓰다가 나라의 위신이 말씀 아니게 실추되고 만 불행한 사건이었다.

박정희가 직접 관장한 정치자금

정치자금의 조달방식과 관련된 제3단계의 시기는 유신체제 때부터 시작됐다. 국정의 능률을 모토로 내세운 유신체제 하에서 박대통령은 온갖 권력 채널을 한 손으로 장악했으며 정치자금의 조달 루트마저 그 자신이 직접 관장했다. 그 이전에 실력자 그룹의 기반이었던 공화당 4인체제는 이른바 '10·2 항명파동'으로 무너졌고, 이에 따라 더 이상 자금의 공출루트를 관리할 사람도 없어졌으며, 새로운 체제의 출현에 따라 또 그렇게 해야 할 필요성도 없어졌다.

이제 정치자금의 창구는 청와대로 일원화되었다. 돈주머니도 청와대에 있는 박정희의 금고 하나로 단일화되었다. 정당은 돈을 마련하는 루트가 아니라, 청와대로부터 내려오는 하사금을 얻어다 쓰는 소비처에 지나지 않았다. 모든 일은 청와대 비서실과 경제기획원 같은 관료들이 관장하게 됐으며 여기에서 관·재 유착이라는 새로운 문제가 제기되기도 했다.

창구가 청와대로 일원화된 제3기의 정치자금 조달은 그 방식이 사뭇 규격화되고 단순화된 느낌이었다. 차관, 융자, 건설, 특혜적인 수입권 등에 대한 리베이트나 커미션은 많이 줄어들었으나 그렇다고 완전히 사라진 것은 아니었다. 다만 제2기에 비해 할당액을 정하는 데 따른 흥정의 폭이 줄어든 대신 거의 세금처럼 규격화된 비율이 일률적으로 적용되었다.

이 시기의 특징 가운데 한 가지는 정치자금을 조달하는 데 있어, 받는 쪽과 내는 쪽 사이의 흥정이 배제되고 어느 한쪽의 일방적인 의사에 의하여 돈이 염출되었다는 점이다. 이를테면 선거 등 큰 일이 있을 때마다 기업인들은 알아서 스스로 헌금했다. 그들은 서로 눈치를 보아가며 자진해서 상납했고, 어떤 때는 '조금 갖다 바치는 것이 좋을 것'이라는 주변의 귀띔을 듣고 올리는 경우도 있었다.

이럴 때 기업인들은 헌금의 효과를 계산하여 대개 청와대에 직접 헌금하는 것이 관례였다. 때로는 비서실장 등 측근인사들이 재벌급 기업에 요청하는 경우도 있었는데 이럴 경우 요청받은 기업은 틀림없이 헌금을 갖다 바쳤다.

일원화된 창구를 통하여 이렇게 조달된 정치자금은 박대통령의 직접 관장하에 선거자금과 공화당의 경상적인 지출, 소속의원에 대한 지원금, 특정 인사들에 대한 용돈, 그리고 대야공작금 등으로 쓰여졌다.

과다한 정치비용은 국력을 소모한다는 판단 아래 유신을 단행한 박대통령은 자금 배정에 엄격한 통제를 가했다. 자신이 총재로 있는 공화당에 대해서도 선거 때 외에는 겨우 명맥을 유지할 만한 최소한의 정당관리비만을 지원했다.

소속 의원에게 준 '오리발'

유신체제가 끝장나기 직전인 1970년대 말께는 공화당이 청와대로부터 받아오는 돈은 매달 1억 5백만 원인 것으로 알려졌다. 공화당은 이 가운데서 7천만 원 가량을 인건비로 쓰고 그 나머지로 궁색한 살림을 꾸려나갔다. 소속 의원들에겐 청와대에서 직접 월 50만원의 지원금(오리발이라고 불렀다.)이 내려왔고 얼마 후부터는 두 달에 1백만 원씩으로 지급방식이 바뀌기도 했다. 장관들에겐 연말에 떡값 명목으로 2백만 원씩이 돌려졌다. 박대통령은 선거 때라든지 국회가 열릴 때 등 필요하다고 생각될 때 케이스 바이 케이스로 당사자들에게 얼마씩의 특별지원을 해준 것으로 알려졌다.

이 밖에 은퇴한 정치인, 독립유공자, 과거에 어떤 형태로든 인연을 맺었던 사람, 또 필요하다고 생각되는 각계 인사들에게 때마다 용돈이나 생활비를 보냈다. 특별한 사유가 없는 한, 한 번 보낸 사람에게는 좀처럼 하사금을 거르지 않아 일단 장부에 오른 대상자 명단은 매년 늘어갔다는 것인데 연말과 추석 땐 대상자가 1천 명에 육박했다는 것이 10·26 이후에 밝혀진 얘기다. 한 사람 앞에 1백만 원씩으로 잡고, 이들에게 용돈 형식으로 나간 돈만 해도 한 번에 10억 원에 이르렀다는 계산이다.

유신체제의 최고 통치권자로서 손수 정치자금을 조달하고 배분한 박대통령은 그 돈을 정치를 위해서가 아니라, 체제유지를 위해 썼다는 점에 특징이 있었다.

70년대는 의회주의의 룰 속에서 벌어지는 '정치'가 사라진 대신 정치의 장 밖에서, 체제를 둘러싼 극한적인 공방이 판을 치던 시기였다. 틈을 보일 때마다 체제논쟁과 개헌시비가 격렬하게 일었고 학원가에서는 데모가 끊이지 않았다. 원내 야당은 제대로 힘을 못 쓰는 가운데 종교, 노동, 문학, 학원 등 각계가 연합한 재야세력이 극한 태세로 체제 운동을 벌였다. 정부는 이에 대해 대통령긴급조치 발동으로 맞섰으나, 정국은 갈수록 막다른 길목으로 치닫고 있었다.

이런 가운데에 박대통령은 일상적인 정치활동보다는, 체제를 보호하기 위한 비용 쪽에 더 많은 정치자금을 쏟아 넣었다. 특정 분야에 대한 광범위하고 정기적인 자금배분과 더불어 비판세력에 대한 무마 내지는 매수비용이 이런 범주에 포함된다. 청와대에서 여·야 영수회담이 있을 때마다 야당가에 나돌았던 자금수수설도 이런 맥락에서 설명될 수 있다.

정·경의 동반자 시대

유신시대에는 직선제에 의한 대통령 선거가 없었고, 국회의원 선거도 과거와 같이 4년마다가 아닌 6년으로 연장되었기 때문에, 선거비용은 크게 줄어들었다. 따라서 정치자금도 그만큼 규모가 축소되었을 것이라고 짐작할 수 있다. 그러나 정확한 숫자는 알 수 없지만 유신시대의 총체적인 정치자금 규모가 과거보다 줄었다고는 보기 어렵다. 줄었다기보다는 오히려 늘었다고 보는 사람이 많았다. 선거비용은 줄었지만 체제유지를 위한 비용이 그 이상으로 들었을 것이라는 판단이었다.

정치자금의 조달에서 정치인들이 배제된 제3기의 또 한 가지 특징은 관과 재계의 유착관계였다. 좋게 말해서 경제를 효율적으로 발전시키기 위한 관, 재의 동반자 관계라고 말할 수 있으나 나쁘게 이야기하자면 관이 특혜나 이권을 주고 재계가 그 반대급부로 돈을 갖다 바치는 공범적인 야합관계라고 말할 수도 있다.

이런 유착관계에서 특정인들의 부정치부가 이뤄졌다. 이미 1960년대부터도 그랬지만 1970년대에 들어와서 정치권력을 이용한 치부행위는 광범위하게 자행되었다. 정치자금을 직접 주무른 '떡고물'의 주역들은 말할 것도 없고 그 주변의 기생적인 측근들도 거의가 무슨 수로든지 한평생 먹을 수 있는 재산을 장만했다. 그들은 직위와 힘을 이용하여 떳떳하지 못하게 마련한 돈을, 역시 직위 덕분으로 남보다 먼저 입수할 수 있었던 정보에 근거하여 토지, 임야, 주택, 빌딩 등을 사놓거나 골동품, 고서화, 증권에 투자했으며, 남아도는 자금을 사채로 굴렸다.

그렇게 하여 1970년대를 휩쓴 개발붐과 인플레 속에서 거만의 부가 형성된 것이다.

부정부패를 거부하고 나선 5·16정권이 민간정부를 빰치는 부패와 부정, 치부를 이룬 사실은 아이러니였다. 이러한 부도덕한 결과는 정치자금과 관련된 '떡고물'에서 비롯되었다. '떡고물'이 판을 치는 정치풍토에서는 뇌물과 횡령은 있을지언정, 정당한 의미에서의 정치자금이란 존재하기 힘들다.

서울과 평양의 밀회 그리고 결과

단절 27년의 장막을 걷고

"우리 모두 이 날을 역사의 새아침으로 반겨 하자. 기나긴 어두운 밤의 행로에서 이제 먼동이 터오르는 것이다. 콱 막혀 있는 남북의 벽에 바늘구멍만큼 뚫렸던 것이 오늘로서 주먹만큼 뚫린 것이다. 아니, 답답하던 가슴이 뚫린 것이다. 얼어붙은 피와 눈물과 한 덩어리가 얼만큼 풀리는 순간이다.

우리 모두 이 놀라움과 흥분을 잠시 멈추고 마음을 가다듬기로 하자. 사상을 떠나 주의를 떠나 한 겨레로서 엉클어져 있는 핏줄을 더듬어 보기로 하자. 형이며 아우, 오라비, 동생, 그리고 어버이와 자식 뭣 때문에 누구의 탓으로 긴긴 세월 갈라져 살아야 했으며 골육의 지정조차 막혀야 했으며 말 한 마디를 마음 놓고 건넬 수 없었었던가.

우리 모두가 있는 광장에서 단절 스물일곱 해의 어둠의 장막을 걷고 숨결과 숨결을 맞부딪쳐 보자."

분단 4반세기만에 처음으로 남과 북이 정치 레벨의 비밀협상을 계속한 끝에 자주적인 평화통일원칙 등 7개항에 합의, 서울과 평양에서 공동성명이 발표되던 날 서울의 한 조간신문이 보도한 논평 한 구절이다.

이른바 7·4성명은 한 마디로 충격이었다. 살다 보면 이런 일도 있구나 싶을 정도의 엄청난 놀라움이었다. 일제로부터 해방되던 날 느끼던 것과 같은 거대한 감격이 온 민족의 가슴을 치고 지나갔다.

그 날 저녁 서울의 중심유흥가 명동은 초저녁부터 축제분위기였다. 술집에서는 평소의 배가 넘는 술이 팔렸다고 한다.

공동성명이 발표되던 바로 그 시간인 1972년 7월 4일 상오 10시 10분께 제주도 삼도동 장부자 여인이 아들을 낳았다. 성남이 고향인 장여인은 딸만 다섯을 두었다. 처음으로 얻은 아들, 그것도 감격적인 바로 그 시간에 얻었다고 하여 이름을 '통일'이라 지었다.

전매청에 다닌다는 이병진 씨는 담배가게 텔레비전에서 감격적인 성명발표의 순간을 보고 "이제는 김일성 만세를 불러도 붙잡아갈 사람이 없겠다"고 말했다가 경찰에 붙들려 갔다.

7·4공동성명은 아무도 예측하지 못했다. 보도기관들도 바로 발표 그 시각까지 깜깜했다. 3일 상오 모종의 중대발표가 있을 것이라는 연락이 각 언론기관에 통보되었고, 이어 3일 하오 7시 '이후락 정보부장이 내일 상오 10시 국가안보에 관한 중대발표를 할 예정'이라는 정식발표가 있었다. 그러나 이때까지도 그런 엄청난 내용이 나오리라고는 누구도 상상 못했다.

역사적인 공동성명

마침내 7월 4일 아침, 중앙정보부 강당에는 미리 입장한 각 신문 통신 방송의 정치부장, 청와대 출입기자 및 외신기자 등 수많은 보도진들이 숨

막히는 흥분을 달래며 발표시간을 기다리고 있었다.

예정시간인 10시 정각, 이후락 부장은 먼저 남북이 그 시각에 동시 발표키로 된 역사적인 공동성명을 또박또박 읽어 내려가기 시작했다.

최근 평양과 서울에서 남북관계를 개선하며 갈라진 조국을 통일하는 문제를 협의하기 위한 회담이 있었다. 서울의 이후락 중앙정보부장이 1972년 5월 2일부터 5월 5일까지 평양을 방문하여 평양의 김영주 조직지도부장과 회담을 진행하였으며, 김영주 부장을 대신한 박성철 제2부수상이 1972년 5월 29일부터 6월 1일까지 서울을 방문하여 이후락 부장과 회담을 진행하였다. 이 회담들에서 쌍방은 조국의 평화적 통일을 하루 빨리 가져와야 한다는 공통된 염원을 안고 허심탄회하게 의견을 교환하였으며 서로의 이해를 증진시키는 데서 큰 성과를 거두었다. 이 과정에서 쌍방은 오랫동안 서로 만나보지 못한 결과로 생긴 남, 북 사이의 오해와 불신을 풀고 긴장의 고조를 완화시키며 나아가서 조국통일을 촉진시키기 위하여 다음과 같은 문제들에 완전한 견해의 일치를 보았다.

1. 쌍방은 다음과 같은 조국통일원칙들에 합의를 보았다.

첫째, 통일은 외세에 의존하거나 외세의 간섭을 받음이 없이 자주적으로 해결하여야 한다.

둘째, 통일은 서로 상대방을 반대하는 무력행사에 의지하지 않고 평화적 방법으로 실현하여야 한다.

셋째, 사상과 이념, 제도의 차이를 초월하여 우선 하나의 민족으로서 민족적 대단결을 도모하여야 한다.

2. 쌍방은 남, 북 사이의 긴장상태를 완화하고 신뢰의 분위기를 조성하기 위하여 서로 상대방을 중상 비방하지 않으며 크고 작은 것을 막론하고 무장도발하지 않으며 불의의 군사적 충돌사건을 방지하기 위한 적극적인 조치를 취하기로 합의하였다.

3. 쌍방은 끊어졌던 민족적 연계를 회복하며 서로의 이해를 증진시키고 자주적 평화통일을 촉진시키기 위하여 남북 사이에 다방면적인 제반교류를 실시하기로 합의하였다.

4. 쌍방은 지금 온 민족의 거대한 기대 속에 진행되고 있는 남북적십자회담이 하루 빨리 성사되도록 적극 협조하는 데 합의하였다.

5. 쌍방은 돌발적 군사사고를 방지하고 남, 북 사이에 제기되는 문제들을 직접 신속 정확히 처리하기 위하여 서울과 평양 사이에 상설 직통전화를 놓기로 합의하였다.

6. 쌍방은 이러한 합의사항을 추진시킴과 함께 남, 북 사이의 제반 문제를 개선해결하며 또 합의된 조국통일원칙에 기초하여 나라의 통일문제를 해결할 목적으로 이후락 부장과 김영주 부장을 공동위원장으로 하는 남북조절위원회를 구성 운영하기로 합의하였다.

7. 쌍방은 이상의 합의사항이 조국통일을 일월천추로 갈망하는 온 겨레의 한결같은 염원에 부합된다고 확신하면서 이 합의사항을 성실히 이행할 것을 온 민족 앞에 엄숙히 약속한다.

서로 상부의 뜻을 받들어

이후락, 김영주

1972년 7월 4일

좌초의 싹

이후락이 성명문을 읽어 내려가던 그 시각, 평양에서는 제2부수상 박성철이 대동강 회관에 내외기자들을 불러 놓고 발표하고 있었다.

성명문 안의 내용은 꼭 같았다. 그러나 성명발표 후 박성철은 부연설명에 들어가서, 7·4성명의 장래를 내다보게 할 만한 중대한 시사를 던졌다. 즉, 남한이 그토록 감격적인 내용으로 받아들였던 성명이 실은 북의 일관된 전략 외에 아무것도 아님을 못박았던 것이다.

박성철은 성명에서 "통일문제를 우리 인민의 의사와 이익에 따라 해결하는 데 있어 생기는 가장 중요한 문제는 외세를 배격하고 민족자결의 원칙에 입각하여 우리나라의 문제를 우리 조선인 자신이 해결해 나가는 일이다. 오늘날까지 우리들이 통일을 이루지 못하고 있는 것도 외세의 분열정책 때문이다. 남조선에 대한 북으로부터의 침략위협은 존재하지 않으며 우리 민족이 자신의 신념에 따라 민족 내부 문제를 해결하는 이상, 미제국주의자는 이 이상 우리나라의 내정에 간섭해서는 안 되며 모든 침략적 무력을 거두어 지체 없이 떠나가야 한다."고 소리를 높였다.

박성철은 성명 1항의 첫째, '통일은 외세에 의존하거나 외세의 간섭을 받음이 없이 자주적으로 해결해야 한다'는 대목을 북이 여태까지 주장해 온 주한 미군의 철수에 맞춰, 남북 간에 마치 이 부분에 전적으로 합의한 것처럼 재빨리 선전했던 것이다.

사실 이 때 이미 7·4성명이나 남북조절위가 얼마 가지 않아 좌초하리라는 싹을 보였다. 그러나 북의 이와 같은 성명해석이나 태도는 당시 국내 매스컴에는 한 줄도 비치지 않았다. 매스컴은 이후락이 평양에 가서 김일성을 만났고, 박성철이 서울에 와서 박정희 대통령을 만났다는 사실에 초점을 두어 보도하면서, 상상할 수 없는 이런 일로 미루어 앞으로의 남북관계가 급속도로 일대 전환될지도 모른다는 낙관적인 분위기를 조성하고 있었다.

나중에 차차 드러난 일이었지만 7·4성명을 통하여 북은 그들의 일관된 통일전선전략을 추진해 왔던 데 비해, 남은 다분히 현실타개라는 의미에서의 정치정략을 개재시키고 있었다.

정홍진의 비밀접촉

이후락과 박성철의 감쪽같은 남북교환 방문은 발표될 때까지 아무도 눈치채지 못했다. 따지고 보면 비밀행각은 몇 달 동안에 걸쳐 이루어진 것이었으나 그 과정을 아는 사람이란 서울과 평양 두 곳의 최고 권력층 몇 사람뿐이었다. 민족의 최대 중요사가 남북 양쪽에서 권력을 장악하고 있는 한두 사람의 손으로 이루어지고 있었다.

철저한 1인체제 하의 북한의 경우는 그렇다 치더라도 통일문제에 관해서는 범국민, 초당적으로 추진하겠다던 박정희 정부마저 완벽한 비밀 교섭으로 남북문제를 타결하려고 했던 것이다. 공동성명에 대해 “국민총화를 외치면서 야당과 사전협의 한 마디 없었던 것은 있을 수 없는 일”이라면서 “국민을 어리둥절케 하는 것은 쇼맨십의 인상을 줄 뿐, 현명한 방법이 아니다”던 신민당 당수 유진산의 논평이 인상적이었다.

그러나 그토록 충격적인 결과로 발표되리라고는 상상하지 못했을망정, 남북한에 뭔가 심상치 않은 흥정이 벌어지고 있다는 낌새는 진작부터 조금씩 나타나고 있었다.

남에서는 1971년 12월, 느닷없이 국가비상사태를 선포하고 국가보위법을 통과시켰을 때, 대북관계에서 어떤 극적인 전환점을 모색할지도 모른다는 이야기가 나돌았다. 그 후 박정희 대통령의 성명 같은 데서도 낌새를 느끼게 하는 몇 가지 시사가 나왔다.

이를테면 공동성명의 출산이 가까워짐에 따라 각종 기념행사 같은 데서 행하여진 박대통령의 치사 가운데서 북한에 관한 대목이 차차 변해갔다. 72년 5·16혁명 11주년 기념치사에서 박대통령은 '우리에게 적대행위를 하지 않는 한, 사회체제가 달라도 그들과 협조의 손을 잡을 용의가 있음'을 표명했다.

그 해 6·25 담화에서는 '지금 우리 눈앞에는 남북 간의 대결이라는 커다란 시련이 시시각각으로 다가오고 있다'고, 비밀 교섭의 진척과정을 암암리에 드러냈다. 이 담화에서의 '대결'이란 전쟁대결이 아니라 얼마 후에 있을 조절위원회를 통한 '대화의 대결'을 뜻하는 것이었다.

이 무렵 북쪽의 김일성도 속셈은 여하튼 밖으로 드러나는 태도에 있어 눈에 띄게 연화되는 발언을 했다. 공동성명이 나오기 약 2주일 전인 6월 21일, 평양에서 「워싱턴 포스트」의 '세릭 해리슨' 기자와 회견한 김일성은 비무장지대로부터의 군사장비철거, 남북평화협정 등을 제안하면서 박대통령이 희망한다면 수뇌회담에 응할 용의가 있다고 표명했다.

이보다 앞서 4월말에는 일본 「아사히신문」의 에다(江幡清) 논설주간과 회견한 자리에서 "남북정치회담이 열리게 되면 미군이 남한에 주둔할 권리나 구실이 없어지게 될 것이기 때문에 미군철수는 굳이 남북정치회담의 전제조건이 되지 않는다"고도 말했다.

이와 같은 유연해진 김일성의 태도는 바로 1년 전인 71년 4월, 최고인민회의에서 통일문제에 관한 8개 항목의 제안을 내놓았을 때의 강경한 발언에 비해 볼 때 놀라운 변화였다. 그 때 김일성은 "우리들은 박정권이 타도되고 남조선에 인민의 정부가 수립되거나 또는 애국적인 정치가가 남조선정부를 맡게 될 때에 한해 평화통일 문제를 이야기하게 될 것"이라고 말했던 것이다.

박정희 대통령이 5·16 치사나 6·25 담화에서 의미 있는 시사를 띄우고 김일성이 외신과의 회견에서 전례 없이 유연한 태도를 보였던 그 시기에 두 사람은 제가끔 남과 북에서 서로 교환방문한 밀사들을 접견하고 있었다.

이후락, 박성철의 교환방문은 71년 말경부터 그 기초준비가 진행되고 있었다. 준비교섭의 터전은 당시 판문점에서 열리고 있던 남북적십자 예비회담이었고 교섭 당사자는 남과 북의 예비회담 대표였던 정홍진과 김덕현 두 사람이었다.

71년 8월 12일, 당시는 최두선 대한적십자사 총재가 이산가족 찾기 운동을 제의했고, 6일 후인 8월 18일 북측이 이를 받아들여 9월 20일부터 판문점에서 열린 남북한 예비회담은 그 해 말부터 교착 상태에 빠져들기 시작했다.

이를 타개하기 위해 그때까지는 주로 공개로 열리고 있던 회담을 비공개로 열고 있을 때였다. 한적의 정홍진과 북적의 김덕현이 이 비공개회담의 마주 앉은 자리에서 정치 레벨 교섭을 서로 주고받았던 것이다.

그 때의 일에 관해 정홍진은 10년이 지난 뒤 "마침 그 때 내가 한적

회담대표 5명 중 3석대표였는데, 회담 자리의 배치로 보면 북적대표 5명 중 차석대표 김덕현이의 자리가 바로 내 맞은편에 있었다. 게다가 나는 우리 대표단 가운데 정부의 훈령을 받은 파이프라는 역할을 맡았고, 또 김덕현은 로동당중앙의 책임지도원을 겸하고 있었기 때문에 나와 그의 역할에는 서로 유사점이 있었던 셈이다.

나는 회담 진전이 부진함을 보고 예비회담이 진행중이던 10월에 김덕현에게 별도로 비밀접촉을 갖자는 메모를 전했는데 마침 상대가 여기에 응해 주었다. 그래서 나와 김덕현 사이에서 예비회담과는 별도로 남북대화의 돌파구를 찾게 되었다."고 기록한 바 있다.

여기에서 두 사람이 위정당국의 지시 아래 본격적으로 정치적 대화를 주고받을 수 있게 된 것이다.

실상 이 비밀접촉을 통해서 남북적회담의 진전은 물론이거니와 이 회담에서 당시 이후락 부장의 평양 방문, 박성철의 서울 방문, 그리고 7·4공동성명 준비 등이 마련된 것이다(정홍진, '남북대화체험기', 『정경문화』 1981년 7월호).

정홍진의 말대로라면 이후락, 박성철의 남북교환방문, 7·4공동성명은 실로 그와 김덕현 사이에 있었던 메모교환에서 비롯된 것이라고 말할 수 있다. 그러나 이것은 하나의 상징적인 계기에 지나지 않는다. 그들로 하여금 메모를 교환케 하고 서울과 평양을 서로 오가게 만들며, 역사적인 공동성명을 마련하게끔 만든 배경에는 그럴 만한 국제정세와 남북 양쪽의 사정이 깔려 있었다.

발트하임의 개입

60년대 말부터 70년대 초에 이르는 한반도의 주변정세는 그때까지의 냉전체제 하에 고착되어 온 현실상황에 충격을 가할 만한 여러 가지 변수를 배태하고 있었다.

1968년 미국의 리처드 닉슨 대통령은 탈 아시아정책인 이른바 괌 독트린을 선언함으로써 월남전쟁의 포기와 더불어 주한미군의 삭감을 시사했다. 그로부터 3년 후인 71년 3월 미국은 주한 미 제7사단의 철수를 단행했다. 한반도에서의 군사력 균형은 일시적으로 크게 흔들렸다.

그렇지 않아도 60년대 후반에 이르기까지 북한은 한국군의 월남파병을 겨누면서 군사적 공갈정책을 추진하고 있었다. 한국군 월남파견이 증파에 증파를 거듭하고 있던 66년 10월에 열린 로동당 대표자회의에서 김일성은 당의 4대 군사노선이 이미 커다란 성과를 거두었다고 공언하면서 "전쟁을 겁내는 것은 부르주아 평화주의의 표현이며 수정주의적 사상"이라고 강조함으로써 전투적인 대남정치 공세를 전개했다.

68년에 들어와서 남북 간의 긴장은 극도에 이르렀다. 그 해 1월 21일에는 북한의 정규 특공대인 124군 부대의 청와대 습격이 있었고 이틀 후인 1월 23일에는 원산 앞 공해상에서 미 정보함 푸에블로 호가 북한 함정에 납치되었다. 이어 10월 30일, 124군 소속 유격대의 울진 삼척 지구 침투, 이듬해인 69년 4월 15일의 미공군 EC 121기 격추사건 등 일련의 도발정책으로 말미암아 한반도는 전쟁 일보 전의 상태에 이르고 있었다.

이런 한편 70년대에 들어와 주변 국제정세는 180도의 전환을 이루기 시작했다. 한반도 현상유지에 중요한 한 가지 변수가 되어 온 중, 소분쟁은 그것이 빚어진 지 15년 만에 미, 중 접근이라는 극적인 상황을 불러일으켰다.

71년 7월, 헨리 키신저의 중국 방문과 다음 해 2월, 북경에서 가진 닉슨, 주은래 회담은 양국의 적대관계에 종지부를 찍고 국제정치구조에 일대전환을 가져온 획기적인 사건이었다. 닉슨 대통령의 중국 방문을 결산한 상해공동성명은 평행적인 이데올로기 대립을 드러내면서도 평화공존원칙에 입각한 쌍방의 협력관계를 다짐하는 것이었다.

72년 5월, 닉슨은 모스크바를 방문, 미소정상회담을 열고 평화공존을 위한 기본원칙 12항목에 합의하는 한편, 전략핵병기제한조약을 비롯한 일련의 협정에 조인함으로써 미, 소 상호협력체제의 기틀을 마련했다. 이른바 데탕트의 도도한 물결이 한반도를 휩쓸고 있었다.

남북한의 동맹국인 미, 중, 소의 이 같은 화해 노력 내지는 공존체제가 한반도에서의 냉전구조에 어떤 형태로든지 충격을 가할 것이 뻔한 일이었다.

70년 초 미국은 이미 당시의 윌리엄 포터 주한 미 대사를 통하여 박대통령에게 북한과의 대화를 종용했다. 그 당시 포터는 미 상원 외교위원회의 사이밍턴 소위에 참석하여 이 같은 사실을 밝히면서 "남북 간 대화를 위해 한국이 북한에 눈 돌릴 필요가 있음을 한국측에 전달하는 노력을 계속해왔다"고 증언했다.

당시 한국정부의 입장으로서는 미국이 주한미군의 철수를 진행하고 있던 참이라 북한과의 대화권유를 심상하게만 받아들일 수 없는 처지였다.

71년에 들어와 정부는 이산가족 찾기를 명분으로 한 남북대화를 북한측에 직접 제의하는 한편, 유엔을 통해 대북작용을 의뢰했다. 당시의 유엔 사무총장 쿠르트 발트하임이 이 역을 맡고 어느 정도 노력을 했던 것으로 알려졌다.

발트하임 총장은 7·4공동성명이 발표되던 날, 제네바에서 이런 사실을 밝힌 바가 있었다. 그는 평화통일 원칙에 합의한 남북한 간의 비밀협상에서 자신이 중개역할을 했다고 밝히면서 "지난 3월 빈에서 북한적십자사 대표들과 만나 그들로부터 여러 가지 제안을 들었고 이를 한국정부에 알린 바가 있다"고 말했다.

발트하임이 빈에서 북한적십자 사람들과 접촉하고 있을 무렵 서울과 평양에서는 남북의 실무자급 밀사들이 왕래하면서 이후락, 박성철의 교환방문을 위한 정치작업을 진행 중에 있었던 것이다.

김영주를 파트너로

남북적십자 예비회담에서 메모교환으로 시작된 정홍진, 김덕현 두 사람의 비밀 예비교섭은 71년 11월 20일부터 72년 3월 22일까지 4개월 동안 11차례나 계속되었다. 그들의 교섭목적은 적십자회담과는 별도로 남북간 정치회담을 실현시키는 데 있었다. 정치회담은 남한의 이후락과 북한의 김영주 간에 이루어질 것이었다.

이 정치회담은 제의단계에서부터 한국측이 주도했다. 당시 적십자 예비회담의 진행과정을 보면 6차 회담 이래 본회담 의제 토의가 본격화됨에 따라 북적 측의 자세가 적십자회담을 순수한 적십자회담으로 운영하기보다는 이를 정치회담으로 변질시키려는 의도를 날이 갈수록 뚜렷이 드러내고 있었다.

따라서 이 같은 북한 쪽의 기도를 좌절시키고 적십자회담을 순수히 인도적인 회담으로 국한시키기 위해서는 남북 간에 별개의 정치적 대화 통로가 마련되어야겠다는 생각을 한국측에서는 갖고 있었다. 처음부터 적십자회담을 정치적인 방향으로 몰고 가려던 북한측이었기 때문에 별도의 정치대화 제의에 그들도 쉽사리 응해왔던 것이다.

이후락의 상대역으로 김영주를 지명한 것도 한국측이었다. 당시 한국측은 김일성의 친동생이자 로동당 조직지도부장의 직책을 가지고 있는 김영주를 김일성 다음가는 실권자로 간주했다.

그러나 이 점은 나중에 드러난 사실이지만 당시 북한의 내부사정을 잘못 판단한 한국측의 실수였다. 김영주는 그 때 병들어 있었고, 실권은 김일성의 아들 김정일이 점차 말아먹어 가기 시작하고 있을 무렵이었다. 정작 김영주는 조절위원회 평양측 공동위원장이라는 이름만을 걸었을 뿐 한 번도 회의에는 나오지 않았고 제2부수상 박성철이 이를 대행했다.

한국측은 남북이 만나는 장소로 처음에는 제네바나 파리 등 제3국의 도시를 제의했다. 이 때만 하더라도 한국측은 제2인자 급의 회담만을 생각했지 양쪽의 실력자들이 밀사가 되어 서울과 평양을 서로 방문하고 한국의 정보부장이 김일성을 만나게 되리라고는 생각하지 않고 있었다.

그러나 북한측이 서울과 평양의 교환방문을 제의했고 한국측이 이를 받아들임으로써 역사적인 사건이 전개되었던 것이다.

북한측은 이후락의 평양방문을 제의했다. 이를 받아들인 것은 실로 이후락 자신과 박정희의 용단이었다. 다른 사람도 아닌 노동당 상대의 최고책임자가 바로 공산당의 우두머리를 만나 화해와 통일을 이야기한다는 것이니, 얼핏 상상할 수조차 없는 일이었다.

신변의 안전문제도 문제거니와 자칫 잘못하면 북한의 책략에 말려들어 우스운 꼴이 될지도 모를 우려가 있었다. 북한측의 제의를 선뜻 받아들이기는 했으나 면밀한 사전준비가 필요했다.

이 준비를 위해 72년 3월 28일부터 31일까지 3일간 중앙정보부 협의조정국장 정홍진이 판문점을 거쳐 평양을 방문했다. 국토분단 이래 한국의 정부대표가 입북한 것은 실로 정홍진이 처음이었을 것이다. 정에 이어 북의 김덕현은 4월 19일부터 21일까지 비밀리에 서울을 단독방문했다.

청산가리 준비

두 실무자의 교환방문을 통해 이후락, 김영주 양자의 평양, 서울 교환방문을 위한 제반 사전준비는 끝났다. 쌍방은 이, 김 양자의 교환방문시 서울, 평양간의 통신연락을 위해 서울의 중앙정보부장실과 평양의 로동당 조직지도부장실을 연결하는 직통전화를 가설, 운영하기로 합의를 보아 4월 29일부터 직통전화가 개통되었다.

모든 것은 철저한 비밀 속에서 이루어졌다. 국민은 발표될 때까지 아무것도 모르고 있었으나 다만 한국의 최대동맹국인 미국에 대해서만은 비밀보장을 조건으로 이후락의 입북 2주일 전에 교섭경위가 통고되었다. 즉 정확히 4월 18일 하오 1시 30분경, 이후락이 직접 미 CIA의 한국책임자에게 통보한 것으로 알려졌다.

이후락이 평양에 들어가기 전 박대통령은 4월 26일, '특수지역 출장에 대한 대통령 훈령'이라는 것을 이후락에게 하달하여 그의 북한방문을 재가했다. 그것은 다음과 같은 내용이었다.

① 조국의 통일은 궁극적으로 정치적 회담을 통한 평화적 통일이어야 하며,

② 4반세기 동안 정치 경제 사회 기타 분야에서 상호 상이한 제도하에 놓여 있는 남북의 실정을 직관, 통일의 성취는 제반문제의 해결을 통해 이루어져야 하며,

③ 따라서 우선 현재 진행 중인 남북적십자 회담을 촉진시켜 인도적 문제의 조속한 해결을 보도록 할 것이며,

④ 경제 문화 등 비정치적 문제를 풀어나가면서 정치적 문제로 이행하며,

⑤ 남북 간의 분위기를 호전시키기 위하여

▲ 비현실적인 일방적 통일방안의 선전적 제안을 지양하는 동시에

▲ 대내외적으로 남북 간 상호중상 및 비방을 지양하며

▲ 직접적이나 간접적임을 막론하고 무력행동으로 상대방을 괴롭히는 처사는 일체 없어야 한다는 것을, 대화에 임하는 대한민국의 기본입장으로 밝힐 것을 지시한다.

이 '특수지역 출장에 관한 대통령 훈령'이 바로 반공국시와 이를 토대로 한 헌법, 반공법 등 대한민국의 법 체제를 뛰어넘어 이후락으로 하여금 적성지역인 평양을 왕래케 하고 또 북한의 박성철을 서울로 맞아들인 조치를 합법화시켜 주는 '대통령의 통치권 행사'라고 당시 설명되었다.

이후락은 72년 5월 2일 아침 서울을 출발하여 자동차편으로 판문점에

도착, 그곳에서 군사분계선을 넘어 입북한 다음 북한 공군 헬리콥터 편으로 평양에 들어갔다. 그로부터 3박 4일 간 김일성과 두 차례, 김영주와 두 차례 회담했다.

이 역사적인 사실의 경위는 10여 년이 지난 현재까지도 자세하게 밝혀져 있지 않다. 당사자인 이후락 자신이 아직껏 입을 다물고 있기 때문이다. 단 한 번, 이후락은 79년 10월 12일자 「동아일보」 기고에서 당시의 체험담을 단편적으로 짤막하게 증언한 적이 있다. 다음은 그의 기록 가운데 출발 당일의 상황과 심정을 적은 부분이다.

"5월 2일 아침, 출발에 앞서 청와대에 들렀더니 집무실에는 대통령 각하와 김종필 총리, 최규하 대통령보좌관 두 분이 배석하고 있었다.

한동안 침묵이 흐른 뒤 대통령께서 후세 사가가 어떻게 평가하든 간에 전쟁을 방지하고 통일을 모색하기 위해 북한에 가는 것이 좋겠다면서 '갈 결심은 다 돼 있느냐'고 물으셨다. 이 말 속에는 '죽음을 각오했느냐'는 뜻도 포함돼 있는 것으로 느꼈다. 그래서 내가 '청산가리를 가지고 갑니다'하고 밝혔더니 좌중은 일순 긴장이 감돌았던 것으로 기억된다.

이에 앞서 나는 5월 2일 정보부 국장급 이상의 간부들을 내 사무실에 모아놓고 처음으로 평양행의 경위와 결심을 털어놓고 개인적인 부탁과 함께 '평양에 가서 돌아오지 못하더라도 영도자를 중심으로 조국 근대화 실현에 매진해달라'고 유언 아닌 유언을 하자 많은 간부들이 흐느꼈다.

남북공동성명 초안문 등을 지참하고 5월 2일 '돌아오지 않는 다리'를 건너가면서 젖었던 착잡한 감회는 지금도 잊을 수 없다."

이후락은 평양에 들어갈 때 세 사람의 수행원을 대동했다. 예비교섭을 벌여온 정홍진과 의사 1명, 경호원 1명이었다.

김일성과의 심야회담

2일 정오를 지나 평양에 도착한 이후락은 내각초대소에 여장을 푼 다음 곧바로 그 날 오후에 김영주와 1차 회담을 가졌고 이튿날 3일, 2차 회담을 가졌다. 그러나 김영주와의 이야기는 스무드하게 진행되지를 못했다. 이후락 자신의 표현에 의하면 "김영주는 인상도 말도 무뚝뚝했고 판단력도 날카롭지 못한 편이었으며 전혀 얘기가 통하지 않았다"는 것이다.

김영주와 두 번째 회담을 가졌던 3일, 하필이면 밤중에 이후락은 김일성과 극적으로 면담하게 된다.

그 날 낮 김영주와의 얘기가 전혀 통하지를 않아 다소 실망한 기분으로 초대소에 돌아온 이후락은 저녁을 마친 다음 비교적 일찍 잠자리에 들었다. 그날따라 밖에는 억수 같은 비가 내리고 있었다.

얼마나 자고 있었을까. 누군가가 방문을 두드리고 들어왔다. 검은 옷을 입은 사람이었다. 정체를 알 수 없는 이 사람은 "부장, 잠옷 갈아입고 같이 갑시다"라며 명령조로 이후락을 재촉했다. 밤 12시경이었다.

한국에서는 나는 새도 떨어뜨린다는 중앙정보부장이었지만 평양에서는 그 누구도 자신의 신변을 보장해 주지 않는 적중고인의 처지였다. 하라는 대로 따를 수밖에 없었다.

어디로 데려가는지 방향조차 알 수 없는 불안감 속에서 자동차에 태워졌다. 차는 평양 시내를 한참 달리다가 모란봉 길을 올라, 한 건물 앞에 도착했다. 그것이 김일성 관저라는 것을 이후락이 안 것은 몇 분 후의 일이었다. 엘리베이터를 타고 7층에서 내리니 김일성이 문 앞에서 기다리고 있다가 그 큰 손을 내밀더라는 것이다.

이후락이 악수를 하기 위해 호주머니에 넣고 있던 손을 빼려고 하니 땀이 밴 손에 쥐고 있던 청산가리 봉지가 달라붙어 떨어지지 않았다. 이후락은 한밤중에 불려 일어나 차에 태워졌을 때, 서울에서 준비해 간 청산가리 봉지를 주머니 속에서 꽉 거머쥔 채 김일성 관저에까지 이른 것이다. 이후락은 잠시 머뭇거리며 주머니 속에서 어물어물 약봉지를 떼 낸 다음 김일성의 악수에 응했다.

방 안으로 안내된 이후락은 그 곳에서 2시간 동안 김일성과 심야의 대화를 하게 된다. 대담의 내용 일부를 이후락의 증언과 그 밖의 여러 기록 문헌을 토대로 재구성해 보면 다음과 같은 것이 된다.

김 ; 남반부의 중앙정보부장이 이렇게 평양을 방문하다니 부장 선생은 민족의 영웅이오.

이 ; 아시다시피 본인은 대한민국 중앙정보부장이며 본인의 소임은 반공법과 국가보안법 등의 위반자를 다스리는 일을 책임지는 것입니다.

김 ; 나는 공산당 잡는 사람이 찾아 왔으니까 믿지, 다른 사람이 왔다면 불신했을 것이오. 그렇지만 반공법과 국가보안법 같은 것이 뭣 때문에 필요한 겁니까?

이 ; 반공법과 국가보안법이 필요 없는 사회를 갖는 것은 우리들도 희망하고 있습니다. 그러기 위해서는 북한이 대남폭력혁명 지령을 그만두어야 한다고 생각합니다.

김 ; 도발은 남조선이 하고 있소. 미제국주의와 일본군국주의의 외세에 의존하여 북침하려 하고 있는 것이 아니오? 통일은 평화적으로 이루어져야 합니다. 그리고 외세의 간섭 없이 우리 민족의 손으로 이루어져야 합니다.

이 ; 우리 역시 여하한 경우에도 외세에 의존하여 민족문제를 해결하려 하거나 전쟁에 의해서 통일을 추구하지 않겠다는 것이 확고한 기본입장입니다.

김 ; 그렇다면 남조선 당국은 왜 철수하겠다는 미 제국주의 군대를 붙잡고 있는 것이오?

이 ; 북한이 6·25전쟁을 안 일으켰다면 한 번 돌아간 미군이 어찌 다시 왔겠습니까. 본래 미군은 6·25 개전 이전에 모두 철수했으나 북한측이 6·25를 일으킴으로써 다시 한국에 들어온 것입니다. 미군을 다시 내보내는 것도 그 관건은 북한측이 가지고 있는 것입니다. 본인이 평양에 온 목적의 하나도 미군이 언제쯤 돌아갈 수 있는지 알고 싶은 데 있습니다.

김 ; (허허 웃으며) 같은 민족이니 갈라서지 말고 단결을 하는 것이 선결문제라고 보오. 통일의 방법문제보다는 민족의 단결문제부터 생각해야 합니다. 그러니 반공법부터 없애야 됩니다.

이 ; 민족단결문제에 대해서는 박대통령께서도 같은 생각이며 나도 동감이오. 반공법이 없는 명랑한 사회를 우리도 갖고 싶습니다. 다만 남침을 않겠으며 간첩 등을 보내 남한을 교란 않겠다는 약속을 지키면 반공법도 없앨 용의가 있습니다. 우선 신뢰를 회복하는 일이 중요합니다. 그러기 위해서는 청와대 습격기도 사건, 울진 무장공비 사건과 같은 사건이 없어야지요.

김 ; 박대통령에게 말씀드리시오. 그 무슨 사건이더라, 청와대 사건이던가? 그것은 박대통령에게 대단히 미안한 사건이었습니다. 이 문제는 전적으로 우리 내부에서 생긴 좌경동맹분자들이 한 짓이지 결코 나의 의사나 당의 의사가 아니었습니다. 그 때는 우리도 몰랐습니다. 나를 죽인다고 어디 공산당이 없어집니까. 같은 논리지요. 당시의 민족보위상 총참모장 정찰국장 등 관계자들은 철직(撤織)시켰습니다.

이 ; 북쪽에 좌경동맹분자가 있듯이 남쪽도 마찬가집니다. 내가 수상과 만났다고 하면 나를 테러할 사람이 많을 것입니다. 수상은 남한에 수백만의 통혁당원이 있는 것으로 알고 있겠지만 간첩을 다스리는 정보부장이기 때문에 내가 누구보다도 잘 아는데 남한엔 통혁당원이 한 사람도 없습니다. 간첩들이 포섭을 하지 못하면서도 허위보고 하는 것을 북한에서 그대로 집계하기 때문에 그런 숫자가 나오게 되는 것입니다.

김영주와의 대화와는 달리 이후락과 김일성의 대화는 예상했던 것보다 비교적 부드럽게 진행되었다. 이후락은 박대통령으로부터 지시받은 남북관계 발전과 통일문제 해결에 관한 기본입장을 설명했고 토의과정에서 남북 간 긴장완화와 통일문제의 자주, 평화적 해결이라는 원칙에 기본적인 양해를 이루었다. 여기서 이루어진 양해가 7·4공동성명의 통일원칙과 남북조절위원회 구성의 밑받침이 되었다.

박성철의 입경

박성철의 서울 방문은 이후락의 평양 방문에 대한 일종의 답방 형식이었다.

그도 역시 김덕현을 포함한 4명의 수행원을 거느리고 5월 29일 판문점을 거쳐 서울에 들어왔다. 3박 4일 동안 장충동 영빈관에 머무르면서 두 차례 이후락과 회담하고 한 차례 청와대로 박대통령을 방문했지만 그의 서울 행각은 철저한 장막 속에서 이루어졌다. 서울에 있는 동안 그는 '재일교포'로 위장되었다. 청와대 방문 때도 '재일교포의 내방'이라고 돼 있었다.

서울에서 진행된 이후락, 박성철 간의 회담내용은 대체로 이후락이 평양에서 김일성, 김영주와 만났을 때 토의된 내용을 재확인하는 것이었다. 쌍방은 서울측을 대표하는 이후락과 평양측을 대표하는 김영주가 공동위원장이 되고 각기 3명 내지 5명의 대표로 남북조절위원회를 구성, 운영키로 하되, 이 조절위 안에 각 분야별 분과 위원회를 설치하여 남북 간의 다양한 교류와 협력을 추진하기로 합의했다.

5월 31일 박성철이 청와대를 예방한 자리에서 박대통령은 남북대화의 성패는 그 관건이 상호 불신을 제거하고 이해와 신뢰의 바탕을 마련할 수 있느냐의 여부에 걸려 있음을 강조하고, 가능한 쉬운 문제부터 단계적으로 해결해 나가자고 당부하면서 그러한 노력의 첫걸음으로 남북적십자회담의 조속한 타결을 촉구했다.

북한 부수상 박성철을 상대로 하여 박대통령은 "적십자회담이 타결되어 흩어진 가족친지들이 서로 자유롭게 방문하게 되면 이를 바탕으로 다른 문제를 해결하는 데도 도움이 될 것이지만, 인도적 문제에도 합의가 이루어지지 않아 적십자회담마저 결렬된다면 통일문제의 해결은 더욱 요원해질 것이며 동포들은 크게 실망하게 될 것"이라고 말했다.

박대통령은 또 "당신들이 한 일을 우리 국민들은 믿을 수가 없소. 평화를 운위하면서 김신조 일당을 보내 나를 없애려고 한 것도 그 가운데 한 가지 예입니다. 말보다는 실천이 중요한 것이지요. 믿을 수 있게끔 행동해야 될 것이 아니냐 이 말입니다. 내가 이런 이야기를 하더라고 김일성 수상에게 꼭 좀 전해 주시오"라고 부탁하기도 했다.

박성철이 청와대를 방문했을 때 있었던 일로는 그 후 박대통령 자신이 측근에 이야기해 줌으로써 밝혀진 몇 가지 에피소드가 전해져 있다.

그 날 수행원과 함께 청와대에 안내된 박성철은 박대통령과 악수를 나눈 다음 의자에 앉자마자 호주머니에서 메모지를 꺼내더란 것이다. 박성철은 인사말에서부터 본건에 이르기까지 일일이 적어온 메모 내용을 읽어 내려갔다고 한다. 아마도 평양에서부터 미리 상부의 지시를 받아 준비해 온 메모였던 것 같았다.

박대통령이 실소를 금치 못하며 "당신 성이 나와 같은데 본관이 어디오"라고 묻자 박은 입을 다물고 대답을 못했다는 것. 얼마 뒤 그를 따라온 수행원이 잠시 화장실에 간 사이에야 박성철은 조그맣게 "밀양입니다"라고 대답했다 한다.

박대통령은 후일 측근에게 이 이야기를 해 주며 "아무리 북한이 상호감시가 심한 체제라 하더라도 부수상쯤 되는 사람이 그 정도니 남북대화가 잘 이루어지겠는가"고 우울해 했다는 것이다.

박성철을 만난 다음 북한 체제의 경직성을 새삼 발견하고 그렇게 생각했는지 모르지만 그 후부터 박대통령은 남북대화의 전망에 대해 줄곧 회의를 가져왔다고 한다.

7·4공동성명이 발표되고 남한에서는 마치 내일이라도 통일이 이룩될 것처럼 감격해 하던 그 날에도 박대통령은 오히려 우울한 기분에 빠져 있었다. 성명이 발표된 7월 4일 하오 5시 30분쯤 박대통령은 당시의 김성진 청와대 대변인, 유혁인 정무비서관, 선우련 공보비서관을 서재로 불렀다.

세 사람이 들어갔을 때 박대통령은 뒷짐을 진 채 묵묵히 창밖을 내다보고 서 있었다. 한참 동안 침묵이 흐른 뒤 박대통령은 조용히 말문을 열었다.

"남북공동성명이 발표되니까 통일이 눈앞에 다가온 것처럼 착각하고 기뻐하는 사람이 많은 것 같은데 공산당과의 대화에 성공한 일이 세계에 거의 없었어. 북한 쪽이 자기들 전쟁준비 시간을 벌기 위해 대화에 응했을 거야. 소기의 목적이 달성되면 틀림없이 회담을 깨고 우리에게 그 책임을 뒤집어씌우려 들 거야. 이 시간부터 그것 연구하고 앉았는지도 모르지. 자네들이 할 일은 일방협상과 아울러 책임전가에 대한 대비책을 세우는 것이야."

박대통령은 공동성명이 발표되던 날, 그러니까 남북조절위원회가 한 번도 회의를 열기도 전에, 이미 남북대화의 전망을 비관적으로 내다보고 있었다.

아닌 게 아니라 그 후로 있은 조절위원회나 적십자회의는 회를 거듭할수록 교착의 길을 걸었다. 박대통령이 정확히 내다보았듯이 남북대화는 성공이 아니라 실패의 궤도를 굴러가고 있었던 것이다.

예정된 실패

4반세기만의 해방이라고 하여 그토록 감격적으로 받아들여졌던 남북대화가 처음부터 성공할 수 없는 숙명을 지니고 있었다는 데 대해서는 몇 가지의 이유를 생각해 볼 수 있다.

첫째는 7·4 공동성명 자체에 대한 남북 쌍방의 인식의 차이, 둘째 남북현실에 대한 쌍방의 오산, 셋째 통일문제에 대한 쌍방의 정략적 의도를 들 수 있다.

성명에 대한 인식차이에서 빚어지는 문제성은 성명이 발표되던 그 시각부터 부각되었다.

서울에서 7·4 공동성명을 발표한 직후 기자회견을 가진 이후락은 "지금까지 우리의 통일원칙은 토착인구비례에 의한 남북한 총선거였다. 이번 공동성명의 문안으로 보면 '직접대화에 의한 평화적 통일'로 그 원칙이 전환된 것으로 보여지는데 그 점을 명백히 해달라"는 질문에 대해 다음과 같이 답변했다.

"이번 합의로 인한 종래의 통일원칙에 변동은 아무것도 없다. 성명 가운데, 첫째, '통일은 외세의 간섭 없이 자주적으로 해야 한다'는 것은 자주적인 통일능력이 있는데도 외세로 인해 소극적인 태도를 견지하는 것을 배격하는 의미이다. 유엔은 결코 외세로 간주할 수 없다.

둘째, 평화적 방법에 의한 통일실현은 우리의 기본방침이다.

셋째, '사상 제도 이념의 초월'은 같은 백의민족으로 통일이라는 민족의 염원을 정치적으로 표현한 것으로 봐야 한다. 따라서 이번 합의사항은 우리 통일원칙의 변동을 뜻하는 것도 아니며 오히려 재확인한 것이다."

그러나 바로 똑같은 시간에 평양에서 기자회견을 하고 있던 박성철의 생각은 달랐다. 박성철은, "남북한 합의에 따라 이제 우리 민족 자신이 자신의 신념에 따라 민족 내부문제를 해결하는 이상, 미제국주의자는 이 이상 우리나라의 내정에 간섭해서는 안 되며 모든 침략적 무력을 거두어 지체 없이 떠나가야 한다."고 주장했다.

완전한 동상이몽이었다. 한국측은 7·4 공동성명이 종래부터 천명되어 온 한국의 통일방안에 변화를 뜻하는 것이 아니라고 내세웠던 반면, 북한측은 7·4 성명을 통하여 한국측이 자기들의 통일원칙에 동조해온 것이라고 주장했다.

공동성명 발표 직후 북한의 당 기관지 「근로자」는 논설을 통해 "7·4성명은 수령님이 제시한 우리 당의 조국통일방침의 빛나는 승리"라고 규정하면서 "민족의 태양이며 절세의 애국자인 경애하는 수령 김일성 동지가 내려주신 자주 단결 평화통일의 깃발 아래 남조선의 전 인민이 힘을 합해 싸워 나간다면 조국의 자주적 평화통일의 위업은 반드시 이루어질 것"이라고 주장했다.

공동성명이 발표되었으나 조절위원회 접촉은 아직 이루어지기도 전인 72년 9월 27일, 김일성은 일본 「마이니찌 신문」과의 인터뷰에서 "남조선 당국자들은 '남조선 인민의 압력과 세경인민의 강력한 여론에 굴복하여' 적십자사 예비회담과는 별도로 남북고위급 비밀 회담을 열자고 요청했으며 그 결과 우리들이 제시한 조국통일의 대원칙을 기본 내용으로 하는 남북공동성명이 발표되었다"고 주장했다."

요컨대 북한측의 주장은 7·4 공동성명이 남북한 간의 '합의'에 의하여 이루어진 것이 아니라, 대한민국정부가 김일성의 통일원칙에 전면적으로 굴복한 결과라는 이야기였다.

이렇게 주장하는 북한측의 의도는 대내의 선전과 대남 정치공세에 있었음은 의심할 여지가 없었다.

난항의 성명서 작성

그러나 공동성명 문안의 작성과정에 있어, 북한으로 하여금 그토록 주장하게끔 만들 만한 어떤 작업상의 소홀함이 한국측에 있었던 것이 아니냐 하는 의문도 제기되었다. 즉 적어도 용어의 선택에 있어 오해를 남길 만한 여지가 있다는 점이었다.

이 점에 관하여 이후락의 평양 방문에 준비 작업을 맡아보았던 정홍진은 이렇게 설명한다.

"성명서 작성과정에는 여러 가지 어려움이 많았다. 성명 문안에 대해 어떤 이들은 왜 저쪽의 용어가 들어 있느냐 하는 말도 했지만, 그 문안 작성 당시만 해도 그동안에 남북대립이 너무 경직되어 온 때문에 성명문안 용어 하나하나에 대해 서로가 굉장히 신경을 쓰지 않을 수 없었다.

공동성명을 자세히 들여다보면 문안 작성의 고충을 짐작할 수 있을 것이다. 용어 선택의 기준이랄까, 방침은 남북 간에 서로 아무도 반대할 수 없는 당위성 또는 그러한 원칙적인 것만 나타내고 나머지 것은 조절위원회에 넘기도록 한다는 것이었다."

그러니까 평화적 통일을 위해서 명분이 뚜렷한 것만 골라서 쓰되 서로 대립되거나 문제될 만한 것들은 조절위에 넘기도록 해서 작성되었다는 것이다.

7·4공동성명은 이후락이 평양에 가서 김일성과 만났을 때 사실상 초안 작성이 완료되었다. 대강의 안을 서울에서 만들어 갔지만 김일성 김영주

등과 협의하는 과정에서 상당히 변질되지 않았나 추측된다.

특히 처음 들어가 보는 그 때까지의 '적지'에서, 그것도 최고통치권자인 김일성을 상대로 하는 절충에서 이후락의 생각보다는 그네들의 의견이 보다 강력하게 반영될 소지는 충분히 있었다고 보는 편이 정확할 것이다. 더구나 정홍진의 말처럼 문제될 만 한 점은 차후에 구성될 조절위에서 거론키로 이야기되었다면, 비교적 순수한 마음으로 남북대화에 기대를 걸었던 한국측으로서는 처음부터 일관된 통일전선전략에 입각하여 남북대화를 이용하려 했던 북한측에 말려들어갈 소지가 다분히 있었던 것 같다.

이렇게 풀어나가면 남북대화에 관한 북한측의 태도는 애초부터 공동성명의 발표 자체에만 관심이 있었을 뿐, 그 다음에 계속될 조절위 회담이나 궁극적인 대화의 성공에는 흥미가 없었다고 볼 수도 있다.

냉담해진 시민반응

7·4 공동성명이 나왔을 때는 남북조절위원회가 곧 구성될 것으로 판단되었다. 적어도 이후락과 김영주 혹은 이후락과 박성철의 회담은 7월중에라도 열릴 것으로 내다보였다. 그러나 공동성명이 나온 지 3개월이 넘도록 남북 간 정치접촉은 이루어지지 않았다. 성명발표 때 휩쓸었던 거창한 감격도 적이 식어갔다.

이러는 동안 사태는 남북 간에 고조되었던 흥분과 기대에 찬 물을 끼얹는 역조의 상황을 빚어내고 있었다.

한때는 성명발표가 적십자회담에 박차를 가하는 계기가 되기도 했다.

즉 그때까지 예비회담으로 진행되고 있던 적십자회담을 본회담으로 끌어올려, 72년 8월 30일에는 남북적 제1차 본회담이 평양에서 열렸고 그 해 9월 13일에는 제2차 본회담이 서울에서 열리기도 했다.

남과 북의 적십자대표와 그 수행원, 그리고 남북기자들이 대거 서울과 평양을 서로 방문하던 그 무렵, 통일에의 열의는 최고조에 달했다. 특히 서울 시민들은 북적 일행이 판문점을 거쳐 입경했을 때 연도에 서서 그들이 탄 버스를 향해 환영할 만큼 고조된 무드에 젖어 있었다.

이 무렵, 적십자회담은 국토분단 후 최초의 남북왕래라는 벅찬 감격으로 말미암아 단순한 적십자회담의 진행이라기보다는 일종의 축제분위기 속에서 회담 외에 쇼 구경 시내관광 등의 행사가 오히려 더 큰 비중을 차지하는 듯했다.

그러나 회담 그 자체는 벽두부터 심상치 않은 조짐을 띠었다. 특히 서울에서 열린 제2차 적십자 본회담부터는 이산가족 찾기라는 인도적인 의제보다는 이를 정치선전장화하려는 북쪽의 의도가 뚜렷이 드러남으로써 전망을 어둡게 만들었다.

9월 13일 상오 서울 조선호텔 그랜드볼룸에서 열린 제2차 본회담에서 북한 적십자사 측의 윤기복 김병식은 축하연설에서 일방적인 정치선전을 늘어놓았다. 전국에 중계 방송된 이 연설을 통해 윤기복은 "경애하는 김일성수령 운운……" 하면서 김일성 유일사상의 찬양과 정치선전을 늘어놓았다. 마치 서울 한복판에서 평양방송을 듣는 기분이었다. 이 날 생중계로 북적 측의 연설을 들은 국민들은 커다란 분노를 느꼈으며 매스컴을 통한 반발과 비판은 상상외로 컸다. 그리고 북쪽 사람들이 처음 서울에 들어왔을 때 그토록 따뜻하게 맞이했던 서울 시민들의 태도는 그들이 돌아갈 때는 아주 냉담한 것으로 변해버렸다.

그 당시 국민들의 비판이 얼마나 심했던지 이후락 조절위원회 공동위원장이 9월 28일 한국신문협회, 한국통신협회, 한국신문편집인협회, 한국기자협회, 한국민간방송협회 등 5개 언론단체들에 서한을 보내어 협조를 요청할 정도였다. 이 서한에서 이후락은 "남북문제에 관해서는 상업적 저널리즘의 영역에서 벗어나서 대국적이고 승화된 차원에서 보도 편집 기획하여 불필요한 감정의 유발로 대화가 저해되지 않게 해달라"고 요청했었다.

그러나 서울회담을 계기로 북한은 일제히 대남비방의 포문을 열고 나섰다.

「로동신문」은 서울에서의 제2차 남북 적십자회담 때 동행한 북한기자들로 하여금 한국의 지도층과 정치 사회체제에 대한 비판을 기사화하여 매일같이 이를 보도하게 했다.

10월 3일자 일본의 「교도통신」은 평양 특파원 말로 "남북공동성명 이후 한때 고조됐던 통일무드는 최근 북한측이 매일같이 한국에 대한 악랄한 비난을 계속함으로써 어느 새 사라지고 다시 불신에 찬 기류가 한반도를 뒤덮기 시작했다"고 보도했다. 「교도통신」은 이어 "평양에서 보는 한, 분단 27년 만에 실현된 남북교류가 상호이해와 우호증진에 기여하기는커녕, 오히려 정치 사회 체제의 뚜렷한 차이만을 인식케 함으로써 한때 부풀어 올랐던 통일에의 기대를 급속히 냉각시키는 계기가 된 것 같다"고 보도했다.

제1차 조절위 위원장 회담

이후락, 박성철 간의 제1차 남북조절위원회 공동위원장 회의는 이런 상황 속에서 열렸다. 7·4 공동성명이 발표된 지 꼭 1백일만인 72년 10월 12일이었다.

판문점 '자유의 집'에서 열린 이 1차 공동위원장 회의에는 서울측에서 이후락 중앙정보부장, 김치열 중앙정보부 차장, 정홍진 중앙정보부 협의조정국장과 평양측에서 김영주를 대리한 박성철 제2부수상, 유장식 로동당 조직지도차장, 김덕현 로동당 정치위직속 책임지도원 등이 각각 참석했다.

상오 10시 정각 '자유의 집' 2층에 마련된 대기실에서 나란히 앉은 양측대표들은 차를 들며 5분간 담소했다.

이후락 ; (박성철에게 자리를 권하며) 그동안 안녕하셨습니까?

박성철 ; 감사합니다.

이 ; 얼굴이 좋아진 것 같습니다. 먼 데서 오시느라고 수고가 많으셨습니다.

박 ; 우리가 더 가까운 곳에서 왔습니다.

이 ; (은하수담배를 박에게 권하며 박의 옆자리에 앉은 유장식에게) 오! 유선생도 오셨구먼.

유 ; (웃음만……)

이 ; (유장식, 김덕현과 악수하며 박성철에게) 김일성 수상도 안녕하십니까.

박 ; 감사합니다.

이 ; 김영주 선생의 건강은 어떻습니까.

박 ; 크게 덜하지도 않습니다.

이 ; 지금 국내에 계십니까.

박 ; 아직 안 돌아왔습니다.

이 ; (시선을 유장식에게 돌리며) 유선생, 많이 좋아지셨습니다.

회담이 시작되기 전 잠시 동안 어울린 남과 북의 교환에서 이후락이 적극적으로 말을 건넨 데 비하여 북쪽 사람들은 말수가 적고 소극적인 태도였다.

이후락은 1백일 만에 재회한 북한 사람들을 만나 진심으로 반가운 표정이었으며, 또 교섭의 전망에 관해 기대를 표명했다.

박성철 유장식 등과 만나기 앞서 이후락은 기자들에게 "어떻게 하든지 회담을 성공으로 이끌어 겨레의 염원을 풀어 주어야겠다는 벅찬 사명감을 느끼고 있다"고 말했다.

그는 또 "비방전을 서로 먼저 시작했다고 주장하지만, 보는 각도에 따라 다르고, 특히 남쪽의 경우 언론계의 자유적 입장을 고려하지 않을 수 없기 때문에 그 문제는 보는 각도에 따라 다를 것 같다"면서 "우선 조절위를 정식 발족시켜 중상 및 비방의 한계가 어떤 것인지를 포함한 여러 문제를 토의해야 할 것"이라고 말했다.

정치 레벨의 첫 남북대화에 임하는 서울측 대표들의 심정은 기도하는 마음, 그것인 것 같았다. 그러나 서울측의 이 같은 기대는 무참하게 배신당했다.

회의는 상오 10시 10분부터 하오 2시 35분까지 4시간 25분간에 걸쳐 비공개로 진행되었다. 이 오랜 시간에 걸친 대좌에서 남북 쌍방이 무엇을 이야기했는지에 관해서는 당시 일체 알려지지 않았다. 회담이 끝난 다음에 나온 발표문에서는 7·4 성명정신을 재확인하여 상호불신을 해소하는 문제를 논의했다는 것과 10월 하순에 제2차 회의를 갖기로 했다는 사실만이 밝혀졌다.

발표문만 가지고 보자면 회담은 그런대로 스무드하게 진행되었다는 인상을 주었다. 그러나 사실은 정반대였다. 그로부터 상당히 오랜 시일이 지난 다음에야 알려진 제1차 공동위원장 회의의 내막은 다음과 같은 것이었다.

그 날 회의에서는 7·4 공동성명의 회의사항(그 중에서도 특히 제1항의 통일3원칙)이 논의의 초점이 되었다. '통일3원칙'의 해석과 구현방법에 관하여 남북쌍방은 격렬한 논쟁을 벌였던 것이다.

서울측은 공동성명 제1항의 자주 평화통일의 달성과 이를 위한 민족적 단결의 도모를 위해서는 이를 가능케 할 수 있는 상황을 먼저 만드는 일이 급선무임을 강조하고 따라서 남북 쌍방은 우선적으로 남북조절위원회를 구성, 발족시키고 이 기구를 통해 공동성명 2항부터 6항까지의 합의사항을 실천에 옮겨, 실적을 쌓아가는 과정에서 남북 간의 오해와 불신의 제거, 이해와 신뢰의 증진, 사회적 이질감의 극복과 민족적 동질성의 회복 등을 점진적으로 추진해 나가자고 주장했다.

서울측은 이 같은 일련의 남북관계 개선과정을 성공적으로 추진할 수 있게 하기 위해서는 남북 쌍방이 일단 각기 자기의 체제를 보호하면서 서로 상대방의 체제내적 질서에 대해서는 간섭함이 없이 교류와 협력, 그리고 나아가서는 상호 사회의 개방을 추진해 나가야 할 것이라고 주장했다.

그러나 평양측은 공동성명에서 쌍방이 통일3원칙에 합의한 이상 ① 대한민국은 대내적으로 반공정책을 포기, 공산주의를 용납해야 하고, ② 통일과 관련하여 더 이상 자유민주주의체제를 옹호하지 말아야 하며, ③ 유엔도 외세이기 때문에 유엔은 어떠한 형태로도 한반도 통일문제에 개입하지 말아야 하고, ④ 주한미군은 즉시 철수해야 하며 ⑤ 한국군의 전력증강은 물론 군사훈련도 중지되어야 한다고 주장했다.

결국 제1차 회담에서는 합의된 아무것도 없었다. 다음 번 회의를 기약했다는 점에서 결렬만을 모면한 형태였다. 이 무렵 서울측 대표들은 남북대화의 장래에 관하여 누구 한 사람 비관하지 않는 사람이 없었다.

제2차 조절위 위원장 회담

남북조절위원회 제2차 공동위원장 회의는 72년 11월 2일과 3일 두 차례에 걸쳐 평양에서 개최되었다. 이 회의에는 서울측에서 장기영 전 부총리, 최규하 대통령 특별보좌관, 강인덕 중앙정보부 제9국장 등이 새로 이후락 공동위원장의 보좌역으로 따라갔다.

이 밖에도 통신사, 속기사, 의사 등 수행원 10명과 기자 10명 등 일행 24명은 2일 상오 8시 20분, 서울을 출발하여 10시 판문점을 통과, 승용차편으로 오전 10시 25분, 개성 못 미쳐 하천 둑에 마련돼 있는 헬리포트에 도착했다. 이곳에는 소련제 헬리콥터 3대가 대기하고 있었다.

일행은 헬리콥터에 분승, 경평가도를 저공비행하면서 10시 50분 사리원 상공을 거쳐 11시 6분, 평양에서 약 10km 떨어진 근교 사과밭에 자리한 헬리포트에 도착했다. 이후락은 박성철을 비롯한 북한 요인들의 영접을 받고 대기하고 있던 벤츠 600편으로 평양시내에 들어갔다. 연도에는 1차 및 3차 남북적 회담 때보다도 훨씬 많은 주민들이 나와 일행의 행렬을 구경했고 아파트 창문을 열고 내다보는 주민들도 많았다. 그러나 환호하는 제스처는 보지 못했다.

이후락과 보좌역 4명은 동평양 옥류교를 지나 유서 깊은 을밀대 밑 대동강 기슭에 있는 내각초대소에 도착, 여장을 풀었다. 이후락은 두 번째 평양 방문이었으나 다른 보좌역이나 수행원들은 처음이었다. 달나라에 처음 발을 디딘 것만큼이나 조심스러웠고 또 모든 것이 낯설었다.

공동위원장 제2차 회의는 도착한 그 날 오후에, 이후락 일행이 만수대 의사당으로 박성철을 찾아가서 시작되었다.

이 회의에서도 평양측은 계속 공동성명의 통일원칙에 대한 일방적인 해석을 고집, 이를 구실로 한국의 내외정책에 간섭하는 발언을 함으로써 회의 분위기를 경화시켰다. 박성철은 "공동성명에 입각한 대화와 남조선의 반공정책은 서로 양립할 수 없다"고 주장하면서 한국측에 대해 몇 가지를 요구했다.

① 국민에 대한 반공교육과 반공선전을 중지하고

② 반공법 국가보안법을 위반하여 형사 처벌을 받고 있는 공산주의자들을 석방하며

③ 공산주의자를 처벌하는 자들을 오히려 처벌할 것

④ 주한미군의 철수

⑤ 한, 일간의 우호협력관계를 단절할 것

이에 대해 서울측은 남북대화는 서로 극단적으로 이질적인 두 체제간의 대화이므로 서로 상대방 체제 내부문제에 간섭하기 시작하면 대화는 계속될 수 없다는 점을 들어, 공동성명에서 밝히고 있는 것처럼 남북 쌍방은 서로 자기 체제를 유지하면서 상대방 체제 내부문제에 간섭함이 없이 이념과 체제의 차이를 초월하여 대화를 추진해 나가자고 주장했다. 1차 회담 때와 똑같이 쌍방의 의견은 평행선을 치닫고 있었다.

이번에도 돌파구를 뚫은 것은 이후락과 김일성의 면담이었다. 이 스케줄은 당초에 들어가 있지 않았다. 이튿날인 3일 아침, 박성철이 숙소인 모란봉 내각초대소로 이후락을 방문, 10분간 환담을 나눈 끝에 이루어진 것이었다.

이후락과 보좌단 4명은 상오 10시 15분 박성철의 안내를 받아 평양 시내 내각청사 집무실로 김일성을 방문하였다. 김일성과 이후락은 이미 구면이었다.

북한측에서 박성철과 김중린 로동당 대남사업담당비서, 양형섭 당비서 등이 참석한 가운데 이후락 일행과 김일성의 면담은 이 날 낮 12시 20분까지 2시간 5분 동안 계속되었다. 이어 오후 1시 50분까지 같은 장소에서 오찬을 함께 했다.

점심이 끝난 다음에는 김일성과 이후락이 단독으로 만나 1시간 가까이나 현안문제에 대해 의견을 나누었다. 이 자리에서 문제타결의 돌파구가 마련된 것이다. 김일성은 남북조절위원회의 구성 및 운영에 관한 합의서에 반드시 합의하도록 평양측 대표들에게 지시했다.

조절위 구성 합의서

이렇게 하여 마련된 '남북조절위원회 구성 및 운영에 관한 협의서'는 다음과 같은 것이었다.

1. 남북조절위원회는 1972년 7월 4일자 남북공동성명의 합의사항을 추진하고 남북 사이의 관계를 개선 발전시키며 각 분야에서 힘을 합쳐 같이 사업하는 등 합의된 조국통일원칙에 기초하여 나라의 통일문제를 해결하는 것을 목적으로 한다.

2. 남북조절위원회의 기능은 다음과 같다.

가. 합의된 조국통일원칙에 기초하여 나라의 자주적 평화통일을 실현하는 문제를 협의, 결정하여 그 실행을 보장한다.

나. 남북의 정당 사회단체 및 개별적 인사들 사이의 광범한 정치적 교류를 실현하는 문제를 협의, 결정하며 그의 실행을 보장한다.

다. 남북 사이의 경제 문화적 및 사회적 교류와 힘을 합쳐 같이 사업하는 등의 문제를 협의, 결정하며 그의 실행을 보장한다.

라. 남북 사이의 긴장상태를 완화하며 군사적 충돌을 방지하고 군사적 대치상태를 해소하는 문제를 협의, 결정하며 그의 실행을 보장한다.

마. 대외활동에서 남북이 공동보조를 취하며 단일민족으로서 민족적 긍지를 선양하는 문제를 협의 결정하며 그의 실행을 보장한다.

3. 남북조절위원회는 다음과 같이 구성한다.

가. 남죽조절위원회는 쌍방 각각 공동위원장과 부위원장 1명, 간사위원 1명, 위원 2명으로 구성한다. 위원수는 필요에 따라 증가시킬 수 있다.

공동위원장은 이후락 중앙정보부장과 김영주 조직지도부장으로 한다.

부위원장과 간사위원 및 위원은 장관(상) 또는 차관(부상)급으로 하되 사전협의를 거쳐 각각 쌍방 공동위원장이 임명한다.

나. 남북조절위원회 안에 간사회의를 둔다.

간사회의는 쌍방 공동위원장의 위임에 의하여 남북조절위원회의 휴회 기간에 제기되는 제반문제 등을 협의, 결정하고 그의 실행을 보장한다. 간사회의는 쌍방 간사위원과 각각 간사 2명으로 구성한다.

다. 남북조절위원회 안에 정치, 군사, 외교, 경제, 문화 분과위원회를 둔다. 각 분과위원회는 남북조절위원회 사업이 진척되는 데 따라 설치하며 그 기능과 구성은 쌍방의 합의에 의하여 규정한다.

라. 남북조절위원회 공동사무국을 판문점에 둔다. 공동사무국장은 쌍방이 각각 1명씩 임명하여 그 밑에 필요한 수의 인원을 둔다.

4. 남북조절위원회는 다음과 같이 운영한다.

가. 남북조절위원회는 서울과 평양에서 번갈아 진행하는 것을 원칙으로 하며 필요에 따라 판문점에서도 할 수 있다.

나. 남북조절위원회 회의는 2~3개월에 1차, 간사회의는 1개월에 1차 진행하며, 이 밖에 쌍방의 합의에 따라 임시회의를 개최할 수 있다.

다. 남북조절위원회는 공개회의 또는 비공개회의로 한다.

라. 남북조절위원회 회의와 간사회의에는 쌍방의 합의에 따라 필요한 수의 전문인원들과 공동사무국 요원들을 참가시킬 수 있다.

마. 남북조절위원회의 최종합의는 쌍방 공동위원장들이 합의문건에 서명하는 것으로 이루어지며 합의사항은 쌍방의 합의에 따라 공동사무국을 통하여 동시에 발표한다.

바. 남북조절위원회 운영세칙은 따로 규정한다.

5. 이 합의서는 쌍방의 합의에 의하여 수정, 보완할 수 있다.

1972년 11월 4일

남북조절위원회 서울측 공동위원장 이후락 부장
남북조절위원회 평양측 공동위원장 김영주 부장

평양에서 열린 제2차 공동위원장 회의에서 위와 같은 '남북조절위원회 구성 및 운영에 관한 합의서'에 쌍방이 합의를 본 것은 김일성이 김영주 박성철 등에 OK 사인을 내렸기 때문에 가능했다. 그때까지만 해도 김일성은 남북대화에 상당한 열의와 관심을 갖고 있었음에 틀림없었다.

'통일3원칙'을 놓고 의견이 맞지 않아 조절위원회 구성이 지지부진하다가 김일성의 지시 한 마디로 진척을 본 사실은 남북대화 진행과 관련하여 북한체제의 경직성을 드러내 보여 준 하나의 사례였다.

적십자회담을 포함하여 조절위 공동위원장 회의, 조절위 간사회의, 조절위 본회담 등 모든 남북대화에 임하는 북한측 대표들은 하나같이 조그만한 재량권도 갖고 있지 않았다.

재량권 없는 북한대표

그들의 뒤에는 거대한 조직이 도사리고 있었고, 그 조직의 정점에 김일성이 있었다. 서울에 온 북쪽 사람들은 몹시도 신경을 쓰면서 몸조심을 했다. 그것은 조직과 김일성에 대한 충성스런 구성분자로서의 괘념이었다. 적십자회담 대표 김태희의 태도에서 그런 단면을 극적으로 드러낸 에피소드가 있었다.

1972년 9월 12일, 제2차 남북적십자 본회담이 서울에서 열릴 때였다. 회의 전날인 11일 밤 12시경, 판문점에 나가 있는 한국적십자사 전방사무소에서 본부에 전화가 걸려왔다. 북적 대표 김태희가 그들이 서울에 있는 동안 숙소로 쓸 타워호텔은 반공센터로 사용하는 곳이니 다른 데로 숙소를 안 바꿔 주면 노숙하겠다고 연락을 해왔다는 것이다. 아마도 김태희는 반공센터가 타워호텔 근처에 있어 이를 착각한 모양이었다. 한적측에서 설명해 주었으나 믿지 않는 기색이었다.

다음날 한적 대표들이 영접하러 판문점에 나갔을 때도 김태희는 같은 주장을 되풀이하더라는 것이다. 그러면서 자기는 직접 설명을 들어 그렇지 않다는 것을 안다고 하더라도 평양에 있는 상부 사람들이 믿지 않을 테니 마이크를 북쪽을 향하여 해명해 달라고 부탁해왔다.

15분간이나 옥신각신 끝에 한적 대표 김연주가 북쪽 사람들이 들을 수 있도록 마이크에 대고 "타워호텔은 반공센터가 아니라 개인이 경영하는 호텔"이라고 말해 주었다. 이러고서야 북적대표단 일행은 타워호텔에 숙소를 정했다.

북한대표들은 어떤 회의에서나 미리 발언문을 준비하여 나갔다. 즉석연설이나 즉흥적인 발언은 한 번도 없었다. 이를테면 북한대표들은 회의에서 준비된 발언문을 일방적으로 발언한 다음 한국측이 이야기를 들으면 다음 번 회의 때는 그전 회의의 한국측 발언에 대한 또 준비된 발언문을 가지고 나와서 일방적으로 발언하는 그런 식이었다.

이렇기 때문에 회의는 항상 지지부진하기 마련이었다. 사소한 일 하나에도 연락원으로부터 일일이 메모지시를 받아 그대로 이행할 따름이었다.

제2부수상이라는 박성철마저 이런 꼴이었다.

북한체제에서 재량권을 갖고 있는 유일한 사람은 김일성뿐이었다. 따라서 아무리 틀에 박힌 회담이라 할지라도 김일성의 말 한 마디면 그만이었다.

김일성과의 면담이 있은 직후 오후에 속개된 이후락과 박성철 간의 두 번째 조절위 공동위원장 회의에서는 불과 1시간 동안의 대화에서 처음으로 실질적인 진전을 이루었다. 즉 '남북조절위 구성 및 운영에 관한 합의서'에 서명했고 서로 비방 중상을 하지 않기로 한 공동성명조항에 따라 72년 11월 11일 0시를 기하여 대남, 대북방송과 군사분계선 상에서의 확성기에 대한 대남, 대북방송, 상대지역에 대한 삐라 살포 등을 중지하기로 합의를 본 것이다.

당시 이 두 가지의 합의사항은 남북대화에 이어 새로운 장은 여는 것으로 평가되었다. 7·4성명이 다분히 선언적인 의미를 지녔던 데 비해 평양회담에서 이루어진 조절위의 구성과 비방, 중상의 중지에 관한 쌍방합의는 긴장완화와 통일을 향한 실효 있는 첫 발로 생각되었기 때문이다. 그 당시의 시점에서는 적어도 외면상으로 그런 평가가 가능했다.

공통점 없는 양측 주장

평양회담에서 결실을 본 남북조절위원회의 제1차 본회의는 1972년 11월 30일 서울에서 열렸다. 이 회의에 참석하기 위해 박성철을 비롯하여 유장식 로동당 조직지도부 부부장 겸 대외사업부장과 이완기 내각참사,

한웅식 로동당 중앙위원회 직속책임지도위원, 김덕현 등이 보좌역으로, 그 밖에 보도진 수행원 등 모두 25명이 30일 상오 10시 판문점을 거쳐 서울에 왔다.

판문점에서는 김치열 중앙정보부 차장을 비롯한 남한의 요인들과 한국적십자사 안내양들의 꽃다발 환영을 받았고, 2박 3일 서울에 머무는 동안에는 경복궁 박물관 관람, 삼청각에서의 초대연 등으로 환대를 받았다. 그러나 그 이전 적십자회담 때 보여주던 것과 같은 시민들의 환영이나 극진한 대접은 없었다.

처음 적십자회담 때는 서울에 온 북한대표들에게 나중에 일부 국민들로부터 비난의 소리가 나올 정도로 지나친 환대를 베풀었다. 이를테면 그들의 점심이나 저녁식탁에 올려놓기 위해 프랑스에서 타조 간을, 대만에서 제비집과 상어 지느러미를 공수해 왔던 것이다.

조절위원회 제1차 회의는 서울시내 영빈관 회의실에서 72년 11월 30일 오후와 이튿날인 12월 1일 오전 두 차례에 걸쳐 열렸다. 회의가 끝난 다음 양측 대변인은 "각 분야에서 교류와 힘을 합쳐 같이 사업하는 데 대해 의견을 교환했고 쌍방은 남북조절위원회가 그 기능을 원만히 수행할 수 있도록 하기 위해 조속히 간사회의를 구성하고 공동사무국을 설치하여 남북조절위원회 운영조직을 작성키로 합의했다"고 발표했다. 발표문안을 가지고 보자면 뭔가 이루어졌구나 하는 인상을 주었지만 사실은 정식으로 발족된 이 날 조절위 본회의에서도 남북쌍방의 대화는 평행선을 걷고 있었다.

서울측은 대화가 진행되고 있는 동안만이라도 ① 상호 체제부정을 지양하고 ② 서로 상대방 체제를 이해하며 ③ 상대방 체제 내부문제에 간섭하거나 비난하지 말고 ④ 자기 체제를 상대방에게 강요하지 말며 ⑤ 각기 자기 체제에 입각하여 국민복지증진에 노력하고 ⑥ 체제를 초월하여 민족적 동질성을 강화하는 방향으로 협력 관계를 조성해나가며 ⑦ 남북대화는 체제 대 체제의 대화를 추진해나간다는 원칙에 입각한 남북관계를 정립하는 데 합의하자고 제의했다.

서울측은 또한 남북조절위가 추진할 구체적인 사업은 남북분단의 현실을 감안하여, 먼저 제도와 이념의 차이로 인한 마찰 및 저항요인이 비교적 적은 비정치, 비군사 분야에서 시작하여 실적을 축적시키고 이를 통하여 이루어지는 이해와 신뢰의 증진을 바탕으로 정치, 군사 분야의 문제로 옮겨갈 것을 제의했다.

그러나 평양측은 조절위원회의 실무적 기능을 정비하는 문제는 안중에 없었다. 박성철은 덮어놓고 "공동성명이 나온 이상 남북은 서로 신임해야 한다"고 주장하면서 쌍방은 ① 우선적으로 쌍방 군사대표자 회담을 열어 남북 간 군사적 대치상태 해소방안을 협의케 하고 ② 정치, 군사, 외교, 경제, 문화 등 5개 분과위원회를 동시에 일괄 발족시키자고 주장했다.

요컨대 한국은 쉬운 문제부터 하나씩 해결해가면서 통일문제를 다져가자고 주장한 데 반해 북한측은 공동성명으로 뜻이 맞은 이상, 당장에 한데 어울려 통일축제를 벌이자는 태도였다.

평양측 대표단 일행이 서울을 떠나기 전날인 1일 오후 6시, 박대통령은 청와대에서 박성철을 비롯한 평양측 조절위원들은 접견했다. 만찬을 겸한 이 면담에서 박대통령은 "욕심 같아서는 처음부터 모든 문제를 한꺼번에 다루어야 하겠지만 남북 간의 문제는 어려운 문제가 많으니 손쉬운 문제라도 해결하고 어려운 문제는 일단 뒤로 미루어 해결한다는 자세로 추진해야 할 것"이라고 당부했다.

박대통령은 남북관계를 학생들이 시험 치는 것에 비유하여 "능력에 넘치는 어려운 문제부터 풀려고 들면 한 문제도 풀지 못하고 시간은 지나가 결국 백지를 내게 되는 법이므로 시험을 잘 보려면 어려운 문제는 뒤로 제쳐 놓고 쉬운 문제부터 풀어야 하는 것처럼 남북관계도 결국 이와 같은 방식으로 대처해나가야 할 것"이라고 강조했다.

그러나 이런 통일에의 기능주의적 접근방식은 북쪽 사람들에게는 먹혀들지 않았다. 왜냐하면 이 때 이미 북한측은 남북 대화에 흥미를 잃었고, 오히려 이를 파괴하는 궁리를 찾기 시작하고 있었기 때문이다.

북, 군사 5개항 토의 주장

1973년에 들어와 남북 간 대화는 새봄이 찾아올 때까지 중단상태에 빠졌다. 조절위 제1차 본회의가 그 전 해인 1972년 12월 1일 아무런 성과 없이 끝난 다음 겨울 동안 완전한 동면상태에 들어갔다. 1972년 11월 24일에 제4차 본회의를 연 적십자회담도 중단상태에 들어갔다.

이 겨울 동안에 북한은 그 간의 남북대화에 관해 나름대로의 분석, 평가를 진행했을 것으로 판단된다. 그리고 손익계산 결과, 이익보다는 손해가 많거나 적어도 앞으로 대화를 계속하더라도 별 이익 볼 일이 없다는 결론을 내린 것 같았다.

두 번째의 조절위원회 본회의는 대화가 동면에 들어간 지 꼭 1백 2일만 인 1973년 3월 14일 평양에서 열렸다. 서울측 위원들과 수행원 및 보도진들은 지난번과 마찬가지로 이 날 아침 8시 판문점을 거쳐 북쪽 땅에 들어갔다. 그러나 평양측의 태도에 그 겨울 동안 커다란 변화가 생겼음이 바로 그 순간부터 감촉되었다.

우선 서울측 대표단에 제공되던 개성, 평양간 헬리콥터 편이 취소되고 그 대신 자동차편으로 바뀌었다. 이 바람에 헬리콥터로 1시간에 날아갈 수 있던 길이 5시간 가까이나 걸리는 장거리 여행이 되었다.

그리고 서울측 대표단이 평양에 체류하는 동안 반드시 한 번씩 이루어지던 김일성과의 면담이 중지되었다. 김일성이 '현지 지도 방문차 지방여행 중'이라는 핑계였다. 이 같은 변화는 분명히 북한측이 남북대화에 대한 흥미를 상실하고 있음을 말해 주고 있었다.

조절위 제2차 회의의 내용은 이 같은 북한측의 태도변화를 단적으로 입증해 주는 것이었다.

쌍방 대표들은 당초 서울측 대표단이 도착하는 14일 하오 4시에 1차 회의를 가질 예정이었으나 평양측 공동위원장 대리 박성철이 '육로 여행이 피곤할 테니 오늘은 쉬고 내일 상호에 회의를 열자'고 제의, 양측 간사위원들의 협의 끝에 15일 상, 하오에 걸쳐 두 차례 연속회의를 갖기로 했다. 김영주는 처음부터 얼굴도 나타내지 않았다.

이튿날 회의에서 서울측은 제1차 본회의 때와 마찬가지로 조절위의 성공적인 운영을 위해서는 가장 우선적으로 위원회의 실무기능을 정비하는 것이 급선무임을 지적, 우선 ① 조절위의 운영세칙, 간사회의의 운영세칙,

공동사무국의 설치규정 등을 조속히 제정하고 판문점 공동경비구역내에 조절위의 실무 및 행정요원을 수용하고 회의시설을 구비한 공동사무국 건물을 남북이 함께 건축하자고 제의했다.

이와 아울러 서울측은 조절위의 예정된 5개 분과위원회 가운데 경제분과위원회와 사회, 문화분과위원회를 우선 발족시켜 경제인 교류, 물자교류, 특정 경제생활 부문의 합동개발과 합동작업, 예술단 가무단의 교류공연, 체육 교류, 학술단체간의 교류, 사회 각 단체 간의 교류 등을 이루자고 제안했다.

서울측은 이 같은 교류가 성과 있게 진전되어 서로 신뢰의 바탕이 마련되면 그 후에 정치, 군사문제를 토의하자고 제의했다.

그러나 평양측은 조절위의 제반 실무기능을 정비하는 데는 관심이 없었다. 박성철은 "남북 간의 현 군사적 대치상태를 먼저 해소하지 않고서는 진정으로 신의 있는 대화를 할 수도 없고, 또 남북관계를 실질적으로 개선해 나갈 수도 없으며, 나라의 통일과 관련된 어떠한 문제도 성과적으로 해결할 수 없다"고 주장하면서 소위 '남북대화에 있어서의 군사 5개 항목'이란 것을 제의, 모든 문제에 우선해서 이 문제를 먼저 토의하자고 나섰다.

이 5개 항목 군사제의란 ① 남북은 무력증강과 군비경쟁을 그만둔다 ② 남북은 군대를 각기 10만, 또는 그 이하로 줄이고, 군비를 대폭 축소한다 ③ 외국으로부터 일체의 무기와 작전장비 및 군수물자의 반입을 중지한다 ④ 미군을 포함한 일체의 외국군대를 철거시킨다 ⑤ 이상의 문제를 해결하며 남북 간에 서로 무력행사를 하지 않는 데 대해 서로 담보(보장)하는 평화협정을 체결한다는 내용의 것이었다.

박성철은 이 문제를 다루기 위해 조절위원회를 개편하여 쌍방의 군 간부들을 여기에 참가시키든지, 아니면 군사 분과위원회를 우선적으로 구성하자고 주장했다.

그런가 하면 박성철은 조절위는 제쳐놓고, 이와는 별도로 남북정당 사회단체 연석회의를 개최하자는 새로운 주장을 내놓기도 했다.

성과 없이 끝난 2차 본회의

제2차 회의에 임하는 태도로 미루어 북한의 의도는 명백해지고 있었다. 그들은 순서와 절차를 무시하고, 언뜻 보기에 포괄적이고 적극적인 것 같으나, 당장엔 실현 불가능한 제안을 내놓음으로써 대화를 교착시키고 그 책임을 서울측에 전가하려는 속셈을 노골적으로 드러냈던 것이다.

결국 조절위 2차 본회의는 15일 상, 하오에 걸쳐 2시간 40분 동안 평행선을 긋다가 끝나고 말았다. 회의 도중 양측은 6·25 전쟁의 발발책임을 두고 심한 신경전을 벌이기도 했다. 평양측 조절위 부위원장 유장식이 6·25전쟁을 한국측이 먼저 도발했다고 생떼를 썼기 때문이다.

제2차 회의는 회의내용에 대한 공동발표도 없이 끝나야 했다. 그러나 박성철은 회의에서 논의된 사항 가운데 합의되지 않은 사항은 공개하지 않는다는 관례를 깨뜨리고 3월 15일 저녁, 평양 옥류관에서 있었던 만찬 석상에서의 연설을 통해 그가 회의에서 내놓았던 주장들을 공개함으로써 남북조절위를 선전 목적을 위해 활용하기 시작했다.

성과 없이 2차 회의를 마치고 이튿날 16일 하오 3시 35분 서울에 돌아온 이후락 공동위원장은 실망의 빛을 감추지 못했다. 그때까지 될 수 있는 한 비관적인 발언을 피해오던 이후락은 귀경 후 가진 기자회견에서, "이번 회의에서는 아무런 합의도 없었으며 남과 북의 생각을 주고받은 데 의의가 있을 뿐, 쌍방 간에 긴장완화를 위한 방법론에 큰 차이가 있었다"고 실토했다.

그는 7·4공동성명과 휴전협정을 성실히 지키는 정치지도자의 신념이 중요하다고 강조하기도 했다.

남북대화가 종말에 가까웠음을 예고하는 지표는 회의장 안에서보다는 회담장 밖에서 더 노골적으로 드러났다. 7·4성명 이후 한때 주춤했던 휴전선상에서의 무장도발, 간첩남파 등이 1973년에 들어서면서 부쩍 증가하기 시작했다. 그리고 몇 차례에 걸친 다짐에도 불구하고 방송이나 확성기를 통한 대남비방은 더욱 격화되고 있었다. 특히 '통일혁명당의 목소리'라는 북한의 대남지하방송은 남한에 대한 비난의 목청을 더욱 높이고 있었다.

이런 가운데서 열린 조절위 제3차 회의의 결말은 뻔했다. 6월 12일과 13일 두 차례에 걸쳐 서울에서 개최된 제3차 회의는 2차 회의의 계속이며 재판에 지나지 않았다.

서울측은 조절위원회 및 그 산하 기구의 운영세칙이 아직 마련되지 않고 공동사무국의 설치가 지연되고 있는 점을 들어 이에 대한 평양측의 성의 있는 태도를 촉구했으나 박성철은 여전히 군사 5개항 제안의 우선토의, 조절위와는 별도로 '남북정당, 사회단체연석회의' 개최, 조절위 5개 분과 위원회의 동시 일괄 설치를 거듭 주장했다.

한 가지 특별한 것은 이후락 서울측 공동위원장이 12일 저녁, 평양측 대표단을 위한 워커힐에서의 만찬석상 연설을 통해 남북 상호간의 사회개방을 제의한 것이었다.

이후락은 이 날 만찬연설에서 남북 상호간에 불신과 오해를 몰아내고 상호이해와 신뢰의 새로운 남북관계의 바탕을 마련하기 위한 제안을 하면서 "서로가 서로의 사회를 서로에게 완전 개방하자"고 제의했다. 이후락은 "우리가 겪은 6·25 동란이라는 동족상잔의 4반세기에 이른 남북단절은 동족인 우리 사이에 이민족처럼 많은 불신과 오해, 증오와 회의를 낳게 했다"면서 "남북 상호간의 상호 사회개방이 남북관계의 개선을 위해 무엇보다도 앞서야 할 과제"라고 강조했다.

이후락의 이 날 연설은 평양에서 열린 제2차 회의 때 박성철이 만찬연설을 통해 정치선전적인 발언을 행한 데 대한 반응이었다고 볼 수 있었다.

이에 이르러 남북대화는 사실상 끝장이 났다. 조절위원회는 3차 본회의를 마지막으로 다시는 열리지 않았다. 3차 회의 이후에는 서울측이 남북직통전화를 통해 북쪽에 회의개최를 재촉하곤 했으나 평양측은 통화마저 기피하고 말았던 것이다.

북한측의 오판

그러면 본격적으로 개막된 남북대화를 1년도 채 못 돼, 북한측이 흥미를 잃고 중단시킨 이유는 무엇이었을까?

그것은 한마디로 말해 '현실에 대한 판단' 착오 때문이었다. 즉 북한은 적십자회담과 조절위원회 회담에 나설 때까지만 해도 그들이 추진하고 있는 통일전선전략에 의한 통일구상을 대화를 통해서 실현시킬 수 있다는 판단을 갖고 있었다.

김일성은 당초 남한의 상부구조는 '미제의 앞잡이들'로 구성되어 있기 때문에 미군만 철수하면 상부구조는 저절로 붕괴될 것이라고 보았다. 그리고 주한미군은 닉슨 독트린이라는 국제적, 국내적 배경 하에서 남북한 간의 대화가 주어지면 자연히 철수하리라고 판단했다. 여기에다 남한에는 공산주의에 동조하는 세력이 상당히 많은 것으로 계산했다. 김일성은 당시 박정권에 반대하는 비판세력을 곧바로 공산주의에 동조하는 '애국적 민족세력'으로 비약적인 판단을 내렸던 것 같다.

이 때문에 남북대화가 열린 초기에 서울에 들어온 대표들을 향해 환영하는 남한 국민들을 보고 마치 그들 사상이나 체제에 동조하는 것처럼 여겼다. 서울시민의 환영에 대해 "남조선 인민들이 우리를 단순한 적십자대표로서가 아니라 김일성 수령님의 통일사절로 맞아주었다"고 떠들어댄 북한대표들의 발언은 단순한 선전만이 아니었다. 그들은 진심으로 그렇게 믿고 있었던 흔적이 있다.

북적 대표 윤기복이 생방송된 서울회담에서의 연설에서 '위대한 김일성 수령님' 운운하면서 신나게 주워댄 까닭도 실은 서울시민의 환영을 오판한 데서 나온 결과이기도 했다. 그 당시 윤기복은 자신의 정치연설에 동조는커녕 호된 비판을 가한 남한의 매스컴에 의외라는 태도로 실망을 표명했다.

윤기복은 한적의 구범모 자문위원에게 "도대체 남한의 언론이 왜 이러느냐. 시민들은 우리를 환영하는데 왜 언론은 그러느냐. 언론의 자세를 보고 실망했다. 회담을 추진키 위해 언론인을 다스릴 길이 없느냐"고 하소연하기까지 했다.

북한측의 오판은 남북조절위원회가 첫 번째 본회의를 열고, 남북적십자 본회담이 두 번째 열리고 있던 72년 9월 무렵까지도 계속되었다. 김일성은 그 무렵까지는 남북대화에 흥미를 갖고 있었다.

그러다가 북한측이 그게 아니구나 하고 똑바로 눈을 뜨고 현실을 보게 된 것이 72년 말 무렵이었다. 적십자회담과 조절위원회 회의를 통해 적어도 세 번 이상 북한대표들과 수행한 보도요원들이 서울을 다녀간 뒤의 일이었다.

북한은 서울을 몇 차례 와서 보고 남한 사회의 본질이 예상과는 분명히 다르다는 사실을 파악했다. 상부구조가 '미제의 앞잡이들'로 구성된 것도 아니고 또 반정부적인 비판이 곧바로 공산주의에 직결하지 않는다는 것도 느꼈다. 반정부세력이 오히려 공산주의 사상과 체제에 더욱 비판적이라는 사실도 파악했다.

무엇보다도 중요한 것은 남한에는 거지와 못 먹어 굶주리는 사람들로 우글거리고 있다는 예상이 전혀 딴판이었다는 점을 직접 보고 느꼈다는 사실이었다.

조절위원회나 적십자회의로 서울에 들어온 북쪽 사람들은 서울의 화려함이나 넘칠 듯한 자동차홍수를 보고 그 모든 것이 전시용으로 동원된 것이라고 처음엔 생각했다. 농담이 아니라 정말로 그렇게 믿고 있었다. 수행원이나 보도요원들뿐만 아니라 북한체제의 상층부 인물들이라고 볼 수 있는 회담대표들마저도 그런 생각이었다. 아마도 김일성 자신이 진정 그렇게 생각하고 있었을지도 모른다. 정보부족과 현실에 대한 의식적인 외면, 그리고 국내정치용 허위선전을 오랫동안 되풀이하는 과정에서 생긴 일종의 '자기최면'에 김일성 자신이 걸린 결과라고 볼 수 있을지 모른다.

결국 북한 당국자들은 서울을 직접 보고 난 다음 자기 최면상태에서 깨어났으며 대화를 통해서는 통일전선전략을 성취할 수 없다는 결론 아래 조절위를 깨뜨리고 만 것이다.

어긋난 기대

현실오판은 북한 쪽만이 아니었다. 정도의 차이는 있을망정 남한 쪽에서도 판단착오는 있었다.

조절위와 적십자회담에 임하면서 남한 측은 대화를 통해 북한의 경색된 사회에 자유의 바람을 얼마만큼은 집어넣을 수 있을 것이라고 판단했다. '피는 물보다 진하다'는 생각 아래 서로 대화를 하고 왕래하는 가운데 민족의 동질성을 확대해나갈 수 있을 것으로 기대했다.

이런 기대 하에서 남한 측은 북쪽 사람들이 서울에 왔을 때, 흘러간 옛 노래들을 들려주었고 자유의 즐거움을 맛보여 주기 위해 화려한 쇼 공연을 구경시켜 주었다.

그러나 이러한 남한의 희망이나 기대는 착오였다. 북한 사람들은 흘러간 노래에 민족적 향수를 전혀 느끼지도 않았고 쇼를 보고 부러워하지도 않았다. 그들은 판문점에서 서울로 들어오는 버스 안에서 틀어주는 흘러간 노래를 듣고서는 "남한 사람들은 왜 이렇게 사상이 없는 맥 빠진 노래를 좋아하느냐"고 의아해 했다. 그런가 하면 워커힐에서 반라의 미녀들이 몸을 흔들며 쇼를 벌이는 것을 보고서는 "미제국주의자들이 남한 동족들을 다 버려놓았다"고 개탄했다.

서울과 평양을 개방했을 때 남한 측은 서울의 고층빌딩과 활기에 찬 분위기에 자신이 차 있었다. 서울을 보고 북한 사람들이 부러워하기를 기대했고 또 그렇게 될 것으로 믿었다.

하지만 서울을 보고 간 북한측의 평가는 엉뚱했다. 남북적십자 서울회담을 취재하고 평양에 돌아간 북한 기자들은 1972년 9월 17일자 「로동신문」에 '숨 막히는 서울의 거리'라는 제목으로 다음과 같은 내용의 기사를 썼다.

"웅장화려한 우리 평양과는 대조적으로 서울은 성냥갑을 무질서하게 쌓아 놓은 듯한 공해의 거리다.

정연한 평양의 아름다움과 시민의 문화적인 생활에 비해 서울은 너무나도 대조적이며 거리는 꾸불꾸불하고 고저가 심하며 로폭도 좁다. 거리는 자동차로 뒤범벅이 되어 있다.

서울의 중심가는 호텔이나 회사, 은행 등에 점유되어 시민의 일부는 도심으로부터 쫓겨 멀리 교외나 산비탈에 살고 있다. 호텔이나 상점이 서있는 중심가와 성냥갑 같은 집들이 밀집한 교외의 극단적인 대조는 부유한 권력자와 가난한 근로인민과의 생활격차를 웅변으로 말해 준다.

굴뚝의 연기와 자동차 배기가스는 시민의 건강을 해치고 있다. 평양의 신선한 공기를 마시고 사는 우리들로서는 서울에 며칠 동안 체재한 것만으로도 공해를 느끼게 됐다. 거리거리에서 들리는 천한 유행가는 상상도 할 수 없는 존재, 또 거리 곳곳에 보이는 유료목욕탕도 상상할 수 없는 것이었다."

북한 사람들은 결국 자유를 무질서로 파악했고, 화려함을 타락으로 평가했다.

한국측 대표들이 평양에 들어가 눈으로 본 것 가운데는 예상했던 것보다 다른 점이 많았다. 그 중의 하나가 북한 사회의 빈틈없는 강력한 체제였다. 이 강력한 체제 속에서 북한 인민들은 김일성을 위대한 영도자로 믿고 순종할 수밖에 없었다. 북한사회는 밖에서 누가 뭐라고 하든 그 속에서 열광하는 하나의 거대한 유사 종교집단이었다. 김일성은 교주요 인민은 맹목적으로 김일성교를 신봉하는 광신자들이었다. 이런 사회체제에 자유의 바람이 스며들 수 있는 여지는 거의 없는 것으로 판단되었다.

극단적으로 이야기하자면 남한 당국자들은 북한의 사회, 경제체제를 보고 소스라치게 놀랐다. 북한 사람들이 서울에 직접 와보고 그게 아니었구나 하고 정신 차린 것처럼 서울측도 평양에 들어가 보고서 느낀 점이 많았다. 특히 체제와 관련해서였다.

남북대화의 정략적 이용

1972년 10월 17일, 박대통령은 계엄령 선포와 함께 유신헌법안을 제안하면서 "평화적 통일의 지향과 한국적 민주주의의 토착화를 위해 구질서를 청산하고 통일을 향한 민족주체세력을 형성하며 능률을 극대화, 자주적인 총력체제의 구축을 방향으로 일대개혁을 단행하는 것"이라고 설명했다. 정부는 유신헌법이 남북대화를 뒷받침하기 위한 체제정비라고 주장했다.

10월 유신은 남북대화를 통해 평양을 왔다 갔다 하는 동안 그곳에서 보고 느낀 결과가 반영된 것이라고 평가할 수도 있었다. 북한체제에 맞서 대화해 나가려면 우리도 그만한 강력한 체제를 갖추어야 한다는 논법이었다. 이 같은 명분은 시기적으로도 그럴 듯한 뒷받침을 받았다. 유신헌법을 제안한 때가 바로 제1차 조절위 본회의가 열리기 직전이요, 적십자 본회담이 평양과 서울에서 두 차례 열리고 난 다음이었다.

유신헌법에 대한 국민투표를 앞두고 당시 정부 여당 측은 남북통일과 대화에 대한 국민적인 성의를 헌법 통과에 결부시키려고 온갖 노력을 다 베풀었다.

그러나 유신헌법은 반드시 남북대화를 뒷받침하기 위한 필요에서만 발상된 것이었다고는 볼 수 없다.

1971년 제7대 대통령선거가 끝난 지 얼마 안 돼서부터 정계 일각에서는 박정희 대통령이 영구집권을 위한 구상을 추진하고 있다는 이야기가 나돌고 있었다. 남북대화는 아직 움트고 있지도 않을 때였다.

조절위의 남북 양쪽 대표들이 서울 평양을 교환방문하기도 전에 박대통령은 헌법개정의 뜻을 강력히 내비쳤다. 이를테면 72년 7월 17일의 제헌절 기념사에서 박대통령은 "남북 간의 대결에 임하여 우리들의 민주제도는 보다 성과 있고 능률적인 것이 되지 않으면 안 된다"고 말하면서 "이렇게 하는 것만이 우리들의 민주체제가 공산독재체제보다도 월등히 우월하다는 것을 실증하는 길"이라고 주장했다. 박정희 정부는 진작부터 대통령 간선제와 대통령 권한강화를 내용으로 하는 헌법 개정을 계획하고 있다가 남북대화의 무드가 절정에 이른 시점을 택해 개헌안을 내놓은 것이다.

주목할 만한 사실은 비슷한 시기에 평양측도 헌법을 개정한 일이다. 북한은 남한이 유신헌법을 국민투표를 통해 확정 공포한 지 약 1개월 후인 1972년 12월 27일 제5기 1차 최고인민회의에서 헌번개정을 공포했다. 전면적으로 손질된 북한의 이 개정헌법은 ① 사회주의제도를 법적으로 고착시키고 ② 사회주의제도 하에서의 정치, 경제, 문화, 군사 부문의 제원칙들을 법적으로 규제함과 동시에 ③ 국가주석제 중앙인민위원회 등의 신설 등을 내용으로 하고 있었다.

개정헌법 제5조는 "북반부에서 사회주의의 완전승리를 달성하고 전국적 범위에서 외부세력을 물리치며 민주주의적 기초 위에 조국을 평화적으로 통일, 완전한 민족적 독립을 달성하기 위해 싸운다"고 되어 있다. 요컨대 10년 만에 개정된 북한의 새 헌법은 김일성체제를 더욱 굳히는 데 목적이 있었다.

결국 남북 두 곳의 정권 담당자들은 5천만 민족이 감격하면서 기대를 걸고 있던 대화의 시기를 이용하여 체제강화를 단행했던 것이다.

김영주의 결렬선언

조절위원회 3차 본회의가 아무런 합의점 없이 헤어진 지 2개월 반 후인 1973년 8월 28일 평양측 공동위원장 김영주는 사실상 조절위의 결렬을 선언하는 성명을 발표했다. 이 날 오후 6시, 북한의 평양방송은 돌연 정규방송을 중단하고 중대방송이란 예고 하에 김영주 명의로 된 장문의 성명을 전문 보도했다.

이 성명에서 김영주는 20일 전인 그 해 8월 8일 일본 동경에서 발생한 김대중 납치 사건과 조절위 서울측 공동위원장 이후락을 결부시켜 이후락에 대해 입에 담을 수 없는 야비한 표현의 욕설을 퍼붓고 대한민국 중앙정보부가 "평화통일을 주장하는 애국적 민주인사를 탄압하고 있기 때문에…… 우리는 이후락을 비롯한 남조선중앙정보부 '깡패'들과는 마주 앉아 국가대사를 논의할 수 없다"고 선언했다.

이 성명은 계속해서 "남조선 당국자들이 만일 진실로 평화통일을 위한다면 응당 쌍방 사이에 합의된 남북공동성명의 원칙을 존중하고, 2개의 조선 노선을 취소하여, 조국통일을 위하여 싸우는 사람들에 대한 탄압을 그만두고, 체포 투옥된 애국자들을 석방하여야 한다. 남북조절위원회는 응당 전민족의 의사를 반영하여야 하며 그를 위하여서는 당국자들뿐만 아니라 여기에 남북조선의 각 정당 사회단체 각계각층 인민들의 대표들이 참가해야 한다. 오직 이렇게 될 때에만 북과 남 사이의 대화가 민족적 대단결의 기초 위에서 순조롭게 진행될 수 있으며 조국의 자주적 평화통일이 성과 있게 추진될 수 있다"고 주장했다.

북한측은 이 성명에서 조절위원회의 운영을 중단시킨 이유로서 김대중 납치사건과 함께 박대통령의 6·23 외교선언을 들었다. 6·23 선언은 박대통령이 같은 해 6월 23일 발표한 '평화통일외교정책에 관한 특별성명'으로서, ① 유엔 및 국제연합기구에의 남북한 동시가입 ② 이념과 체제를 달리하는 모든 국가에의 문호개방 ③ 남북한의 상호 내정불간섭 등을 내용으로 한 것이었다.

6·23 선언에 대해 김영주는 '2개의 조선노선의 공개적 선포'라고 단정하고, 대한민국이 "남북대화의 간판으로 인민을 기만하고 민족분열을 고정화하여 2개의 조선을 조작하려 한다"고 비난하면서 그렇게 함으로써 대한민국이 "남북공동성명을 완전히 뒤집어엎었다"고 책임전가를 시도했다.

이에 대해 이후락 서울측 공동위원장은 다음날인 8월 29일 내외 기자회견에서 김영주의 8·28성명을 반박하는 성명을 발표했다. 이 성명에서 이후락은 "북한측의 일방적인 성명으로 그 동안 7·4 남북공동성명 정신에 입각하여 한반도에 항구적인 평화를 정착시키고 남북관계를 개선 발전시키며 분단조국의 자주적 평화통일을 모색하여 5천만 민족의 영원한 복지와 번영의 길을 개척하려는 숭고한 목적 아래 진행되어 온 남북대화는 중대한 국면에 접어들었다"고 전제하고 이러한 북한의 돌변한 태도는 "평화통일 외교선언이 국내외로 큰 지지를 받게 되고 다가오는 유엔총회에서 그들의 입장이 열세로 몰리게 됨을 자인, 당혹한 나머지 이를 모면하려는 임시변통이며 평화를 지향하는 대화의 진행을 기피하겠다는 것으로 해석할 수밖에 없다"고 못 박았다.

이후락은 "남북의 5천만 동포들은 평화적 조국통일을 위한 민족의 대헌장인 7·4 남북공동성명의 건재를 갈망하고 있다" 면서 "평화를 갈망하고 통일을 염원하는 민족의 여망을 외면하고 그 어느 누구든지 7·4 공동성명의 정신을 파괴한다면 그것은 그야말로 민족반역행위로서 역사의 심판을 받게 될 것"이라고 경고했다.

성명발표에 이어 기자회견에 들어간 이후락은 북한이 8·28 성명을 발표하게 된 동기는 원칙적으로 남북대화를 원치 않고 있는 데서 나온 것이라고 설명하고, 김대중 사건이 중앙정보부와 관계가 있는 것처럼 세계의 지면들이 떠드는 데 편승, 대한민국의 국가안보 기둥인 중앙정보부를 흔들어 보자는 데 목적이 있다고 분석했다.

양측 공동위원장의 이 같은 비난에 찬 성명전으로 남북대화는 사실상 끝장이 났다. 그 후 몇 차례 조절위 부위원장 회담이 판문점에서 열렸으나 이것은 대화가 아니라 책임회피를 위한 마무리 끝맺음에 지나지 않았다.

민족의 감격 속에서 시작했다가 1년도 못 되어 끝장난 남북조절위원회의 의미는 무엇이었던가. 김영주의 8·28성명과 이후락의 반박성명이 이를 상징하고 있는지도 모른다. 북한의 로동당 조직부장과 남한의 중앙정보부장이 서로를 격렬하게 비난하면서 대화가 끝난 것이다.

결국 남북조절위원회는 민족의 염원을 대변한다고 했지만, 처음부터 비밀스런 왕래로 시작했다가, 권력 게임의 흔적을 여기저기에 남긴 채 막을 내린 것이라고 말할 수도 있다.

유신체제

유신체제에의 길

5·16 이후 그 수레바퀴가 전진보다는 후퇴만을 거듭해 오던 한국의 민주주의는 1972년 10월 17일 느닷없이 선포된 유신개변(維新改變)으로 말미암아 또 한 번 치명적인 타격을 받았다. 그로부터 유신의 주인공인 박정희 대통령이 사망할 때까지의 7년 동안 이 나라는 삼류 민주주의 국가로 전락하고 말았다. 유신 옹호론자들이 한결같이 주장하는 경제발전과 안보성장이라는 플러스 측면을 감안한다 해도 유신시대는 밝은 면보다는 어두운 면이 더 많은 암울한 시기였으며 정치적으로는 그 어느 때보다도 자유와 화합과 창의성과 기능성이 봉쇄된 암흑기였다.

한국의 민주주의를 저만치 후퇴시킨 유신개변은 국민들이 아무도 눈치채지 못한 가운데 정부, 여당 안의 극소수 몇몇 사람의 손에 의해 비밀리에 이루어졌다. 그 작업은 마치 남의 눈이 무서워 어두운 곳에서 몰래 떳떳치 못한 일을 꾸미는 것과 같은 음모적인 형태로 추진되었다.

유신개헌 작업이 구체적으로 추진된 것은 72년 5월초였다. 장소는 아이러니컬하게도 박정희가 심복인 김재규 중앙정보부장의 총탄에 맞아 스스로의 목숨과 함께 유신체제 자체에 종지부를 찍게 한 청와대 바로 옆

궁정동에 있는 중앙정보부 별실이었다. 이 작업실에 드나들면서 유신헌법의 제정, 개헌 방법, 발표의 시기, 발표 방법 등 작업에 참여한 사람은 당시의 청와대 비서실장 김정렴과 중앙정보부장 이후락을 비롯하여 청와대의 홍성철, 유혁인, 김성진 비서관, 행정부의 신직수 법무부장관, 그리고 헌법학자 한태현, 갈봉근 교수 등이었다.

이들은 매일 은밀하게 작업을 하면서 그날그날의 진행상황을 대통령에게 보고하고 새로운 지시를 받아 다시 작업을 진행했다. 작업은 치밀하게 짜여진 계획과 일정에 따라 진행되었다. 개헌안의 확정시기, 정부와 당에 대한 통고 시기, D데이, 유신선포 이후의 홍보대책, 국민투표 실시 일자, 통일주체국민회의 대의원 선거 시일, 계엄령 해제 시기 등 치밀한 스케줄에 따라 착착 진행되었다.

작업은 철저한 비밀에 부쳐져 추진되어 왔기 때문에 참여자 외에는 D데이 때까지 아무도 눈치 채지 못했다. 당시 김종필 총리 자신을 포함하여 내각도 이 작업에서 소외되었으며 집권 여당인 공화당도 까맣게 몰랐으니, 국회에서 알 까닭이 없었다. 작업이 6개월 동안이나 계속되었는데도 그처럼 비밀이 끝까지 유지된 데 대해서는 관계자들 자신도 스스로 놀라고 있었다.

그러나 유신개변의 징후는 일찍부터 드러나고 있었다. 구체적인 개헌작업이 시작되던 72년 5월보다도 훨씬 이전에 정가에는 박정희의 영구집권을 가능케 할 어떤 정치적 개변이 있을 것이라는 소문이 나돌았다. 그 당시에는 개변의 모습이 유신체제라는 모습으로 나타나리라고는 아무도 상상 못했지만, 당시의 정국 상황이나 박정희의 성격으로 보아 정치적인 극단 조치가 취해질 가능성이 있음을 감지한 사람은 한둘이 아니었다. 그때가 1969년 말의 3선개헌 파동 때였다.

3선개헌 파동 이후에 전개된 정국의 사정은, 일찍부터 서구식의 민주주의에 회의를 품어 왔고, 민족중흥이라는 역사적 사명감에 흠뻑 몰두해 있던 박정희로 하여금 비상적인 어떤 정치적 전환을 생각케 할 여건을 마련해 주고 있었다. 아마도 박정희는 3선 개헌 후, 특히 1971년의 제7대 대통령선거 이후 비상조치를 단행할 기회만을 노려 왔는지도 몰랐다. 그런 흔적이 여기저기서 드러났다.

3선개헌 당시 이미 야당 일각에서는 박정희가 3선으로 그치지 않으리라고 추측하는 이야기가 있었다. 1971년 선거 때는 총통제 설이 공공연히 나돌았다. 그 당시 선거 유세에서 신민당 대통령후보 김대중은 박정권이 종신 총통제를 획책하고 있는 증거가 있다고 주장했다(1971년 4월 16일 전주 유세에서 한 말). 이에 대해 박정희 후보는 "요즘 야당 사람들은 내가 종신 총통제를 만들 것이라는 등 터무니없는 인신공격을 하고 있다"고 반발하였다. 국민들은 느닷없는 총통제 이야기에 긴가민가했으나 당시로서는 감히 그런 구상을 하지는 못하리라는 일종의 안도감에서 박정희의 반발을 액면대로 받아들였다.

그러나 그 후로 벌어진 일은 국민이 모르는 가운데 사실상 1인 장기집권을 가능케 하는 유신체제로의 행진이었다. 나중에야 재음미되었던 것이지만 1971년 선거유세에서 박정희 후보가 한 발언은 어떤 뜻을 내포하고 있었다. 그는 투표일을 이틀 앞둔 4월 25일 서울 장충단 유세에서 "오늘 이 자리에서 분명히 할 것은 내가 대통령으로 뽑아 달라는 것은 오늘 이 기회가 마지막이라는 것입니다"고 호소했다. 그대로 해석하자면 3선까지만 허용된 당시의 헌법에 따라 7대 대통령까지만 하고 물러가겠다는 뜻으로 풀이되었으나 해석 여하에 따라서는 직선제에 따라 국민에게 직접 대통령으로 뽑아 달라는 것은 이번이 마지막이라는 뜻으로도 풀이할 수 있는 발언이었다. 결과론이지만 박정희는 그 후 2대나 더 대통령직을 누렸으나 국민에게 직접 대통령 선출을 호소한 일은 7대 선거 때가 마지막이었던 것이다. 이런 뜻에서 보자면 그때 선거 유세에서의 발언은 결코 거짓말이 아니었다고 이야기할 수 있다.

선거가 끝난 후 정가에서 모모 인사들이 종신 집권제도를 연구하기 위해 프랑스, 스페인, 대만 등지로 떠났다는 이야기가 파다하게 떠돌았다. 그 동안 박정희 자신은 각종 발언을 통해 국제 정세와 한반도 주변 정세의 급박함, 안보실태, 국력의 효율적인 동원, 체제의 내실화 등을 강조했다.

드디어 71년 12월 6일, 유신을 위한 본격적인 전주곡이 울리기 시작했다. 박정희는 국가안보를 최우선으로 한다는 명분을 내걸고 느닷없이 국가비상사태를 선포한 것이다. 박정희는 비상사태 선언의 이유를 다음과 같이 밝혔다.

"나는 국가를 보위하고 국민의 자유를 수호할 대통령의 책임으로서 최근의 국제 정세와 북괴의 동향을 면밀히 분석, 검토한 결과, 지금 우리 대한민국의 안전보장은 중대한 위기에 처해 있다고 판단되어 오늘 전국민에게 이를 알리는 국가비상사태를 선포하였습니다.

…… 외부로부터 위협이 절박한 이때 과연 우리의 내부 사정은 어떠한지 냉엄하게 살펴봅시다.

향토예비군이나 대학군사훈련마저도 그 시비가 분분할 뿐 아니라 진정으로 국가를 위하는 안보론보다는 당리당략이나 선거 전략을 위한 무책임한 안보론으로 국민을 현혹시키고 있으며 또한 혹세무민의 일부 지식인들은 언론자유를 빙자하여 무책임한 안보론을 분별없이 들고 나와 민심을 더욱 혼란케 하고 있는 것이 오늘의 실정입니다. …… 지금이 시각에도 백리 북쪽에 공산마수가 도사리고 있다는 사실을 잊어버리고 태평무드에 젖어 있는 오늘의 우리 사회의 단면을 눈여겨 볼 때 나는 6·25사변의 전야를 회상하지 않을 수 없습니다."

이승만 정부 이래 역대의 정권이 강압정치를 합리화시키기 위해 써먹던 안보라는 전가의 보도를 꺼낸 것이라고 볼 수 있었다.

비상사태를 선포한 박정희는 이어서 12월 27일, 야당의 극한 반대를 묵살하고 국가보위에 관한 특별조치법이라는 이름의 초헌법적인 법안을 여당 단독으로 처리, 공포했다. 이 비상조치법은 헌법에 보장된 국민의 기본권을 제한할 수 있는 비상대권을 대통령에게 부여한 것으로 마치 유신예행법과도 같은 것이었다. 왜냐하면 국가보위법에서 주어진 비상대권이 고스란히 유신헌법에 그대로 옮겨졌기 때문이다.

국가비상사태 선포와 국가보위법의 변칙통과는 길고도 가파른 후유증을 낳았다. 야당은 비상사태 선언의 철회, 국가보위법의 무효화, 백두진 국회의장의 인책 등 정치공세를 폈고, 여당은 국회 소집을 기피, 72년 전반의 6개월 동안 국회는 문을 열지 못했다.

이 무렵 정가에는 무언가 심상치 않은 분위기가 감돌면서 머지않아 체제와 제도상에 일대 변혁이 있으리라는 이야기가 나돌았다. 선거제도가 중선거구나 대선거구로 바뀔 것이며 내년(1973년)에 이 문제가 거론될 것이라는 등의 얘기가 나돌기도 했다. 정작 공화당의 길전식 사무총장은 72년 4월 16일 "대통령 및 국회의원의 현행 4년 임기는 막대한 선거자금이 소요되고 임기가 너무 짧아 소신의 업적을 충분히 쌓을 수 없는 폐단이 있다"고 지적하면서 "이를 시정하기 위해 대통령과 국회의원의 임기를 6년으로 늘리는 개헌을 추진할 방침"이라고 말했다. 길씨의 발언은 대통령과 국회의원의 임기 연장을 거론한 것이었지만 주목되는 점은 이를 위해 헌법 개정이 필요하다는 이야기였다. 그 날 각 신문은 '공화당, 개헌 가능성 검토'라는 제목으로 그의 발언을 크게 보도했다.

3선개헌 때, 헌정의 심각한 후퇴를 목격했던 국민들은 그로부터 3년도 안 되어 또 한 번 튀어나온 개헌설에 놀라움을 금치 못했다. 여론의 경악을 의식한 공화당은 길전식의 발언을 부인했다. 길씨 자신도 "그런 얘기를 한 사실이 없다"고 발뺌하면서 "저녁 먹는 자리에서 기자들과 농담으로 주고받은 얘기가 잘못 전해진 것"이라고 우겼다.

그러나 길씨의 발언이나 부인은 모두가 예정된 애드벌룬인 것처럼 판단되었다. 얼마 안 있어 단행될 유신개헌을 앞두고 넌지시 띄워 본 관측기구인 것이 틀림없었다. 유신체제는 그로부터 꼭 6개월 후에 단행되었던 것이다.

유신개변의 배경 ; 그 두 개의 얼굴

여기서 잠시 유신체제가 탄생한 역사적, 상황적인 배경을 살펴보자. 그 배경은 박정희를 비롯한 유신추진 그룹이 명분으로 내세우고 있는 드러난 이유와 속으로 감추어진 이유, 두 가지의 측면을 지니고 있다.

먼저 유신체제의 명분이 되어 있는 드러난 배경은, 정부 측의 적극적인 체제선전을 통하여 널리 알려진 사실들이다. 첫째, 안보와 관련된 위기의식이었다. 60년대 말부터 70년대 초에 걸쳐 한반도를 둘러싼 주변 정세는 커다란 변화를 이루고 있었다. 한 세대 동안을 계속되어 온 냉전구조가 허물어지고 데탕트의 새로운 물결이 한반도 주변에도 넘실대고 있었다. 당시의 미국 대통령 닉슨은 70년 2월, 이른바 괌 독트린을 선언, 개입정책으로부터의 후퇴를 명백히 했고 월남전에서의 철수와 함께 한반도에서도 점차 병력을 빼내가려는 의지를 뚜렷이 했다. 정작 71년 3월에는 주한미군 2개 사단의 지상병력 가운데 1개 사단을 철수시켰다. 북한의 대남 전략에 이렇다 할 변화가 보이지 않고 있던 당시의 시점에서 주한미군 1개 사단의 철수는 박정희 정부에 커다란 안보상의 위기감을 안겨 주었다. 이 위기감이 '국력의 효율적인 동원'이라는 유신체제 최대의 명분을 제공했던 것이다.

또 하나의 명분은 남북대화였다. 유신체제를 선포한 '10·17선언'에서 박정희는 "우리 헌법과 각종 법령, 그리고 현 체제는 동서 양극체제 하의 냉전 시기에 만들어졌고 하물며 남북의 대화 같은 것은 전혀 예상치도 못했던 시기에 제정된 것이기 때문에 오늘과 같은 국면에 처해서는 마땅히 이에 적응할 수 있는 새로운 체제로의 일대 유신적 개혁이 있어야 하겠다"고 강조하면서 "남북대화의 적극적인 전개와 주변정세의 급변하는 상태에 대처하기 위한 우리 실정에 가장 알맞은 체제개혁을 단행해야 하겠다"고 말했다.

'10·17선언'이 바로 남북대화가 한창 진행 중에 나왔던 점은 이 명분을 강력하게 뒷받침하는 배경이 되었다.

마지막으로 70년대 초에 벌어졌던 사회적인 혼란과 관련하여 질서와 능률을 명분으로 제시한 것이다.

확실히 70년대는 사회적, 정치적, 경제적 불안으로 막을 열었다. 박정희가 신년 연두사를 통해 70년대의 장밋빛 비전을 제시한 지 얼마 되지 않은 1970년 3월 정인숙 여인 사건이 터져 권력 당국자들의 도덕성과 관련하여 세론이 비등했다. 상류층의 부도덕과 부정부패에 관해서는 그 해 6월에 말썽이 된 김지하 시인의 담시 '오적'이 웅변하고 있었다.

상류층의 호사스런 생활과는 딴판으로 압도적인 다수의 근로자 서민층은 저임금과 생활고에 신음하고 있었으며, 그 상징적인 사건으로서 1970년 11월, 평화시장 종업원 전태일 군의 분신자살 사건이 있었다.

이듬해 1971년은 더욱 심상찮은 사건들로 얼룩졌다. 그 해 7월, 경기도 광주 단지의 주민 3만여 명이 분양지 불하가격의 인하와 세금면제 등을 요구하며 인근 파출소와 경찰차에 방화했고, 8월에는 신진자동차 노조원 9백여 명이 경영주측의 집단 해고에 항의 파업농성을 벌였다. 또한 9월에는 파월 기술자와 그 가족 등 4백여 명이 대한항공 빌딩에 모여 체불임금의 지불을 요구하면서 방화와 난투를 벌이는 과격한 집단행동을 벌인 사건이 터졌다.

이런 한편 사법부에서는 법관들이 권력층의 부당한 압력에 항의하여 집단 사표를 제출한 이른바 '사법파동'이 일어났고, 국회에서는 오치성 내무부장관의 해임 결의안을 가결시킨 '항명파동'이 일어났다. 학원에서는 데모가 끊이지 않고 계속되어 정부는 휴교령, 위수령 발동 등의 강경책을 쓰지 않으면 안 되었다.

유신이 선포되기까지의 70년대 초 3년간은 확실히 위기의 기간이라고 부를 만했다. 그러나 그 위기는 정부 스스로가 자초한 결과였다. 거기다 정부는 훗날 유신개변의 명분을 꾸미기 위해 실제상황 이상으로 위기를 증폭시켰거나 위기감을 조성한 흔적이 있었다.

이를테면 안보와 관련하여 정부가 내세운 북한의 남침 가능성이었다. 1971년 12월, 정부가 국가비상사태를 선포했을 때, 박정희는 모든 국민은 안보 위주의 새로운 가치관을 확립해야 한다고 선언하면서 북한의 남침 가능성이 그 어느 때보다도 고조되어 있다고 강조했다.

그러나 그 당시의 상황은 정부의 주장과 반드시 일치한 것은 아니었다. 북한의 위협은 여전한 것이었으나, 그 무렵 특별히 긴장이 고조되었거나, 북의 남침이 임박했던 징후는 없었다. 비상사태가 선포된 직후 미국은 북한의 침략이 급박하다는 증거는 없다고 공식견해를 밝힘으로써 한국 정부의 비상사태 선포에 불만을 나타냈다.

뿐만 아니라 정부가 남침위협을 특별히 강조하고 있던 그 시기에 사실은 남북 접촉이 실무자 측에서 비밀리에 진행되고 있었음을 주시할 필요가 있다. 따라서 장차 공식화될지도 모를 남북회담에 일사불란하게 대처하기 위해 비상사태의 선포가 필요했다고 말하는 것은 있을 수 있는 일이나, 북한으로부터의 위협이 진정한 이유였다고 말하기는 힘들다.

사실은 남북회담에 효율적으로 대처하기 위해 유신체제가 필요하다는 명분도 그 후의 남북대화 결과에 비추어볼 때 설득력이 약했다. 남북문제에 관한 한 정부는 체제와는 관계없이 어느 때나 독점적인 정치 권한을 행사해 왔으며, 야당이나 국민은 사실상 여기서 배제되어 왔었다. 다시 말하면 남북대화는 유신체제가 아니더라도 정부가 의도하는 대로 추진할 수 있었던 것이며, 정부 자신이 이 점을 잘 알고 있었다.

그런데도 불구하고 굳이 남북대화에 유신을 연관시킨 것은 당시 국민들의 열망과 기대 속에 한창 진행되고 있던 남북대화의 열기에 유신 선포의 시기를 맞춘 것이라고 분석할 수 있었다. 이처럼 유신개변의 명분론적 근거로서 크게 작용했던 남북회담도 유신 선포를 절정으로 오히려 내리막길을 걷다가 끝내는 중단되고 말았다. 이런 결과를 놓고 이야기하자면 남북대화에 근거를 둔 유신의 명분론은 허구였다고 말할 수밖에 없다.

그렇다면 표면상의 명분으로 내세운 유신의 배경은, 결국 70년대 초 사회적 혼란에 근거를 둔 위기대응책으로서의 방법론이 가장 그럴 듯한 것으로 남게 된다.

확실히 국정을 다스리고 정권을 방어해야 할 제1차적인 책임을 지고 있는 대통령의 입장에서는 여하한 수를 쓰더라도 위기를 극복해 나가야 할 책무를 지니게 된다. 이 위기를 극복하기 위한 방법론으로서의 유신체제는 적어도 명분으로서는 성립할 수 있다. 그러나 이 경우에는 선택된 방법의 당부, 혹은 적·부적이 문제가 되며, 이 점에 있어 유신체제는 문제해결에 부적합했음을 드러냈다. 왜냐하면 70년대의 사회적 갈등은 권위주의적이며 강압적인 유신체제로는 결코 해결될 수 없었으며, 실제로 70년대 전 기간을 통하여 사회적 긴장과 갈등은 이 체제가 종말을 고할 때까지 더욱 고조되어 갔기 때문이다.

정부가 내세운 유신개변의 명분이 이처럼 다분히 허구적이고 부적합한 것이었다면 그 진짜 이유는 무엇이었을까? 이제 유신개변의 배경이 된 감추어진 얼굴을 살펴보자.

궁정동 밀실에서 유신작업을 벌인 인물들은 중앙정보부장이나 청와대 비서관, 그리고 몇몇 헌법학자들이었다.

이들이 유신개헌의 추진주체인 셈이었지만 따지고 보면 이들은 어디까지나 실무 작업반에 지나지 않았다. 처음부터 유신을 구상하고 추진했던 사람은 다른 누구보다도 박정희 자신이었다. 주변에서 거들어주는 사람은 있었지만 새 체제의 이념과 골격을 짜낸 사람은 바로 박정희였던 것이다. 유신헌법 가운데 핵심인 대통령의 긴급조치권이나 대통령 선출 방법 등에 관해서는 마지막 단계에서 박정희 자신이 직접 조항을 기초하거나 수정한 것으로 알려져 있다. 유신헌법이 구상되고 제정된 과정을 살펴보면 유신체제란 바로 박정희의 정치철학과 통치방식이 제도적으로 구현된 산물임을 인식할 수 있다.

쿠데타의 성공으로 하루아침에 최고 통치권자가 된 박정희는 유신개변을 단행할 때까지의 집권 10년 동안에 숱한 시행착오를 거듭하면서 정치적인 시련을 겪었다. 군정 동안에 있었던 주체세력 내부의 갈등과 헤게모니 쟁탈전, 그리고 거듭되는 실정과 부정부패는 5·16 이념 자체를 퇴색시키는 것이었고, 박정희를 비롯한 5·16 세력이 원대복귀가 아니라 민정에 참여하고 나선 사실은 명백한 혁명공약 위반이었다. 이 민정 참여를 위한 제5대 대통령선거에서 박정희는 그가 멸시하던 구정치인 세력으로부터 호된 타격을 받았다. 15만 표라는 근소한 득표차로 박정희는 구정치인 세력을 대표한 윤보선을 누르고 대통령이 됐지만, 이만한 표차는 그가 집권자였다는 위치를 감안할 때, 결코 승리했다고 장담할 수는 없는 형편이었다. 더구나 선거 과정에서 박정희는 구정치인들로부터 과거 경력에 관한 약점을 낱낱이 폭로당했다.

민정 대통령으로 집권한 뒤에도 시련은 계속되었다. 민정 초 최대의 위기는 한일회담을 둘러싸고 벌어진 학원가의 데모였다. 65년 3·24 데모와 6·3 사태로 절정을 이룬 저자세, 굴욕외교 반대 데모는 공화당 정권을 한때 위기로 휘몰아갔다. 박정희는 이를 계엄선포로 간신히 넘겼다. 1969년 3선개헌 강행으로 장기집권의 욕망을 내보인 박정희는 그때부터 국민의 신망을 크게 잃어갔다. 1971년 제7대 대통령선거는 그로 하여금 또 한 번 호된 곤욕을 치르게 했다. 야당의 김대중 후보를 상대로 한 이 선거에서 박정희는 90여만 표 차이로 3선 대통령에 성공했으나 선거 과정은 박정희에게 몹시 힘겨운 것이었다. 김대중은 그 특유의 대중연설 솜씨로 공화당과 정부를 공격했다. 그는 박정희가 결코 3선만으로 그치지 않을 것이며 이번 선거가 끝나면 다시는 국민의 손으로 대통령을 직접 뽑는 선거는 없을 것이라고 예언하기도 했다.

박정희 후보는 수세에 몰리면서도 3선이 마지막임을 호소하며 상당한 지지를 획득했다. 10년간의 집권과 몇 차례의 선거에도 불구하고 박정희는 본질적으로 대중적인 정치가가 되지 못했다. 그는 대중 앞에 직접 나서 자기의 포부를 설득하는 타입이 아니라 행정적인 차원에서 실적을 추구하는 형이었다. 이런 점에서 박정희는 민주주의가 설정한 제도적인 여러 과정과 직업적인 정치인을 부정적으로 인식했다. 선거를 국력을 낭비하는 비능률로 여겼고, 직업적인 정치인, 특히 야당을 사사건건 정부에 반대하는 불필요한 존재로 인식했다. 박정희는 3선개헌 당시 야당관을 이렇게 표현한 적이 있었다.

"나는 여태까지 나의 중차대한 책임을 수행함에 있어 야당으로부터 어떠한 지지나 격려를 받아본 일이 없다. 사실 그들은 나에게 격렬한 반대만을 선사했다. 반대를 위한 반대뿐이었다. 한일기본조약을 체결할 때 그들은 나를 매국노라고 불렀고 월남에 국군을 파견했을 때는 '젊은이의 피를 판다'고 하더니 예비군을 창설하니 정치적 목적을 위해 조직했다고 했는가 하면, 없는 나라에서 남의 돈이라도 빌려와 경제건설을 서둘러 보겠다는 나의 노력을 '차관망국'이라고 비난했다. 그들이 반대한다고 해서 만일 그 일들을 어리석게 중단했거나 포기했다면 지금 이 나라가 어떻게 되었을 것인가.

야당은 또 언필칭 나를 독재자라고 비방한다. 내가 만일 야당의 반대에 굴복하여 '물에 물 탄 듯 술에 술 탄 듯' 소신 없는 일만 해 왔더라면 나를 가리켜 그들이 독재자라고는 말하지 않았을 것이다. 야당의 반대를 무릅쓰고라도 국가와 민족을 위해 도움 되는 일이라면 내 소신껏 굽히지 않고 일해 온 나의 태도를 가리켜 그들은 독재자라고 말하고 있다. 야당이 나를 아무리 독재자라고 비난하든 나는 이 소신과 태도를 고치지는 않을 것이다. 또 앞으로 누가 대통령이 되든 오늘날 우리 야당과 같은 '반대를 위한 반대'의 고질이 고쳐지지 않는 한 야당으로부터 오히려 독재라고 불리는 대통령이 진짜 국민을 위한 대통령이라고 나는 생각한다."

한마디로 이야기해서 불신으로 가득찬 야당관이었다. 그리고 자기가 하는 일에 대해서는 일체의 비판을 허용치 않겠다는 강력한 자신감과 일종의 무류사상(無謬思想)의 표현이었다.

이 같은 생각은 학원이나 종교계, 언론계 등 비판적인 사회세력 내지는 집단에 대해서도 똑같이 갖고 있었다. 박정희는 기회 있을 때마다 '일부' 라는 전제 아래 학생, 지식인, 언론인들을 매도했다.

그가 몹시도 싫어했던 이런 비판세력의 발언이 3선개헌이 있은 60년대 후반부터 더욱 거세어졌다. 학생들은 거리로 쏟아져 나오고, 종교계, 학계의 비판적인 인사들은 재야의 반정부세력과 연대하여 '민주회복국민회의' 같은 반정부 조직을 결성했다. 71년 4월 실시된 제8대 국회의원 선거에서는 야당인 신민당이 전례 없이 89석이란 막강한 세력으로 원내에 등장했다. 팽팽한 여야 대결과 더불어 항명파동과 같은 여당의 내분까지 겹쳐 박정희의 영도력이 도전을 받았다.

해방 전에 일본군 장교로 있었고, 그 후로도 줄곧 군인의 생애를 걸어 온 박정희는 평생을 엄격한 명령질서 속에서만 살아 왔다. 5·16 이전에도 그의 언행에서는 전전(戰前) 일본 군국주의 정신의 흔적을 발견할 수가 있었다. 그는 사회의 다양함에 익숙치 않았고 또 이를 쉽사리 이해하려고 하지 않았다. 그는 어떤 목표를 향해서든 무슨 수를 쓰더라도 최단 거리를 통해 성취해야 한다는 생각을 지니고 있었다. 목표를 쟁취하기까지의 과정에 대해서는 별 의의를 두지 않았다.

박정희는 강한 성취 욕망과 자기희생 정신을 갖고 있었으며 독선적인 능률주의자였다. 그리고 이러한 그의 성격 스타일은 집권의 연륜이 쌓여 감에 따라 더욱 강렬하게 굳어져 갔다. 3선개헌을 단행할 무렵부터 박정희는 스스로를 조국 근대화를 위해 민족의 제단에 몸을 바친 제물로 자부했다. 그리고 이러한 민족적 과업을 자기가 아니면 아무도 할 수 없다는 독선적인 사고 내지는 일종의 비장감을 품고 있었다. 야당이나 비판 세력의 견제는 자기를 오해하고 있거나, 어리석은 생각의 소치라고 여겼다.

이 단계에서 이미 박정희는 장기집권자 특유의 권력중독 증상을 보이기 시작했으나 자신이 그 증상을 스스로 느끼고 있었는지는 의문이었다. 그는 70년대 초의 사회적 불안이 자신의 장기집권욕에서 빚어지는 국민적 반발에 큰 원인이 있었는데도 불구하고, 이 분위기를 오히려 영구집권의 방책으로 해결하려고 했다. 그것이 바로 유신개변이었더 것이다.

유신헌법의 정체

1972년 10월 17일 하오 7시, 박정희의 카랑카랑한 목소리가 비상계엄 선포와 동시에 전국 방송망을 통해 울려 퍼졌다.

> "친애하는 국민 여러분!
> 나는 우리 조국의 평화와 통일, 그리고 번영을 희구하는 국민 모두의 절실한 염원을 받들어 우리 민족사의 진운을 영예롭게 개척해 나가기 위한 나의 중대한 결심을 국민 여러분 앞에 밝히는 바입니다.
> …… 오늘의 이 역사적 과업을 강력히 뒷받침해 주는 일대 민족주체세력의 형성을 촉성하는 대전기를 마련하기 위해 헌법 일부 조항의 효력을 중지시키는 비상조치를 국민 앞에 선포하는 바입니다."

몇몇 권력 주변의 사람을 제외하고 모든 사람들에겐 날벼락과 같은 선언이었다. 국회는 개원한 지 1년 남짓에 또다시 문을 닫게 되었으며 국민이 뽑은 국회의원들은 하루아침에 국민대표직을 박탈당했다. 대학교는 문을 닫았고, 언론은 비상계엄 하의 검열을 받아야 했다.

박정희는 10·17 선언에서 국회 해산과 정당 및 정치활동의 중지 등 헌법 일부 조항의 효력 정지를 선포한 외에 ▲ 일부 효력이 정지된 헌법 조항의 기능은 비상국무회의에 의해 수행되며 비상국무회의 기능은 현행 헌법의 국무회의가 수행한다 ▲ 비상국무회의는 10월 27일까지 조국의 평화통일을 지향하는 헌법 개정안을 공고하며 이를 공고한 날로부터 1개월 이내에 국민투표에 붙여 확정시킨다 ▲ 헌법 개정안이 확정된 절차에 따라 늦어도 금년 연말 이전에 헌정질서를 정상화시킨다고 밝혔다.

폭탄선언과도 같은 이 담화를 발표한 뒤 박정희는 사실상 제2의 5·16이라고 할 만한 유신개변 조치를 착착 취해 나갔다. 담화가 발표된 그 시각부터 전국에 비상계엄령이 선포되어 국회 해산 및 정치활동 금지와 더불어 각 대학교에 휴교령이 내렸다.

비상국무회의는 10월 23일 박정희 주재로 첫 회의를 소집, 개헌안 국민투표에 대비한 '국민투표에 관한 특례법'과 '선거관리위원회에 관한 특례법'을 의결 공고했다. 이어 27일에는 궁정동 중앙정보부 별관에서 그동안 마련된 개헌안에 대해 형식상의 축조심의를 가진 뒤 이를 정식으로 의결, 공고했다. 비상계엄령 하 입법기능을 대행하고 있던 비상국무회의는 이밖에도 '통일주체국민회의 대의원 선거법', '통일주체국민회의법' 등 유신작업과 관련한 중요 법률은 물론 1973년도 예산안을 덧붙여 처리하기도 했다.

개헌안의 공고에 즈음하여 박정희는 다음과 같은 담화를 발표했다. 유신개헌에 대한 박정희의 입장을 밝힌 것이었다.

▲ 만일 우리가 이 시점에서 국력을 알차게 기르지 못하고 이를 조직화하는 데 실패하고 만다면 우리는 영원히 세계사의 진운에서 낙오되고 말 것이며 평화통일도 한낱 부질없는 꿈으로 화하고 말 것이다.

▲ 우리가 국력을 기르기 위해서는 모든 면에서 안정을 이룩하고 능률을 극대화해야 하며 국력을 자율적으로 집결할 수 있는 국민총화를 유지해야 한다. 그러나 지금까지 우리가 걸어온 길은 안정을 저해하고 비능률과 낭비만을 일삼아 왔으며 파쟁과 정략의 갈등에서 벗어나지 못했다.

▲ 공고된 개헌안은 평화통일을 지향하며 능률을 극대화하여 국력을 조직화하고 안정된 번영의 기조를 굳게 다져 나감으로써 민주주의 제도를 우리에게 가장 알맞게 토착화시킬 수 있는 올바른 헌정 생활의 규범임을 확신한다.

전문 12장 126조 부칙 11조로 된 개헌안은 공고된 지 25일만인 11월 21일 국민투표에 부쳐져 91.5%의 찬성률로 통과되었다. 그리고 이 유신헌법에 따라 12월 15일 통일주체국민회의 대의원 선거가 실시되어 2, 359명의 '덕망 있고 유능한' 대의원이 선출되었고, 이어 12월 23일 첫 통대회의에서 단독 출마한 박정희 후보가 96.8%의 득표로 제8대 대통령에 당선되었다.

드러난 경과만을 놓고 이야기할 때 모든 것은 합법적이고 순조롭게 진행된 것 같았다. 그러나 한 꺼풀 벗기고 보면 유신개변의 진행은 민주주의의 상식으로는 생각할 수 없는 무리와 변칙으로 얼룩졌다.

무엇보다도 국가의 기틀을 변혁하는 중대한 개헌작업에서 국민의 의사는 완전히 봉쇄되었다. 정상적으로 말하자면 개헌을 위해서는 구상단계에서부터 공청회 등을 통해 최대한도로 각계의 의견을 파악하는 것이 상례였다. 그런데도 유신개헌은 구상과 기초 작업 단계에서부터 모든 것이 극비 속에서 이루어졌고 헌법상의 제절차를 완전히 무시한 가운데 성립되었다.

당시 제3공화국의 헌법 개정 절차에 의하면 국회 재적의원 3분의 1 이상이나, 국회의원 선거권자 50만 명 이상의 찬성으로써 개정안을 제안, 재적의원 3분의 2 이상의 찬성으로 의결할 수 있도록 되어 있었다. 그러나 박정희는 이 같은 합헌적 절차를 따르지 않고 비상계엄을 선포하는 변칙방식에 의해 국가의 기틀을 변혁했던 것이다.

박정희는 유신헌법이 정상적인 절차에 의해서는 통과될 수 없다는 사실을 잘 알고 있었다. 야당의 원내의석이 개헌저지선을 훨씬 초과하고 있다는 국회 사정을 떠나서도 개헌안의 내용이 여론의 지지를 얻기에는 너무나 엄청난 것임을 스스로 잘 알고 있었기 때문이다. 한국의 실정에 알맞은 민주주의와 체제를 만든다는 명분으로 이룩된 유신개헌의 주요 골자는 다음과 같은 것이었다.

▲ 주권, 기본권 = 주권 조항을 '국민은 그 대표자나 국민투표에 의해 주권을 행사한다'로 고쳤고 이를 근거로 개헌안 외에 중요정책을 대통령이 국민투표에 부칠 수 있게 한다.

신체의 자유와 관련하여 구속적부심제도를 폐지했으며 과거 역대 헌법에서 명백하게 보장되었던 근로자의 단결권, 단체교섭권 및 단체행동권 등 노동 3권은 크게 제약되었다.

▲ 대통령 = 직선제를 폐지하고 통일주체국민회의에서 간접선거토록 되었다. 임

기는 6년으로 연장되었고, 연임제한 조항을 삭제함으로써 사실상 종신대통령의 길을 터놓았다. 대통령은 국회 해산권과 긴급조치권을 갖고 통대에서 국회의원의 3분의 1에 해당하는 유정회 의원을 추천할 수 있는 등 전례 없이 강력한 권한을 부여했다.

▲ 통일주체국민회의 = 국민에 의해 직접 선출되는 2천~5천 명의 대의원으로 구성되어 조국통일의 신성한 사명을 갖고 통일에 관한 중요 정책을 심의한다. 대통령을 선출하며 국회의원 재적 3분의 1에 해당하는 대통령 지명 케이스의 국회의원(유정회)을 선거한다.

▲ 국회 = 지금까지 임기 4년에 국회의원 전원을 국민의 직접선거로 선출했던 것을, 임기 6년에다 재적 3분의 1은 대통령이 추천, 통대에서 간접선거하여 민선과 지명의원으로 구성케 했다. 여기에다 국정감사제도의 폐지를 비롯, 의정사상 처음으로 연간 집회 횟수를 1백 50일로 한정시키는 등 입법부로서의 기능이 크게 위축되었다.

▲ 법원 = 법관추천회의제도를 폐지하고 대법원장은 대통령이 국회의 동의를 얻어, 그밖에 법관은 대법원장의 제청에 따라 대통령이 임명하도록 했다.

▲ 헌법위원회 = 헌법위를 신설하여 종래 대법원이 관장해 오던 법률의 위헌심사와 정당 해산에 관한 심의 결정권을 갖게 했다.

▲ 중앙선거관리위원회 = 종래의 정당추천위원제도를 폐지하고 대통령, 국회, 법원 등이 3명씩 지명토록 했다.

▲ 기타 = 지방의회는 조국통일이 될 때까지 구성을 하지 않는다고 규정했다.

유신헌법은 곧잘 프랑스의 제5공화국 헌법에 비유되었다. 특히 유신헌법 제53조에 규정된 대통령의 긴급조치권이 프랑스 제5공화국 헌법 제16조를 모방한 것이라고 이야기되었다.

프랑스헌법의 비상대권은 여타의 민주주의 국가 헌법에서는 좀체로 찾아볼 수 없는 강력한 조항으로서 드골 대통령의 '인격화된 권력'이라고 평해졌다. 어떤 학자는 제5공화국 대통령의 지위는 입헌군주제에 있어서의 국가 원수와 같으며 특히 비상대권의 행사는 절대군주와 똑같다고 혹평했다.

사실은 이 같은 프랑스 제5공화국 헌법의 비상대권도 따지고 보면 유신헌법의 긴급조치권에 비교해 볼 때 별로 대단한 것이 못 되었다. 즉 프랑스의 비상대권은 선포 요건을 보다 구체적으로 규정하고 있고 사전상의 대상을 확정해 놓고 있으며 공권력에 대하여 최소의 기간 내에 그 사명을 다하도록 규정하고 있다. 그리고 그 기간 중에 의회는 당연히 소집되어 해산될 수 없도록 명문으로 규정하고 있다. 그러나 유신헌법의 경우는 그러한 제한이 없이 모든 것이 대통령에 백지위임되고 있었다.

즉 유신헌법에 규정된 대통령의 긴급조치권은 ▲ 사후적, 진압적 비상조치뿐 아니라 사전적, 예방적 조치까지 할 수 있고 ▲ 비상조치권의 내용, 범위, 효과가 다른 헌법에서 볼 수 없을 정도로 광범위하여 ▲ 국회의 집회나 소집 가능성 여부에 관계없이 발동될 수 있고 ▲ 국회나 법원에 의한 통제가 거의 인정되지 않는다는 특징을 갖고 있었다.

한마디로 무소불위에 가까운 초헌법적인 권한을 대통령에 위임한 것이다. 실제로 긴급조치의 선포, 실시 과정에서 그 초헌법적 실체가 여실히 증명되었다.

긴급조치 제1호는 유신체제가 성립된 지 1년만인 1974년 1월 8일에 발동되었다. 개헌서명운동 등 유신체제에 대한 거센 반발을 봉쇄하기 위한 것이었다.

1호의 내용은 ① 헌법을 부정, 반대, 왜곡 또는 비방하는 일체의 행위, ② 헌법의 개정 또는 폐지를 주장, 발의, 제안 또는 청원하는 일체의 행위, ③ 유언비어를 날조, 유포하는 행위, ④ 이상의 행위를 권유, 선동, 선전하거나 방송보도, 출판, 기타의 방법으로 이를 타인에게 알리는 일체의 언동을 금하는 것이었다.

이 긴급조치 제1호 발동에 따라 개헌청원운동을 벌이던 재야, 종교인, 학생 등 수십 명이 체포되어 군사재판에 회부되었고, 대부분 15년씩의 징역형을 선고받았다.

긴급조치 제3호는 저소득층의 갑근세, 주민세 부담을 경감하는 내용의 재정, 경제적 조치였는데, 이는 6년간에 걸친 긴급조치 시리즈 가운데서는 예외에 속하는 케이스였다.

1974년 4월 3일에 선포된 대통령긴급조치 제4호는 이른바 민청학련(民靑學聯)이라는 학생조직에 초점을 맞춘 것이었다. 사실은 이 같은 학생조직이 실제로 존재했는지도 의문이었지만 정부는 긴급조치 4호 발동을 계기로 민청학련에 관련했다고 하여 모두 1천 2백 명을 검거했다. 대부분이 학생들이었지만 여기에 전 대통령 윤보선을 비롯하여 김동길, 김찬국 교수와 박형규 목사, 지학순 주교, 김지하 시인 등도 배후 조종의 혐의로 입건되었다. 이밖에 인혁당계 22명도 배후 조종으로 군법재판에 회부되어 그 중 8명은 결국 사형이 집행되었다.

긴급조치 4호의 내용은 놀랄만한 것이었다. 민청학련 자체의 행위는 말할 것도 없고, 학생들이 정당한 이유 없이 학교에 안 나오거나 수업을 거부하는 행위와 집회, 시위, 성토 등이 모두 금지되었다. 그리고 이 같은 학생들의 움직임을 방송, 보도하는 일도 금지되었다. 만약 위반하면 영장 없이 체포되어 군재에 회부되어 사형, 무기 또는 5년 이상의 징역에 처하도록 되었다. 이런 일이 부당하다고 하여 긴급조치를 비난할 경우에도 같은 처벌을 받도록 되었다.

또 한 가지 제 4호의 특징은 문교부장관으로 하여금 긴급조치에 위반한 학생에 대해 직접 퇴학, 정학 처분을 내릴 수 있게 하였을 뿐만 아니라 4호 위반학생이 소속된 학교를 폐교시킬 수 있는 권한을 갖게 했다.

요컨대 데모하는 학생이나 이를 보도하는 기자는 최고 사형까지 각오해야 했고, 데모하는 학교는 폐교될지도 모르는 운명에 직면했던 것이다. 결국 긴급조치 제4호가 노린 바는 학원의 반정부 데모를 뿌리 뽑는 한편 언론에 재갈을 물림으로써 국민으로 하여금 반체제 움직임에 대해서는 보지도 듣지도 못하게 만드는 데 있었다.

박정희는 1975년 4월 8일, 고려대학교 하나만을 상대로 한 긴급조치 제7호를 발동한 데 이어 같은 해 5월 13일 그때까지의 긴급조치 시리즈를 집대성한 내용의 긴급조치 제9호를 선포했다. 9호는 유신헌법의 부정, 개헌 주장, 각종 데모를 금하고, 이러한 위반행위에 대한 보도는 물론 위반자의 처벌 내용도 보도할 수 없도록 했을 뿐만 아니라 주무부장관은 학교와 단체, 사업체의 장에게 소속 임직원 교직원 학생의 해임이나 제적까지 명령할 수 있도록 했다. 이 긴급조치 제9호는 박정희의 사망으로 유신체제가 붕괴될 때까지 실로 4년 7개월간이나 계속되었다. 따라서 긴급조치는 헌법상 통례적인 비상상황이나 시기의 한계성을 뛰어넘어 이미 정권의 방패 내지는 박정희의 영구집권을 위한 도구로 전락하고 말았던 것이다. 그리고 이 같은 긴급조치권의 배경이 되었던 유신헌법은 수호할 가치조차 없다는 것이 반체제 세력의 지배적인 의견이었다.

종막에의 길

40년 간의 한국 헌정사에서 유신시대 7년은 어떤 좌표로 설정될 것인가? 유신체제의 공은 무엇이고 과는 무엇이었을까? 유신의 진정한 의미와 공과에 관해 역사적으로 공정한 평가를 내리는 것이 필요하다. 빈곤 탈출을 어느 정도 이룩한 반면 1인 장기집권, 정치부재, 인권탄압, 배금사상, 빈부격차, 불신풍조, 부정부패, 도덕적 타락 등, 이 모든 것이 포함된 유신시대를 객관적으로 평가함으로써 참답고 새론운 역사를 열어 나가야 한다.

급격히 변동하는 한국적 상황 속에서 유신시대는 그 막을 내렸고, 따라서 새로운 시대의 문턱에서 지난 시대의 평가는 불가피한 과제로 클로즈업되어 있다. 더욱이 유신 그 자체는 과거의 일이 되었지만 그것이 내포하는 의미와 결과는 아직도 매우 현실적이다. 유신이 남긴 흔적은 국정과 사회의 각 부분 속에서 아직도 깊이 작용하고 있다는 사실이다. 이른바 유신잔재의 청산문제와도 관련하여 유신체제의 평가 작업은 시급한 일이라고 말할 수 있다.

유신체제 평가의 출발은 당시의 상황과 관련된 체제의 적, 부적을 따져보는 일에서 시작되어야 할 것이다. 다시 말하면 70년대 초의 사회적 위기상황을 극복하는 방법으로서 과연 유신체제가 가장 적합한 방편이었는가를 검증해 보는 일이다.

70년대 초의 한국 사회는 60년대 후반의 고도성장 정책과 강권정치가 잉태한 갖가지 모순이 한꺼번에 폭발한 시기였다. 성장 정책의 결과는 노동인구의 급속한 증가와 도시화를 초래했고, 3선개헌을 전후하여 시작된 무리한 강권정치는 사회 각 비판 세력의 에너지를 활성화시켰다.

통계에 의하면 60년대 도시인구의 연평균 증가율을 5·6%였다. 고용구조의 면에서도 피고용자의 비율은 1960년에는 22%였던 것이 70년대는 39%로 증가했다. 그리고 계층 이동에 관한 조사결과는 60년대를 통해 방대한 농민층이 도시로 유입되어 근로계층을 형성했음을 보여주고 있다.

문제는 이들 양적으로 팽창되고 도시로 집중화된 근로 집단들이 70년대 초에 이르러 보다 공정한 배분과 참여를 위해 상당히 전투적인 방식으로 투쟁하기 시작한 데 있었다. 전태일 분신 사건이나 광주단지 사건, 대한항공 집단난투 사건 등이 이 같은 근로자들의 전투적인 행동을 상징한다.

이와 함께 야당을 비롯한 견제 내지는 각종 비판 세력들이 갑자기 활성화되었다는 점이 주목된다. 1971년 제7대 대통령선거에서 신민당의 김대중 후보는 비록 패배하기는 했지만 국민 대중에 강한 인상을 뿌리박았고, 곧이어 실시된 제8대 국회의원 선거에서 야당은 전례 없이 다수가 당선되어 의회에 진출했다.

사법권 수호를 외치는 법관들의 주장은 이른바 사법파동으로 표현되었다. 언론계에서는 자유언론을 다짐하는 선언과 결의활동이 번져 나갔다. 학생들의 현실 참여활동은 어제 오늘의 일이 아니었지만 70년대에 들어와 더욱 활발해졌으며, 종교계에서는 사회 정의와 노동자 권익옹호를 내세우며 현실 정치에 개입하려는 움직임을 뚜렷이 하고 나왔다.

이처럼 70년대초는 야당의 진출을 배경으로 하여 언론, 근로자, 사법부, 종교계 등 각급 사회집단들이 무엇인가 나름대로 힘차게 꿈틀거리기 시작했던 시기였다.

이런 상황은 언뜻 보기에 사회 불안으로 비쳤다. 특히 집권 당국은 위기의 조짐으로까지 간주할 수 있는 상황이었다.

그러나 그 심층을 살펴보면 사회 세력의 활성화를 반드시 혼란이나 위기로만 받아들일 것은 아니었다. 그것은 다른 선진국들도 모두 한 번씩은 겪었던 전환의 한 모습이었던 것이며, 총체적으로 보자면 국가의 소중한 에너지였던 것이다. 이 에너지를 어떻게 이끌 것인지는 오로지 정부의 손에 달려 있었다. 잘 이끌면 국가와 민족의 힘으로 활성화시키실 수 있을 것이고 그렇지 못할 경우에는 부정적인 갈등의 힘으로 왜곡시키게 될 것이었다. 전자의 길은 다른 선진국들이 그랬던 것처럼 정치적으로 국민대중의 참여의 폭을 확대시켜 민주주의를 지향하고, 경제적으로는 국민대중의 복지를 우선시하는 민중경제론의 지향이었다. 그러나 불행히도 박정희는 이 길을 택하지 않았다.

박정희는 1968년 프랑스 68혁명의 파급이 국내에 상륙할 것을 두려워하고 있었다. 따라서 그는 70년대 초의 상황을 통제되어야 할 혼란과 위기로 간주했다. 그대로 둔다면 그 동안 이룩해 놓은 경제발전의 공든 탑마저 위태롭게 할지도 모르며, 결국에는 정권의 존립에도 관계된다고 판단했다. 따라서 사회적 잡음과 혼란을 통제하고, 정치적 비판의 싹을 제거하기 위해서는 체제개혁의 필요성이 시급하다고 판단했다. 이렇게 해서 단행된 것이 국가비상사태의 선포와 유신체제의 단행이었다.

박정희가 택한 길은 다원적인 사회의 에너지를 인정하면서 이를 조화 있는 성장으로 이끄는 것이 아니라 안보, 경제성장, 국력의 조직화 등 정부가 일방적으로 설정한 외곬으로 휘몰아가기 위해 권위주의적인 통제체제를 확립한 것이었다.

사회통제를 위해 유신체제는 대통령에게 절대적인 권력을 부여했다. 3권 분립, 견제와 균형 등 민주주의 정부 조직의 기본원리는 사실상 붕괴되었다. 민의를 수렴하고 동원하는 제도인 선거와 정당의 역할마저 왜곡, 위축시킨 반면 관료 기구와 중앙정보부 같은 '기관'의 역할이 강화되었다.

이 체제 아래서는 정상적인 의미에서의 정치란 존재할 수 없었다. 야당은 정권장악의 기회를 상실한 불임정당(不姙政黨)으로 전락해 버리고 말았으며 여당도 정당으로서의 본래 역할을 크게 거세당했다. 여야 간의 협상, 토론, 교섭은 사라지고 그 대신 '사꾸라'로 상징되는 공작차원의 정치만이 횡행했다.

중앙정보부는 그 본래의 임무인 대공정보 수집이나 사찰에 그치지 않고 사회 각계에 침투, 영향력을 행사했으며, 선거나 정당 활동 같은 정치의 장에까지 개입하여 영향력을 행사했다. 유신 말기에는 청와대 경호실 같은 기관마저 정치 마당에 뛰어들었으며, 심지어는 정부의 기관끼리 영향력 행사를 두고 서로 경쟁까지 하는 어이없는 상황에 이르렀다.

관료적인 통제체제 하에서 민의는 효과적으로 수렴되는 길을 잃었다. 피집권자의 의사가 집권자에게 상달되는 통로는 거의가 봉쇄당한 채, 집권자의 의지가 일방적으로 하달되는 시스템으로 굳어졌다. 그 결과 수렴

되지 못한 민의는 반체제적인 갈등으로 확산되어 봇물 터지듯이 제도권 밖으로 터져 나왔던 것이다.

이 갈등을 통제하기 위해 박정희는 더욱 권위적인 관료체제를 구축해나갔다. 그러나 유신체제 하의 관료기구는 통치 수단으로서는 썩 유효한 것이 못 되었고, 더욱이 체제옹호를 위한 세력으로서는 거의 역할을 하지 못했다.

박정희는 스스로 통치 스타일을 강화해 감에 따라 자신을 중심으로 한 인적 구성에 변화를 가했다. 집권 초기에는 5·16 핵심멤버를 주축으로 준과두(準寡頭)체제를 구축했다가, 그 후 오랫동안 중간보스체제를 유지했다. 그러다가 3선개헌을 계기로 공화당 내의 전통적인 양대 산맥이었던 주류, 비주류를 가림 없이 중간실력자들을 모조리 거세시킨 다음 몇 사람의 측근을 거느리는 1인 체제를 구축했다. 이러한 측근은 정치인이 아닌 박정희의 '충성스런 분신'이었다.

그러나 이 측근 체제마저 유신 말기에는 사라졌다. 박정희는 그의 자리에 도전할지도 모르는 제2인자를 거부했고, 정치적인 중간보스를 거세했으며, 마지막으로는 위성적인 측근 실력자마저 정리했던 것이다.

유신 말기에 남은 것은 홀로 우뚝 솟은 박정희 1인과 평균적인 관료조직뿐이었다. 대통령의 권위는 문자 그대로 정상에 이르렀으나 반면 권력의 어두운 부분을 대통령에 대신하여 떠맡아 줄 '악역'이 없어졌다. 이렇게 해서 박정희는 벌거벗은 꼴로 국민 앞에 나서게 된 것이다. 방대한 관료조직은 있었으나 이런 경우 그 조직은 집권 방어에는 아무런 도움이 되지 않았다. 유신체제 아래서의 관료 조직이란 한 사람의 눈치에만 반응하면서 과잉 충성과 기회주의적인 안일에 빠지기 쉬운 무책임한 집단이 될 수밖에 없었다. 왜냐하면 유신체제란 일단의 어용학자군이 갖가지 미명으로 정당화를 시도했지만 결국 박정희의 장기집권과 기득권자들의 권력유지를 위한 방편에 지나지 않은 것이었으며, 따라서 이런 체제 아래서는 체제를 유지할 정치적 주도 세력은 형성될 수가 없고, 있다면 권력에 기생하는 기회주의적인 아부형만이 존재가 가능했기 때문이다.

절대적인 권한에도 불구하고 박정희의 권력기반은 허약했다. 다시 말하면 권력의 정통성을 크게 결여하고 있었다는 점이다. 이 점이 유신체제와 그의 주인공인 박정희가 갖고 있던 최대의 약점이었다.

박정희는 이 약점을 경제 발전으로 보상하려고 했던 것 같다. 박정희는 정치를 후퇴시키고 그 대신 경제를 전면에 부각시켰다. 유신체제 하 경제야말로 박정희 정부의 핵심이었다. 경제가 곧 정치였고 정치가 바로 경제를 뜻했다. 그리고 이 분야에서 박정희는 기적적인 성공을 거두었다. 유신 기간 동안 한국경제의 성장률은 세계에서 예를 찾을 수 없는 평균 9.9%라는 기록적인 수치였다. 수출은 72년의 16억불에서 79년에는 1백 50억불을 달성했고, 국민소득은 불과 4백 불에서 1천 5백 97불로 증대했다. 상징적인 이야기로 이 기간 동안 '보릿고개'를 완전히 옛얘기로 만들어버렸다.

숫자상의 성장뿐만이 아니라 국민의식에 중대한 변혁을 초래하여 '하면 된다'는 자신감을 심어주었다. 그러나 정치를 대체시킨 경제성장과 수단 방법을 가리지 않는 목적 달성주의에는 중대한 함정이 도사리고 있었다. 경쟁 욕구의 충족에서 정권의 정통성을 찾게 됨에 따라 박정희 통치는 국민에게 끝없는 경제과실(經濟果實)을 약속해야 했으며, 이를 공급하는 것을 정치의 전부로 생각하게끔 되었다. 여기에 중독되다시피 하여 국민 쪽에서도 한 가지 욕구가 충족되면 그 다음은 또 다른 경제욕구를 요구하여 성장정책은 멈출 줄 모르는 직선행을 계속해야 했다. 마치 넘어지지 않기 위해서는 자전거의 페달을 계속해서 밟아야 했던 것과 같았다.

이래서 보통 선진국가에서는 연간 4~5% 정도의 성장만으로도 사회기대를 충족시킬 수 있는 데 비하여 유신시대 한국의 경우는 10% 이상의 초고도 성장을 이루어야만 만족할 수 있는 과잉기대가 일반화하게 되었다.

이 같은 물질적 상승작용이 몰고 온 국민적 규모의 과열 현상은 마침내 모두가 남에게 뒤지지 않으려고 앞을 다투어 돈을 벌겠다는 배금사상을 초래했다. 그것도 수단과 방법을 가리지 않는 투기 열병으로 말미암아 유신 후반의 한국 사회는 정치적 불안과 경제적 열병이 뒤범벅이 된 사회불안과 혼미의 길을 치닫게 되었던 것이다.

박정희는 국정의 최고 목표였고 1인 체제의 유일한 기반이었던 경제성장이란 목표를 향해 일로매진했다. 그 과정에서 생기는 숱한 모순들(빈부격차, 재벌 비대화, 차관경제, 외채누적, 국민정신의 황폐화 등)을 차분히 살펴볼 여유를 갖지 못했다. 다만 '하면된다'는 신앙 위에 앞만 보고 달려 나갔다. 그러나 안팎에서 몰아닥친 마파람에 갑자기 정지를 당했다. 해도 안 되는 것이 있고, 해서는 안 되는 일이 있다는 사실을 미처 깨달을 만한 여유를 갖지 못한 채, 강권 위에 질주만 하다가 넘어지고 만 것이다. 그리고 그의 사망과 함께 유신체제도 종막을 고하고 말았다.